Effi auf Abwegen

Fremdheit und Befremdung in den
Eheromanen Theodor Fontanes

von

Angela Isenberg

Tectum Verlag
Marburg 2002

Die Deutsche Bibliothek - CIP-Einheitsaufnahme

Isenberg, Angela:
Effi auf Abwegen.
Fremdheit und Befremdung in den Eheromanen Theodor Fontanes.
/ von Angela Isenberg
- Marburg : Tectum Verlag, 2002
Zugl.: FU Berlin, Univ. Diss. 2001
ISBN 978-3-8288-8393-2

© Tectum Verlag

Tectum Verlag
Marburg 2002

Inhaltsverzeichnis

Einleitung 11

1. FONTANE ALS WANDERER IN DER FREMDE 41
   1.1. Auf Goethes Spuren 41
      1.1.1. Natur und Fremdheit bei Goethe und Fontane 55
      1.1.2. Vom Aristokraten zum Bürger 64
      1.1.3. Fontanes Anlehnung an die klassische Metaphorik 71
   1.2. Die Selbstentfremdung der Jenny Treibel 76
      1.2.1. Mathilde Möhrings Angst vor dem sozialen Abstieg 80
      1.2.2. Die Runtschen – Abgrenzung vom vierten Stand 83
   1.3. Befremdung in der Ehe und neues Glück 86
      1.3.1. In einem Boot 93
      1.3.2. Fremdes Innenleben 95

2. DIE FREMDE AUßERHALB VON PREUßEN 105
   2.1. Die fremde Religion 105
   2.2. Amerika als fremdes fiktionales Motiv 117
      2.2.1. Fontanes Amerikabild im Wildhüterroman „Quitt" 122
   2.3. Fontanes Verhältnis zu England 133
      2.3.1. Betrachtung eines Gemäldes zur Französischen Revolution 137
      2.3.2. Fontanes Verhältnis zur französischen Literatur 141
      2.3.3. Fontane und Guy de Maupassant 143

3. EHELICHE ENTFREMDUNG 151
   3.1. Effi Briest zwischen Herrenhaus und Spukhaus 151
      3.1.1. Der Chinese als Paradigma des Fremden 180
      3.1.2. Nomen et omen 183
      3.1.3. Der fremde Tod 187
      3.1.4. Intimität und Distanz 193
      3.1.5. Die Erlösung aus der Entfremdung 197
      3.1.6. Raumwechsel und Handlungsprogression 204
      3.1.7. Isolation und Raumverengung 208
      3.1.8. Spuk und leerer Raum 211
      3.1.9. Befremdende Raumentwürfe 219
   3.2. Raum, Handlung und Entfremdung 224

4. FREMDES IM INNEN UND AUßEN 229
   4.1. Effi als musterhaftes Abbild 229
      4.1.1. Fremde Eleganz 232
      4.1.2. Fremde Physiognomie 237
   4.2. Identität und »ennui« 243
      4.2.1. Französischer Schein bei polnischem Sein 248
   4.3. Klassenfremdheit 253

4.3.1. Intimität und Klassengegensatz	257
4.4. Weltfremdheit und befremdende Gefühle	261
4.5. Eheliche Entfremdung in „Unwiederbringlich"	270
5. CÉLINE UND CÉCILE	**281**
6. R e s u m e e	**295**
7. Literaturanhang	301
Werkausgaben	301
Einzelausgaben	302
Filme und Tonträger	303
Zeitungsausschnitte	304
Wissenschaftliche Literatur	305
Zur Geschichte	317

Graf Petöfy

Angela Isenberg
Usedom, den 22.06.98

Wasservögel ziehen über Schilfgräser hin,
Wäsche hängt auf der Leine,
Backsteinkirche steht am Hang
efeuumrankter Bäume,
aus ihren Blättern Vogelgesang.

Gedanken streifen nach Ungarn hin,
Petöfy und Lenaus Land,
zurück in die Donaumonarchie,
in der sich einst Österreich mit Ungarn fand.

So weit bist du weg, so fern von mir,
ganz leise kommen im Traum,
die Töne einer alten Musik,
das Ahnen liebender Frauen.

Wenn der andere nur noch schattenhaft,
dir doch an der Seite weilt,
wenn das sehnende Verlangen nach ihm,
Graf Petöfy und Franziska vereint.

Doch bald nur noch Leere und Einsamkeit,
Ersticken am Verrinnen der Zeit,
Petöfy der alte Magyar,
Franziska die Muse aus Pommern,
zu groß ihr Unterschied an Jahr.

Zwei Sprachen und Nationen,
so fern das andere Land,
auch Fontane konnte nicht einen,
was fremder Glaube nicht band.

Ich bedanke mich bei Prof. Dr. Gerhard Bauer für die geduldige Betreung dieser Arbeit, außerdem bei Dr. Hans-Richard Brittnacher, Prof. Dr. Frank Heidtmann, vor allem bei meiner Mutter Anna Isenberg und allen, die mich unterstützt haben.

Einleitung

Ausgehend von der Überlegung, ob die Herkunft Theodor Fontanes, dessen Vorfahren aus Südfrankreich flüchten mussten, sich auf ihn, der preußischer dachte als mancher Märker, ausgewirkt habe, soll in der folgenden Arbeit untersucht werden, ob die Gestaltung seiner Romane und insbesondere die Darstellung innerer Befremdung durch Projektion in den äußeren Raum Fremdheitsmomente und Widersprüche erkennen lässt.[1] Die Hauptthese dieser Untersuchung lautet, dass in den Romanen Fontanes die Berührung mit der Fremde und das Eindringen neuer Impulse von außen in den begrenzten preußischen Raum eine Korrelation erzeugt zwischen Öffnung und Ausweitung des Raums einerseits und Irritation und Befremdung andererseits im verunsicherten Innenleben der Protagonisten und insbesondere der Frauengestalten Fontanes in seinen Eheromanen. Weiterhin lässt sich die Überlegung anschließen, ob diese Krise in der individuellen Wahrnehmung einhergeht mit einem fundamentalen Identitätsprozess des Einzelnen im bürgerlichen Selbstfindungsprozess. Da der Diskurs über den Aspekt Fremdheit seit Jahren auf einer breiten wissenschaftlichen Ebene geführt wird, schließt sich die erste Überlegung an die ethnologisch-historische Position an, Fremdheit zunächst aus der Vergangenheit abzuleiten.[2] Es sei kurz rekapituliert, dass durch die Entdeckung Amerikas (1492) die Fremde im geographischen Sinn in den Mittelpunkt des Interesses rückte. Galileo Galilei (1564-1642) stellte die aristotelischen Theorien in Frage, nach denen der Weltraum aus Kristallsphären besteht. Das geozentrische ptolemäische Weltsystem geriet ins Wanken, als er den kopernikanischen Ideen von einem System folgte, in dessen Zentrum die Sonne steht, um die sich die Erde ellipsenförmig und täglich einmal um ihre eigene Achse dreht. Seine Erkenntnisse stellten durch die Annahme eines unendlichen Kosmos,

---

[1] Ohff, Heinz: Theodor Fontane: Leben und Werk. - 3. Aufl. - München: Piper, 1996. - S. 349-368

[2] Behrend, Heike: Ham Mukasa wundert sich: Bemerkungen zur Englandreise eines Afrikaners (1902). Vortrag zur ethnographischen und historischen Konstruktion des Fremden am 7.12.1996 im Clubhaus der FU. Das Fremde und die Fremden: Symposion vom 6.-8.12. 1996 in Berlin. -

in dem die Erde ein Planet unter vielen anderen ist und der Mensch anfängt zu glauben, alles berechnen und messen zu können, implizit die Vorstellungen eines „Unten" und „Oben" im Raum in Frage. Diese naturwissenschaftliche Betrachtungsweise der Schöpfung bedrohte nicht nur die Dogmen der Kirche, die für sich in Anspruch nahm, mit dem göttlichen Willen zu korrespondieren, sondern auch die politische Ordnung, denn die strenge Hierarchie des Mittelalters, die jedem Geschöpf einen festen Platz auf der Leiter der feudalen Hierarchie zuwies, geriet ebenso ins Wanken wie das theozentrische Weltbild. Dies führte letztlich zur Überzeugung, dass die menschliche Existenz sich naturwissenschaftlich-rational begründen lasse und keiner theologischen Erklärung bedürfe. Wenn auch die Radikalität späterer existenzialistischer Ansätze noch weit in der Zukunft lag, reagierte die Kirche mit deutlicher Abwehr auf die Ansätze naturwissenschaftlicher Forschungen. Kosmographie und die dafür notwendigen Gerätschaften wie Fernrohre, Waagen, Thermometer und Pendel verhalfen endlich zu einer neuen Sicht der Dinge, mündeten in eine andere, abstraktere Dimension, so dass der Mensch, bisher gewöhnt, in der Erde und den Planeten Scheiben zu sehen, zusammengehalten durch Kristalle, mit einer Reevaluierung des Bisherigen begann. Die Bilderwelt des naiv denkenden mittelalterlichen Menschen wurde durch die Renaissance verändert. Die Uneindeutigkeit von Drinnen und Draußen erzeugte ein neuartiges Raumgefühl, auch verbunden mit Verunsicherung.

> *„Ein mittelalterlicher Mensch, der sich die Himmelskugel als Sternendach vorstellte, fühlte sich gewiß anders drinnen in der Welt als ein moderner Mensch, dem sich unendliche Räume auftun."* [3]

Anders denken, so meint Waldesfels, bedeutet vor allem, in anderen Dimensionen zu denken. Alles Verifizierbare und Messbare wurde Erkenntnisgegenstand. Die Ordnung des Diskurses, auch des Diskurses

---

[3] Waldenfels, Bernhard: Der Stachel des Fremden. - 2. Aufl. - Frankfurt/M.: Suhrkamp, 1991. - S. 38

des Fremden, hat allerdings gewisse Verschiebungen durchgemacht und bedarf historischer Abgrenzungen.[4]

Die Schwellenerfahrungen und Einbrüche des Fremdartigen sind nicht zuletzt durch geographische und naturwissenschaftliche Erweiterungen bedingt, greifen dann über in Bereiche des menschlichen Lebens, meinen Lebenszäsuren wie die Geschlechtsreife, Geburtstrauma und Altersversagen, Exil und Reisen, Tod und Schlaf, Traum und Wirklichkeit, kurzum all jene Zustände im Leben, in denen Vertrautes eingegrenzt und Unvertrautes ausgegrenzt wird, um die Dinge besser zu verstehen. Der Versuch, den Diskurs zu ordnen, die Welt in ein einheitliches Gefüge zu bringen, bedarf demzufolge eines Systems von Zahlen, Rastern und Methoden, die jedoch auch Prozeduren der Ausschließung initiieren, die das Fremde und nicht Integrierbare auszusondern versuchen.

Fremdsein ist vor allem ein Zustand des „Nicht-dazu-gehörens". Dieser spricht dem Fremden die Berechtigung ab, sich in einem Raum aufzuhalten, schließt ihn aus, solange er nicht offiziell aufgenommen ist. Oft warnen Schilder den Fremden vor dem Betreten eines Raumes.

Die Kollision von Wahrheit und Irrtum, das Hinzutreten von bisher nicht Bekanntem, stößt an die Grenzen eines Gefüges, das nur das Vertraute kennt. Durch die territorialen Neuentdeckungen wurde die Erde überschaubarer und offener. Reisen in ferne Kontinente, Handel und Warenaustausch mit exotischen Ländern brachten das Unbekannte in Berührung mit dem Vertrauten und veränderten dadurch die Weltsicht. Zunächst vermittelte die Reiseliteratur Eindrücke von neuen Kontinenten.[5]

Klassiker des 18. Jahrhunderts wie Daniel Defoes „Robinson Crusoe", Jonathan Swifts „Gullivers Reisen" oder C.F.Coopers „Der Letzte der Mohikaner" konfrontierten den Schiffbrüchigen mit der Figur des Wilden, prägten bereits im kindlichen Gemüt die Vorstellung von der fremden Welt als Ort, wo edelmütige Indianerfiguren dem weißen Eindringling

---

[4] Foucault, Michel: Die Ordnung des Diskurses. - Frankfurt /M.: Fischer, 1996. - S. 15

[5] Opitz, Alfred: Reiseschreiber: Variationen einer literarischen Figur der Moderne vom 18.-20. Jahrhundert. - Trier: WVT, 1997. - S. 7-14

freundschaftlich die Hand reichen und mit ihm die Friedenspfeife rauchen. Diese Literatur vermittelte aber auch Konzepte anderer gesellschaftlicher Ordnung, mit denen sich die eigene implizit durch Ironie und Umkehrung kritisieren ließ.[6]

Das „Wilde" wird meist als das minderwertig Andere der eigenen vermeintlich überlegenen Kultur gesehen oder zum Ideal eines reinen, unverdorbenen Naturmenschen stilisiert. Beim Versuch, das Fremde zu vermitteln, entstanden stereotype Vorstellungen von dem, was als fremd empfunden wurde, Muster, die abstrakte Qualitäten und Ängste vor dem Fremden zu subsumieren halfen. Die Untersuchung paradigmatischer Darstellungen des Fremden an ausgewählten Romanbeispielen soll daher dazu beitragen, metaphorische Umschreibungen in Fontanes Werk zu dechiffrieren, denen Befremdung und Widersprüchlichkeit in der Innenwelt als Ursache zugrunde liegen könnte. Fremdheit durch die Ausdehnung des Raums bedingte möglicherweise innere Befremdung.

Im 19. Jahrhundert zeigt sich der Fremde als böser Eindringling oder Betrüger, bei Gottfried Keller hingegen in „Kleider machen Leute" in der Gestalt des Wenzel Strapinski trotz falscher Identität liebenswert, oder auch als rettende Erlöserfigur wie das fremde, braune Mädchen in Adalbert Stifters Erzählung „Katzensilber" aus „Bunte Steine".[7]

In Theodor Fontanes „Kriegsgefangen" (1871) ist Fremdsein auch eine Frage der nationalen Grenzen. Als Hugenotte fühlte Fontane vermutlich eine gewisse Nähe zu Frankreich, er war jedoch als Kriegsberichterstatter von der preußischen Regierung beauftragt, über die Kriegsschauplätze zu informieren. Selbstverständlich wurde von ihm erwartet, dass er die Position eines national gesonnenen Preußen einnahm.

---

[6] Fink-Eitel, Hinrich: Die Philosophie und die Wilden: Über die Bedeutung des Fremden für die europäische Geistesgeschichte. - Hamburg: Junius, 1994. - S. 13. - Zugl.: Berlin, FU, Habil. -Schr.

[7] Schmidt- Dengler, Wendelin: Der Fremde in der Landschaft: zu einigen Stereotypen in der Literatur der Habsburger Monarchie im 19. Jahrhundert/Vortrag im Rahmen des Symposions „Das Fremde und die Fremden" vom 6.-8.12. 1996 im Clubhaus der FU Berlin. -

Als er in Gefangenschaft und unter Spionageverdacht geriet, setzte man ihn unter kargen Bedingungen auf der Insel Oléron fest, die zu einer Inselgruppe vor La Rochelle gehört zwischen Loire und Gironde. Dort hielt man ihn in einem Rattenverlies, so dass seine ersten Erfahrungen mit der Heimat, die für ihn Fremde bedeutete, keineswegs anheimelnd und angenehm verliefen.[8] Geprägt durch sämtliche Vorurteile der Preußen gegenüber dem fremden Land, übernahm Fontane die üblichen Stereotype und Vorurteile nationaler Art und versuchte dennoch, das kulturell Andere nicht abzuqualifizieren, sondern entwickelte einen Gegenmythos, der grobe Werteinschätzungen ins Gegenteil verkehrte.[9]

Beim Versuch, das Fremde zu definieren, blieb das Eigene bei Fontane Grundlage dieser Vorstellungen.[10]

Es wird zu diskutieren sein, ob in Fremdbildern, die Fontane in „Quitt" von Amerika, in „Graf Petöfy" von Österreich-Ungarn und in „Schach" von Italien entwickelt hat, das Eigene dem Fremden ähnelt oder das Fremdbild nur auf der Grundlage des Eigenen entstehen konnte, weil ihm oft die authentische Erfahrung fehlte.

Walter Benjamin äußerte in seinen „Städtebildern", dass die Sprache der Bilder es erlaube, das Fremde sinnlich erfahrbar zu machen, ohne dass es dadurch an Fremdheit verliere.[11]

So vermitteln Erzählungen wie Stifters „Narrenburg" oder „Abdias" exotische Landschaft, die Wüste und die Atmosphäre jüdisch-asiatischer Fremde. Der Leser bedarf keiner authentischen Erfahrungen, um deren Fremdheit zu fühlen. Je konkreter sich das Fremde in exotischen Frauenfiguren wie in Adalbert Stifters „Narrenburg" oder in dem Chinesen in Fontanes „Effi Briest" manifestiert, desto stereotyper wirken die Qualitä-

---

[8] Fontane, Theodor: Wanderungen durch Frankreich: Erlebtes 1870-1871. - 1. Aufl. - Berlin: Verlag der Nation, 1970. - S. 129-131
[9] Loster-Schneider, Gudrun: „Kriegsgefangen?": Zur Interaktion von National- und Geschlechterstereotypen in autobiographischen Texten Theodor Fontanes. Theodor Fontane. Am Ende des Jahrhunderts. Internationales Symposion des Theodor-Fontane-Archivs. Potsdam, 13.-17. September 1998. -
[10] Aust, Hugo: Theodor Fontane: ein Studienbuch. - Tübingen: Francke, 1998. - S. 20
[11] Benjamin, Walter: Städtebilder. - 1. Aufl. - Frankfurt/M.: Suhrkamp, 1992. - 125 S.

ten dieser diffusen Fremdheit, die im 19. Jahrhundert nicht nur bei Fontane in die Literatur einzieht. Sie begeben sich in die Gefahr, fragwürdig zu werden. Auch Fontane las in England triviale Fortsetzungsromane und begeisterte sich für den amerikanischen Schriftsteller Bret Harte.[12]

Es entsteht der Eindruck, dass die Angst vor dem Fremden metaphorisch umgesetzt wurde in Gestalten, deren Eigenschaften die Merkmale des Fremden vermitteln sollen.

Fremdheit bezieht sich auf soziale, kulturelle, ethnische und familiäre Aspekte, aber auch auf Fremdheitsgefühle im eigenen Ich und auf das Außenseiterempfinden des Schriftstellers durch seine besondere gesellschaftliche Position. Bereits Bernhard Waldenfels versuchte, jenem Phänomen auf die Spur zu kommen, das bisher oft in Gegensatzpaaren wie Nähe und Distanz, Vertrautheit und Fremdheit, Heimat und Fremde seinen Ausdruck gefunden hat. Dazu gehören auch Gefühle der Entfremdung vom anderen, Befremdung im Sinne einer undefinierbaren Beklommenheit, Fremdheit durch den Umbruch von Antike und Moderne, fremde Technik und gesellschaftliche Umwälzung, Vergangenheit und Gegenwart oder auch die Ferne im Zustand ihrer transitorischen Annäherung.

Theodor Fontane (1819-1898), um dessen Werk es fortan gehen soll, wurde als Sohn eines Apothekers in Neu-Ruppin geboren. Seine Eltern waren südfranzösischer Herkunft, aus dem Languedoc und der Gasgogne vertrieben, und gehörten zu den Hugenotten, die durch das Edikt von Nantes Frankreich am Ende des 17. Jahrhunderts verlassen mussten und von Friedrich Wilhelm I. in Preußen aufgenommen wurden. Einerseits Märker und Preuße, andererseits aber auch von französischer Herkunft, vereint er als Schriftsteller wie kaum ein anderer in sich die Widersprüche und Tendenzen im Umbruch zu einem technischen Industriezeitalter.

---

[12] Remak, Henry: Der Weg zur Weltliteratur: Fontanes Bret-Harte-Entwurf. In: Fontane-Blätter. Sonderheft 6. Artikel-Nr. 31782. Potsdam: Theodor-Fontane-Archiv, 1980. -

Soziale Veränderungen leiteten einen Demokratisierungsprozess ein, der jedoch durch das Scheitern der bürgerlichen Revolution von 1848 zunächst verzögert wurde. Entsprechend folgten Rückschritte und Verunsicherung, die sich in seinen Balladen und frühen Arbeiten spiegeln, die monarchistische und militärisch preußische Vorbilder glorifizieren wie General Derfflinger oder den alten Dessauer als Repräsentanten eines vom „schwarzen Adler" beherrschten Preußens.[13]

Die Konfrontation mit der Fremde erlebte er auf seinen Reisen als Korrespondent der preußischen Regierung in England, als Kriegsberichterstatter an der Front in Schleswig-Holstein, sowie in Böhmen und Frankreich. Seine Erlebnisse regten ihn dazu an, seine Eindrücke festzuhalten. Zahlreiche Briefe an seine Familie und seine Freunde, Tagebuchaufzeichnungen und unzählige Manuskripte machen ihn zu einer unerschöpflichen Quelle der Forschung zum 19. Jahrhundert, weil er versuchte, die sozialen und gesellschaftlichen Zusammenhänge seiner Zeit als Realist so objektiv wie möglich darzustellen. Seine ersten Balladen und Gedichte preußisch-nationalen Inhalts entstanden in der Zeit seiner Zugehörigkeit zur Dichtergruppe „Der Tunnel über die Spree". Erste Entwürfe im Zeichen wachsenden bürgerlichen Nationalbewusstseins, wie etwa das Gedicht über „Schiller" zum Schillerfest des „Tunnels" 1859, deuten auf eine Auseinandersetzung mit dem preußischen Selbstwertgefühl. In diesem Gedicht trifft er einen trivialverulkenden Ton gegenüber der Literatur des bürgerlichen Freiheitskampfes. Dies ist umso verwunderlicher, als auch er Stoffe schottisch-historischer Prägung bevorzugte, die die Macht- und Glaubenskämpfe in England widerspiegeln, wie sie Schiller in „Maria Stuart" dramatisierte.

Romane wie „Allerlei Glück" und „Geschwisterliebe" sollen als erste Versuche gewertet werden und daher unberücksichtigt bleiben.[14]

---

[13] Theodor Fontane: Gesammelte Werke: eine Auswahl in fünf Bänden. - Berlin: Fischer, 1920 1: Gedichte. - S. 3-68

[14] Vgl. dazu auch: Goethe, Johann W. von: Geschwisterliebe. - In: Schöne Geschichten: Deutsche Erzählkunst aus 2. Jahrhunderten/hrsg. von Peter von Matt. - Stuttgart: Reclam, 1992. - S. 23-41

Besonders sein früher Roman „Vor dem Sturm" ist durchdrungen von der Trauer über den Verlust preußischer Werte.

Seine Reiseberichte aus England jedoch, festgehalten in „Ein Sommer in London" (1854), „Jenseit des Tweed"(1860) und die erst 1898 herausgegebene Biographie „Von Zwanzig bis Dreißig" geben Aufschluss über seine wichtigen Lebensjahre in England und Schottland von 1844-1859, dem Land, aus dem sein großes Vorbild Sir Walter Scott stammte. Hugo Aust geht auf die balladenartige Novelle „James Monmouth" (1853) ein, in der Fontane die Geschichte der Stuarts bearbeiten wollte. Die Romane von Walter Scott beeinflussten seine Stoffauswahl, denn die Auseinandersetzung mit der Fremde verschaffte ihm Berührungspunkte mit der französischen Geschichte. Tatsächlich verbrachte James Monmouth, historische Figur in der schottischen Geschichte, Jahre im französischen Exil im Machtkampf zwischen der anglikanischen Staatskirche Englands und den Anhängern der schottischen Presbyterianer. So werden inhaltlich Fragen der Königstreue berührt. Auch die Geschichte der Hugenotten thematisiert Glaubenswahn und religiösen Fanatismus.[15]

Dies lässt sich im Einzelnen an den zahlreichen Romanen von Walter Scott verifizieren. „Old Mortality" beispielsweise schildert die Kämpfe zwischen den verfeindeten Glaubensparteien in Schottland und England, „Quentin Durward" führt ins Frankreich des 15. Jahrhunderts. In diesem Roman zitiert der Protagonist ein schottisches Sprichwort:

„Lieber ein warmherziger Fremder, als ein kalter Bekannte."

Quentin Durward ist ein Fremder in Frankreich, der auf den Spuren seines Onkels in den Dienst von Ludwig XI. treten will. In dieser Zeit erbitterter Machtkämpfe und Bandenkriege in den Wäldern der Ardennen geht es um den Besitz und die Herrschaft der flandrischen Fürstentümer. Dabei kämpfte der mächtigste Fürst in Frankreich, der Herzog von Burgund, mit dem französischen König um den dortigen Bischofssitz. Ludwig XI., in erster Ehe mit Margarete von Schottland verheiratet, hielt sich eine 300 Mann starke schottische Bogenschützentruppe. Die Schotten verbündeten sich lieber mit den Franzosen, als sich ihrem Erzfeind, den Engländern, zu ergeben. Die zahlreichen Plessis, von Zäunen umgebe-

---

[15] Aust, ebd., S. 43

ne Jagdschlösser, waren mit Tierfallen ausgelegt und in den Wäldern wütete Wilhelm von der Mark, der Eber der Ardennen genannt, der seine Erbanrechte auf Naumur, die Ardennen und Limburg durchzusetzen versuchte.

Der Besitz der Grafschaften im Mittelreich wechselte häufig und hing auch von der Heiratspolitik ab. Klare sprachliche Abgrenzungen zwischen dem Flämischen und dem Französischen gab es nicht. Luxemburg war ein nicht unwesentliches Grenzland, das sich die Niederlande und Preußen teilten. Scott schildert auf drastische Art und Weise die Wildheit dieser noch mittelalterlichen Zeit. Der Roman bestätigt die freundschaftliche Verbundenheit Frankreichs mit den Schotten. Louis-Henri und Theodor Fontane sahen ihn als weitere Quelle und historische Information über das Land, das ihre Vorfahren verlassen mussten. [16]

Sein Interesse an Schottland könnte also auch als indirektes Interesse an Frankreich verstanden werden. Dem entspricht das Interesse der Romantik an mittelalterlicher Geschichte und Kultur. Das Fremde kann auch die Befremdung hinsichtlich einer dunklen mittelalterlichen Geschichte bedeuten, ebenso wie die Spannung im Hinblick auf eine offene Zukunft. Zweitens sollen Merkmale und Indizien von Fremdheit, Befremdung und Entfremdung in seinem Alterswerk, insbesondere die Konstellation von Raum und Protagonist ausführlich im zweiten Kapitel über „Effi Briest" (1895) und die Eheromane „L'Adultera" (1882), „Schach von Wuthenow" (1883), „Graf Petöfy"(1884), „Cécile"(1887) und „Irrungen, Wirrungen" (1888), „Stine"(1890) und „Mathilde Möhring", erst 1906 aus dem Nachlass herausgegeben, betrachtet werden, weil Brüche und Verfallserscheinungen der Aristokratie in den Gründerjahren und der Bismarck-Ära in Fontanes Romanen, die er erst im Alter von etwa 60 Jahren zu schreiben begann, zeittypisch sichtbar werden. Das Entwicklungspotential des aufstrebenden Bürgertums reibt sich am starren System und den erstarrten Konventionen einer rigide abgesteckten aristokratischen Militärgesellschaft, deren obsolet gewordene Etikette seine Untertanen zu ersticken drohte. Die Unerbittlichkeit, mit der die herrschende Militäraristokratie bei Ehebruch durch Sanktionen, Ehrver-

---

[16] Scott, Walter: Quentin Durward. - Leipzig: Reclam, o. D., 528 S.

lust und Duell, bei Nichtbeachtung und Übertretung ständischer Schranken aus dem engen Korsett der unausgesprochen stets vorhandenen Konventionen, seine Mitglieder ausgrenzte, motivierte Fontane dazu, diese in humorvoll-ironischer Art in seinen Romanen anzuprangern.

Der Konflikt zwischen Befremdung im Inneren und Entfremdung von der Außenwelt lässt sich bei Fontane am besten an der Korrelation zwischen Subjekt und Raum nachvollziehen. Die Konfrontation mit der Fremde, die Möglichkeit zu reisen und jenseits der engen nationalen Grenzen Erfahrungen zu sammeln, bewirkte eine Erweiterung des Horizontes, eine tolerantere Haltung gegenüber dem Fremden, doch bedeutete dies auch eine Erschütterung festgefahrener innerer Vorstellungen. Nicht zuletzt die damit verbundenen Ängste und Irritationen sollen am Innenleben von Fontanes Protagonisten nachgewiesen werden.

Bereits in den Eingangskapiteln seiner Romane zeigt er, wie durch die Gestaltung eines Hauses, Schlosses oder eines Salons, besonders in der Darstellung der typischen Berliner Mietwohnungen der Gründerzeit, oder in seinen Harz- und Wildererromanen, die meist das Riesengebirge und das damalige Schlesien, heute Polen, darstellen, sich der Rahmen für die spätere Handlung festlegen lässt.[17]

Der Raum wird bei ihm Spiegel des Inneren, das Intérieur dient der Vermittlung innerpsychischer Prozesse in einer Zeit der sich anbahnenden Psychoanalyse.

Die Metaphorik, mit der Fontane das Gefühl des Fremden und Befremdenden umschreibt, verhüllt das Innenleben, verklausuliert die Gefühle, weil die preußische Gesellschaft sie auf keinen Fall nach außen dringen lassen möchte. Gefühle befremden, dürfen also nicht gezeigt werden. Erotik, Sehnsüchte, Ängste und Wünsche, insbesondere die Sexualität, sind ein Tabu. Suizide und Depressionen als Folgeerscheinungen gescheiterter Lebensversuche kennzeichnen das Ende der Protagonisten. Die Romanausgänge sind keineswegs nur Stimulans für den sensati-

---

[17] Allenhöfer, Manfred: Vierter Stand und Alte Ordnung bei Fontane: zur Realistik des bürgerlichen Realismus. - Stuttgart: Heinz Akad. Verl., 1986. - S. 23
Hass, Ulrike: Theodor Fontane: bürgerlicher Realismus am Beispiel seiner Berliner Gesellschaftsromane. - Bonn: Bouvier, 1979. - 206 S.

onshungrigen Leser, sondern Symptome einer repressiven Ständegesellschaft.[18]

Die „Utopie weiblichen Glücks", die Möglichkeit einer emanzipierten und erfüllten Daseinsform für Frauen, scheint singulär der Roman „L'Adultera" in Aussicht zu stellen.[19] Der Ehebruch als Titel, wenn auch verklausuliert in italienischer Sprache und angelehnt an das gleichnamige Gemälde Tintorettos, bedeutet jedoch nicht eine grundsätzliche Veränderung in Fontanes Weltanschauung, die zum pessimistischen Ende neigt, sondern eine einzigartige Provokation, weil er erstmals zum Ausdruck bringt, dass Ehebruch nicht in einer Katastrophe enden muss, sondern vielmehr auch zum eigentlichen Glück führen kann.

Seine Romane rücken Lebensläufe von Frauen in den Mittelpunkt und befassen sich insbesondere mit der Ehe bzw. mit deren Scheitern durch Standesgrenzen und unüberwindliche Fremdheit zwischen Mann und Frau.

Zwar ging es Fontane um die Konzeption neuer Frauentypen, die im Sinne der Gründerzeit bürgerliches Selbstbewusstsein aufweisen, doch stehen sie noch am Anfang eines Emanzipationsprozesses, weil der größte Teil der weiblichen Bevölkerung durch die ökonomischen Bedingungen in der Ehe weiterhin die einzige Lebensperspektive sah und kein wirklich autonomes Leben führen konnte.

Die Zeit um 1885 ähnelt folglich einer alten Truhe, deren Datum mit Farbe übermalt wird und erst durch mühevolles Abbeizen freigelegt wird, um schließlich preiszugeben, dass hinter dem übertünchten Holz der Wurm lauert. Die Frau bleibt Zierleiste einer rigiden Ständegesellschaft, geprägt durch preußischen Drill und konventionalisierte Formen, in denen sie sich stillschweigend in ihre Rolle zu fügen hat. Die Truhe im Sinne einer Metapher für ein patriarchalisches System könnte trotz Holzwurmbefall sicherlich weiterexistieren, durch Überstreichen etwas länger erhalten

---

[18] Greif, Stefan: Ehre als Bürgerlichkeit in den Zeitromanen Theodor Fontanes. - Paderborn: Schöningh, 1992. - 387 S.

[19] Mittelmann, Hanni: Die Utopie des weiblichen Glücks in den Romanen Theodor Fontanes. - Bern: Lang, 1980. - 125 S.

werden, doch die Frau behielte die Stellung einer porösen Repräsentationsfigur, die bei Freilegung des Naturholzes zerbröselte.

Es ist nämlich nicht Innstetten, der in seiner Gefühlskälte und Indifferenz, seinem übertriebenen Pflichtbewusstsein und verletzten Ehrgefühl zur Verantwortung gezogen wird, sondern der Ehebruch wird allein Effi angelastet, ohne dass nach der Ursache ihres Fehlverhaltens gefragt würde.

Entsprechend vollzieht Fontane als Autor und Erzähler die Vollstreckung am vermeintlich Schuldigen in konsequenter Verfolgung der gesellschaftlichen Gesetze und Vorurteile.

Damit bleibt die Protagonistin Effi trotz heimlichen Widerstandes und Ausbruchsversuches aus der engen Vorstellungswelt, wie sich eine verheiratete Frau zu benehmen habe, einer Ordnung verpflichtet, die ihr kein Eigenleben gleichwertig dem ihres Mannes erlaubt. Sie bleibt, trotz Veränderung der Gesellschaft zu einer mehr bürgerlich selbstbewussten, eine Repräsentationsfigur in einer männerbestimmten Gesellschaft, in der sie kaum Entwicklungsmöglichkeiten in beruflicher und persönlicher Hinsicht ausleben kann, obwohl es in der Geschichte der Frauenbewegung bereits seit dem 18. Jahrhundert vereinzelte Versuche gab, diese vorgegebene Rolle zu durchbrechen.[20]

Eine Rachel Varnhagen von Ense stellte eine unrepräsentative Ausnahme dar. Abgesehen von Mathilde Möhring, die nach dem Tod ihres Mannes als Lehrerin tätig wird, sehen die Frauen in Fontanes Werken von Lene bis Effi die einzige Chance eines würdigen Weiterlebens in der Resignation, oder dem Rückzug ins fremde Italien, verbunden mit der Konversion in eine andere Glaubenswelt, sowohl in „Schach" als auch in „Graf Petöfy". Es mangelt ihnen an beruflicher Qualifikation, so dass ein Anschluss an die Männerwelt kaum möglich ist. Unverständnis und Entfremdung prägt weiterhin das Verhältnis der Geschlechter zueinander, weil die Partner in verschiedenen Welten agieren.

---

[20] Frevert, Ute: Frauen-Geschichte Zwischen Bürgerlicher Verbesserung und Neuer Weiblichkeit. - Frankfurt/M.: Suhrkamp, 1986. - S. 15-134

Effi stirbt daher konsequenterweise bei Fontane an den Folgen einer isolierten Existenz im Abseits des Ausgegrenztseins. Lene muss sich mit dem braven, aber ungeliebten Gideon zufrieden geben.

Jenny Treibel kann zwar mit dem Geld ihres reichen Fabrikanten ihr kleinbürgerliches Selbstbewusstsein aufpolieren, reproduziert jedoch den selben Standesdünkel bei den Heiratsplänen ihres eigenen Sohnes, dem sie einst selbst ausgesetzt war.

Die Folge ist der Verlust einer authentischen Lebensweise, weil sie sich von ihrem wahren Ich entfremdet hat, kritiklos absorbiert wird von den bürgerlichen Werten des Standes, zu dem sie erst durch ihre Heirat gehört. Jenny bekommt, was sie wollte, doch sie gibt sich unbewusst auf.

Franziska Franz ergibt sich ebenfalls im reumütigen Verzicht auf ein neues Liebesglück, indem sie zum katholischen Glauben konvertiert, und Christine Holk begeht Suizid, weil die Folgen ehelicher Entfremdung eine Rückkehr zu den alten Verhältnissen nicht zulassen. In „Unwiederbringlich" zeigt der Titel bereits an, dass ein Neubeginn zum Scheitern verurteilt ist, weil die Trennung sich nicht rückgängig machen lässt und tiefe Wunden gerissen hat.

Kurzum, die Frau, die Repräsentantin einer neuen demokratischeren Gesellschaft hätte werden können, scheitert an der Kopie längst veralteter Denk- und Verhaltensweisen, die sie zwar durch den Ehebruch angreift, doch letztlich nicht überwinden kann. Fontanes Romanenden sind ein Rückschritt, spiegeln die historisch beobachtbare Tendenz zur Sehnsucht nach Rückkehr zu einem vermeintlich mehr Trost und Halt spendenden Katholizismus im Verlauf des 19. Jahrhunderts.

Indem Fontane die Probleme weiblicher Existenzformen in dieser Zeit darzustellen versucht, stößt er an die Grenzen seiner Zeit, macht aber immerhin bewusst, was bisher nur unausgesprochen empfunden wurde. Weibliches Glück bleibt Utopie. Emanzipation scheitert an der Unfähigkeit, Fremdes und Neues wirklich zuzulassen und auszuprobieren. Die Enge der bürgerlichen Welt bedeutet keinen wesentlichen Fortschritt im Vergleich mit der Undurchlässigkeit aristokratischen Standesdenkens.

Die angebliche Gegenfigur Corinna Schmidt, Identifikationsmuster des gehobenen Bildungsbürgertums und ihrer heiratsfähigen Töchter, scheitert am Standesdünkel der besitz- und großbürgerlichen Fabrikanten, die Geld und ein großes Haus für wichtiger halten als Intellektualität, wenn auch auf der Grundlage verdrängter Unsicherheit und dem Mangel an solider Bildung.

In Fontanes „Jenny Treibel" wird Corinna Opfer der Heiratspolitik des Besitzbürgertums, indem die Professorentochter gegen das Hamburger Patriziertum ausgespielt wird.

Jenny hat es nötig, sich in diesem Punkt ihre Überlegenheit zu beweisen und zwar nicht nur gegenüber sich selbst und ihrem Mann, sondern vor allem gegenüber der Öffentlichkeit.[21] Eine unstandesgemäße Heirat kam weiterhin einem öffentlichen Skandal gleich, denn innerhalb der Familie hatten feste Regeln eingehalten zu werden, um sich nach außen hin zu legitimieren und die soziale Stellung zu bestätigen.

„Zugleich legitimierte man den Familienbezug der Frau damit, daß diese ja schon „immer" für Küche, Kinder und Garten zuständig gewesen und dazu auch von Natur ausersehen sei.

Ihre Geschlechtseigenschaften bestimmten sie für ein Leben in engen Räumen, in steter Sorge und Aufopferung für das Wohl des Mannes und der gemeinsamen Kinder. Ihr Glück ging in dem der Familie ebenso auf, wie ihre Identität darin verschwand. Zumindest für Frauen bedeutete die Ehe daher, wie vormärzliche Gesellschafts- und Rechtspolitiker immer wieder betonen, weit mehr als ein beliebiges Kontraktverhältnis. Für den Mann war sie zwar ebenfalls wichtig, nicht aber im selben Maße notwendig und dominant. Ehe und Familie gewährten ihm emotionalen Rückhalt und sicherten den Fortbestand seines „Hauses"; seine persönliche Identität und soziale Position jedoch fand er in seinem wirklich substantiellen Leben im Staate, der Wissenschaft und dergleichen, und sonst im Kampfe und der Arbeit mit der Außenwelt und mit sich selbst."[22]

Frevert berichtet, dass die Dominanz der häuslichen Intimität sich jedoch nicht ausschließlich auf zwei Personen und ihre Kinder beschränkte. Der bürgerliche Haushalt des 19. Jahrhunderts beschäftigte in der Regel ein

---

[21] Fontane, Jenny Treibel, S. 146
[22] Frevert, ebd., S. 65

bis zwei Küchen- und Stubenmädchen. Auch der siebenköpfige Haushalt der Familie Fontane war ein Apothekerhaushalt mit vier Kindern und einem Gehilfen, in den frühen dreißiger Jahren hatten Fontanes noch eine Wirtschafterin, eine Köchin und zwei Hausmädchen sowie einen Kutscher. [23]

Emanzipierte Frauen der Frauenbewegung wie Louise Otto schlugen zwar um 1847 vor, dass Frauen Berufe ergreifen sollten, damit die Ehe zu ihrem natürlichen Recht käme und nicht zur bloßen Versorgungsanstalt degradiert werde, doch die Realität sah im vorletzten Jahrhundert so aus, dass die Frau nur etwas galt, wenn sie ein großes Haus führen konnte. [24]

„Hochzeit kommt vor dem Fall" überschreibt Jhy-Wey Shieh daher ihr drittes Kapitel, in dem sie nicht ohne Humor die Erwartungshaltungen der Frauen anspricht, die in einer passiven Hoffnung darauf warteten, dass einer sie in sein Haus hole, selbstverständlich müsse es sich dann nicht um eine jämmerliche Kate oder Mietwohnung, sondern möglichst um ein Schloss, eine Villa oder zumindest um ein repräsentatives eigenes Haus handeln.

Die Angst, allein zu bleiben, älteren Geschwistern zur Last zu fallen oder gar bei den Eltern ein „spätes Mädchen" zu werden, beherrschte die weiblichen Gemüter. Für die heiratsfähigen Töchter bürgerlicher Familien wurde deshalb eine gute Partie arrangiert, die Einheirat in ein standesgemäßes, bürgerliches Haus mit guten Tischsitten und Manieren.

Das Haus repräsentiert daher keineswegs nur etwas Gemütliches und Anheimelndes, sondern es ist ein Statussymbol, das die gesamte Familie als Keimzelle des preußischen Staates ausweist.

In Thomas Manns Familiensaga erwähnt Konsul Buddenbrook, dass er sich als Glied einer langen Kette begreife. Mit dem Haus Buddenbrook ist also nicht allein die stattliche Residenz gemeint, die er sich als reicher

---

[23] Frevert, ebd., S. 68
[24] Shieh, Jhy-Wey: Liebe, Ehe, Hausstand: die sprachliche und bildliche Darstellung des Frauenzimmers im Herrenhaus in Fontanes Gesellschaftsroman „Effi Briest". Frankfurt/M.: Lang, 1987. - 340 S.

Patrizier leisten kann, sondern die gesamte Familiengeschichte, über deren Gediegenheit er seine Bürgerlichkeit definiert.

Nicht zuletzt deshalb untersuchte Gisela Wilhelm die Romaneingänge bei Fontane, die stets mit der Beschreibung eines Hauses, Schlosses oder Salons beginnen.[25]

Die „höhere" Tochter war mangels Erwerbschancen auf eine Versorgungsehe angewiesen, während die Mädchen der unteren Stände auf eine Erlösung aus erniedrigenden Dienstbotenverhältnissen und bedrückenden Erwerbsarbeiten hofften. In „Stine" und „Irrungen, Wirrungen" schildert Fontane die Lage der kleinen Stickerinnen und Näherinnen, die durch Heimarbeit ein wenig Geld zu verdienen versuchten. Kam dann ein adliger Offizier, um voreheliche Erfahrungen zu sammeln, konnte die Haushaltskasse günstigerweise aufgebessert werden. Ingeborg Weber-Kellermann vermittelt die harten Bedingungen der Kinderarbeit in den Thüringer Puppenmachermanufakturen. Ohne die Mithilfe ihrer Kinder konnten viele Familien, auch in den bäuerlichen Betrieben auf dem Land, kaum überleben.[26] Ihre Analyse vermittelt in etwa die Lebensweise von alleinerziehenden Witwen, deren Kinder dann ähnlich wie Stine und Lene fast mittellos aufwuchsen und ohne männlichen Schutz durchgebracht werden mussten.

Am Roman „Effi Briest" soll außerdem dargestellt werden, wie sich die Innenwelt der Protagonisten in den Raumelementen ihrer unmittelbaren Umgebung spiegelt. Diese Priorität äußerer Raumelemente im Verhältnis zur Innenschau deutet bei Fontane auf ein Stadium psychoanalytischer Antizipation in der noch geschlossenen Form realistischer Darstellungsweise.[27]

---

[25] Wilhelm, Gisela: Die Dramaturgie des epischen Raumes bei Theodor Fontane. - Frankfurt/M.: Rita. G. Fischer, 1981. - 248 S.

[26] Weber-Kellermann, Ingeborg: Die deutsche Familie: Versuch einer Sozialgeschichte. - 1. Aufl. - Frankfurt/M.: Suhrkamp, 1974. - 286 S.

[27] Manthey, Jürgen: Die zwei Geschichten in einer: über eine andere Lesart der Erzählung „Schach von Wuthenow". - In: Theodor Fontane/hrsg. von Heinz Ludwig Arnold; Edition Text+Kritik: Sonderband. - München: Text+Kritik, 1989. - S. 117-130

Bei den Realisten am Ende des 19. und am Anfang des 20. Jahrhunderts gewinnen die komplizierten, mehrdeutigen Wechselbeziehungen zwischen Mensch und Raum an Bedeutung.[28] Gemeint ist vor allem die Familie als intime Rückzugs- und Regenerationsstätte des Einzelnen im Kleinen in der Auseinandersetzung mit dem Staat als Träger der Gesellschaft, dem er sich nicht entziehen kann, will er denn seinen Lebensunterhalt bestreiten.

Die Existenz des Menschen ist geknüpft an sein Wohnen, an das Wechselverhältnis von intimer Lebenswelt mit Ehepartner und Kindern und der Auseinandersetzung mit der Außenwelt durch Arbeit und Beruf. Auch im Biedermeier war es vor allem der Mann, der trotz aller Häuslichkeit hinausging, um seine Tätigkeit für den Unterhalt der Familie außerhalb, am Arbeitsplatz, auszuüben.

Einzig die Frauen und ihre Dienstboten verrichteten zu Hause ihre täglichen Verpflichtungen. Dies konnte jedoch zu einer Enge führen, weil neue Erfahrungen durch die Berührung mit dem Außen fehlten. Der Wohnraum, bei Fontane bereits in den Eingangskapiteln ausführlich angelegt, setzt dem Protagonisten ein soziales Handlungsumfeld und definiert von Anfang an, in welchem Rahmen er sich bewegen wird.[29]

Im „Stechlin" jedoch wird deutlich, dass Fontane auch die politische Dimension im Auge hat. Das große Haus, von dem im „Stechlin" explizit die Rede ist, steht für die Mitgliedschaft bei der Zentrumspartei, mit der die märkischen Junker in ihren Gütern und Schlössern sympathisierten, um ihre ständischen Interessen aufrechtzuerhalten. Wer ein großes Haus hatte, ein Schloss oder einen Gutsbesitz, dem konnte in der Regel am Erstarken der Sozialdemokratie wenig gelegen sein.[30] In der traditionsgebundenen Trennung der Geschlechterrollen, die zu einer zunehmenden Entfremdung ehelichen Lebens führte, weil Frauen die Ehe als Versorgungsanstalt hinnehmen mussten, ihre meist aus sozialer Not-

---

[28] Volkov, Evgenji: Zum Begriff des Raumes bei Theodor Fontane. - In: Fontane-Blätter, 63, 1997. - S. 144
[29] Müller, Karla: Schloßgeschichten: eine Studie zum Romanwerk Theodor Fontanes. - München: Fink, 1986. - 160 S.
[30] Fontane, Stechlin, S. 195

wendigkeit verordneten Ehepartner ertrugen, ohne wirkliche Nähe und Kommunikation, so dass das Verhältnis zwischen Ehefrau und Dienstmädchen meist intimer war als die Beziehung zum angetrauten Ehepartner, hatte die Frau das Haus zu hüten. Dies galt gleichermaßen für jene aus großen, wohlhabenden Familien wie für eher kleinbürgerliche Frauen, die sich mit Mietwohnungen bescheiden mussten. Die Verwirklichung der eigenen Persönlichkeit durch Bildung und berufliches Engagement blieb im 19. Jahrhundert weitgehend Zielscheibe des Spottes, allzu viel weibliche Intelligenz halte von den häuslichen Verpflichtungen ab und schade dem Familienleben.

Die Schriftsteller Wilhelm Raabe, Gottfried Keller und Theodor Fontane, bei aller Heterogenität des Gattungsbegriffs Vertreter des Realismus, rücken Fragen der sozialen Wirklichkeit ebenfalls in den Vordergrund. Es ging ihnen um ein umfassenderes Gesellschaftsbild, in das alle sozialen Schichten integriert sein sollten, auch um den Einfluss des Materiellen auf die Protagonisten, wobei letztlich jedoch ein tiefer Pessimismus, ein inneres Entferntsein von Gott, Fremdsein und Verlorenheit zum Grundgefühl der Existenz erhoben wurde, nicht zuletzt verbunden mit der Angst vor einer revolutionären Umwälzung in einer technisierten Welt. [31]

Bei Fontane zumindest zeigen sich Handlungsunfähigkeit und Krankheitssymptomatik, Entfremdung und Isolation als Zeichen des Übergangs zur modernen Industriegesellschaft, die mit der Irritation des Individuums im Raums korrelieren. [32] Das eheliche Scheitern diente Fontane implizit als Kritik an den bestehenden Verhältnissen. Gottfried Kellers Werk fokussiert eher auf das Problem der sozialen Deklassierung und Marginalisierung, zeigt das Fluktuieren zwischen Sein und Schein in Rand- und Sonderlingsfiguren verkörpert wie dem schwarzen Geiger in „Romeo und Julia auf dem Dorfe". [33] Stereotype im Kontrast zwischen

---

[31] Lukács, Georg: Wider den mißverstandenen Realismus. - Hamburg: Claasen, 1958. - 153 S. Lukács, Georg: Der alte Fontane. - In: Deutsche Realisten des 19. Jahrhunderts. - Berlin: Aufbau Verl., 1952. - S. 262-307 Ecker, Egon: Realismus des 19. und 20. Jahrhunderts. - Hollfeld/Ostf.: Bange, 1986. - S. 4-86

[32] Faber-Castell, Katharina von: Arzt, Krankheit und Tod im erzählerischen Werk Theodor Fontanes. - Zürich, Univ. Diss.,1983. - 97 S.

[33] Meyer, Hermann: Der Sonderling in der deutschen Dichtung. - Frankfurt/M.: Ullstein, 1984. - S. 197

Hell und Dunkel, unheimlich fremder und vertrauter freundlicher Physiognomie, Mischlinge, Halbblüter, Zigeunerfiguren ziehen in die Literatur ein.

Exotische Frauen werden von Adligen mitgebracht und in den heimatlichen Gebäuden untergebracht, wie Adalbert Stifter es in seiner „Narrenburg" beschreibt. In „Kleider machen Leute" täuscht der arbeitslose Schneidergeselle Wenzel Strapinski geschickt seine Gastgeber durch einen eleganten schwarzen Mantel. Der Widerspruch zwischen Sein und Schein, der Identitätskonflikt im Inneren wird durch die Lust am Verkleiden ausgedrückt, durch die Annahme einer anderen, besseren Rolle, im Falle des Wenzel Strapinski der des Grafen. Am Beispiel von Gottfried Keller erweist sich exemplarisch, dass der Fremde als Eingereister, unerkannt in seiner wahren Identität, die Anpassung an die Sitten und Gebräuche der Gastfreunde bis zur maskenhaften Verstellung meisterhaft beherrscht. Der Gang in die Fremde bedeutete bei Keller Kampf, Herausforderung und Bewährungsprobe in Anlehnung an den Bildungsroman. Doch dieser Weg war auch verbunden mit dem Verlust von Sicherheit und Wohlstand, den der Erwerb der Bürgerschaft in der Goldacher Gemeinschaft zu bieten vermochte. [34]

Was Michael Böhler am Beispiel des „Pankraz" bereits am Löwen als Metapher für einen inneren Kampf verdeutlicht hat, nämlich die Umschreibung einer Metamorphose durch den Weg in die Fremde, wiederholt und bestätigt sich auch in weiteren Erzählungen von Gottfried Keller. In seiner Erzählung „Die drei gerechten Kammmacher" stehen die zur Wanderschaft prädestinierten Handwerksgesellen im Mittelpunkt der Erzählung, die von ihrem Meister für geringe Kost und Logis zumindest jenen Unterschlupf im Winter erhalten, der ihnen im Sommer das Weiterziehen und Hinauswandern in die Welt ermöglicht. Dabei müssen sie sich oftmals mit den bescheidensten Verhältnissen, karger Kost, Sauerkraut statt Fisch und Fleisch, zufrieden geben, sich den Schlafplatz mit den Kameraden teilen und jederzeit mit der Kündigung rechnen. Nur äußerste Sparsamkeit und Fleiß unter Verzicht auf alles Überflüssige ermöglicht das Auffüllen der unter den Fußbodenfliesen verborgenen

---

[34] Keller, Gottfried: Die Leute von Seldwyla: Erzählungen. - München: Goldmann 1: S. 154-190 Keller, Gottfried: Werke 1-4. - Berlin: Aufbau, 1946. - S. 192-238

Sparstrümpfe. Der Erwerb eines eigenen Geschäftes wird dabei zum Lebenstraum, die Sparsamkeit zum ewigen Verzicht, die bis in Geiz ausarten konnte. Der Kampf um den Erwerb der Bürgerschaft, der Wunsch, zum anerkannten Bürgertum der Goldacher Gemeinschaft zu gehören, wird fast zum Alptraum, bei dem nur einer der Gesellen zum Ziel gelangen kann, weil nur ihm die wohlhabende Jungfer Züs Bünzlin das Ja-Wort und damit den Erwerb des Kammmachergeschäftes versprechen kann. Ihre verbal-moralische Eloquenz eskaliert zur verzerrten Karikatur bürgerlicher Saturiertheit, ihre üppige Abschiedstracht verbirgt sentimentale Geschwätzigkeit und austauschbare Liebenswürdigkeit, weil sie die Freier in einen brutalen Konkurrenzkampf verstrickt und ihnen anträgt, um sie zu kämpfen und damit ihre Liebe zu beweisen. Nur der vorausschauende Schwabe Dietrich hat sich listig zurückgehalten, sich mit einem erfrischenden Kirschwässerchen versorgt und kann daher die Jungfer in seine Zukunftspläne mit einwickeln, sie unbemerkt verführen, während sich der Bayer mit Fridolin rauft und dem Gespött der Leute aussetzt. Während sich die beiden Gesellen ausgetrocknet auf einen Quellbach stürzen, zu asketisch und geizig waren, für die Anstrengungen des Weges Vorsorge zu treffen, bleibt der Schwabe mit Züs im Wald zurück und überzeugt sie von seinen Reizen. Er nutzt klug die Gunst der Stunde zur kommunikativen Verführung und Absprache, sichert sich die Perspektive einer gemeinsamen Zukunft, weil er sich auch zum Teilen befähigt erweist.

Wer in die Fremde ziehen musste als Handwerksgeselle, hatte nicht viel, musste kämpfen und sich bescheiden. So bedeutet bei Keller der Gang in die Fremde auch das Ringen um den Platz in der Gemeinschaft und um den Erwerb der Bürgerschaft, deren spießbürgerliche Rechtschaffenheit neben handwerklichem Können und Fleiß auch das Verstellen und Maskieren, die geschickte Schau, das Beeindrucken durch hochtrabende Reden und unsinnige Phrasen bedeutete, durch das der Protagonist zur Akzeptanz in der Gesellschaft zu gelangen versuchte und bei der er meist Opfer seines eigenen selbstherrlichen Egos wurde. Interessanterweise sind es hier eher die Männer, die im Kampf um ein solides Gewerbe und um die Gunst der späteren Ehefrau sich bewähren müssen und dabei auch scheitern und in einem Junggesellenleben enden oder im Suizid. Keller ragt hervor durch die Darstellung des äußeren Erscheinungsbildes. Bürgerliche Respektabilität und Tugend verknüpft sich mit Lokalkolorit und Trachten, demonstriert an der äußeren Maske der bürgerlichen Wohlhabenheit und zeigt ein Bürgertum, das durch Statussymbole Anerkennung zu gewinnen versucht. Heimatgebundenheit und Redlichkeit kennzeichnet den sich zu Hause nährenden Bürger, der lieber den Fisch am eigenen Küchentisch verspeist, als in die Ungewissheit der Fremde zu ziehen. So ist für Keller die Fremde neben Freiheit und Abenteuer ein Moment sozial ungesicherter Verhältnisse, die dem wandernden Handwerkergesellen in seiner Jugend reizvoll erscheinen mögen, doch schließlich zum Erwerb eines festen Wohnsitzes, zur Gründung eines eigenen Geschäftes und einer soliden Bürgerlichkeit im mittleren Alter führen sollen. Kellers Realismus karikiert dabei die falsche Maske dieser zur Karnevalsfigur überzogenen bürgerlichen Fassade, deren Tracht dem wegziehenden Handwerker noch einmal alle Schmuckstücke bürgerlichen Besitzdenkens zum Abschied zur Schau stellen will, möglicherweise um alle Register angehäuften Besitzstandes in Erinnerung zu rufen und dort zu verankern, damit er sich in der Freiheit der Fremde und der Loslösung vom Materiellen an alle Annehmlichkeiten bürgerlicher Existenz erinnere.

„Da erschien Züs unter der Türe, mit feierlicher Miene, und zog an der Spitze der Gesellen gefaßten Mutes aus dem Tore. Sie hatte ihnen zu Ehren einen ungewöhnlichen Staat angelegt, trug einen großen Hut mit mächtigen gelben Bändern, ein rosafarbenes Indiennekleid mit verschollenen Ausladungen und Verzierungen, eine schwarze Samtschärpe mit einer Tombakschnalle und rote Saffianschuhe mit Fransen besetzt. Dazu trug sie einen grünseidenen großen Ridikül, welchen sie mit gedörrten Birnen und Pflaumen gefüllt hatte, und hielt ein Sonnenschirmchen ausgespannt, auf welchem oben eine große Lyra aus Elfenbein stand. Sie hatte auch ihr Medaillon mit dem blonden Haardenkmal umgehängt und das goldene Vergißmeinnicht vorgesteckt und trug weiße gestrickte Handschuhe." [35]

---

[35] Keller, Gottfried: Werke Bd. 3. - Berlin: Aufbau, 1946. - S. 221

Der Fremde erregt die Aufmerksamkeit seiner neuen Umgebung allein schon durch sein Fremdsein. Er oder sie wird geprüft und observiert, beurteilt und klassifiziert in die Schemata der vorhandenen Rollenmuster. Besonders wird er in die Klischeevorstellungen einzuordnen versucht, die mit schichtenspezifischen Verhaltensweisen und gesellschaftlicher Kleiderordnung einhergehen, die im 19. Jahrhundert wesentlich strenger abgesteckt war als heute. Bereits an der Tracht oder der Kleidung einer bestimmten Zunft ließ sich der soziale Status ihrer Träger erkennen.

In Kellers Romanen versuchen die Protagonisten, sich durch die Annahme der einheimischen Trachten und Manieren zu integrieren, weil der Fremde oft als Bedrohung empfunden wurde und nur eine Chance bekam, wenn er sich äußerlich an die Rollenvorstellungen ständischer Erwartungshaltung anzupassen verstand. Doch die Annahme dieser anderen, neuen Identität bleibt bei Keller an der Oberfläche der Handlung, seine psychischen Konflikte und unterschwelligen Probleme setzen sich um im Ablauf des Geschehens, lassen nur erahnen, was an innerem Kampf dahintersteckt.

Dies wiederum verbindet ihn mit der gedämpften Zurückhaltung Fontanes, der psychische Prozesse als Leerstellen offen lässt und bewussten Entscheidungen keine sprachliche Umsetzung erlaubt. Lediglich Konversationen und Diskussionen enthüllen den Ablauf dessen, was sich in der Innenwelt des Protagonisten abgespielt haben mag. Auch die unerklärlichen Seelenregungen des gekränkten, trotzigen Pankraz erleben durch die Konfrontation mit der fremden Welt eine Metamorphose. Diese ist jedoch nicht das Ergebnis einer psychoanalytischen Innenschau. Der Held bewegt sich vielmehr in der Bilderwelt mythischer und archetypischer Seelenmetaphern, die die inneren Aggressionen und Triebe mit real vorhandenen Doppelgängerfiguren oder Tieren, im Falle von Pankraz ist es die Begegnung mit einem wilden Löwen, symbolisieren. [36]

Der innere Kampf mit dem fremden, unbekannten Ich, die spürbaren Triebe und Leidenschaften, das Wilde im unergründlichen Seelenleben,

---

[36] Böhler, Michael: Die falsch besetzte zweite Herzkammer: innere und äußere Fremde in Gottfried Kellers Pankraz der Schmoller. In: Figuren des Fremden in der Schweizer Literatur/hrsg. von Corinna Caduff. - Zürich: Limmat, 1997. - S. 36-59

kannte bisher keine Decodierung. Die Ehe und alle damit möglicherweise verbundenen Schwierigkeiten wurden mit der Metapher „rote Ampel" besetzt. Das Eheleben blieb eine strikte Privatangelegenheit.

Die Reise in fremde Kontinente, die Öffnung nach außen, ging vermutlich unbewusst einher mit dem Willen, sich selbst besser kennen zu lernen, öffnete auch die Innenwelt für eine Veränderung.

Bei Fontane bricht das unterdrückte Triebleben plötzlich durch, indem innere Ängste sich in äußere Erscheinungen und Spukgestalten transformieren. Gestalten wie der fremde Chinese in „Effi Briest" ähneln einer traumhaften Umsetzung von Erleben und Konfrontation mit neuen exotischen Lebenswelten, nehmen das unheimliche Fremde hinein in die häusliche Lebenssphäre preußisch-biedermeierlicher Verhältnisse. Der Fremde, mitgebracht von einer weiten Schiffsreise, wird aufgenommen in die heimische Lebenswelt, dabei erzeugt er jedoch ungeahnte Irritation und Furcht, weil das neue, bisher negierte Leben außerhalb nationaler Grenzen noch nicht innerlich integriert werden kann. Das Paradigma des Fremden in der Gestalt des Chinesen wird zu einer Figur des Fremden, die sukzessive das Fremde mit dem Eigenen vermischen will, jedoch an kulturellen Vorurteilen scheitert, weil fremder Glaube und andere Hautfarbe unakzeptabel erscheinen. Die Auseinandersetzung mit dem Inneren, der Erotik und Triebwelt ist somit Keller und Fontane andeutungsweise gemeinsam, doch Fontane konfrontiert sich lieber vor Ort, er wählt den Schauplatz Kessin, den örtlichen Friedhof mit seiner Eingrenzung und gleichzeitig damit Ausgrenzung anderer Konfessionen, um die Begegnung mit der fremden Figur zu beschreiben.

Die Protagonisten Kellers dagegen ziehen aus und kehren zurück in der Tradition des Bildungsromans.

Fünfzig Jahre später lässt Robert Walser (1914) in „Heimkehrer" seine Gestalten kurz vor der Schwelle stehen, weil die anfängliche Euphorie beim Anblick der Heimatstadt schnell in abstoßende Fremdheit umschlägt, sie entweder sofort umkehren oder für immer fortbleiben. Der Zustand des „Nichtmehrzurückkönnens", weil die Zeit eine unüberbrückbare Kluft hat entstehen lassen, kennzeichnet die Orientierungslosigkeit des absolut Heimatlosen, der bindungslos ohne Familie und soziale Einbettung sich selbst und anderen fremd geworden ist. Julia Kristeva weist daher darauf hin, dass der Fremde, wenn er sich ein Ziel gesetzt hat, bereits Verrat am Fremdsein begangen hat.

„Das (berufliche, intellektuelle, affektive) Ziel, das sich mancher auf dieser zügellosen Flucht setzt, ist bereits ein Verrat am Fremdsein, denn mit der Wahl eines Lebensprogramms nimmt der Fremde sich vor, zu rasten oder sich niederzulassen. Nach der extremen Logik des Exils dagegen müßten sich alle Ziele in jenem Netz aufzehren und zerstören, das der Heimatlose nach einem immer hinausgeschobenen, nie befriedigenden, immer unerreichbaren Anderswo ausgeworfen hat." [37]

Kristeva lässt psychoanalytische Deutungsversuche in den Vordergrund treten. Der Fremde, im Sinne von Camus' Mersault, der in seiner Indifferenz nicht einmal mehr seiner Mutter etwas zu sagen hat, kennzeichnet den Typus des Romanhelden des 20. Jahrhunderts, dessen pathologische Innenwelt immer mehr nach außen dringt. Verzweiflung, Verlorenheit und absolutes Alleingelassensein wird zum zentralen Thema.

Bei Fontane dagegen ist die Darstellung von Konflikten, Fremdheitsgefühlen und Widersprüchen in Gesellschaft und Seelenleben in authentisch konzipierten Zerrbildern der preußischen Wirklichkeit angelegt. Die Protagonisten reiben sich weniger an ihrem Innenleben als an einer Außenwelt, die ihr Innenleben stört, ja zerstört.

Die Irritation eines gestörten Seelenlebens wird zwar in „Effi Briest" angedeutet, bewegt sich aber noch im Rahmen einer unter „Spuk" subsumierten Vorstellung von etwas, was der bloße Verstand nicht mehr begreifen kann, und wird daher abgedrängt in eine verschwiegene Dunkelzone des gesellschaftlich Tabuierten. Innstettens Worte verdeutlichen, dass die mangelnde Diskretion gegenüber peinlichen oder gar zu intim erotischen oder bewegenden Zusammenhängen ihn zum Gespött der Leute werden lasse und seiner Karriere schade. Die Spukgeschichte als sensationslüsternes Erziehungsmittel, als Angstapparat aus Kalkül, um das Gewöhnliche und Langweilige seines Hauses aufzubessern, setzt er durchaus aus Berechnung ein, doch eine ernsthafte Analyse seiner Ver-

---

[37] Kristeva, Julia: Fremde sind wir uns selbst. - Frankfurt/M.: Suhrkamp, 1990. - S. 15

hältnisse, die Auseinandersetzung mit dem bisher Fremden, würde ihn doch zu sehr innerlich angreifen, Freunde verschrecken und sein Haus blamieren.[38]

Das Fremde wird spannendes Unterhaltungsmoment zahlreicher Anekdoten, die der Kurzweil in einer ländlichen Feudgesellschaft dienen, die noch nicht von den heutigen Medien überflutet ist. [39]

In „Effi Briest" baut Fontane solche Anekdoten ein, von Don Pedro und dem Kalatravaritter oder dem Vitzliputzli, einem mexikanischen Gott, solange es der Unterhaltung dient.[40]

Echte Aufnahme findet es jedoch weder im Inneren noch im Äußeren, denn der fremde Chinese, in den sich die Nichte des Kapitän Thomson verliebt hat, kommt als potentieller Ehepartner nicht in Frage. Der Konfrontation mit dem unbekannten Seelenleben der sensitiven Effi Briest steht die Struktur und Hierarchie der militärischen Ständegesellschaft entgegen, die für das Irrationale und Metaphysische kein Verständnis hat.[41]

„Ich kann hier in der Stadt die Leute nicht sagen lassen, Landrat Innstetten verkauft sein Haus, weil seine Frau den aufgeklebten Chinesen als Spuk an ihrem Bette gesehen hat."

Die Angst vor dem Urteil der anderen, die Abhängigkeit vom guten Ruf, weil gesellschaftliches Ansehen in Preußen verbunden ist mit Amt, Integration und Anerkennung, weist auch der Frau ihre Rolle zu.

Jeder, der sich nicht in die Normen fügen will, muss damit rechnen, zum Außenseiter zu werden, ausgegrenzt zu werden wie die Fremden, deren

---

[38] Fontane, Theodor: Effi Briest. - München: dtv, 1995. - S. 134
[39] MhicFhionnbhairr, Andrea: Anekdoten aus allen fünf Weltteilen: the anecdote in Fontane's fiction and autobiography. - Bern: Lang, 1985. - S. 110
[40] Fontane, ebd., S. 138
[41] Fontane, ebd., S. 80 Chambers, Helen: Supernatural and irrational elements in the works of Theodor Fontane Stuttgart: Heinz Akad. Verl., 1980. - S. 165-215
Degering, Thomas: Das Verhältnis von Individuum und Gesellschaft in Fontanes „Effi Briest" und Flauberts „Madame Bovary". - 1. Aufl. - Bonn: Bouvier, 1978. - S. 74

bloße ethnische Herkunft sie für eine Teilnahme in den gesellschaftlichen Kreisen vor Ort suspekt macht und stigmatisiert.

In „Schach von Wuthenow" ist es die boshafte Kameraderie seiner Offizierskameraden, die „Schach" zum Gespött der Öffentlichkeit werden lässt. Das Aufeinandertreffen von Selbstbild und Fremdbild ermöglicht im Konvergenzpunkt von Ich und Spiegelbild jenen Blick, der eine Beziehung zwischen Ich und Welt initiiert und Selbsterkenntnis vielleicht sogar verhindert.

Denn die Harmonisierung von Ich und Welt, das Ausbalancieren von Innen und Außen durch die Korrektur des Äußeren und die damit verbundene Anpassung an die Umwelt dient letztlich der Stabilisierung der vorgegebenen Strukturen und Werte, leitet eine Versöhnung mit den herrschenden Normen und den Erwartungshaltungen der Umwelt ein, bestätigt, wie eine Frau sich optimal präsentieren kann, anstatt sich zum Eingeständnis der inneren Krise durchzuringen, die einem Akt echter Selbsterkenntnis vorausgehen muss.

Es ist daher bezeichnend, wenn Claudia Liebrand den Konfliktroman „Effi Briest", der in die Zeit von Fontanes psychischer Krise fiel, im Zusammenhang mit seinem autobiographischen Roman „Meine Kinderjahre" zu deuten versucht, denn Fontane spürte selbst, dass seine eigenen Probleme auch mit seiner Vergangenheit, seiner fremden Herkunft und seiner Vater- und Mutter-Imago zusammenhingen. Liebrand jedoch sieht in der Selbstbespiegelung mehr ein Ausloten, möchte den Nervenzusammenbruch begründen und verharmlost ihn damit. [42]

Fontane nahm seinen Zustand immerhin zum Anlass, psychische Konflikte durch die Darstellung des Geschlechterkampfes in „Effi Briest" mit gesellschaftlichen Zwängen in Verbindung zu bringen, doch ein Aufbrechen dieser klar abgesteckten Verhaltensmuster wird in dieser historischen Situation einzig durch den Ausbruchsversuch möglich, durch den Ehebruch und die Verweigerung normativer Zwänge. Die Konsequenz dieser unbewussten Weigerung jedoch endet in einer noch größeren Ausgrenzung, so dass bei Fontane der Bruch mit der Ordnung zu einem

---

[42] Liebrand, Claudia: Das Ich und die Andern: Fontanes Figuren und ihre Selbstbilder. - Freiburg: Rombach, 1990. - 341 S.

literarischen Versuch wird, die Unterdrückung und Verbiegung des Einzelnen durch den Zwang zur Ehe und zur gesellschaftlichen Anpassung zunächst einmal anzuprangern und dadurch bewusst zu machen. In „Effi Briest" versucht er durch das Schreiben seine persönliche Krise zu bewältigen. Die folgenden Kapitel sollen daher die Korrelation von seelischer Befremdung und Fremdheit im Raum verdeutlichen.

Die rigiden Konventionen der preußischen Oberschicht, starre Rituale wie das Duell verhindern eine Identifikation der Außenwelt mit dem Abtrünnigen und bewirken durch Androhung von Sanktionen noch größere Klassenfremdheit, ehelichen Geschlechterkampf, Unterdrückung der emotionalen Sehnsüchte und Wünsche, so dass der Einzelne, wenn er bewusst oder unbewusst sich zu wehren wagte und gegen die Gesetze von Moral und Sitte handelte, mit Ausgrenzung und Ehrverlust rechnen musste. Auch Cécile wird exemplarisch Opfer unsinniger Militärrituale, weil sie ihrem Empfinden folgt und ihre Liebe zu Gordon auslebt. Doch ihre Liebe scheitert und endet in Duell und Suizid.

Bei Fontane wird Ehe und Ehebruch thematischer Schwerpunkt seines Schaffens, denn die Befremdung in der Innenwelt der Protagonisten signalisiert meist das Aufbrechen bisher unterdrückter Gefühlsregungen, die die Gesellschaft dem Einzelnen zu verbieten versucht, um das soziale Gefüge vermeintlich in Ordnung zu halten.

Es geht ihm weniger um den Auszug in die Ferne und den damit verbundenen Läuterungsprozess, die Heimkehr aus der Fremde als metaphorische Umschreibung eines inneren Verwandlungsprozesses wie bei Keller, sondern um das Fremde im Sinne von Ausgrenzungstendenzen im eingegrenzten Preußen, sobald unerwünschte ethnische Herkunft, unliebsame Positionen oder fragwürdige Dispositionen die Ordnung bedrohen.

Zwar zieht auch Effi Briest aus, nämlich aus der Geborgenheit des Elternhauses, und übernimmt damit die Rolle des unschuldigen Mädchens an der Schwelle zur Ehefrau und Mutter, doch geht es Fontane mehr um ihren Individuationsprozess als um eine Lösung durch Läuterung. In diesem Sinne antizipiert er die Bedeutung der Psychologie als Wissenschaft mit naturwissenschaftlich-abstrakten Methoden der Analyse menschlichen Verhaltens, ohne dass ihm daran gelegen wäre, tiefenpsychologische Deutungsversuche zu formulieren. Die distanzierte Haltung des übergeordneten Erzählers dominiert gegenüber Ich-Erzählhaltung und »monologue intérieur«. Es geht ihm darum, aufzuzeigen, wie junge Menschen völlig unaufgeklärt und ohne Vorbereitung in die Ehe gedrängt werden, sich der Tragweite dieser Entscheidungen gar nicht bewusst sind und auch die Konsequenzen abweichenden Verhaltens kaum erfassen, so dass der Ehebruch Effis im Grunde verständlich ist, denn sie wird bestimmt durch den Verlust elterlicher Geborgenheit und die Leere und Fremdheit im Haus des ältlichen Ehemanns Innstetten, der Fremdheit und Angst vor dem anderen Geschlecht per se in sich verkörpert. Der Übergang von der Zeit der Jugend in eine neue Lebensphase, die des vermeintlich reiferen Ehelebens, scheitert in Preußen an der arrangierten Zwangsverheiratung mit standesgemäßen, von den Eltern ausgesuchten Ehepartnern, die wesentlich älter sind.

Im Falle Innstetten handelt es sich sogar um den abgewiesenen Liebhaber der Mutter. Wo die bloße Form und Zeremonie triumphiert, bleibt dem Mensch der Gründerzeit wenig Raum, eigenes Denken und Fühlen zu verwirklichen. Er hat keine andere Wahl, traut sich nicht heraus aus den festgefahrenen Klassenschranken und bleibt daher ein gestörtes, weil fremdbestimmtes Individuum.[43]

Dieser Mensch ist gehemmt, verklemmt und zurechtgestutzt in ein Korsett äußerer Formen, das der Entwicklung eines demokratischeren Konzepts einer sich durch Industrie und Technik verändernden Öffentlichkeit hinterherhinkt.

Die Frau darf ihr Selbstbewusstsein nur bedingt entwickeln, organisiert das häusliche und gesellschaftliche Leben ihrer Familie, dirigiert die Dienstboten und Kindermädchen, ohne jedoch für den Lebensunterhalt sorgen zu müssen. Damit erfüllt sie eine zweifellos bequeme, aber auch entmündigende Rolle, weil sie auf die häusliche Sphäre reduziert wird.

Fontane erkennt im preußischen Ständestaat und seinen normativen Eingrenzungen verbunden mit Angstmache und Bestrafung abweichen-

---

[43] Kolk, Rainer: Beschädigte Individualität: Untersuchungen zu den Romanen Theodor Fontanes. - Heidelberg: Winter, 1986. - 152 S.

den Verhaltens eine fundamentale Ursache für die Entfremdung in den Geschlechterbeziehungen und die Befremdung des Einzelnen. Ein weiterer Aspekt von Fremdheit ist daher die Irritation im Sinne psychischer Störungen.

Die preußische Skandalchronik, der Fontane seine Fälle entnahm, spricht von jenen, die sich nicht nahtlos in die vorgeschriebenen Rollenerwartungen fügten. Sie repräsentieren daher symptomatische Einzelfälle von musterhaftem Wert, weil es Fontane nicht darum ging, exemplarische Ausnahmemenschen zu zeigen, sondern Beispiele zu setzen für allgemeingültige Erfahrungen, mit denen sich der Leser entsprechend identifizieren konnte.

Die zahlreichen Suizide am Ende von Fontanes Romanen sind daher keineswegs, wie es Helmut Schmiedt in seinem Vortrag „Die Ehe im historischen Kontext" interpretierte, im Sinne von "bad news is good news", als rezipientenorientierte technische Maßnahme zu werten, weil der negative Ausgang der interessantere und erschütterndere für die Leser und vor allem Leserinnen sei. [44]

Dies würde eine Art willkürliche Austauschbarkeit der Verhältnisse nach dem Gusto des Schriftstellers bedeuten. Fontane ging es vielmehr um die Darstellung der tatsächlichen Bedingungen im preußischen Ständestaat und nicht um eine Orientierung an den Wunschvorstellungen und Träumen der Leser, seien diese nun sensationshungrig und interessiert an Mitleid und Erschütterung oder an der heimlichen Erfüllung ihrer Sehnsüchte.

Das Romanende darf bei aller künstlerischen Freiheit und Fiktion nicht wie im Trivialroman nur auf Harmonisierung und Ausgleich im "happy end" abzielen, sondern sollte einer „sozialen Logik" zufolge verdeutlichen, dass der Druck der Verhältnisse dem Protagonisten unter den genannten Bedingungen keine andere Chance ließ. Das Romanende muss den Leser erschüttern allein deshalb, weil Fontanes Denken eine soziale Radikalität intendierte, die weniger auf „Brotarbeit" und kommerziellen

---

[44] Schmiedt, Helmut: Die Ehe im historischen Kontext. - Theodor Fontane. Am Ende des Jahrhunderts. Internationales Symposion des Theodor-Fontane-Archivs. - Potsdam, 13. -17. September 1998. -

Erfolg hinzielte als auf eine gesellschaftliche Erneuerung in eine liberalere Richtung. [45]

Seine Ehe- und Frauenromane sind kritische Anklage und bleiben dennoch unterhaltsame Fiktion. Schlechte Nachrichten rütteln wach, lassen den einen oder anderen darüber nachdenken, wie es so weit kommen konnte. Schlechte Nachrichten trösten aber auch über die eigene Misere hinweg, schieben das Scheitern an den Verhältnissen den anderen zu. Ein „Happy-end" hätte den realen Verhältnissen nicht entsprochen.

---

[45] Theodor Fontanes Korrespondenzartikel für das „Heidelberger Journal" (1852/53). - Stefan Buck; Wilhelm Kühlmann. - In: Euphorion 86/1992. - S. 107-117

1. FONTANE ALS WANDERER IN DER FREMDE

1.1. Auf Goethes Spuren

Wer einmal die steilen Serpentinen in Positano vom Strand bis zur Anhöhe, auf der sich die Straße entlangschlängelt, mühsam erklommen hat und den Anblick dieses förmlich am Berg klebenden italienischen Städtchens mit all seinen optischen Reizen hat auf sich wirken lassen, wird erstaunt sein, wenn er hört, dass vor ihm bereits Walter Benjamin sich von diesem Ort so inspiriert fühlte, dass er über die Unmöglichkeit nachdachte, Gegenwart und Vergangenheit miteinander in Einklang zu bringen. Es wurde ihm schockartig bewusst, dass die Ruinen der Vergangenheit ihn, den modernen Reisenden, im Grunde nicht dulden.[46] Diese Zerrissenheit kennzeichnet die Generation, die nach Fontane am Ende des 19. Jahrhunderts geboren wurde und den Bruch zwischen Antike und Moderne als schmerzhaft unüberwindlich erlebte. Das Gefühl, das der Schweizer Schriftsteller Robert Walser in seiner Erzählung „Im Bahnhof" (1915) zum Ausdruck bringt, offenbart die Unschlüssigkeit des Reisenden, der in einem Bahnhof wie gelähmt verharrt, unfähig, die geplante Reise tatsächlich zu unternehmen. Das „Weder-noch", das „Abfahrenwollen", aber „Nicht-Können", umschreibt um 1915 einen ambivalenten Zustand, den Widerspruch von Nähe und Ferne, Fremde und Heimat, dem Hier und Jetzt im Verhältnis zu Vergangenheit und Zukunft verbunden mit jenem Gefühl einer unüberwindlichen Kluft, die bis ins Elegische ging.[47] Julia Kristeva dagegen unterstreicht das „Darüberhinaussein", die Überwindung einer Schwelle, das Glück einen bisher nicht gegangenen Weg bewältigt zu haben.[48] Fontanes Verarbeitung der deutschen Klassik ist weniger nostalgisch. Seine Auseinandersetzung damit zwischen 1870 und 1876 erzeugte kritische Distanz und Abgren-

---

[46] Benjamin, Walter: Städtebilder. - 1. Aufl. - Frankfurt /M.: Suhrkamp, 1992. - 125 S.

[47] Lukács, Georg: Die Theorie des Romans: ein geschichtsphilosophischer Versuch über die Formen der großen Epik. - Neuwied: Luchterhand, 1971. - S. 21 ff

[48] Kristeva, Julia: Fremde sind wir uns selbst. - 1. Aufl. - Frankfurt/M.: Suhrkamp, 1990. - S. 13

zung, keineswegs jedoch elegisches Leiden an der Unwiederholbarkeit vergangener klassischer Größe. Den Bruch zwischen Antike und Moderne empfand er nicht als Fremdheit, sondern ihn kennzeichnet jener Terminus, der das Moderne zu benennen versucht.[49]

Im Sinne von Andreas Huyssen sind nämlich für den Beginn der sogenannten Moderne die Jahre um 1860 in Paris der Beginn avantgardistischer und modernistischer Bewegungen, die ein Ethos der Antizipation und des kulturellen Fortschritts verkörperten. Der Terminus Moderne verbindet sich also mit einer Art Revolte. Auch Fontane lässt diese Tendenzen erkennen.

Seine Modernität weist sich aus an der Integration sozialer Aspekte.

Während er sich des Berliner Dialekts bedient, wenn es um die sprachliche Codierung seiner volkstümlichen Gestalten geht, bleibt ihm Goethe zu sehr im Milieu seines aristokratischen Mäzens verhaftet.

Ganz bewusst grenzte er sich daher von Goethe ab, weil dieser die Klassengegensätze zu wenig berücksichtige. In „Hermann und Dorothea" bediene sich ein armes pfälzisches Mädchen einer völlig inadequaten höfischen Sprache. Dennoch lehnte er sich an Goethes klassische Elemente und Themen an. Er schöpfte aus der Faszination für mythische Nymphen- und Nereidengestalten, auch aus Goethes Nausikaa-Szenarium und schuf die Melusine-Gestalt als Meernixenfigur, deren Reizen sich das menschliche Verlangen vergeblich zu nähern versucht.[50]

Fontanes „Goethe-Eindrücke" geben Aufschluss über Gemeinsames und Trennendes beider Dichter.[51]

Bei Goethe ist das Fremde abgeleitet aus seinen naturwissenschaftlichen Beobachtungen. Ähnlich wie im Magnetismus faszinierten ihn Anziehung und Abstoßung polarer Kräfte. Ottilies Stellung als armes

---

[49] Postmoderne: Zeichen eines kulturellen Wandels/Andreas Huyssen; Klaus R. Scherpe. - 5. Aufl. Reinbek b. Hamburg: Rowohlt. - S. 41
[50] Bindokat, Karla: Effi Briest: Erzählstoff und Erzählinhalt. - Frankfurt/M.: Lang, 1984. - 198 S.
[51] Fontane, Theodor: Schriften und Glossen zur europäischen Literatur. - Zürich: Artemis, 1965. - S. 198-221

Ziehkind Charlottes wird zwar erwähnt, nicht jedoch zum wesentlichen Gesichtspunkt bei der Partnerwahl erhoben. Die Protagonisten bewegen sich in den „Wahlverwandtschaften" in der abgezirkelten Welt einer höfischen Parkidylle, die soziale Probleme nicht kennt.

Fontane zehrt zwar von den Personenkonstellationen und Romanelementen der „Wahlverwandtschaften", doch kennzeichnet sein Werk eine neue Qualität im Umgang mit der Wirklichkeit. Bei ihm ist Fremdheit eher ethnische Heterogenität, Fremdheit zwischen unterschiedlichen Ständen und Bevölkerungsgruppen, Entfremdung in der Ehe, Befremdung im Verhältnis und Umgang mit der Sexualität und nicht zuletzt Entfremdung vom eigenen Ich durch die Unterdrückung persönlicher Bedürfnisse und Wünsche, auf keinen Fall aber ist Fremdheit an naturwissenschaftlichen Stoffen nachgewiesen, wie es Goethe am Beispiel der sich abstoßenden Quecksilberkügelchen demonstrierte. Wo Goethe nonchalant über Konventionen hinweggeht, die Ehe im Spiel zwischen Gefühl und Neigung zum Spielball natürlicher polarer Kräfte werden lässt, prangert Fontane an, mit welchen Sanktionen der Ehebruch geahndet wird.[52]

Die Härte des preußischen Militärstaates lässt die tolerante Souveränität Goethes an der Wirklichkeit enden. Bei Fontane ist das einfache Volk keine ausgeklammerte, uninteressante Schicht, sondern Fontane bezieht auch den vierten Stand in seine Romane mit ein. Es geht ihm nicht darum, die Realität zu verklären, die „Witwe Pittelkow" in „Stine" und „Frau Dörr" in „Irrungen, Wirrungen" reden volkstümlich im Berliner Dialekt, er intendierte die realistische Darstellung von sozialen Unterschieden auch in der sprachlichen Codierung.[53]

Trotz seiner Vorbehalte gegenüber Goethe, las er 1870 mit Interesse Goethes Roman „Die Wahlverwandtschaften", nicht zuletzt um das Eigene am Fremden zu messen, am andern zu lernen durch den Vergleich mit den eigenen Leistungen. Laut einer Aussage seines Freundes Fried-

---

[52] Damm, Sigrid: Christiane und Goethe: eine Recherche. - Frankfurt/M: Insel, 1999. - S. 133
[53] Fontane, Theodor: Irrungen, Wirrungen. - München: dtv, 1994. - S. 12

rich Spielhagen wurzelt „Effi Briest" möglicherweise in Goethes Darstellung der Ottilie. [54]

Zwar bleibt die Sphäre der höhergestellten Offiziers- und Verwaltungskreise des preußischen Landadels auch bei Fontane im Mittelpunkt der gewählten Identifikationsmuster, denn welche Leserin wäre nicht auch gerne die Tochter eines preußischen Gardeoffiziers oder Verwaltungsbeamten, doch er bezieht die kleinen Näherinnen und Heimarbeiterinnen aus dem Kleinbürgertum in seine Romanwelt mit ein. „Stine" und „Lene" erobern die Literaturzirkel ebenso wie „Cécile" und „Effi Briest ".

Es ging Fontane darum, ein breites Spektrum der gesellschaftlichen Wirklichkeit in seine Romanwelt mit einzubeziehen, und zwar so authentisch wie möglich. Seine Werke werden daher fast zu einer historischen Quelle. Das Abbild des gesellschaftlichen Lebens, die in diesen Kreisen der Bismarck-Ära und des Biedermeier geführten Konversationen, die Theaterzirkel und Gesellschaftsrunden lassen im Leser ein Bild von Fontanes Zeit wiederaufleben.

„Dann ging sie auf Innstetten zu, um ihm zu danken, aber eh sie dies konnte, flog nach altpommerschem Weihnachtsbrauch, ein Julklapp in den Hausflur: eine große Kiste, drin eine Welt von Dingen steckte. Zuletzt fand man die Hauptsache, ein zierliches, mit allerlei japanischen Bildchen überklebtes Morsellenkästchen, dessen eigentlichem Inhalt noch ein Zettelchen beigegeben war." [55]

Fontane lebt eingebettet in ländlich pommersches Brauchtum, reibt sich an den heidnischen und slawischen Ursprüngen der preußischen Geschichte und wandert durch seine Heimat die Mark Brandenburg.

In erster Linie tendierte er zum Heimischen, zog es vor, „in der vertrauten Mark zu bleiben" und sich zu bescheiden. Seine Konfrontation mit der Fremde erlebte er vor allem auf Dienstreisen.

Einmal war er Journalist und Kriegsberichterstatter und überschritt den Rahmen der abgesteckten häuslichen Sphäre aus beruflichen Gründen.

---

[54] Spielhagen, Friedrich: Problematische Figuren. - Leipzig: Staackmann, um 1915. -
[55] Fontane, Theodor: Effi Briest. - München: dtv, 1995. - S. 97

Zum anderen interessierte er sich durch seine Theaterrezensionen für Goethes „Italienische Reise", folgte den Kultureinflüssen seiner Zeit, dem Interesse an Italien und an der italienischen Kultur, dem in den Kreisen höhergestellter preußischer Offiziere meist in Verbindung mit einer Hochzeitsreise Rechnung getragen wurde. In einem Brief an Herder äußerte Goethe am 14.10.1786, dass die Fremde ein fremdes Leben habe, das sich der Gast nicht zu eigen machen könne, wenn es ihm auch gleich gefiel ebensolcher zu sein. Als Fontane 1874 erstmals nach Neapel reiste, nahm er seine Frau Emilie mit, möglicherweise um eine versäumte Hochzeitsreise damit nachzuholen, und zog dabei in seiner Rolle als Schriftsteller gnadenlos über seine Dichterkollegen und auch über Goethes Detailbeschreibungen her.

Nach dessen Schilderungen könne er keine Wege erkennen, schrieb er, und bemängelte Goethes geographische Ungenauigkeit. Tatsächlich befinden sich in vielen Ausgaben der „Italienischen Reise" Radierungen vom Vesuv, von Paestum und dem Golf von Neapel, so dass zwar damit kein Reiseführer ersetzt werden kann, doch sei zu Goethes Verteidigung gesagt, dass der ihn begleitende Maler Tischbein, damals in den Diensten von Goethes Reisebegleiter, dem Fürsten v. Waldeck, die Aufgabe hatte, alles Wesentliche an Bauwerken und Sehenswürdigkeiten abzuzeichnen. In „Das Volk von Neapel" ist Goethe bemüht, den Müßiggängern Neapels nachzuspüren, die sogenannten niedrigsten Volksklassen zu beobachten und mit seinen Vorurteilen aufzuräumen. Er kontrastiert und vergleicht sie mit den Nordeuropäern und kommt dabei zu dem Ergebnis, dass trotz des heißen Klimas in Neapel ein emsiges Treiben und Handeln voll vitaler Lebensenergie herrsche und von Müßiggang kaum die Rede sein könne. [56]

Diese Beschreibung widerlegt das Vorurteil, Goethe habe nur eine stilisierte klassizistische Welt, ein Arkadien und Elysium für die abgehobenen Interessen der höheren Stände darstellen wollen, wenn auch sein „Tasso" in der höfischen Schlossatmosphäre Belriguardos spielt. Antonio spürt die Kluft zwischen einem ästhetischen Dichterleben und den realen Gegebenheiten der ihn umgebenden Lustschlossgesellschaft. Insofern

---

[56] Ciao, Bellezza: deutsche Dichter über Italien: ein Lesebuch/hrsg. von Petra und Manfred Hardt. - München: Piper, 1988. - S. 36-42

befasste sich auch Goethe mit Standesgrenzen, fühlte, dass er zwar vom Herzog von Weimar gefördert wurde, ohne jedoch in die höfische Welt wirklich hineinzugehören, weil er selbst nur ihr Dichter, nicht aber ihr ebenbürtig war. Wirklichen Erfolg hatte er im Grunde als dem Volke zugewandter Dichter, indem er die Figur des leidenden jungen Werther erdachte. Fontane ignoriert Goethes Einfluss auf die breiten Volksmassen und würdigt ihn zu wenig, wenn er sich angeblich von Goethe gelangweilt fühlt. Es gefiel ihm nicht, dass sich Goethe in seiner „Italienischen Reise" etwas herablassend über Albrecht Dürer äußerte, weil dieser wohl aus wirtschaftlichen Gründen Dienstboten abzeichnen musste und seine Ziele nicht so schnell erreichte wie er, der wohlhabendere Goethe. Fontane dagegen verteidigte und lobte Dürer im Vergleich mit den gelblich-bräunlichen Bildern eines Veronese.[57] In einem Brief an die befreundeten Zöllners schrieb er am 10.11.1874 ziemlich herablassend:

„In Capri sah ich die Lepelsche ‚Witwe von Capri' nicht, dafür aber die Kopische Blaue Grotte und die Platenschen ‚Fischer von Capri', wie man denn überhaupt aus Jugenderinnerungen und ganz speziell aus dem Rauschen des deutschen Dichterwaldes an dieser gesegneten Erdenstelle gar nicht herauskommt." [58]

Fontanes Balladen handeln vom preußischen General Derfflinger und vom jungen Bismarck, märkisch-preußisches Kulturgut dominiert, nur ab und zu lässt er eine Balinesenfrau oder einen Chinesen in „Aber wir lassen es andere machen" zu Worte kommen.

Ansonsten dominieren die nordischen und schottisch-englischen Stoffe und Motive in „Archibald Douglas", den „Stuarts" und „John Maynard". Seine Vorliebe für Walter Scott inspirierte ihn mehr als Goethes „Venetianische Epigramme", er hinterließ Gedichte wie „Die Puritanerpredigt", „Cromwells letzte Nacht" und „Walter Scotts Einzug in Abbotsford". Bishop Percy's „Reliques of Ancient English Poetry" wurde zur Grundlage seiner Balladen. Die Romane hingegen spielen entweder in der nordi-

---

[57] Fontane oder die Kunst zu leben: Brevier/hrsg.: von Ludwig Reiners. - Bremen: Schünemann, 1955. - S. 110 Brief an Karl und Emilie Zöllner vom 10. 10. 1874. -
[58] Fontane, Theodor: Jenseits von Havel und Spree: Reisebriefe/hrsg. von Gotthard Erler. - Berlin: Rütten & Loening, 1984. - S. 180

schen Welt der Ostseeregionen wie „Effi Briest" und „Unwiederbringlich" oder integrieren zumindest die sonnigen Gefilde Italiens als Traumziel der von der preußischen Realität durchkühlten Protagonisten in „L'Adultera" und „Schach von Wuthenow ".

Anlehnungen an die italienische Architektur zeigen sich bei der Beschreibung von Schloss Holkenäs in „Unwiederbringlich". Bei den vielen literarischen Einflüssen, die Fontane auf sich wirken ließ, Hugo Aust erstellte aus den Tagebüchern eine nützliche Tabelle, ist zwar Goethe von 1870 an zu nennen, doch Schlüsselfigur zum Verständnis Fontanes ist Walter Scott, der insgesamt 26 Romane schrieb.[59]

Dennoch wurde auch Fontane von der Italiensehnsucht beherrscht. Denn trotz seiner respektlosen Äußerungen über Goethes „Egmont", den Helden seiner Jugend, möglicherweise auch eine innere Abneigung gegen das epigonenhafte Wandeln auf Goethes Spuren, gehörte es zum guten Ton des bildungsbeflissenen Bürgertums, die italienischen Kunstdenkmäler, möglichst in Verbindung mit einer Hochzeitsreise, abzuschreiten. In „Effi Briest" karikiert Fontane ironisch, wie beispielsweise Innstetten die wenig interessierte Effi durch die Museen zerrt.

Die im Kopf zu Hause gebliebene Effi schreibt daher ständig Kartengrüße an die Eltern:

„Wir haben heute vormittag die hiesige berühmte Galerie besucht, oder wenn es nicht die Galerie war, so war es eine Arena oder irgendeine Kirche Santa Maria mit einem Zunamen." Aus Padua kam, zugleich mit der Karte, noch ein wirklicher Brief. „Gestern waren wir in Vicenza. Vicenza muß man sehen wegen des Palladio ; Geert sagte mir, daß in ihm alles Moderne wurzele. Natürlich nur in bezug auf die Baukunst. Hier in Padua (wo wir heute früh ankamen) sprach er im Hotelwagen etliche Male vor sich hin: ‚Er liegt in Padua begraben', und war überrascht, als er von mir vernahm, daß ich diese Worte noch nie gehört hätte."[60]

---

[59] Aust, Hugo: Vortrag vom 3. 06. 98 im Rahmen der Ringvorlesung zu Theodor Fontane an der Humboldt-Universität, Berlin. -
Aust, Hugo: Theodor Fontane. - Tübingen: Francke, 1998. - S. 35 f
[60] Fontane, Effi Briest, S. 41

Besonders der Intellektuelle und Schriftsteller musste als Visitenkarte quasi diese Reise der oberen Stände mitgemacht haben, um anerkannt zu sein und um bei gesellschaftlichen Anlässen mithalten zu können. Fontane, bekannt durch seine Gesellschaftsromane, konnte und wollte sich der feinen Gesellschaft nicht entziehen, ironisierte ihre Schwächen und hoffte dennoch auf ihre Akzeptanz. Wenn Gerhard Bauer die Konzentration auf das Kleine, oft betont Geringfügige, auf das Unsichere und Verwirrende als Markenzeichen von Anton Tschechow nennt, so ist es bei Theodor Fontane seine nuancenreiche Ironie, mit der er sich abgrenzt von der Gesellschaftsschicht des Berliner Bürgertums und dem märkischen Adel, weil er diese feine Gesellschaft durchschaute und ablehnte, ohne auf ihre Akklamation verzichten zu können. [61]

In den „gehobenen" Gesellschaftskreisen waren die Erfahrungen mit der Fremde maßgeblich für den Status in der Heimat. Fontane thematisiert das Interesse an fremder Kultur in seinem Roman „Effi Briest". Auch Effi und Innstetten werden in ihrer Begegnung mit Italien an nationalen Maßstäben gemessen, stehen in ständigem Kontakt mit den Zuhausegebliebenen.

Bilder wie Arnold Böcklins „Villa am Meer" künden von den Sehnsüchten und Illusionen von südlicher Sonne und Entrückung aus dem Alltag. [62]

In „L'Adultera" ist die Flucht nach Italien eine Rettung aus der unbefriedigenden Konvenienzehe mit einem reichen, aber etwas gewöhnlichen jüdischen Geschäftsmann. Christian Grawe erwähnt, dass die ursprüngliche Fassung von „Effi Briest" vorsah, die Hochzeitsreise nach Schlesien zu verlegen und die Beziehung zwischen Crampas und Effi in intimeren Einzelheiten zu veröffentlichen. Im Märkischen Museum befindet sich in Microfiche einsehbar das handschriftliche Originalmanuskript von „Effi Briest." Christel Laufer und Domenico Mugnolo befassten sich mit der Blattbeschaffenheit und der Auffindung verschollener Manuskripte, ohne dass der Sinn dieser mühsamen Forschungsarbeit zum Tragen käme,

---

[61] Bauer, Gerhard: Lichtstrahl aus Scherben. - Basel: Stroemfeld, 2000. - S. 70
[62] Eine Reise ins Ungewisse: Arnold Böcklin, Giorgio de Chirico, Max Ernst/hrsg. von Guido Magnaguagno; Angelika Wesenberg. - Ausstellung in der Berliner Nationalgalerie vom 20. 05. -09. 08. 1998. - 3. veränd. Ausg. - Bern: Benteli, 1997. - 287 S.

denn beim Sichten des Manuskripts wird nicht klar, welche Kapitel weggelassen oder verändert worden sind. Auch die Gründe für die Modifikationen lassen sich nur erahnen und bleiben offenbar auserwählten Geheimwissenschaftlern vorbehalten, die Jahre benötigen, um das Material zu decodieren. [63]

Es ist zu vermuten, dass durch die Mitarbeit von Frau Emilie und Tochter Mete beim mehrfachen Abschreiben der Manuskripte bis zur Drucklegung Fontane gezwungen war, Rücksichten zu nehmen. [64]

Ein Vergleich der Raumsymbole bei Goethe und Fontane findet sich bei Margherita Cottone in italienischer Sprache.[65]

Entscheidend ist, dass Fontane die „Italienische Reise" verulkt, den wahren Charakter dieser zwanghaften Gewohnheiten bloßstellt, um darzustellen, wie die Touristenorte termingerecht abgeschritten werden, nur um zu Hause an der >table d'hôte< mithalten zu können.

Deutlich wird der Wunsch, durch eine italienische Lösung, eine Flucht in die Idylle des Südens, die eigenen Verhältnisse verbessern zu können. Die Bedrohung durch Urbanisierung und Industrialisierung verursachte eine Verwirrung, weil das halbbewusste Leben in einer komplizierter werdenden Gesellschaft weder dort noch in der Idylle heimischen Landlebens und auch nicht im Rückzug in Kindheitserlebnisse Halt zu geben vermochte. Effi als Repräsentantin der jungen Frau aus gutem Hause verfügte nicht über die Fähigkeit, ihre Lage analysieren zu können. Auch Innstetten folgte festen vorgegebenen Vorstellungen ohne Flexibilität im Hinblick auf mögliche Veränderungen und Weiterentwicklungen innerhalb seiner Partnerschaft.

---

[63] Grawe, Christian: Theodor Fontane: Effi Briest. - 3. Aufl. - Frankfurt /M.: Diesterweg, 1990. - 128 S.

[64] Laufer, Christel: Zur Geschichte der Fontane-Handschriften und ihrer Verzeichnung. - In: Fontanes Realismus: wissenschaftliche Konferenz zum 150. Geburtstag Theodor Fontanes in Potsdam; Vorträge und Berichte. - Berlin: Akademie-Verl., 1972. - S. 157-169

Mugnolo, Domenico: Vorarbeiten zu einer kritischen Fontane-Ausgabe: zu Schach von Wuthenow, Cécile, Unwiederbringlich. - Berlin: Veröff. des Theodor-Fontane-Archivs der Deutschen Staatsbibliothek, 1985. - S. 23

[65] Cottone, Margherita: Romanzo e spazio simbolico: le affinità elettive di J. W. Goethe e „Effi Briest" di Theodor Fontane. - Palermo: Flaccovio, 1992. - 165 S.

Beide wurden zum Opfer festgefahrener Klischeevorstellungen, wie mit dem preußischen Eheleben, Hochzeitsreisen oder den Konsequenzen eines Ehebruchs umgegangen werden solle. Diffuse Gefühlsreaktionen waren die Folge, wenn die Wirklichkeit mit den erhofften Traumvorstellungen nicht übereinstimmte. Auf der politisch-historischen Ebene evozierten die Enttäuschungen über die preußischen Niederlagen eine romantische Erhebung über die Wirklichkeit. Der Weg nach Rom wurde also der vermeintliche Weg ins Glück, verklärt mit orientalischem „Touch" und Junggesellenphantasien. Doch letztlich sind die fremden Bilder nicht strukturgebend, weil Exotismus und Italiensehnsucht ein passives aristokratisches Verhältnis zur Wirklichkeit widerspiegeln, das Wüste, Wüstenwanderungen, Steppen- und Indianerromantik als Fluchtreaktion hinsichtlich einer verunsichernden heimischen Realität zum Ausdruck bringt.[66] Fontane beschreibt in „Schach" die Berührung mit dem Süden als eine Art Fata Morgana.[67] Schach steigert sich bei seinen Erzählungen in eine „fremde Phantastik" hinein, erlebt Afrika als Spiegelung einer geheimnisvollen Ferne, doch Victoire überkommt nach anfänglicher Hingerissenheit und Lebhaftigkeit das bange Gefühl, dass es sich dabei nur um eine Scheinwelt handelt.

In „L'Adultera" (1882) sind alte Kunst und fremdes Land ganz nahe gerückt und bilden eine gemeinsame Sinn- und Geschäftswelt, doch das sonnige Italien wird Teil der eigenen Geldgeschäfte, eine Art Verlängerung Preußens in den Süden hinein, nicht zuletzt auch historisch bedingt durch die historische Anwesenheit der Staufer in Sizilien.

Letztlich weiß Innstetten, dass diese Reise gewissen Terminen unterliegt, dass der Süden auch keine Wunder verspricht und er in die Normalität des Alltags zurück muss.

Dabei fällt auf, dass der Unterschied zur Zeit Goethes nun darin besteht, dass auch das Bürgertum sich diesen Luxus der Reise in die Fremde erlauben kann. Die Briefe von Fontane an die befreundeten Zöllners, vor allem aus Venedig, bestätigen die Enttäuschung über italienische Ma-

---

[66] Schüppen, Franz: Paradigmawechsel im Werk Theodor Fontanes: Von Goethes Italien - und Sealsfields Amerika-Idee zum preußischen Alltag. - Stuttgart: Verl. d. Charles-Sealsfield-Ges.,1993. - S. 216

[67] Fontane, Schach, S. 124

donnengemälde und bräunlich-gelbliche Schönheiten von Veronese und Tintoretto.

Die sogenannte „Nord-Süd-Achse" wird daher für Fontanes Werk bestimmend, weil das eher aristokratisch-konservative Publikum in der Welt katholisch-päpstlicher Orientierung eine Art Heils- und Erlöserglauben zu finden hoffte, kulminierend in einem Eskapismus, der die Metapher des „hölzernen Bambino", in „Schach von Wuthenow" beschrieben, bis an die Grenze des Kitschigen eskalieren lässt, während die calvinistisch denkenden Preußen die ökonomisch progressiveren Repräsentanten in Amerika und England zum Vorbild nahmen, um einer moderneren demokratischeren Welt entgegenzugehen. In der Diskussion um Stereotype und den Aufbau eines Gegenmythos erläuterten Gudrun Loster-Schneider und Rolf Parr zwar, dass in den Schreckbildern vom Fremden stets das verborgene Abbild des Eigenen stecke, die Leichtfüßigkeit einer Effi französische Frivolität und Sündhaftigkeit in sich trage, denen der preußische Charakter entgegenstehe, doch die mangelnde Seriosität Frankreichs wurde kaum historisch erläutert mit dem Machtkampf um die Einverleibung der süddeutschen Staaten und deren Anbindung an den norddeutschen Bund, der ein Erstarken des deutschen Nationalstaates erst möglich machte.

Rolf Parr konstruierte Fontanes Sicht der europäischen Nationalstereotype um 1870/71 mit Hilfe einer Tabelle, reproduzierte damit aber nur die oberflächliche Haltung der Deutschen gegenüber französischen Charaktereigenschaften. Als dominierende semantische Merkmale nannte er „Leichtlebigkeit", „bloße Phantasie", „Projekte machen ohne Durchführung", „Genuss" und „den Hang zu modischer Kleidung." Den Engländern dagegen ordnete er „gesunden Menschenverstand" und „naturwissenschaftlichen Erfindergeist" zu. Die Deutschen galten zur Zeit der Befreiungskriege als „romantisch", „idealistisch", und „philosophisch", dabei „tief", „gründlich" und „warmherzig".

Bei der Lektüre von „L'Adultera" lässt sich bei der Charakterisierung von Ezechiel und Melanie van der Straaten in der Tat eine klischeehaft stereotype Darstellung jüdischer und schweizerisch-französischer Charaktere in negativer Art und Weise beobachten. Auch Thomas Mann charakterisiert Hans Hansen und Tonio Kröger in schablonenhaften Kategorien, in denen dem Süden das „Dunkelhaarige", „Künstlerische" und „Liederliche" zugeordnet wird, dem Deutschen dagegen das „Blonde" und „Blauäugige", dafür „oberflächlich Leichtlebigere". Es gilt, diese Raster nicht zu ignorieren, sondern sie zu sichten und ihre Fragwürdigkeit zur Diskussion zu stellen. Gudrun Loster-Schneider brillierte zu „Kriegsgefangen" hinsichtlich der Untersuchung von Stereotypen in einem Vortrag.

Das Verhältnis zu Frankreich war zur Zeit Goethes eher eines der Verklärung und Bewunderung. Bismarck schreibt in seinen Memoiren, dass Prinzessin Augusta und ihr Einfluss auf den Geschmack der deutschen Dynastien nicht unerheblich war. Der provinzielle Protestantismus am Koblenzer Hof war ihr zu langweilig, so dass sie heimlich den Katholizismus mit Interesse bewunderte, alles Fremde erschien ihr besser als das Naheliegende und trotz ihrer engen verwandtschaftlichen Anbindung an Russland verabscheute sie diese Herkunft und empfand jeden Engländer und Franzosen allein durch die Tatsache seiner Nationalität und Geburt als vornehmes quasi höheres Wesen. So wechselten die Stereotype im Laufe des Jahrhunderts, auch durch die Einstellung der Preußen bedingt, und waren laut Bismarck durchaus von ihnen abhängig.[68]

In seinen Erinnerungen äußerte er sich ausführlich über den norddeutschen Bund und das deutsch-französische Verhältnis. Sollte ein Preuße französischer Herkunft 1871 in seiner Identität unberührt bleiben, als sich 1871 Frankreich und Deutschland feindlich gegenübertraten?

Dieser Konflikt konnte sich nur in derben Feind- und Fremdbildern wie in „Kriegsgefangen" (1871) äußern, wurden doch nur so dem Preußen Gründe für die unnötige Kriegspolitik plausibel und die Feindschaft und Kampfesbereitschaft geschürt.

Die romantische Adelswelt verknüpfte sich allmählich mit der praktisch nüchternen Welt der Bürger und Kaufleute, die eindeutig mehr dem Norden zugewandt war.

---

[68] Bismarck, Otto von: Gedanken und Erinnerungen von 1898. - Stuttgart und Berlin: Cotta'sche Nachf., 1919. - S. 132

Die Tradition der deutschen Klassik verbunden mit den Elementen aristokratisch-preußischen Kulturguts trifft auf die einzelnen Phasen der Romantik, so dass ein bürgerlicher Autor wie Fontane verschiedene Lebenswelten in sich aufnahm. Die mittelalterliche Ritterromantik eines Sir Walter Scott steht plötzlich neben praktisch-kaufmännischen und eher biedermeierlichen Stoffen. „Effi Briest", „Cécile" und „Unwiederbringlich" schildern noch die Sphäre adliger Offizierskreise, während Romane wie „Mathilde Möhring" und „Stine" bzw. "Irrungen, Wirrungen" bereits die Lebenswelt des aufsteigenden Bürgertums einbeziehen. Die Vision einer demokratischeren Gesellschaft im Sinne des Vormärz kämpft um ihre Lebensberechtigung und verleiht „Jenny Treibel" und auch dem jüdisch-deutschen Großbürgertum in „L'Adultera" seinen Platz in der Literatur. Fontanes früher Versuch „Tuch und Locke" von 1853 verbindet noch die poetische Adelswelt der späten Romantik, in der edle Räuber für das Wohl des Volkes kämpfen wie Rinaldo Rinaldini, mit den Machtkämpfen großer Individuen für Freiheit und Gerechtigkeit. Italien ist Mitte der fünfziger Jahre des letzten Jahrhunderts häufig Schauplatz des Geschehens.

Sigrid Damms Goethe-Recherche schildert, wie Goethe auf seinen Schwager Vulpius, den Verfasser des Erfolgromans „Rinaldo Rinaldini" herabblickte, enthält interessante biographische Informationen, die jedoch in ihrer fiktiven Umsetzung keine Wissenschaftlichkeit beanspruchen können. [69]

Fontanes „Tuch und Locke" liegt stofflich in der Novellendichtung seiner Zeit, ähnelt Conrad Ferdinand Meyers „Versuchung des Pescara", „Angela Borgia" und auch Paul Heyses „Die Stickerin von Treviso".[70]

Seine lange Zeit von 1844-1859 in England und Schottland jedoch, als Gesandter der preußischen Regierung, offenbart Fontanes Anglophilie und die grundsätzliche Vorliebe für alles Schottische. Die englische Le-

---

[69] Damm, Sigrid: Christiane und Goethe: eine Recherche. Frankfurt/M.: Insel, 1999. - S. 233

[70] Heyse, Paul: Gesammelte Werke: Novellen. - Berlin: Hertz, 1890. - 8: Novellen. - S. 138-166
Meyer, Conrad Ferdinand: Die Versuchung des Pescara. - 7. Aufl. - Leipzig: Haessel, 1893. - 222 S.

bensweise und der englische Geschmack gefielen ihm dabei nicht uneingeschränkt.

In „Ein Sommer in London" 1854 äußerte er, dass ihm vieles nicht gelegen sei, doch aus seinen Reisebriefen an Emilie ging hervor, dass der Status des Fremden, der Aufbau eines Selbstbildes vom Künstler im eleganten Pelzmantel "the foreigner with the fur", den bald jeder kennen werde, seiner Eitelkeit schmeichelte.[71]

„Du wirst vielleicht sagen: daran erkennt man den Anglomanen, den guten Fontane, der seit Jahr und Tag in alles englische Wesen vernarrt ist. Ich muß das gerade jetzt bestreiten: vieles behagt mir gar nicht und läßt mich, wenn ich vergleiche, deutlich einsehn, daß wir in aberhundert Dingen weit voraus sind." [72]

Die Verwobenheit mit der französischen Geschichte – die Mutter von Maria Stuart war eine Guise, Mitglied des französischen Hochadels, der Erzfeinde und Verfolger von Coligny, dem Anführer der Hugenotten – verbindet die Glaubenskämpfe der schottischen Presbyterianer in ihrem Kampf gegen die episkopale Staatskirche Englands mit den Konflikten, wie sie in ganz Europa gegen die Machtstellung des Papstes ausgetragen wurden. Die Romane Walter Scotts dokumentieren diesen Machtkampf zwischen den Anhängern der Presbyterianer, die eine vom Ältestenrat getragene Kirchenorganisation wünschten, im Kampf gegen die bischöfliche Hierarchie der Staatskirche, obwohl die Auflösung der Klöster und das Abwenden von der Dominanz Roms bereits unter Cromwell erfolgt war. Fontane, nicht zuletzt durch den Einfluss seines Vaters, lebte noch in dieser historischen Welt vergangener Glaubenskonflikte, die in der schottischen Fremde ähnliche Wurzeln auffinden ließen wie die erbitterten Glaubenskämpfe unter dem Einfluss von Katharina von Medici gegen die protestantischen Hugenotten. [73]

Die Presbyterianer in Schottland wurden unerbittlich verfolgt, ebenso wie die Hugenotten in Frankreich während der Zeit des Kampfes um die

---

[71] Fontane, Jenseits von Havel und Spree, S. 39
[72] Fontane, ebd., S. 14
[73] Lindenborn, Ernst: Coligny: Der Schwertträger Gottes: ein Leben in Bildern. - Berlin: Quadriga, 1985. - 303 S.

Herrschaft in Europa und um die kirchliche Macht und den Einfluss des Papstes. [74]

Fontanes Werk fluktuiert zwischen den südlichen Gefilden Italiens in einer vergangenen romantischen Ritterwelt und den aufkeimenden Einflüssen der englischen Industrialisierung verbunden mit dem Erstarken des Bürgertums und dem Einfluss sozialer Reformen vor allem für den vierten Stand.

1.1.1. Natur und Fremdheit bei Goethe und Fontane

Walter Benjamin sieht Goethes „Wahlverwandtschaften" von einer Todessymbolik durchwoben. Das Initialienhafte der auf ihre Vornamen reduzierten Protagonisten erinnere an Grabsteine und bestätige Goethes eigene Worte, es gehe zu bösen Häusern hinaus, was man schon am Anfang erkennen und fühlen werde.

Dabei akzentuiere er die „Typik des menschlichen Schicksals", „die Wiederkehr alles Gleichen", die sich trotz Verschiedenheit starr durchsetze.

Im Kind Charlottes manifestiere sich dann die Lebenslüge, die Schuldhaftigkeit des Menschen und die „Dinghaftigkeit" alles Geschehens. [75]

Dabei ordnet er Ottilie jugendliche Unschuld, symbolisiert durch eine weiße Lilie, zu. Ebenso wie Effi steht Ottilie dem Leben mit unverdorbener Naivität und Unerfahrenheit gegenüber. Jugend und Keuschheit drückt sich aus im sanguinisch leichten Schweben und Schaukeln durch die Lüfte. Diese zeitliche Entrückung und Enthobenheit von allem Erdgebundenen, vom sukzessiven Ablauf des Lebens auf den Tod hin, drücke eine gefährliche Magie der Unschuld aus.

Die natürliche Unschuld auch im Sinne christlicher Jungfräulichkeit wird konfrontiert mit der Erfahrung sexuellen Lebens und Erlebens in der Ehe, ohne vorherige Aufklärung, weil es tabuiert war, über jene „Dinge" zu sprechen. Literatur wird so zu einer Art Medium der Aufklärung. Viele junge Leserinnen bezogen aus den angedeuteten Vorgängen, wie sie die Literatur schildern kann, ihre ersten Informationen. Es ist diese ju-

---

[74] Scott, Walter: Old Mortality. - 2. Aufl. - Berlin: Rütten & Loening,1977. - 605 S.
[75] Benjamin, Walter: Abhandlungen: Gesammelte Schriften I, 1, S. 125-201

gendliche Unberührtheit, die Fontane in „Irrungen, Wirrungen" und „Effi Briest" aufgreift und ähnlich wie in Goethes „Wahlverwandtschaften" thematisiert. In allen Dingen des Lebens rückt das Schicksal wie ein Haus mit Grundsteinlegung, Richtfest und Bewohnung in einen prozessualen Ablauf menschlichen Geschehens. Die verschiedenen Stufen der Bewohnung richten sich letztlich immer auf das Ende hin. Benjamin meint, dass diese Metaphorik das menschliche Leben mit einem Haus gleichsetze und die Urphänomene schicksalhafter menschlicher Verbindungen als gesetzliche göttliche Fügungen interpretiere. Der Realist dagegen sieht den natürlichen Ablauf des Lebens als Folge von kausalen und sozialen Zwängen, die sich rational begründen lassen. Helen Chambers erkannte jedoch, dass Fontane vielfach an übernatürliche Zeichen und Zusammenhänge rührte.[76]

Bei Goethe dagegen bedeutete die Ehe noch schicksalhafte Vereinigung im Spannungsfeld zwischen Anziehung und Abstoßung, zwischen Natur und Kultur, im Sinne eines Mysteriums. Goethe steht allerdings dem Sakrament der christlichen Ehe skeptisch gegenüber. Die Ehe, zweifellos eine erstaunliche Bindung zwischen zwei Individuen, wird zum Thema unter anderen auch bei Jean Paul, bei Goethe und dann ganz entschieden bei Fontane. Hierin besteht eine wesentliche Gemeinsamkeit beider Autoren, doch Goethe operiert noch auf der Basis mythischer Kräfte, bewegt sich im Zauber von Anziehung und Abstoßung natürlicher polarer Vereinigung, vor allem der Polarität zwischen Mann und Frau als klassischem Lebensrätsel. Da die Zeitgenossen Goethes dieses Werk als aktuellen Gesellschaftsroman gelesen haben, geht Benjamins Deutung über dessen Zeit hinaus und spiegelt Benjamins Projektionen wider. Die Auseinandersetzung mit der Natur drückt sich bei Goethe in einem Willen zur Veredelung aus. Sie wird zum Symbol menschlichen Pflege- und Gestaltungswillens, zum Hort harmonischen Zusammenwirkens der Eheleute im Park, die sich dort ihre Aufgabenbereiche aufteilen und die Fortschritte des anderen mit Respekt betrachten. Charlotte widmet sich der Mooshütte, ihrer Anlage und Verbesserung bis in architektonische Feinheiten hinein. Die Mooshütte als Symbol der Innerlichkeit setzt

---

[76] Chambers, Helen: Supernatural and irrational elements in the works of Theodor Fontane. - Stuttgart: Akad. Verl. Heinz, 1980. - 278 S.

Raumelemente häuslicher Intimität als Indikator menschlichen Erlebens ein, die die Stimmung der Protagonisten beleuchtet. Das Arrangement von Feld- und Baumfrüchten dient der ästhetischen Ausgestaltung des Raums, als Spannungsgefüge von Mensch und Umgebung im Wechselspiel der Gefühle innerhalb der Partnerschaft. Doch diese anfängliche Harmonie trügt, weil die auf der Basis echter Neigung geschlossene Ehe zwischen Charlotte und Eduard nach einer aufgezwungenen Konvenienzehe mit älteren Partnern offenbar auch nicht die erhoffte Erfüllung bringt.[77] Conrady betont in diesem Zusammenhang ebenfalls das Trügerische dieser Idylle, das experimentelle Probespiel des Naturwissenschaftlers, der seine Beobachtungen auch in das Beziehungsgeflecht menschlichen Lebens einzuordnen versucht und Affinitäten höher bewertet als den menschlichen Verstand, der kaum in der Lage ist alles zu analysieren, in das er verstrickt ist. Bei Goethe zumindest handelt es sich um Protagonisten, die innerhalb des Müßiggangs eines abgesicherten Schlossdaseins nicht ganz Ernst zu machen brauchen mit dem Leben. Neigung kollidiert mit den gesellschaftlichen Konventionen, die Protagonisten reiben sich im Wechselspiel magisch anmutender Anziehungskräfte, die die Naturwissenschaftler zu erforschen versuchen. Als Eduards Freund in die Nähe kommt, wird die Beziehung durch einen Dritten im Bunde gestört und die Paare vollziehen einen wechselseitigen Partnertausch.[78] Goethe geht es also nicht nur um die Kritik an der lästigen und überholten Konvenienzehe, um das Diktat aus ökonomischen Zwängen, sondern er sieht in der Natur treibende archaische Kräfte verborgen, die er entschlüsseln möchte. Jedes kulturstiftende Moment der Institutionalisierung kann sich an den triebhaften Strömen natürlicher Verbindungen reiben. Die Daseinskräfte in ihrer ungebändigten Zügellosigkeit und Irrationalität erheben sich über Moral und Sitte und fordern ihr eigenes Recht ein. Goethe erforscht die Natur durch Beobachtung und nennt das Trennen und Zusammenlaufenlassen von Quecksilberkügelchen als Beispiel von verschiedener und fremder Wesensart. Goethe definiert Fremdheit am Beispiel des Zusammenwirkens chemischer Ver-

---

[77] Conrady, Karl Otto: Goethe: Leben und Werk. - Frankfurt/M.: Fischer 2: VII, S. 345-360
[78] Goethe, Johann W. von: Die Wahlverwandtschaften. - 2. Aufl. - München: dtv, 1997. - S. 7ff

bindungen und beobachtet, dass der Mensch ebenso den Kräfteverhältnissen preisgegeben ist wie die Tier- und Pflanzenwelt. Dabei wagt er es, die angeblich so natürlich geschlossene Lebensbindung zu hinterfragen, sieht ihre Austauschbarkeit beim Hinzutreten eines Dritten und zieht die Bekräftigung einer möglicherweise abgelebten Verbindung in seinem „Märchen" in Erwägung.[79] Nach ihrer Verjüngung sagt der alte Mann mit der Lampe zu seiner Frau, dass sie einen anderen Gatten wählen kann, denn keine Ehe sei mehr gültig, die nicht aufs Neue geschlossen werde. Daraufhin macht sie ihn darauf aufmerksam, dass auch er plötzlich verjüngt sei und ihr als wackerer Jüngling erscheine. Er nimmt daher ihre Hand von neuem an und möchte gern mit ihr in das folgende Jahrtausend hinüberleben. Ob Goethe in seinem „Märchen" antizipiert, dass neue Formen der Ehe gefunden werden sollten, die den Eheleuten die Möglichkeit geben, ihr Verhältnis zu überdenken und es zu bestätigen oder aufzulösen, sei dem Leser überlassen. Er deutet auch an, dass die Zukunft eine Verzögerung des Alterungsprozesses bringen könnte, vielleicht sogar die Verwandlung eines alten Menschen in einen jungen. In den „Wahlverwandtschaften" geht es ihm mehr um die Verschiedenheit der Wesen, um Anziehung und Abstoßung und er kommt zur Erkenntnis, dass einige Menschen schnell zusammentreten, ohne sich zu verändern, während sich andere immer fremd bleiben.

„Und das wird nach Verschiedenheit der Wesen verschieden sein," fuhr Eduard eilig fort. „Bald werden sie sich als Freunde und alte Bekannte begegnen, die schnell zusammentreten, sich vereinigen, ohne aneinander etwas zu verändern, wie sich Wein und Wasser vermischt. Dagegen werden andre fremd nebeneinander verharren und selbst durch mechanisches Mischen und Reiben sich keineswegs verbinden; wie Oel und Wasser, zusammengerüttelt, sich den Augenblick wieder auseinander sondert."[80]

Peter von Matt erklärt Hochzeit, Wahnsinn und Tod als immerwiederkehrende Hauptmotive der Literatur, weil sie Zäsuren im menschlichen Dasein bedeuten. In diesem Zusammenhang erwähnt er die blumen-

---

[79] Goethe, Novellen/hrsg. von Katharina Mommsen. - Frankfurt/M.: Insel, 1979. - S. 153
[80] Goethe, ebd., S. 37

pflückende Lene in „Irrungen, Wirrungen", da auch sie noch eingebettet erscheint in den mythischen Kreislauf natürlicher Lebenswelt.[81]

Fontanes Lene möchte ihren echten Gefühlen freien Lauf lassen und unbefangen in der Idylle außerhalb der Stadt ihre Liebe ausleben. Dabei scheitert sie an den Standesgrenzen adliger Heiratspolitik und an ihrer naiven Unbedarftheit gegenüber der Einschätzung von außen. Ihre vermeintliche Idylle ist Hankels Ablage, die Welt eines Stundenhotels, in dem sie zufällig auch auf die Gefährtinnen von Botho von Rienäckers Kameraden trifft. In ihrer Unschuld verkennt sie die Lage, wird eingereiht in die zweifelhaften Erfahrungen der gefallenen Begleiterinnen für wenige Stunden. Sie meint echte Gefühle zu erleben, die Umwelt jedoch degradiert sie zu einer Mätresse.

Der Mensch im Beziehungsgeflecht, im Wechselbad der Gefühle gesellschaftlichen Zueinanderfindens, verbindet rein thematisch Fontanes „Irrungen, Wirrungen" mit Goethes „Wahlverwandtschaften". Fontane knüpft an an die Gefühlshöhepunkte, die jeder Liebesschmerz auslöst, doch akzentuiert er die sozialen Barrieren zwischen Protagonisten aus unterschiedlichen sozialen Schichten.

Jean Pauls Ansicht, dass Mesalliancen nicht allein durch Standesschranken entstünden, sondern auch durch die damit verbundene fremde Lebensart, mag für seine Zeit noch zutreffen. In Thomas Manns „Buddenbrooks" erweist sich beispielsweise die Heirat der Antonie Buddenbrook mit Herrn Grünlich trotz gleicher Standeszugehörigkeit als Trugschluss.[82]

Als sich herausstellt, dass Grünlich die Bilanzen manipuliert hat, um durch eine günstige Einheirat in ein reiches Kaufmannshaus seinen Betrieb zu sanieren, verlässt Tony sofort den ungeliebten Ehemann, als er ihr den gewohnten Lebensstil nicht mehr bieten kann. Im Rückblick wäre der kleinbürgerliche Morten Schwarzkopf, ein zukünftiger Arzt, die besse-

---

[81] Matt, Peter von: Liebesverrat: die Treulosen in der Literatur. - München: Hanser, 1989. - 439 S.
[82] Jean Paul: Trümmer eines Ehespiegels. - Berlin: Buchverl. Der Morgen, 1988. - S. 209

re Partie für sie gewesen.[83] Die Zugehörigkeit zum Bürgertum kann also auch vorgetäuscht sein, der kultivierte Lebensstil mehr Schein als Sein bedeuten, in dem Moment, in dem sich das wahre Wesen hinter seiner öffentlichen Maske enthüllt.

Sowohl Fontane als auch Thomas Mann demaskieren die dünkelhafte Haltung eines Patriziertums, das die Ehe mit einer kaufmännischen Transaktion verwechselt. Das Leben holt die arrangierten Standesehen spätestens ein, wenn das Haus verkauft werden muss, wie in „Tonio Kröger" umgewandelt wird in eine öffentliche Bibliothek, weil die Eltern sterben, die Familie sich auflöst oder die Firma vor dem Bankrott steht. Melanie van der Straaten schreckt in „L'Adultera" nicht davor zurück, den reichen Ehemann mit einem Freund des Hauses zu betrügen. Dieser Akt mag die Entscheidung für weibliches Glück durch die Liebesheirat bedeuten, ist aber ebenso ernüchternd wie Tonys überstürztes Verlassen des Hauses Grünlich. Die Gesellschaftsordnung zur Zeit Goethes akzentuiert bei allem Arrangement zumindest Gefühl und Leidenschaft neben gesetzlichen Verbindlichkeiten.

Cordula Kahrmann und Gerhard Kaiser gelangen zu unterschiedlichen Deutungen der „Idylle" in Goethes und weiteren literarischen Produkten des folgenden Jahrhunderts. [84]

Kaiser weist auf das Gedicht „Der Wanderer" von 1772 hin, auch auf die „Römischen Elegien" und „Venetianischen Epigramme", in denen die Suche nach arkadischer und elysischer Idylle deutlich wird. Die Sehnsucht nach einer Balance zwischen Finden und Abschied bewegt den Dichter im „Tasso" und macht ihn zu einem Reisenden, einer Figur, die in der Stilisierung der Natur zu einem Kunstgebilde auf höchstem Niveau eine Einheit sucht zwischen Sinnlichkeit und Geist. Die gewählte Metaphorik wurzelt dabei in einer Idylle, einem Bild der Natur, das sich der Zeit enthebt. Goethe konstituiert noch Bilder einer friedlichen, in sich ru-

---

[83] Mann, Thomas: Die Buddenbrooks. -Frankfurt/M.: Fischer, 1964. - Ungekürzte Sonderausgabe. - S. 200

[84] Kahrmann, Cordula: Idyll im Roman: Theodor Fontane. - München: Fink, 1973. - 216 S. Kaiser, Gerhard: Wandrer und Idylle: Goethe und die Phänomenologie der Natur in der deutschen Dichtung von Geßner bis Gottfried Keller. - Göttingen: Vandenhoeck & Ruprecht, 1977. - S. 131

henden Landschaft, die die Bauformen der Antike wiedererstehen lassen. Der Tempel, an der Spitze auf der Werteskala menschlicher Bauformen, behält bleibende Bedeutung. Weitere Räume sind die Hütte, in der der Wanderer in der Fremde Ruhe und Rast geboten bekommt. Die Situation des Fremden ist stets die des Unbehausten, der auf Unterkunft und Gastfreundschaft hofft. Der Gastgeber, in der Antike durch Xenos ihm verpflichtet, reicht ihm Brot und Wasser, bietet dem Fremden Schutz und Unterschlupf auf der Reise.[85]

Das Haus wird so ein eingegrenzter Raum der Gastlichkeit, der sich öffnet oder verschließt und damit auch auf eine Grenze hinweist. Es ist zunächst Charlotte, die intuitiv dem Fremden die Tür nicht öffnen will, weil sie ihren Hausfrieden erhalten möchte. Lene kann nur außerhalb der Gärtnerei ihren Gefühlen wirklich nachgeben. Sie ist angewiesen auf eine Stundenherberge am Stadtrand. Mensch und Raum stehen in untrennbarer Relation zueinander. Goethes Orte der Idylle wie der Park, das Schloss, die Hütte, das Bauernhaus, frugale Mahlzeiten in ländlicher Umgebung, das Pantheon der antiken Götter setzen ein Szenario, das das idealisierte Leben, den Stil klassischer Werte und Formen aufleben lässt, wenn auch in „Iphigenie auf Tauris" die Fremde auch das Elend bedeutet, das Elend der Trennung von Familie und Heimat.[86]

„Und es gewöhnt sich nicht mein Geist hierher.
So manches Jahr bewahrt mich hier verborgen
Ein hoher Wille, dem ich mich ergebe.
Doch immer bin ich, wie im ersten, fremd.
Denn ach! mich trennt das Meer von den Geliebten."

So verbindet Goethe Elend und Einsamkeit auch mit der Fremde. Der Wanderer ist unterwegs unbehaust und benötigt eine Bleibe. Das abgezirkelte Ambiente eines parkumgebenen Schlosses entspricht einem stilisierten Paradies. Jeder, der einmal durch den Schlosspark von Weimar gegangen ist, kann nachvollziehen, wie sehr Goethe die Ruhe und Schönheit dieser höfischen Umgebung zu schätzen wusste.

---

[85] Kristeva, Fremde sind wir uns selbst, S. 58
[86] Wierlacher, Alois: Ent-fremdete Fremde:Goethes Iphigenie auf Tauris als Drama des Völkerrechts. In: Hermeneutik der Fremde/hrsg. von Dieter Krusche; Alois Wierlacher. - München: Iudicum, 1990. - S. 198

Im „Tasso" wird der Herzog von Ferrara der Mäzen des Künstlers, der in der Tradition von Anakreon und Theokrit dem heiteren Lebensgenuss frönen kann. Der Park bei Goethe Verlängerung höfischer Schlossatmosphäre wird zum angenehmen Identifikationsraum des Lesers. Dieser nimmt am Genuss teil, indem er den Ort der Suche nach einem Arkadien und Elysium im Bund von Dichter und Held kennenlernt. Dabei bleibt ausgeklammert, dass sich im Feudalismus nur auf dem Rücken des einfachen Volkes dieser erhabene Stil finanzieren ließ. Gerhard Bauer spricht vom „nimmersatten und ständig verschuldeten Feudalismus", der lieber eine ideologische Elite als das gesamte Volk bilden und aufklären wollte.[87]

Dabei lässt sich nicht leugnen, dass die Hochblüte der Klassik meist in Verbindung stand mit Mäzenen und reichen Familien wie den Medici in Italien oder wohlhabenden Kaufleuten in Holland, die es sich leisten konnten, sich porträtieren zu lassen. Die mehr kleinbürgerliche Lebenswelt begnügt sich mit Raumsymbolen wie der Hütte, Laube oder dem Gartenhäuschen. Das behagliche Gespräch mit den Nachbarn, die provinzielle Lage der Kleinstadt erlaubt durch eine Art Inseldasein eine vermeintliche Intaktheit, die jedoch durch die zunehmende Verstädterung eine entscheidende Veränderung der Lebenswelt erfuhr. Das rückwärtsgewandte elegische Bild einer arkadischen Idylle wird durch die Verelendung in den Städten obsolet. Fontanes Blick kann sich diesen Veränderungen nicht mehr entziehen. Es wäre absurd, wollte er sich den Entwicklungen der modernen Zeit durch eine Rückkehr in griechische Tempel und antike Topoi entheben. Dennoch betont er die Bedeutung des Schlosses als Lebensraum des märkischen Adels. Auf seinen Wanderungen durch die Mark Brandenburg besuchte und zeichnete er die wichtigsten Schlösser seiner heimatlichen Umgebung.

Sie wurden ihm zum Vorbild für seine Romananfänge.[88]

---

[87] Bauer, Gerhard: Materialismus und Ideologiekritik. - In: Literatur der bürgerlichen Emanzipation im 18. Jahrhundert/hrsg. von Gert Mattenklott; Klaus Scherpe. - Kronberg: Scriptor, 1973. - S. 1-43

[88] Fontane, Theodor: Die schönsten Wanderungen durch die Mark Brandenburg/hrsg. von Günter de Bruyn; Gerhard Wolf. - 2. Aufl. - Berlin: Buchverl. der Morgen, 1990. - S. 217

Das Schloss als Metapher für feudale Herrschaftsstrukturen ist bei Fontane noch wesentliche Raumkomponente, wenn auch die urbane Lebensweise Berlins durch Salons, Mietwohnungen und Gärtnereien ebenfalls zum Ausdruck kommt. Er erwanderte die märkische Landschaft und war gerne Gast in Schlössern und Herrenhäusern, bewunderte die feudale Lebensweise, die ihm die eigene Herkunft aus einer Apothekerfamilie nur bedingt bieten konnte, allerdings war sein Großvater Pierre Barthélemy zunächst Prinzenerzieher und Zeichenlehrer der Preußen und später sogar Schlossverwalter, dessen gleichnamiger Vater Zinngießer, also Handwerker, wie die meisten französischen Einwanderer.

In „Irrungen, Wirrungen" jedoch bringt er diese Schlossidylle auf die Ebene einer kleinbürgerlichen Gärtnerei, indem er das vermeintliche Schloss zu einem jämmerlichen Holzkasten degradiert. In „Schach von Wuthenow" entflieht Schach dem Heiratszwang und flüchtet sich in das ländliche Schloss seiner Mutter zurück. Doch das Schloss ist bei näherer Betrachtung nichts als ein alter, weißgetünchter und von einer schwarzgeteerten Balkenlage durchzogener Fachwerkbau, dem seine Mutter durch ein Doppeldach, einen Blitzableiter und eine Terrasse das Ansehen allernüchternster Alltäglichkeit genommen hatte.[89] Das Interieur ist noch geprägt durch die Rokokomöbel, einen runden Rosenholztisch und Marmorschalen mit alabasternen Weintrauben und Orangen. Doch im Raum lastet eine stickige Schwüle, so als wäre lange nicht gelüftet worden.[90] Fontanes Räume, besonders die Schlösser, signalisieren einen Bruch. Seine Schlösser sind in Wirklichkeit mehr Fachwerkbauten, die gelbliche Fassade ist meist am Abblättern wie im „Stechlin" und signalisiert jene Verfallserscheinungen, die auf das Ende einer obsolet gewordenen Zeit hindeuten.[91] Die Metapher der kranken Aloe beschreibt, wie das Heimische nur mit Hilfe des hereingewehten Fremden in seiner Krankheit und gelblichen Kargheit durch die Einwirkung einer anderen Pflanze noch bestehen kann, ohne dass es dem Betrachter auffiele. Der Kenner aber sieht die Wahrheit, erkennt, dass die kostbare Aloe von gewöhnlichem Wasserliesch durchzogen ist. Die Nüchternheit der Lebens-

---

[89] Fontane, Theodor: Schach von Wuthenow. - München: dtv, 1995, S. 92. -
[90] Fontane, Schach, S. 94
[91] Fontane, Theodor: Der Stechlin. - München: dtv, 1995. - S. 9

weise unter dem Soldatenkönig ließ das preußische Schloss zu einem renovierungsbedürftigen alten Fachwerkkasten werden, einem Raum der desolaten Unzulänglichkeit auch seiner Bewohner, die diesen Zustand allerdings mit Humor hinzunehmen verstehen, und auch der Fremde wird gewahr, dass die Räumlichkeiten sich nach hinten ausdehnen und mehr versprechen, als die Fassade zunächst erkennen lässt. In „Unwiederbringlich" wird das alte Schloss, das zu einem Inspektorenhaus verkommen ist, durch einen Neubau ersetzt, der es zu einem säulenartigen, nach dem Meere gewandten Panoramabau werden lässt, mit Fernblick nach Skandinavien hin und voller Bewunderung und Freude gegenüber dem Leben und der Zukunft. Die zunehmende Entfremdung der Ehepartner wird diese Hoffnung nicht einlösen können.[92]

1.1.2. Vom Aristokraten zum Bürger

Es ist erstens die Dichotomisierung der Geschlechter, die Heirat eines ältlichen Offiziers mit einer ihm geistig unterlegenen, halbwüchsigen Frauenfigur wie Cécile, die die Frau in die Rolle einer »femme fragile« verweist.[93]

Inge Stephan vertritt den Standpunkt, dass dieses Bild der unentfremdeten kindhaften und natürlich-sinnlichen Frau ein Flucht- und Zielpunkt des männlichen Schriftstellers im Sinne einer Projektion seiner eigenen unterdrückten Sexualität sein könne. Insbesondere bei Cécile zeigt sich eine Gespaltenheit in die anrüchige Mätresse, die sich durch ihre Vergangenheit kompromittiert hat einerseits und ihre Rolle der unantastbaren, vornehmen und spröden Madonna andererseits, die den gesellschaftlichen Auftritt beherrscht. Es ist also einmal diese kränkliche, naturgebundene Disposition der Frau, die Fontanes fiktive Figuren mit der Goetheschen Ottilie verbindet. Andererseits ergänzt er die Rolle der kränkelnden halbbewussten Kindfrau, aus dem an Macht und Selbstbewusstsein einbüßenden Adel stammend, durch die tüchtige Frau aus

---

[92] Fontane, Theodor: Unwiederbringlich. - München: dtv, 1995. - S. 10
[93] Stephan, Inge: Das Natürliche hat es mir seit langem angetan. Zum Verhältnis von Frau und Natur in Fontanes Cécile. - In: Natur und Natürlichkeit: Stationen des Grünen in der deutschen Literatur/Reinhold Grimm; Jost Hermand. - Königstein/Ts.: Athenäum, 1981. - S. 118-150

dem Bürgertum, die ihren sozialen Aufstieg bewusst plant und geschickt versteht, sich in Szene zu setzen. Figuren wie Jenny Treibel und Mathilde Möhring erobern das gesellschaftliche Leben in der Hauptstadt, verfügen mehr oder weniger über die Mittel, sich in die Opernwelt und das gesellschaftliche Leben zu integrieren. Stolz sitzt Jenny auf dem Kanapée, brilliert mit interessanten Gästen aus der Kunstszene und gibt das Geld aus, das Treibel durch den wirtschaftlichen Aufschwung der Gründerjahre als Fabrikant in Fülle verdient. Die Villa im Zentrum Berlins ist plötzlich attraktiver als ein abbröckelnder Schlosskasten in der Provinz.

Fontane war vor allem Romancier. In seinen Gesellschaftsromanen geht es ihm nicht um die Darstellung der Arbeitswelt, sondern um den Umgang mit der Freizeit, um die Gesellschaftsrunden, die Boots- und Schlittenfahrten, die Theaterabende und Réunions an Sonn- und Feiertagen.

Im „Stechlin" debattieren die Protagonisten seitenlang über die Vor- und Nachteile der Sozialdemokratie. Dubslav von Stechlin kandidiert im Interesse seiner Herkunft für die konservativen Kräfte in Preußen. Seine Gesellschaft setzt sich aus den Lokalmatadoren der märkischen Provinz zusammen. Söderkopp, Gundermann, Torgelow und auch Baron Beetz, alle, die meinen, etwas zu sagen zu haben, tun dies denn auch in endlosen Debatten. Dabei fehlt es nicht an gutem Essen, an Krammetsvögeln, Wein und dem, was die Jagd so mit sich bringt. Der Besitzer des Hotels Krone in Lindow befasste sich mit der Rekonstruktion von Speisen und Getränken, die er entsprechenden Textstellen entnahm.[94]

Die politisierende Konversation auf ländlich-gehobenem Niveau gibt jedoch preis, wie beschränkt und redundant die sich ständig wiederholenden Phrasen sind. Ansichten ersticken in Vorurteilen, das Ego verharrt im festgefahrenen Standesdünkel eines sich überschätzenden Junkertums, das mit Orden und Militärdrill seine Stellung zu halten versucht. Dabei vergeht langsam die Zeit. Der alte Dubslav wird von seinem Sohn Woldemar abgelöst. Woldemar, vor die Wahl einer Ehefrau gestellt, entscheidet sich wie eh und je für das Häusliche und Solide, das Gediegene

---

[94] Bockholt, Werner: Das Theodor Fontane-Kochbuch: ein literarisches Kochbuch/Werner Bockholt; Andreas Rohde. - Warendorf: Schnell, 1998. - S. 15

und Ruhige im Gegensatz zum Frivolen und Unberechenbaren fremder südlicher Lebensart. Dabei erfolgt in der Tat eine Spaltung. Es wird übersehen, dass der Reiz des Fremden, das Bedürfnis aus der gewohnten häuslichen Sphäre auszubrechen, sich durchaus verbinden kann mit dem Bedürfnis nach Ruhe und Gemessenheit. Doch Fontane, so Inge Stephans Vermutung, projiziert in der Tat seine eigenen Dispositionen in zwei unterschiedliche Frauenfiguren, operiert in der Stereotypie gegensätzlicher Temperamente und versucht damit, eigene innere Konflikte zu harmonisieren, um das von ihm als fremd erlebte Innere mit dem heimatlich Märkischen zu versöhnen. Seine französische Herkunft empfand er als Reibung, die ihn zum ständigen Kampf mit widerstreitenden Kräften in ihm selbst bewog.

Ähnlich wie in Goethes „Wahlverwandtschaften" sind es heitere Plauderei, gebildete Konversation und das müßige Landleben in den Zirkeln der wohlhabenderen Kreise des Landadels, die den Raum mit Kommunikation statt mit Handlung füllen und allerlei aus der Zeit oder dem Schicksal der handelnden Personen zu erkennen geben.

Diese Intimisierung und Individualisierung wird bei Jürgen Habermas, in dessen „Strukturwandel der Öffentlichkeit", mit der fortschreitenden Industrialisierung und Kapitalisierung begründet. Tatsächlich belegen „die Wahlverwandtschaften" diese Gesellschaftsrunden weniger als Habitus des sich in den häuslichen Rahmen zurückziehenden Bürgertums der Biedermeierzeit, sondern vielmehr als ein Relikt der höfischen Strukturen, der Bälle und Gesellschaften des Adels. Es ist jedoch erkennbar, dass nun auch die Bürger die Attitüden der Aristokratie übernehmen, sich Schlitten und Boot als Statussymbole aneignen, um sich das Leben angenehmer zu gestalten. Das Wasser wird dabei zu einem Symbol der Tiefe und Undurchdringlichkeit, aber auch der Ungebundenheit und Weite, die mit einer gewissen Unzuverlässigkeit einhergeht, der Gegenwelt des festen Bezugssystems des Schlosses. Das Elementare, also Wasser, Luft, Feuer und Erde, akzentuiert den kosmischen Einfluss der Natur auf das menschliche Gemüt. Wie bei Shakespeare beeinflussen die unterschiedlichen Temperamente die Dispositionen der Protagonisten. Sowohl bei Goethe als auch bei Fontane lässt sich die Inszenierung der ständigen Wiederkehr des menschlichen Schicksals von Geburt bis zum Tod zu einer Metaphorik des Elementaren beobachten. Beide Dichter sahen mit dem reifen Blick auf den Entwicklungsgang ihrer Helden. So steigt Eduard aus dem Boot aus, als er merkt, dass die Anziehungskraft Ottilies ihm wichtiger ist als eine Wasserfahrt mit Charlotte.[95]

Es geht jedoch nicht allein darum, den Lebensstil des Bürgertums als Kopie zu desavouieren, sondern um die Ausdifferenzierung verschiedener Lebenswelten in der Gründerzeit über ständische Grenzen hinaus.[96]

Die Bootsfahrten und Gesellschaftsrunden ersetzten die übliche Langeweile vor allem auf dem Lande durch kommunikatives Inbeziehungtreten, durch kleine Festveranstaltungen, in denen derjenige etwas galt, der besonders gebildet war und durch das Einflechten von Anekdoten und auch Geschichten aus der Fremde aufzuheitern und etwas beizutragen verstand.[97]

Handlung wird so ersetzt durch dazwischengeschobene Geschichten aus der Fremde, lange Gespräche bei Tisch, Konversationen, durch die sich die Charaktere enthüllen.[98]

Klaus Scherpe zitierte in diesem Zusammenhang den Ausspruch von Professor Schmidt, das *Literarische mache frei.*

Die neue Qualität einer Erlebniswelt, die durch literarische Zirkel dem Bildungsbürgertum durch Tüchtigkeit und Fleiß einen neuen Platz zuweist, erkennt Fontane einerseits an, ist selbst Teil davon, andererseits verurteilt er eine wachsende Prosperität und „Geldsackgesinnung", die ihn abstößt. In „Jenny Treibel" karikiert er das Aufsteigertum, die Rede um der Rede willen, das Auftrumpfen mit der Bildungsbeflissenheit, das Brillierenwollen mit übernommenen Aussprüchen aus dem humanisti-

---

[95] Goethe, Die Wahlverwandtschaften, S. 111
[96] Anm.: Die genannte Aussage bezieht sich auf eine Diskussion im Rahmen der Ringvorlesung zum 100-jährigen Todesjahr Fontanes an der Humboldt-Universität. - 1. 07. 1998. -
[97] Vgl. dazu: MhicFhionnbhairr, Andrea: Anekdoten aus allen fünf Weltteilen: The anecdote in Fontane's fiction and autobiography. - Bern: Lang, 1985. - S. 84
[98] Fontane, Jenny Treibel, S. 56-66

schen Bildungskanon.[99] Die Herren glänzen am abendlichen Stammtisch und demonstrieren ihre unerschöpflichen Quellen, gespickt mit historischem und lateinischem Wissensschatz bei ihrem Kränzchen „Die sieben Waisen Griechenlands". So werden Bildungserlebnisse im Kleinen ein Ersatz für den Weitblick, weil die in die Nähe gerückte Fremde noch nicht wie heute durch Massentourismus und Medien greifbar geworden ist.

Nicht zuletzt die Kriegsberichterstattung Fontanes in „Aus Zeiten der Okkupation" und „Kriegsgefangen" erschloss Informationen, die den Zuhausegebliebenen die Welt ins Wohnzimmer brachte. Der Krieg als Reiseunternehmen wurde so Türschwelle zur Fremde, öffnete und verschloss zugleich durch Feindschaft und Aggression dieser gegenüber.

Am Beispiel der Kasinoszene aus „Irrungen, Wirrungen" analysierte Klaus Scherpe, wie die Offiziere eines verkrusteten preußischen Militärstaates in ihrer Vitalität und Lebensenergie erlahmen. Im Warten auf die nächste Schlacht, auf den Krieg, um den sich ja alles drehen soll, hängen sie passiv in den Kasinos herum, widmen sich wie St. Arnaud in „Cecile" dem Müßiggang eines ritualisierten Spiels, in dem die Rede festgelegt ist, die Etikette bindet und das Zeremonielle eingrenzt, wie jedes Wort „sticht".

„Sie *spielen ein Spiel, das sie schon immer gespielt haben."* [100]

Neue Impulse ersticken in der üblichen Langeweile und Unproduktivität.

In dieser Situation einer obsolet werdenden Militärgesellschaft gewinnt jedoch nicht der Feind außerhalb, sondern das Bürgertum innerhalb Preußens, weil der Bürger es versteht, seine Gelegenheiten zu nutzen. Kapitalisierung und Intimisierung reichen sich die Hand, weil der Handel und die Industrie einerseits die Fremde öffnen, den Zugang zu exotischen, neuen Welten erschließen, aber auch eine Erschütterung durch das Neue bewirken.

---

[99] Isenberg, Angela: Die Hugenottenbibliothek am Französischen Gymnasium zu Berlin: Hausarbeit zur Diplomprüfung für den gehobenen Dienst an wissenschaftlichen Bibliotheken. - Berlin, 1994. - S. 28

[100] Scherpe, Klaus: Erlebnisgesellschaft in Fontane-Romanen: Vortrag im Rahmen der Ringvorlesung im Fontane-Jahr am 6. 05. 1998 in der Humboldt-Universität.

Dieses Fremde dringt plötzlich ein in die kleine Welt des Bürgers. Ökonomisch gesehen verlieren die märkischen Junker zunehmend an Einfluss. Entsprechend gewinnt der Roman des 18. Jahrhunderts an Leserschaft, der durch die englische Literatur von Henry Fielding bis Walter Scott, in Deutschland vor allem durch Goethes „Werther" und „Die Wahlverwandtschaften" in die bürgerlichen Wohnzimmer gelangt ist. Dieser neue Bezugsrahmen ermöglicht das Eindringen in neue Lebenswelten. Der Bürger möchte nichts mehr wissen von der exklusiven Sphäre des höfischen Lebens, sondern beansprucht eine Literaturform, die ihm gemäß ist, die seine Welt endlich mit einbezieht. Wesentlich für Fontane ist die genaue Milieuschilderung, eine der Umgangssprache nahestehende Diktion, die Darstellung innerer und äußerer Vorgänge, in denen sich Schuld und Vergeltung im realen Bereich vollziehen und weniger durch eine Nemesis höherer Gewalt. Das Schicksal selbst, die Kausalität der Ereignisse, ergibt die logische Konsequenz vollzogener Handlung und kommt letztlich einer Art Strafe gleich. Seine Kriminalgeschichten wie „Quitt" oder „Unterm Birnbaum" reichen qualitativ nicht an seine Gesellschafts- und Eheromane heran.

Fontane ist groß, wo es nicht um die großen weltbewegenden Ereignisse, sondern um das Agieren im Kleinen geht. Die Gräfin Pudagla in „Vor dem Sturm" glänzt mit ihren reichhaltigen Anekdoten und Geschichten, Freiherr Duquesne in „L'Adultera" politisiert unerschöpflich über die Einschätzung der Politik Bismarcks, dennoch bleiben Fontanes Menschen ländlich provinziell, das gemischte Publikum wirkt bisweilen deplatziert und ergänzt sich mit exaltierten Figuren wie der Künstlerin Marietta Trippelli, deren italienischer Name bei näherem Hinsehen auf den heimatlichen Pfarrer Trippel zurückzuführen ist. Weltgewandtheit verbindet sich mit heimatlicher Bodenständigkeit, Sein und Schein entspricht ganz der illusionären Welt des Theaters, die einzig den Künstlerinnen eine gewisse Freiheit gestattet und sie aus der Enge genormter Verhaltensmuster entbindet. Die Oberförstertochter der Familie Ring fällt bei der Weihnachtsréunion in „Effi Briest" gänzlich aus der Rolle. Fast peinlich wirken die Konversationen über die Ratten und deren Vorkommen in der unterirdischen Kanalisation von Paris, mit denen Fontane metaphorisch das drohende revolutionäre Element in Frau von Gundermanns anzüglichen

Äußerungen entlarvt. Innere Ängste, auch die vor einer drohenden Gefahr, nämlich der roten Revolution, werden metaphorisch umgesetzt. In „Graf Petöfy" beispielsweise ist es die bunte Flagge, die Internationalität und Offenheit gegenüber dem Fremden anzeigt. Anderseits vermitteln sich Ängste wiederholt durch Ratten in der ersten Begegnung mit Frankreich, als Fontane seine Erlebnisse mit dem ursprünglichen Heimatland schildert. Freundbilder und Feindbilder gehen ineinander über und verschwimmen zu einem Konglomerat von Stereotypen, deren Objektivität zweifelhaft erscheint. Am 5.10.1870 wurde Fontane als Kriegsberichterstatter unter Spionageverdacht verhaftet, als er angeblich das Geburtshaus der Jeanne d'Arc in Domrémy besuchen wollte. Die Vossische Zeitung druckte sein Tagebuch aus dieser Zeit mit dem Titel „Kriegsgefangen" ab. Die Gespaltenheit seiner preußischen bzw. französischen Identität sucht ihre Lösung in einem Gegenmythos oberflächlicher Etikettierungen für die Andersartigkeit des fremden Landes, das doch auch das eigene sein soll. Auch die Rede von Fontanes Gesellschaftsmenschen verfängt sich oft in einer eigentümlichen Oberflächlichkeit. Zwar reden sie nicht aneinander vorbei, doch sie brüskieren einander durch Verstöße gegen den gesellschaftlichen Anstand, sind befangen und unfrei in ihren Begegnungen, weil sie dem anderen ihr wahres Gesicht nicht zeigen dürfen.

Fontane kokettiert in „Cécile" förmlich mit der Mittelmäßigkeit des weiblichen Bildungsspektrums, beschreibt eine Frau, die in einer Art souveränen Ignoranz nicht an lehrreicher Fachsimpelei interessiert ist und sich lachend zu ihrer Unkenntnis bekennt. [101]

Sie kennzeichnet ein müdes Anlehnungsbedürfnis, das keine bewussten Ansprüche zu formulieren vermag und ihre innere Abwesenheit äußert sich im sinnlichen Entgleiten, fast träumerisch, bewegt sie sich weg aus einer Welt, die ihren unbewussten Sehnsüchten keine Erfüllung verspricht.

Die Intimität zwischen den Ehepartnern erschöpft sich daher in St. Arnauds Berührungen, die über Händehalten und beschauliche Spaziergänge nicht hinausgehen und dazu führen, dass Cécile sich ihrem

---

[101] Fontane, Cécile, S. 70

Liebhaber Gordon öffnet. Dieser Dichotomisierung liegt eine grundsätzlich gespaltene Wahrnehmung zugrunde, die dem Außen nicht erlaubt, das Innen zu zeigen. Der Gesellschaftsroman mit all seinen langweilig anmutenden Konversationen verdeckt also das wahre Ich hinter der Maske des klugen Daherredens. Dies offenbart eine Entfremdung der Protagonisten von sich selbst und ihren Partnern. Nähe könnte aufhalten und von den eigenen Zielen ablenken.

1.1.3. Fontanes Anlehnung an die klassische Metaphorik

In einer Gesellschaft, in der das Innere abgespalten und verdrängt, lediglich halbbewusst wahrgenommen wird, gewinnt die Metapher eine besondere Bedeutung, weil sie die Möglichkeit eröffnet, Gefühle, Hoffnungen und Wahrheiten zu versinnbildlichen, die direkt nicht zum Ausdruck gebracht werden dürfen. Fontane reiste in der Tradition Goethes, was ihn 1876 an die Örtlichkeiten der Antike führte. So kam Fontane in Berührung mit dem Szenario der Klassik, die er sich als neuzeitlicher Dichter zu vergegenwärtigen versuchte.

Sein Denken kreiste um eine vielumworbene Jungfrau, im Sinne einer reizvollen, aber niemals greifbaren Nymphengestalt.[102]

Er bewegte sich traditionell in der Metaphorik der Klassik. Goethes Versuch diese zu rekonstruieren, ließ auch Fontane auf bewährte mythologische Bilder zurückgreifen, die er aus den Erzählungen seines Vaters kannte.[103]

In „Effi Briest" rückt Fontane die Protagonistin in die unmittelbare Nähe einer unschuldigen Jungfrau, die gleich einer griechischen Nymphe unberührt und blumenpflückend am Wasser sitzt, und überträgt dieses Bild auf Effi und ihre Gespielinnen. Auch Lene in „Irrungen, Wirrungen" beschäftigt sich selbstvergessen mit den verschiedenen Pflanzen und Blumen auf einer Wiese außerhalb der Stadt, doch als Botho sie bittet, das Sträußchen mit ihrem Haar zusammenzuflechten, lehnt sie ab, weil sie

---

[102] Bindokat, Karla: Erzählstoff und Erzählinhalt. - Frankfurt/M.: Lang,1984. - S. 99
[103] Vgl. dazu auch: Schmidt-Dengler, Wendelin: Genius: Zur Wirkungsgeschichte antiker Mythologeme in der Goethezeit. - München: Beck, 1978. - 323 S.

darin eine ewige Bindung an ihn symbolisiert sieht, deren Unmöglichkeit sie bereits antizipiert.[104]

Die Anbindung an mythologische Natursymbole wie den Blumenkranz als bedeutungsvollen Jungfernkranz einer späteren Braut kombiniert Fontane mit dem Einbruch der bereits vorhandenen Ahnung eines unüberwindlichen Klassenunterschiedes, der es einem Adligen nicht gestattet, ein Mädchen aus kleinbürgerlichem Hause zu heiraten.

Möglicherweise kannte Fontane Goethes Märchen von der „Neuen Melusine", die ihrem Geliebten ein Kästchen anvertraut, bis dieser entdeckt, dass sie nachts in der Gestalt einer Zwergin in diesem lebt wie in einem Palast ; möglicherweise ein Bezug zur Büchse der Pandora, ein Motiv aus der antiken Sage über Prometheus.

Fontane greift die bekannten Namen aus der Klassik zwar auf, ordnet ihnen jedoch seine eigene, durchaus neue Bedeutung zu.

„Wer Melusine heißt, sollte wissen, was Namen bedeuten."[105]

Zeitlebens beschäftigte Fontane der Gegensatz zwischen einer betörenden, nie greifbaren Nymphengestalt, ähnlich der heiteren Melusine im „Stechlin", im Kontrast zu deren solider, gefestigter Schwester Armgard. Zwischen beiden konnte Woldemar sich zunächst nicht entscheiden. Der Roman lässt eine Spaltung in Traumgestalt und greifbare Ehepartnerin erkennen, so dass der Verdacht nahe liegt, dass Fontane sich beim Schreiben mit seinen Charakteren in der Weise identifizierte, dass er sich bei deren Gestaltung mit seiner eigenen Gespaltenheit auseinandersetzen konnte. Er lebte in einer Zeit des Übergangs und war selbst hin- und hergerissen zwischen den männlichen Vorstellungen einer ihn treu umsorgenden Ehefrau, die ihm Emilie Rouanet-Kummer nachweislich war, und den Reizen einer nie greifbaren Traumgestalt, die in Figuren wie Edda von Rosenberg in „Unwiederbringlich" oder der bereits genannten Melusine transparent wird.

Die „Allegorie des Begehrens" veräußerte sich so in zwei unterschiedlichen Frauenfiguren.

---

[104] Fontane, Irrungen, Wirrungen, S. 67
[105] Fontane, Stechlin, S. 141

Ihn kennzeichnet damit jene Stufe zwischen wissenschaftlichem und metaphorischem Denken, das Gert Mattenklott folgendermaßen zu erklären versuchte:

„*Wo die Wissenschaften sich entwickeln, indem sie die Bildersäle ihrer Vorgeschichte öffnen und die metaphorischen Vorstellungen durch Begriffe ersetzen, also durch ein verwerfendes Aussondern des Phantastischen, da scheinen Kunst und Religion den ihnen angemessenen Stoff ihrer Vorstellungen just in diesem Ausgesondertsein zu finden.*" [106]

Melusine ähnelt jenen griechischen Koregestalten, die bereits Ovid in den „Metamorphosen" erwähnt. [107]

C.G.Jung prägte für diese Grundtypen, Abbildungen zwischen Menschlichem und Übermenschlichem, den Begriff Archetypus. Frauenfiguren, die die weibliche Anima projizieren wie beispielsweise Persephone, Demeter, Artemis oder Aphrodite, die als Göttin der Schönheit perlentropfend aus dem schäumenden Meer aufsteigt.[108] Karla Bindokat operiert mit den Kategorien von C.G.Jung. In Fontanes „Meine Kinderjahre" zeigt sich zumindest eine Vorliebe für solche Figuren aus der Mythologie.

Es geht in diesem Zusammenhang darum, dass Nymphen- und Nereidengestalten aus der klassischen Tradition im Erzählschatz seines Vaters lebendig waren und ihn in seiner Kindheit stark beeindruckt haben müssen.

Bereits in Goethes „Werther" taucht die Melusine auf als an einen Brunnen gebannte Figur.

„*Da ist gleich vor dem Orte ein Brunnen, ein Brunnen, an den ich gebannt bin, wie Melusine mit ihren Schwestern.* " [109]

Goethe lässt durchblicken, dass diese halbgöttlichen Gestalten verflucht sind, weil sie an einen bestimmten Ort gebunden sind, den sie nicht verlassen können. Fontane spürte diffus, dass die Unmöglichkeit einer

---

[106] Mattenklott, Gert: Der übersinnliche Leib. - Reinbek b. Hamburg: Rowohlt, 1982. - S. 85
[107] Ovid: Verwandlungen/P. Ovidius Naso. - Stuttgart: Reclam. - S. 36-43
[108] Bindokat, Karla: Effi Briest: Erzählstoff und Erzählinhalt. - Frankfurt/M.: Lang, 1984. - S. 99
[109] Goethe: Werther, S. 5

idealen Verbindung ihn immer an die Mittelmäßigkeit seiner Wirklichkeit fesseln werde, obwohl er als Dichter einen Sinn hatte für die Dunkelschöpfung, für alles, was ihn das „Darüberhinausgehende" zumindest erahnen ließ.

In einem Brief an seine Frau Emilie Rouanet-Kummer vom 14. Mai 1884 beschrieb Fontane seinen Schaffensprozess folgendermaßen:

„Meine ganze Produktion ist Psychographie und Kritik, Dunkelschöpfung im Lichte zurechtgerückt." [110]

Bei ihm werden verschiedene Motive wie der Ausdruck „Effi, komm'!", den er bei einem Harzaufenthalt zufällig gehört haben will, zur Inspiration für seinen Schaffensprozess. Es mag spekulativ sein, wenn Karla Bindokat in der Diktion von Ovid eine Ähnlichkeit mit dem Ausruf „Effi komm'!" erkennen will.

Die Anlehnung an Ovids „Metamorphosen" ist jedoch unverkennbar.

„Persephone komm'! Sieh unsere Gaben für dich!"

Fontane stand noch unter dem Einfluss klassischer Mythologeme, weil er als Kind im Schatten der Klassik stand. Verknüpfen und Zusammenfügen von Segmenten, die psychische Anspannung im Ringen um den Stoff, führte ihn beim Schreiben von „Effi Briest" in eine Nervenkrise, die ihn in seine Kindheit zurückwarf und laut Claudia Liebrand zu einer Auseinandersetzung mit Mutter-Imago und Vater-Imago in „Meine Kinderjahre" führte. Er verfasste diese Autobiographie, um sich aus der Krankheit herauszuschreiben.[111] Das Elementare, Wasser, Luft, Feuer und Erde, spielte dabei eine wichtige Rolle, weil Fontane durch die Nähe zu romantischen Sagengeschichten und Malereien im Swinemünder Haus in seiner Phantasie angeregt wurde. Aus der klassischen Mythologie stammt auch das Bild von „Leda und der Schwan" als Deckengemälde im elterlichen Haus, nicht zuletzt wahrscheinlich auch deshalb gewählt, weil es in Swinemünde viele Schwäne gibt. Das Motiv von der versunkenen Stadt Vineta, die im 17. Kapitel von „Meine Kinderjahre" den glückli-

---

[110] Bindokat, ebd., S. 78
[111] Fontane, Theodor: Meine Kinderjahre: autobiographischer Roman. - 1. Aufl. - Frankfurt/M.: Insel, 1983. - 276 S.

chen versunkenen Ort einer anderen Welt andeutet, schöpfte er aus dem volkstümlichen Usedomer Erzählgut.[112]

Vineta wird in „Effi Briest" ebenfalls erwähnt und rückt die Handlung in die Nähe des Wassers. Auch die Metapher der „Schlittenfahrt durch den Schloon" lässt auf einen triebhaften Sog schließen, auf möglicherweise überirdisches und sicherlich natürliches Getriebensein im Strudel elementarer Naturgewalt. Helen Chambers führt die zahlreichen irrationalen und fast parapsychologischen Bezüge wie Spukwesen und Doppelgängerfiguren auf den Einfluss des Sagenschatzes seiner polnisch-slawisch beeinflussten Heimat zurück.[113]

"On the contrary, a sense of inevitable catastrophe is being built up all the time, not so much in terms of the characters' actions, but through the revelation of the existence of irrational forces at work behind the external circumstances of the action."

In diesem Zusammenhang versucht Claudia Liebrand am Beispiel von „Meine Kinderjahre" zu demonstrieren, wie er verschiedene Realitäts- und Wahrnehmungsmuster zu verbinden versucht, sie teleskopisch übereinander blendet und das „Numinose" und „Geisterhafte" als biblische, mythische oder sonstige Metapher unterlegt.[114] Dabei bleibt er von seinem Ansatz her durchaus Realist. Er distanziert sich explizit von Goethe. Auch wurde er wie sein Zeitgenosse Gottfried Keller vom Atheismus eines Anselm Feuerbach zumindest beeinflusst, um nicht zu sagen geprägt von den Gedanken Schopenhauers. Es ist daher fragwürdig, seine Konfigurationen schwerpunktmäßig auf Bilder aus der Bibel zurückführen zu wollen. Ähnlich wie in Theodor Storms „Schimmelreiter" wird der Mensch von der Naturgewalt eingeholt wie von einer Katastrophe. Das friedliche Ruhen im Tod mit der Hoffnung auf eine Auferstehung war ihm vermutlich suspekt.

---

[112] Vgl. dazu: Aus Pommerns Sagenwelt: Sagen von der Insel Usedom aus Wolgast und Umgebung/Elke Maier; Karl-Ewald Tietz. - Peenemünde: Axel Dietrich Verl., 1994. - 60 S.

[113] Vgl. dazu: Chambers, Helen: Supernatural and irrational elements in the works of Theodor Fontane by Helen Elizabeth Chambers. - Stuttgart: Akad. Verl. Heinz, 1980. - S. 184

[114] Liebrand, Das Ich und die Andern, S. 30 f

An Goethes „Wahlverwandtschaften" kritisiert er die mangelnde Vorbereitung einzelner Entwicklungsschritte.[115]

Entscheidend ist, dass Fontane sich trotz seines realistischen Ansatzes dem Bereich des Unbewußten und Irrationalen nicht hat entziehen können. Die eigentümliche Todessymbolik und Todessehnsucht, die Walter Benjamin schon in den „Wahlverwandtschaften" zu erkennen glaubt, eskaliert bei Fontane durch die zahlreichen Suizide am Ende seiner Romane. Dies spricht einerseits für den Einfluss eines Kulturpessimismus, der durch Schopenhauer das Jahrhundert beeinflusste, aber auch für eine Resignation seinerseits, die einen Abstand zum Christentum zu erkennen gibt. Dabei faszinierte ihn alles Mysteriöse und über den Verstand Hinausgehende in der Natur. Sein Interesse an Überresten der Megalithkultur auf Rügen, an Ritualen und Symbolen vorchristlicher Zeit, macht ihn nicht unbedingt zum Heiden, mit Sicherheit aber zu einem Menschen, der sich mehr als Teil der Natur begriff weniger als über sie erhaben.

Fontane beobachtet den natürlichen Werdeprozess des Menschen, lässt ihn heiraten und allmählich altern, bis er von der jüngeren Generation abgelöst wird, doch abgesehen vom langsamen Wechsel zwischen Dubslav von Stechlin und seinem Sohn Woldemar durchbricht er die Harmonie des Lebens durch einschneidende Ereignisse, meist durch den Ehebruch, und die daraus folgenden Konsequenzen der Trennung und Entfremdung, so dass Fontanes Blick sich auf die tatsächlichen Gegebenheiten des sozialen Lebens hin orientiert, auf das Diesseitige, schließlich auf dessen Ende, weniger jedoch auf ein glückliches.

1.2. Die Selbstentfremdung der Jenny Treibel

Die literarische Figur der »femme fragile« ließe sich bei Fontane im Falle der Jenny Treibel um den Begriff der »femme confidante« ergänzen.

Das Bürgertum stellte im Zuge seines steigenden Einflusses die Privilegien des einst von göttlichen Gnaden abgeleiteten Adels in Frage und zeigte, dass die damit verbundenen Attitüden kopiert werden können.[116]

---

[115] Wagner, Nancy Birch: Goethe as cultural icon. - New York: Lang, 1994. - S. 162
[116] Greif, Stefan: Ehre als Bürgerlichkeit in den Zeitromanen Theodor Fontanes. - Paderborn: Schöningh, 1992. - S. 279.

Dies spiegelte sich insbesondere im Salonleben der Großstädte, aber auch in den gesellschaftlichen Réunions der ländlichen Oberschicht. Auch Theodor Fontane bevorzugte die pommerschen Gutsbesitzer wie die Familie von Bernhard von Lepel aus Gutzkow und verkehrte mit den gebildeteren Bewohnern im provinziellen Abseits dieser Region. In „Effi Briest" werden der Apotheker Alonzo Gieshübler, die Künstlerin und Pastorentochter Marietta Trippelli und der alte Briest und seine Frau zu Repräsentanten dieser ländlichen »crème de la crème«. In seinen Berliner Romanen karikiert Fontane besonders das Bild der Aufsteigerin Jenny Treibel, die durch eine reiche Heirat mit einem Fabrikanten ihrer kleinbürgerlichen Herkunft entkommen will und dabei alle Züge ihrer bescheidenen Vergangenheit tilgen möchte. Sie entspricht dem Typus der selbstbewussten Berlinerin, die alle Möglichkeiten in Anspruch nehmen kann, sich ins wohlhabende Bürgertum zu integrieren.

Um jeden Preis möchte sie nach außen hin etwas darstellen, umgibt sich mit Opernsängern und „vornehmer" Gesellschaft.

Das neue Selbstbewusstsein dieser »femme confidante« verblüfft, wirkt echt, bleibt aber bei näherem Hinsehen aufgesetzt. Jenny Treibel bemerkt nicht, dass sie sich selbst von ihrer eigentlichen Herkunft entfremdet. Sie streift ihre frühere Identität ab wie ein Kleidungsstück, das in die Altkleidersammlung wandert und dessen Eindruck verschwindet, aber dennoch da war und in der Erinnerung haften bleibt. Sie will um jeden Preis gesellschaftlich dazugehören und thront dabei etwas zu aufgeblasen auf dem Gründerzeitsofa.[117]

Ihre ausgeprägte Sentimentalität ist oberflächlich, weil sie im Grunde von materiellem Wohlstand und Besitzdenken bestimmt wird.

„Heruntergekommensein", sozialer Abstieg und Schwäche ging einher mit dem Verlust an Prestige und Gediegenheit ; vor allem aber mit dem Verzicht auf ein eigenes Haus oder eine standesgemäße Wohnung. Jenny ist daher die typische Vertreterin einer Schicht, die mit dem Adel konkurriert und diesen mit Geldmitteln einzuholen versucht. Zu diesem Zeitpunkt ist allerdings in Vergessenheit geraten, dass die Aufgabe des

---

[117] Hass, Ulrike: Theodor Fontane: bürgerlicher Realismus am Beispiel seiner Gesellschaftsromane. - Bonn: Bouvier, 1979. - S. 52

Adels in einer Vorbildfunktion bestand, verbunden mit einem Ehrenkodex und der Verpflichtung, Schwache und Kranke in Schutz zu nehmen. Als Jenny Treibel trotz ihrer Herkunft aus dem bescheidenen Milieu eines Materialwarenladens in der Adlerstraße der soziale Aufstieg in die bürgerliche Oberschicht gelingt, zeigt sie sich ihrer Rolle gewachsen.

„Frau Jenny präsentierte sich in vollem Glanz, und ihre Herkunft aus dem kleinen Laden in der Adlerstraße war in ihrer Erscheinung bis auf den letzten Rest getilgt. Alles wirkte reich und elegant; aber die Spitzen auf dem veilchenfarbenen Brokatkleide, soviel mußte gesagt werden, taten es nicht allein, auch nicht die kleinen Brillantohrringe, die bei jeder Bewegung hin und her blitzten; nein, was ihr mehr als alles andere eine gewisse Vornehmheit lieh, war die sichere Ruhe, womit sie zwischen ihren Gästen thronte. Keine Spur von Aufregung gab sich zu erkennen, zu der allerdings auch keine Veranlassung vorlag." [118]

Ihr Auftreten korrespondiert mit dem Extérieur und Intérieur des Raums.

Die Darstellung der Treibelschen Villa fügt sich fast authentisch ein in die Topographie des damaligen Berlin. Sie liegt auf einem großen Grundstück, das von der Köpenicker Straße bis zur Spree reicht. Als durch die Milliarden, die nach dem siebziger Krieg ins Land fließen, die Gründerjahre eingeleitet werden, kommt auch Kommerzienrat Treibel auf die Idee, sich zu verändern. Obwohl sein Haus in der Alten Jakobstraße noch von Gontard und Knobelsdorff herrühren soll, baut er sich eine neue Villa mit Vorder- und Hintergarten.[119] Der Blick gleitet vom Eßzimmer mit Empfangshalle hinaus auf einen parkartigen Hintergarten mit plätscherndem Springbrunnen. Der Speisesaal, relativ einfach gehalten mit gelbem Stuck, entspricht noch nicht ganz den Verhältnissen eines Generalkonsuls, die Treibel jedoch schon ins Auge gefasst hat. Jenny hat mit dieser Umgebung keine Probleme, denn sie befindet sich völlig im Einklang mit ihrer neugewonnenen Stellung. Schon ihre Mutter habe sich stets den besseren Klassen zugewandt und sie dazu erzogen, sich diesen anzupassen und sich vom Niederen abzuwenden. Die Zugehörigkeit zum gehobenen Bürgertum geht einher mit besseren Manieren,

---

[118] Fontane, Jenny Treibel, S. 26
[119] Bentmann, R.: Die Villa als Herrschaftsarchitektur. - Frankfurt/M., 1979. -

mehr Lebensstil und angemessenerer Kleidung. Sie kennt die kleinen Verhältnisse, möchte sie vergessen und alles Niedere hinter sich lassen, weil sie weiß, dass darin das Glück durchaus nicht liegt. Jeder möchte reich sein und Jenny steht zu dieser Tendenz. Sie identifiziert sich nahtlos mit der ihrer Zeit. Sie ähnelt Frau Hradschek in „Unterm Birnbaum", die ihre unseriöse Vergangenheit als fahrende Schauspielerin und den Tod ihrer Kinder mit materiellem Wohlstand und einem luxuriösen Intérieur kompensieren will. Als Fremde aus dem Hannoverschen und noch dazu katholisch, grenzt sie sich damit von den einfachen Einheimischen ab, wird aber dadurch auch zum belächelten Außenseiter, über den sich die Bauern bereits lustig machen. Unbewusst treibt sie durch ihre Prunksucht und die Angst vor Armut und erneutem sozialen Abstieg ihren Ehemann Abel in den Mord am Geldeintreiber Szulski aus Warschau, der als katholischer Pole mit einer negativen Rolle belegt wird. Bürgerliches Selbstbewusstsein, Hang zu materieller Protzerei und hybride Tendenzen kennzeichnen hier den Fremden, der trotz verzweifelter Anstrengung und eifrigem Integrationswillen keinen wirklichen Frieden in seiner Umgebung findet. Fontane beschreibt sie als innerlich und äußerlich gebrochene oder allzu oberflächliche Gestalten, die sich durch ihr Anderssein entweder völlig anpassen oder zu Außenseitern werden. Es ist dieses „Dazugehörenwollen" um jeden Preis, das sie im allzu angestrengten Versuch der Anbiederung an die Einheimischen entlarvt und zu einer Karikatur werden lässt.[120] Corinna, die Tochter von Professor Schmidt, ist Jenny für ihren Sohn Leopold nicht gut genug, so dass sogar Treibel sie davor warnt, hochmütig zu werden.

„Bürstenbinder ist ganz gut, aber der erste Bürstenbinder kann unmöglich höher gestanden haben als der erste Schmidt." [121]

Jenny Treibel wird somit musterhafte Karikatur der bürgerlichen Aufsteigerin, die den Standesdünkel des Adels übernimmt und sich damit im Grunde als von sich selbst entfremdet verhält, weil ihre bürgerliche Emanzipation sich mit Klassenvorurteilen denjenigen gegenüber verbin-

---

[120] Fontane, Theodor:Unterm Birnbaum. - Berlin: Aufbau-Verl.,1996. - S. 18
[121] Fontane, Jenny Treibel, S. 148

det, die sie als materiell unterlegen ansieht. Dabei ist sie bereit, völlig zu vergessen, woher sie kommt.

1.2.1. Mathilde Möhrings Angst vor dem sozialen Abstieg

Bei einer Besichtigung Alt-Ruppins stößt der Besucher auf die Bronzestatue des Ferdinand Möhring. Als Lehrer am Alten Gymnasium, einer 500-Jahre alten Lateinschule im Zentrum der Geburtsstadt Fontanes, gehört er in die Kategorie regionaler Stadthonoratioren. Bald fällt ein Schild mit der Bezeichnung Wuthenow ins Auge, das nur fünf Kilometer von Neu-Ruppin entfernt liegt. Auch ein See Zechlin befindet sich ganz in der Nähe von Rheinsberg, ebenso wie der Große Stechlin und der Menzer Forst.

Hohen-Cremmen, die Heimat der Effi Briest, erinnert an die gleichnamige Ortsbezeichnung aus Fontanes unmittelbarer Heimat. Dem gebürtigen Berliner oder Brandenburger ist er daher vertraut wie dem Hessen die Gebrüder Grimm oder dem Norddeutschen Fritz Reuter. Es ist diese Regionalität und die Verbundenheit mit dem Heimatlichen im Gegensatz zu allem Fremden, das ihn auszeichnet, denn gerade sein Versuch, sich trotz dieser Gebundenheit an den heimatlichen Raum dem Fremden zu öffnen, beweist, dass er den Versuch unternommen hat, über die Grenzen hinauszugehen, wenn er auch in der Fremde sich nie hat lösen können von der Perspektive seiner preußischen Herkunft, die im eigentlichen Sinne nur notgedrungen von seinen Vorfahren angenommen und daher wahrscheinlich um so leidenschaftlicher in ihn gedrungen war.

Mathilde Möhrings Vater ist in Fontanes Roman als ein ordentlicher und sauberer Buchhalter, der seit sieben Jahren tot ist, erwähnt, der Frau Möhring mit ihrer Tochter Mathilde im vierten Stock eines Palais mit Balkonen und Eisengittern hinterlassen hat. Beide wohnen zur Miete im Haus des durch Spekulation reich gewordenen Rechnungsrat Schultze. So können sich die Möhrings nicht durch die Fassade eines stattlichen Eigenheims definieren, vielmehr deutet ihr Kiez in der Georgenstraße 19 in der Nähe der Friedrichstraße auf kleine Einzelwarenläden und eine geschäftliche Atmosphäre, in der Mathildes Vater im Kleiderexport sein bescheidenes Einkommen hatte.

Mathilde ist keine Identifikationsfigur wie etwa Effi Briest oder Cécile, die aus adliger Familie stammen. Ihr fehlt jeder Reiz, ihre Haut ist fade und welk, der Blick blechern, so dass rein äußerlich gesehen nur wenig Chancen auf eine eheliche Verbindung für sie bestehen. Ähnlich wie Effi ist sie im heiratsfähigen Alter, doch für ein mittelloses Mädchen aus kleinen Verhältnissen stehen die Chancen schlecht, unter die Haube zu kommen. Für eine Lehrerinnenausbildung fehlt Möhrings das Geld. Wenn Regina Dieterle in ihren Forschungen zu „Ellernklipp" die Familienverhältnisse Fontanes analysiert und die tragische Situation von Mete Fontane erwähnt, die in einer Art Dreierbeziehung zwischen Mutter Emilie und Vater Theodor stand, so erinnert diese Konstellation zweifellos an die unterschwelligen Versorgungs- und Existenzängste der Fontanes.[122]

Die ökonomischen Verhältnisse der Fontanes waren, so geht es aus dem Briefwechsel zwischen Fontane und seiner Frau hervor, oft ähnlich eng wie die der Möhrings.[123] Fontanes Wohnung in der Potsdamerstraße 134 c war zwar gutbürgerlich ausgestattet mit Sekretär, Schrank, Sofa und den üblichen Gründerzeitmöbeln, ging aber nicht über Mietwohnungsverhältnisse hinaus und erlaubte keine Extravaganzen.

Fontanes Kinder mussten mit unregelmäßigen Einkünften ernährt werden und zwangen ihn in eine familiäre Versorgerrolle, der er als Künstler kaum gewachsen sein konnte. Hundert Mark, die er stets als Reserve in den Schrank schloss, mögen ihn immerhin vor allzu großer Not verschont haben. Sein flexibler Verstand musste vieles wettmachen, was bürgerliche Sicherheit zu bieten hat, in einer Zeit, in der ein soziales Netz ihn nicht abfangen konnte. Mathildes Streben, sich so schnell wie möglich an einen passenden Mann in guter Position zu binden, erscheint daher verständlich, wirkt jedoch abstoßend und kleinlich, ähnlich berechnend wie die Heiratsgepflogenheit der Jenny Treibel bei der Verheiratung ihres Sohnes. Auch auf Mete Fontane lastete höchstwahrscheinlich wie auf Mathilde die Angst, ein „spätes" Mädchen zu werden. Ehe bedeutete Versorgung, Sicherheit und soziale Anerkennung. Aus

---

[122] Dieterle, Regina: Vater und Tochter: Erkundung einer erotisierten Beziehung im Leben und Werk Theodor Fontanes. - Bern: Lang, 1996. - S. 76
[123] Emilie und Theodor Fontane: Der Ehebriefwechsel/hrsg. von Gotthart Erler. - Berlin: Gr. Brandenburgische Ausg., 1998. - 2400 S.

diesem Grund ziehen Möhrings alle Register, als der Jurastudent Hugo Großmann zur Untermiete einzieht.

Der humorvolle Ton Fontanes bei der Beschreibung der Möhrings mag daher auch Auseinandersetzung Fontanes mit seinen eigenen Problemen gewesen sein. Diese Diskrepanzen spiegeln sich musterhaft im Interiéur. Sauberkeit und Ordnung, die Angst, die vom Munde abgesparten Möbel unnötig abzunutzen, bewegen die Mutter, doch Mathilde fordert sie auf, sich auf das neue Chaiselongue zu setzen.

"Und nu denkst du gleich, du ruinierst es und sitzt ein Loch hinein. Ich hab es mir gespart und habe mich gefreut, als ich dir's aufbauen konnte." [124]

Das neue Chaiselongue steht da wie geliehen, passt nicht zu den übrigen Möbeln und man könnte vermuten, sie trauten sich kaum es zu benutzen.

Als der fette, faule Fisch, der mehr in den Kneipen sitzt als am Schreibtisch vor seinen juristischen Büchern, endlich angebissen hat, können Mutter und Tochter nicht mehr ruhig schlafen. Alles dreht sich in ihrem Kopf um die vermeintlich gute Partie. Jeder Schritt Großmanns wird mitverfolgt, seine Schritte kündigen die späte Heimkehr von seinen Zechtouren an und werden sehnlichst von den beiden Frauen erwartet. Der Tee wird ihm aufgebrüht und das Frühstücksei serviert, obwohl sich dieser Service finanziell kaum auszahlen dürfte. Der Aufwand lohnt die Miete nicht, doch hier heiligt der Zweck die Mittel. Mathilde Möhring versucht, sich so gut wie möglich an den Mann zu bringen und da das Aussehen dafür nicht ausreicht, werden Dienstleistungen und kulinarische Leckerbissen eingesetzt, um den ewigen Studenten zu halten. Der hinzutretende Fremde steht plötzlich im Mittelpunkt eines langweiligen Alltags in engen Verhältnissen. Zunächst erlaubt er sich noch die Vergnügungen eines freien Studentenlebens, die den beiden Frauen vorenthalten bleiben. Doch bald zieht sich die Schlinge fester um den armen Großmann. Sein mangelnder Ehrgeiz und das ständig aufgeschobene Examen werden zum dauernden Gesprächsthema. Als potentieller Ehepartner wird er observiert und auf seine spätere Eignung hin

---

[124] Fontane, Mathilde Möhring, S. 15

geprüft. Dabei ist er austauschbarer Untermieter auf Zeit, bleibt Fremder, solange er sich nicht für die Aufnahme als angetrautes Familienmitglied ködern und funktionalisieren lässt für die zielstrebigen Absichten einer Kleinbürgerin, die ebenso ehrgeizig operiert wie Jenny Treibel.

1.2.2. Die Runtschen – Abgrenzung vom vierten Stand

Der vierte Stand ist bei Fontane ähnlich wie Roswitha in „Effi Briest" zwar unauffällig vorhanden, spielt aber nur die ihm zustehende gesellschaftliche Nebenrolle. Die „Runtschen" ist daher eine wenig bekannte Person, die als Katalysator für unterdrückte Aggressionen benutzt wird. Die „Runtschen" ist die typische Zugehfrau aus der untersten sozialen Schicht, die von Möhrings eingestellt wird, um den Eindruck zu erwekken, dass sie sich standesgemäße bürgerliche Dienstbotenverhältnisse erlauben können. Zwar ist dem nicht so, doch wird die „Runtschen" zum Einsatz gebracht, damit Mathilde nicht von Großmann mit dem Putzeimer und bei niedrigen Arbeiten gesehen werden kann. Als die „Runtschen" ins Haus kommt, um dem Untermieter zu Diensten zu eilen, fordern Möhrings sie auf, sich etwas zurechtzumachen. Allein ihr Name erinnert an den Allerweltsmenschen, den einfachen kaum erwähnenswerten Hinz und Kunz aus der Unterschicht.[125] Sein und Schein erregen Anstoß, ihr Kiepenhut wirkt zu peinlich, soll ersetzt werden durch eine Haube oder eine weiße Schürze. Bei Regenwetter erscheint sie in männlichen Gummistiefeln, eine echte Vogelscheuche, die wie die Witwe „Pittelkow" als Vertreterin des vierten Standes alles Volkstümliche andeutet, allerdings hier mehr von seiner abstoßenden und hässlichen Seite, über die sich sogar die Möhrings noch erheben können. Sie ist also ein bewusst zum Einsatz gebrachter Katalysator, der die Konflikte und Kommunikationsprobleme zwischen Hugo und Mathilde abfangen hilft. An ihr können sich die Möhrings im Zweifelsfalle reiben.[126] Die volkstümliche Liebenswürdigkeit von Frau Nimptsch oder der Pittelkow, die protzige Bürgerlichkeit der Jenny Treibel ist jedoch im Vergleich zur

---

[125] Müller-Seidel, Walter, Gesellschaft und Menschlichkeit im Roman Fontanes. - In: Theodor Fontane/hrsg. von Wolfgang Preisendanz. - Darmstadt: Wiss. Buchgesell., 1973. - S. 181
[126] Fontane, Mathilde Möhring, S. 57

„Runtschen" noch eine akzeptable Rolle. Die „Runtschen" ist eine Entwürdigung per se, ein entmündigter Mensch, der vom Leser kaum wahrgenommen wird, weil er ihn verdrängen möchte. Dennoch ist ihre Funktion evident. Sie erinnert an jenen Pinscher am Grab von Heinrich von Kleist, der als Köter ohne Stammbaum die spießbürgerlichen Spaziergänger sozial etikettiert.[127]

Wer sich mit dem Niedrigen einlässt, begibt sich in Gefahr, selbst ähnlich eingestuft zu werden. Auch Fontane war nicht frei von solchen Klischees. Der vierte Stand wird zum Abgrenzungsbild, auf das man nicht verzichten kann, weil das eigene Erscheinungsbild sich darüber immer noch erhebt. Das individuelle Persönlichkeitsbild bleibt dabei eine bloße Kontur, allein der äußere Eindruck, das Erscheinungsbild im Zusammenhang mit bestimmten Statusmerkmalen repräsentiert den sozialen Stand. Die preußische Gesellschaft war ohne diese Dienstbotenverhältnisse kaum aufrechtzuerhalten. Humorvoll beschreibt Dorothea Keuler in ihrer Persiflage, wie Lene, das Dienstmädchen der Briests, an ihrer Herrin Rache nimmt und ihr das Haus anzündet.[128] Im Zuge der Demokratisierung gewinnt auch der vierte Stand an Selbstbewusstsein, es eröffnen sich Bildungschancen, die Sozialversicherung, die Gewerkschaften verhelfen den unterdrückten Massen zu einer besseren Existenz, doch Fontane greift die Rolle des vierten Standes am Anfang der Industrialisierung auf, zeigt ihn im noch feudalen Abhängigkeitsverhältnis unterwürfiger Dienstbotenverhältnisse.

Das kleinbürgerliche Mädchen kann jemanden vorweisen, der noch geringer ist. Die „Runtschen" vertritt den vierten Stand, in den Möhrings nicht herabsinken wollen. Diskrepanzen im Raum sind kaum zu übersehen, signalisieren Widersprüche, die an Risse in Spiegeln erinnern, äußere Zeichen innerer Unstimmigkeiten. Auch die Garderobe wirft Probleme auf, denn die Auswahl ist nicht besonders groß, und die Ansprüche vor hundert Jahren waren erheblich, denkt man an die Kleider und Unterröcke, die Hüte, Spitzenblusen und Korsetts. Ein Theaterbe-

---

[127] Fontane, Theodor: Die schönsten Wanderungen durch die Mark Brandenburg/ Günter de Bruyn; Gerhard Wolf. - Berlin: Buchverl. der Morgen, 1988. - S. 210

[128] Keuler, Dorothea: Die wahre Geschichte der Effi B. -1. Aufl. - Zürich: Haffmanns, 1978. - 238 S.

such ohne standesgemäßen Staat war damals unmöglich und wurde auch für Möhrings zum Problem. Ihr Aufwand wirkt daher angestrengt und gezwungen.

„*Ach, Mutter, das laß nur gut sein. Ich werde dich schon zurechtmachen, mit ein paar Schleifen zwingen wir's schon. Es sieht einen ja doch keiner an. Und wenn auch. Die Haube ist für 'ne alte Frau immer die Hauptsache, und deine Haube ist noch ganz gut, ein bißchen tollen und aufplätten, und du siehst aus wie 'ne Gräfin.*" [129]

Sie sähe dann aus wie eine Gräfin, suggeriert ihr die Tochter freundlicherweise, doch sie ist es nun einmal nicht, aber der fremde Bräutigam, fast zufällig auf der Bildfläche aufgetaucht und im Grunde austauschbar, weil nur in seiner Funktion als späterer Ehemann wirklich von Interesse, ist eben auch kein Graf. Plötzlich findet sich auch das Kleinbürgertum in seinem Milieu wieder.

Hugo Großmann, wenn auch aus gutbürgerlichem Hause, fehlt das Selbstvertrauen, zwar kann er, wie sein Reisegepäck es andeutet, auf eine solide Herkunft mit gutem Ledergepäck zurückblicken, doch die Gestaltung seiner Karriere liegt bei Mathilde, die es geschickt versteht, ihn doch noch aus den Kneipen wegzubewegen in die richtige Richtung einer karriereorientierten Zukunft. Die Frauenfiguren aus dem kleinbürgerlichen Milieu der Berliner Gründerzeit wie Jenny Treibel und Mathilde Möhring kennzeichnen den Typus der ehrgeizigen Aufsteigerin, die bewusst ihre Lage durch die Ehe mit einem höhergestellten Ehemann zu verbessern versucht, da ihr die eigene berufliche Verwirklichung noch vorenthalten ist. Die Chancengleichheit im Bildungsbereich ist kaum gegeben. Nur wenigen Frauen gelingt es, ein Studium zu ergreifen. Zudem fehlt es in der breiten Masse am entsprechenden Bewusstsein, die eigene Emanzipation voranzutreiben. Der adlige Botho in „Irrungen, Wirrungen" ist fatalerweise in einer ähnlichen Lage. Auch er kann sich über die Klassenschranken nicht erheben, weil er an die finanziellen Belastungen des väterlichen Erbes denken muss. Um die verschuldeten Landgüter übernehmen zu können, bedarf es einer reichen Partie. Karrieredenken und materielle Erwägungen beeinflussen daher nach wie vor die Heirats-

---

[129] Fontane, Mathilde Möhring, S. 29

absichten. Weder das Bürgertum noch der Adel kann sich freimachen von den Zwängen finanzieller Opportunität. Die bisher üblichen Strategien der Konvenienzehe werden daher nur zögerlich ersetzt durch die Liebesheirat.

Der Einzelne bleibt ein Opfer gesellschaftlicher Rollenerwartungen, weil er gesteuert wird durch die ökonomischen Gesetze der Kapitalisierung beim Übergang vom Feudalismus zur modernen Industriegesellschaft. Die Gesetze von Angebot und Nachfrage, Gewinn und Verlust bestimmen auch die Beziehungen zwischen Mann und Frau. Die bürgerliche Emanzipation scheitert fatalerweise daran, dass Klassenvorurteile nicht überwunden, sondern übernommen werden. Der Demokratisierungsprozess erlaubt es allerdings dem Bürgertum, sich seiner Bedeutung bewusst zu werden und eine Rolle im gesellschaftlichen Leben Berlins zu erobern.

Der Roman ähnelt einer Satire, denn der Ehrgeiz der tüchtigen Mathilde hievt den inkompetenten Juristen in eine provinzielle Bürgermeisterstellung, wo er vorzeitig stirbt und Mathilde endlich in die Position versetzt, die ihre Sparsamkeit und ihr Ehrgeiz ihr längst hätten einlösen müssen. Sie wird Lehrerin, weil erst jetzt, auf dem Hintergrund der provinziellen Juristenlaufbahn ihres verstorbenen Hugo, eine solche Ausbildung zu ermöglichen ist. Dies jedoch dürfte schwerlich als emanzipatorischer Akt zu werten sein, sondern ähnelt mehr der Ironie des Schicksals einer ohnehin benachteiligten Kleinbürgerin.[130]

1.3. Befremdung in der Ehe und neues Glück

Ebenfalls ein typischer Berliner Roman, hier im neureichen Aufsteigermilieu kaufmännisch-bürgerlicher Prägung, ist der, als Novelle konzipierte, Roman „L'Adultera" von 1882. Als jüdischer Geschäftsmann verkörpert der erfolgreiche Kommerzienrat Ezechiel van der Straaten den assimilierten Juden der Berliner Oberschicht, der fast preußischer denkt und fühlt als jeder offiziell als Einheimischer angesehene Märker. Sein von

---

[130] Vgl. dazu: Lukács, Georg: Der alte Fontane, S. 59 Hass, Ulrike: Theodor Fontane: bürgerlicher Realismus am Beispiel seiner Gesellschaftsromane. - Bonn: Bouvier, 1979. - S. 54-56

Berolinismen geprägtes, wenig dezentes Auftreten offenbart denn auch jene Haltung, die Fontane etwas überzieht, um den gewöhnlichen Gründerzeitbürger darzustellen. Fontane beschreibt diesen als heimatgebunden, er sei wenig „draußen" gewesen und himmele daher alles Fremde und Ausländische als eine Besonderheit an.[131]

Neuerdings jedoch unternimmt er Reisen ins Ausland. Paris und Italien reizen ihn wegen der exotischen Weine und Speisen. Interessante Kunstgegenstände aus dem Ausland können nun in den heimischen Haushalt integriert werden, fremde Waren werden entdeckt und ausprobiert, wobei sich neue Geschäftsbeziehungen und Korrespondenzen mit den Italienern anbahnen. Die Sammelleidenschaft van der Straatens erfordert neben dem Besitz einer Stadtwohnung auch noch den Raum einer repräsentablen Tiergartenvilla, wo er seinen Gästen vor Ort seine Kunstbeflissenheit und seinen vermeintlich guten Geschmack demonstrieren kann. Materielle Güter und Besitz müssen wettmachen, was ihm an Taktgefühl und Einfühlungsvermögen abgeht. Doch gerade darauf legt seine Ehefrau Melanie de Caparoux, angeblich aus einer adligen Schweizer Calvinistenfamilie, besonderen Wert. Ihr Name jedoch, mit „Rotkäppchen", zu übersetzen, ist genauso suspekt für den einheimischen Adel wie ihr angebliches Erbe, das sich letztlich nur in Schulden und falschen Vermutungen erschöpft. Doch da ihr die gute Partie gelungen ist, müsste sie zufrieden und glücklich sein, wären nicht die ständigen Peinlichkeiten ihres Gatten zu ertragen. So werden seine Einladungen zwar angenommen, doch die ersten Kreise der Gesellschaft ignorieren ihn, weil er ihnen zu ordinär erscheint. Dabei ist er durchaus freundlich zu seiner Frau, nimmt Rubehn vertrauensvoll in seine Familie auf und versucht Melanie verständnisvoll umzustimmen, als diese ihn verlassen will.[132] Jeder weiß, dass er kein Mann zarter Rücksichtnahme ist, doch ihm ist von Anfang an klar, dass Melanie ihn nur geheiratet hat, weil sie noch sehr jung ist und seine Firma einen guten Klang hat. Er will eine bequeme, verwöhnte Frau, von der er Kinder bekommen kann, ohne dass er viel an Gegenleistung von ihr erwartet. Die ersten zehn Ehe-

---

[131] Lühe, Irmela von der: „Wer liebt hat recht. ": Fontanes Berliner Gesellschaftsroman L'Adultera. - In: Fontane-Blätter. Halbjahresschrift. 61/1996. - S. 117-133
[132] Fontane, L'Adultera, S. 104

jahre verlaufen auf dieser Basis glücklich, wenn auch die Beziehung der beiden eine frivole Heiterkeit und aufgesetzte Süffisanz erkennen lässt, die die Vermutung nahelegt, dass Melanie ein gewisse Befremdung und ein undefinierbares Mißbehagen an ihrem Mann verdrängt, indem sie den Blick auf anderes lenkt.

Melanies und Ezechiels Blick aus dem Fenster richtet sich in ihrem Stadthaus auf das bunte Treiben auf dem Markt. Fontane wählt die Metapher einer Wildhändlerbude mit totem Hasen, auf die das Auge zwangsläufig gerichtet ist, wenn man aus dem Fenster sieht. Der Gast Ebenezer Rubehn soll in den zwei leeren Zimmern untergebracht werden, die auf den Hof hinausweisen. Im prunkvollen Speisesaal hängt ein Stillleben mit Hummer, Lachs und blauen Makrelen, so dass Kunstinteressen und kulinarische Genüsse Triebhaftigkeit sublimieren helfen. Der Blick richtet sich auf Objekte, die in ihrer Naturwahrheit eher an die Gerüche und Empfindungen beim Gang über den Cöllnischen Fischmarkt erinnern.

„Es waren, von einiger vegetabilischer Zutat abgesehen, Hummer, Lachs und blaue Makrelen, über deren absolute Naturwahrheit sich van der Straaten in der für allemal gemünzten Bewunderungsformel ausließ, >es werde ihm, als ob er taschentuchlos über den Cöllnischen Fischmarkt gehe.<" [133]

Die Malerei zähmt den Blick. Im „Mann ohne Eigenschaften" von Robert Musil betrachten die Geschwister Ulrich und Agathe ebenfalls ein Stillleben mit aufgehängtem Hasen und Weintrauben, das ihnen Anlass gibt, über den menschlichen Appetit zu philosophieren. Das gemeinsame Betrachten erlaubt eine geistige Vereinigung, die auf sexueller Ebene verboten ist. Beide stehen außerhalb des Bildes, doch der Blick auf ein gleiches Objekt vereinigt ihre Seelen, ohne dass Tabuzonen überschritten werden. Sabine Kyora deutet diese Art der Sublimation nach Lacans Theorie und bezeichnet den faszinierten Blick auf ein Kunstobjekt im

---

[133] Fontane, L'Adultera, S. 25

psychoanalytischen Sinn als Versuch, sexuelle Triebhaftigkeit und Lust umzulenken mit Hilfe der Kunst. [134]

Damit bewegt sich Fontane im Vorfeld der Psychoanalyse, hält Erlebtes und Gesehenes metaphorisch fest, um es dann zu verdrängen. [135] Ezechiel van der Straaten hängt seine intuitiv richtige Einschätzung der Realität im wahrsten Sinne der Geschehnisse weg in seine Bildergalerie.

Metaphern aus Kunst und Musik repräsentieren den Zeitgeschmack und offenbaren die Bedeutung der italienischen Kunst und Kultur als richtungsweisend für den damaligen Trend. Es war gerade modern, Arnold Böcklins „Insel der Seligen" in der Nationalgalerie zu besichtigen. Das 1886 im Format 80 x 150 cm gemalte Bild, das in „Effi Briest" erwähnt wird, kennzeichnet eine Atmosphäre der Entrückung und des Phantastischen. Der Mensch empfindet sich auf einer Schwelle zwischen Tod und Leben, in der Schattenwelt einer anderen Existenz. Es verbindet sich das Metaphysische und Melancholische mit einer ewigen Stille nach dem Tod. Dieser Zustand der Entrücktheit lässt sich an der Metapher des Treibhauses in „L'Adultera" ebenfalls feststellen. Das Gedicht „Im Treibhaus", vertont von Richard Wagner und an seine Geliebten Mathilde Wesendonk adressiert, wird Sinnbild für einen Zustand entrückter Intimität, der Erotik auf die Spitze unerträglicher Schwülstigkeit hebt, umgeben von exotischen Pflanzen und Düften, die bereits einer Metaebene anzugehören scheinen. Die Sinnlichkeit entgleitet in eine ferne, fremde Welt und verbindet sich in der Malerei, besonders bei Böcklin, mit der Sehnsucht nach Italien. Die Tiefe des Meeres, italienische Villen am Meer in einer idyllisch im Abendlicht versinkenden Welt, eingetaucht in einen dämmerhaften Zustand der Melancholie, richten den Blick auf das Ziel hin, auf Hoffnung, auf arkadische Stille und Erlösung. Melancholie ist bei Böcklin Wehmut beim Wissen um eine vergangene arkadische Heiligkeit, die sich am Ende des 19. Jahrhunderts nur noch aus einer Erinnerung heraus malen lässt. Die Sehnsucht nach einem Unbekannten und Unendlichen, einer Metaphysik des übergeordneten, entrückten Zu-

---

[134] Kyora, Sabine: Psychoanalyse und Prosa im 20. Jahrhundert. - Stuttgart: Metzler, 1992. - S. 235
[135] Lacan, Jacques: Schriften I./hrsg. von Norbert Hass. - Weinheim, 1986. -

standes, hat jedoch die Qualität eines nebulösen, halluzinatorischen Traums, der den Schlafwandel durch ungeahnte Tiefen andeutet.[136] Auch die Eisenbahn, die im räumlichen Zusammentreffen mit klassizistischer Architektur eine befremdliche Verbindung zwischen Vergangenheit und Zukunft herstellt, erinnert an die Bahnfahrt von St.Arnaud und Cécile in den Harz. Motive wie die „Villa am Meer" ähneln dem Holkschen Schloss in „Unwiederbringlich". Trauer, Leid und Verzweiflung erzeugen dabei im Individuum eine Starre und Reglosigkeit bis hin zur Versteinerung. Der Blick nach innen fördert die Isolation und deutet hin auf eine unerklärliche Angst vor nicht verbalisierten Tiefenschichten. Zwischen Erstarrung und Entgrenzung nähert sich der Mensch in einem Zustand der statuenhaften Vereinzelung seinem Tod, von dem er sich etwas erhofft, das ins Rätselhafte und Entrückte gehen mag.

In Fontanes „Stechlin" beherrscht die Angst vor einer sozialen Revolution die Gemüter, verbunden mit einer Entfesselung von bisher gezähmten Trieben und Lüsten durch die unteren Schichten, und drückt sich aus in den Metaphern vom „schwarzen Ungetüm im Alsensund" und der „roten Socke" als revolutionärem Symbol der Sozialdemokraten.[137] Der Angst vor den verdrängten Gefühlen von Leidenschaft und Lust entspricht die Schockreaktion bei deren Freisetzung. Zwar ist die Zeit reif für die Enthüllung der tieferen Schichten, doch verbindet sich damit auch gleichzeitig die Angst davor. Die Darstellung einer göttlichen Jungfrau oder einer Figur wie Sandro Botticellis Venus verband der Betrachter bisher mit religiöser Andacht oder der Huldigung höherer Werte. Der Beginn der Moderne jedoch profanisiert den menschlichen Körper und konnotiert damit Lust und Leidenschaft. In „L'Adultera" wird besonders im Treibhaus diese Lust nach Leidenschaft und Intimität deutlich. Im Bereich der modernen Kunst reagierten die Betrachter schockiert, weil schamlose Offenheit und zügelloses Verhalten hinsichtlich herrschender Sitten- und Moralvorstellungen eine generelle Entfesselung bedeuten könnte, die besonders

---

[136] Schuster, Peter-Klaus: Mythologie der Melancholie. - In: Eine Reise ins Ungewisse: Arnold Böcklin, Giorgio de Chirico, Max Ernst/Ausstellungskatalog der Nationalgalerie Berlin vom 20. 05-9. 08. 1998. - 3. veränd. und überarb. Ausg. - Bern: Benteli, 1997. - S. 212-217

[137] Fontane, Stechlin, S. 168; S. 352

in den unteren sozialen Schichten zu einer Freisetzung bisher im Zaum gehaltener unterdrückter Bedürfnisse führen könnte. Ein nackter Körper bei einem Picknick auf einer Waldwiese evozierte daher einen ähnlichen Skandalerfolg wie die „Toteninsel ".

1863 erregte Eduard Manet bereits mit „Frühstück im Freien" und „Olympia" die Betrachter. Der klassizistische Rückblick in die Antike erlaubte zwar im Bereich der Bildhauerei die Darstellung des nackten menschlichen Körpers, doch die Platzierung eines gänzlich entkleideten Damenkörpers inmitten eines Picknicks hatte mit der Nachahmung der klassischen Künste im Werturteil der Öffentlichkeit wenig zu tun. Umso mehr hielt man diese Art der Malerei für einen gemeinen Skandal.

„Und das ist dann die richtige Revolution – die Revolution in der Sitte – das, was sie jetzt das >Letzte< nennen." [138]

Eine genaue Definition dieses „Letzten" liegt nicht vor, doch verbindet sich damit eine Ungehörigkeit und Verkehrtheit, die angeblich in der Luft liege durch die Abschaffung der gesellschaftlichen Unterschiede durch die Sozialdemokraten. Es erscheint legitim, die in „L'Adultera" im Treibhaus sich ansammelnde Schwüle mit jenem Letzten in Verbindung zu bringen, denn da lag definitiv etwas in der Luft, das unbedingt einer Befreiung bedurfte. Der bisher unterdrückte Gefühlsstau musste sich schließlich entladen und transportierte die verdrängten Regungen in eine ferne, fremde Zone, die durch Edelsteine, süße Düfte, sehnendes Verlangen eine Hoffnung freisetzte, aus der öden Nichtigkeit des Daseins in ein Jenseits versetzt zu werden, das nicht hier auf dieser Welt, sondern irgendwo aufwärts, über uns in fremden metaphysischen Bereichen zu finden sein werde. Bis dahin jedoch verhüllt das stumme Leid und das Schweigen die Menschen wie Baldachine. Der Raum ist wie in Wagners „Treibhaus" durch schwüle Luft und schwere Tropfen betörender Pflanzen wie Hyazinthen oder Amaryllis angefüllt, die duften und zugleich bis zur Penetranz benebeln. [139]

---

[138] Fontane, Stechlin, S. 353
[139] Jung, Wilfried: Bildergespräche: zur Funktion von Kunst und Kultur in Theodor Fontanes „L'Adultera". Stuttgart: Wiss. und Forschung, 1991. - 278 S.

Das Sammeln exotischer Pflanzen und biologischer Prachtexemplare entsprach dem Zeitgeschmack. Das große Palmenhaus van der Straatens ist entsprechend angefüllt mit Palmen, Drakäen und Riesenfarnen wie eine Orangerie. Die Verlängerung des Schlosses in den Garten hinaus, übernahm das Bürgertum durch den Anbau von Wintergärten und Palmenhäusern. Meist führte eine Wendeltreppe zu einer Kuppel empor, so dass es in seiner Funktion der bescheideneren Laube nahe kommt, einem Ort intimer Begegnung, einer Verlängerung der Häuslichkeit ins Freie hinaus, einladend auch zur heimlichen Liebesbegegnung, anlehnend an den Gartenpavillon der höfischen Adelsgesellschaft. Der betörende Duft exotischer Pflanzen verwirrte die Sinne und berauschte, bis die Nerven dahinschwanden. Die bisherige Konvenienzehe zwischen Melanie und Ezechiel ist zwar nicht als entfremdet oder unglücklich zu werten, doch innerlich dürstet sie nach mehr. Erst die Entladung in der leidenschaftlichen Atmosphäre des Treibhauses kann metaphorisch zum Ausdruck bringen, dass der Mangel an Erotik, das spannungslose Nebeneinander einer arrangierten Beziehung, auf Dauer keine wahre Befriedigung bieten kann. Fontane enthält dem Leser die Détailschilderung der Intimitäten vor, doch die Phantasie erlaubt, aus dem berauschenden Duft gewisse Rückschlüsse zu ziehen.

„Wirklich, es war eine phantastisch aus Blattkronen gebildete Laube, fest geschlossen, und überall an den Gurten und Ribben der Wölbung hin rankten Orchideen, die die ganze Kuppel mit ihrem Duft erfüllten. Es atmete sich wonnig, aber schwer in dieser dichten Laube; dabei war es, als ob hundert Geheimnisse sprächen, und Melanie fühlte, wie dieser berauschende Duft ihre Nerven hinschwinden machte." [140]

Dabei erinnern sich die beiden Liebenden, Melanie und Rubehn, an ein Lied, das bei der Bootsfahrt gesungen wurde, bei der sie sich erstmals näher kamen. Ähnlich wie bei Goethe wird das Zusammentreffen durch gesellige Unternehmungen möglich, das Einsteigen in dasselbe Boot enthüllt die Möglichkeit einer gemeinsamen Zukunftsperspektive, die bei Fontane, den Hannelore Schlaffer als Autor der „mißglückten Ehe" be-

---

[140] Fontane, L'Adultera, S. 87

zeichnet, einzig im „Stechlin" und in „L'Adultera" als gelungene Partnerschaft gelten kann.[141]

Fontane überrascht die Leser durch eine neue Konzeption ehelichen Glücks, das erst durch Scheidung vom alten Partner in Aussicht gestellt wird. Der Ehebruch wird nicht verurteilt und bestraft, sondern als notwendiger Schritt zur Befreiung aus einer unbefriedigenden Konvenienzehe verstanden.

1.3.1. In einem Boot

Rubehn und Melanie steigen zunächst unbedarft und sorglos ein in das kleinere Boot, weil van der Straaten mit der Hausdame Aloysia Friederike Sawat von Sawatzski, einer polnisch-preußischen Gesellschaftsdame und ledigen Freundin des Hauses, auf das Dampfschiff warten will.

Im Gespräch zeigt sich Rubehn als distinguierter, weitgereister Herr, der die Not des Lebens nicht kennt, weil er ebenso wohlhabend aufgewachsen ist wie die schöne Melanie. Doch sein Auftreten ist ganz anders als der diskrete Rückzug Eduards aus dem Boot. Er wirkt reserviert und kühl, dabei sicher und selbstbewusst im amerikanischen Stil. Er steuert siegesgewohnt und sehr direkt auf sein Ziel zu. Als Melanie etwas romantisch die Hand durch das Wasser gleiten lässt, fragt er zweideutig:

„*Ist es immer nur das Wasser, dem Sie die Hand reichen, Freundin?*"[142]

Das Wasser ist hier Symbol der Freiheit und Ungewissheit, aber auch der Unsicherheit und Tiefe. Rubehn, das wird nur allzu deutlich, will Melanie verführen und schreckt dabei vor nichts zurück.

Melanie spürt ein leises Zittern in ihrer Stimme und lässt sich treiben, denn der Bootsjunge durchschaut die Situation und zieht die Ruder ein. Im weiteren Verlauf muss die Taktlosigkeit van der Straatens dafür herhalten, die aufkommende erotische Anziehung zu rechtfertigen. Das solidarische Bündnis gegen den verständnislosen Ehemann lindert das schlechte Gewissen. Doch gemäß der Überschrift dieses Kapitels „Wo-

---

[141] Schlaffer, Hannelore: Die gesprächige Ehe: eine Utopie des späten Fontane. In: Fontane Blätter 67/1999. Halbjahresschrift/hrsg. im Auftrag der Fontane-Gesellschaft von Hanna Delf v. Wolzogen und Helmut Nürnberger. - S. 75

[142] Fontane, ebd., S. 70

hin treiben wir?" regt sich in Melanie die beunruhigende Frage zukünftiger Konflikte und Konsequenzen. Die vom Wasser her klingenden Lieder stimulieren die Sinne und Rubehn benutzt diese Stimmung, um in Melanie Hoffnungen zu wecken.

Der stets heitere Gemütsmensch van der Straaten bleibt gelassen und gesprächig, nimmt die Hand seiner Frau ohne Argwohn und Eifersucht, doch in Melanie keimt bereits die Erwartung auf das Kommende. Entscheidend ist das auffallend soziale Selbstbewusstsein Rubehns beim Werben um Melanie, immerhin Ehefrau, Mutter und Frau seines Geschäftsfreundes. Während in den „Wahlverwandtschaften" die Protagonisten fast hineingezogen werden in ihre polaren Beziehungen und dem Sog natürlicher Anziehungskräfte erliegen, wirkt Rubehn sehr rational und bestimmend. Auch jüdische Protagonisten spielen nun eine entscheidende Rolle im Roman, der eine Utopie weiblichen Glücks in Aussicht stellt.[143]

Die Romantik wird vom Realismus eingeholt. Der Rausch und die Italiensehnsucht, das Gläserklingen und Feiern nach Art der angeblich leichtlebigeren Südländer passt nicht zur preußischen Landschaft, die nüchternen Lebensnotwendigkeiten stutzen das große Glück jedoch zurecht, bedingen eine Raumverengung und Einschränkung im materiellen Sinn, der auch die Flucht in den sonnigen Süden auf Dauer nichts entgegensetzen kann. Doch Fontane eröffnet dem Leser die Möglichkeit eines zweiten Glücks in einer neuen Ehe. Fontane wagt es durch den paradigmatischen Verlauf dieses Romans einen glücklichen Ausgang nahezulegen, ohne dass Melanie trotz Ehebruch und Verlassens zweier Kinder dabei verdammenswert erscheint. Er kommt so den heimlichen Bedürfnissen vieler frustrierter Ehefrauen entgegen, die es kaum wagen würden, einen ähnlichen Schritt in Erwägung zu ziehen. Es gelingt ihm in diesem relativ frühen Roman von 1882 die zukünftige Entwicklung weg von der Konvenienzehe und hin zu mehr Liebe und Gefühl zu antizipieren, obwohl er sonst das eheliche Scheitern oder das Verhindern von Liebesheirat durch Standesgrenzen in den Mittelpunkt der Handlung rückt. Die Frage der singulären Verwirklichung weiblichen Glücks ergab

---

[143] Mittelmann, Hanni: Die Utopie des weiblichen Glücks in den Romanen Theodor Fontanes. - Bern: Lang, 1980. - 125 S.

sich möglicherweise aus dem real existierenden Mangel an tatsächlichen Beispielen in der Skandalchronik.

1.3.2. Fremdes Innenleben

Die Faszination liegt nicht im eigenen Raum, sondern in der Sucht nach Vergnügungen und Abenteuern. Auch Melanie ist ihre Ehe nicht genug. Der Titel der Novelle, nach einem Bild von Tintoretto als die „Ehebrecherin" zu übersetzen, deutet die kommenden Ereignisse bereits an. Ezechiel lenkt sich ab durch seine Geschäfte, pflegt die Beziehung zu Senor Salvati, dessen Frachtbrief ihn elektrisiert durch die Erinnerung an fremdes Flair und Tage in Venedig.

Eine Holzkiste mit Wein, die den berühmten Montefiascone enthält, der an der »table d'hôte« wie ein Statussymbol des genießenden Gourmets kredenzt wird, entlarvt die Weinmarke italienischer Prägung als Statussymbol, die Kopie Tintorettos als Objekt einer Sammelsucht, die sich das Echte nicht leisten kann, in Kopien und Radierungen nachzumachen versucht, was als Original den Museen und Schlössern des Adels vorbehalten blieb. So schmückt van der Straaten sich mit exotischen Weinen und exquisiten Kunstkopien, erhellt mit einem französischen Bronzeleuchter die „Hochzeit zu Cana" von Veronese, damit jeder sieht, wie weit er schon gekommen ist und dass er es zu etwas gebracht hat im Leben. Vielleicht gibt ihm die kurzlebige Befriedigung des Kaufens, Erwerbens und Weghängens, ohne dass den erworbenen Gegenständen noch weiterhin Beachtung zukäme, notwendige Ablenkung von einer Realität, die nichts Essentielleres für ihn zu bieten hat.

Fontane karikiert hier die Mode des 19. Jahrhunderts, Kupferstiche und tausendfach vervielfältigte Kunstwerke aufzuhängen, als geschmacklose Marotte.

In „Vor dem Sturm" berichtet Fontane von „Tante Pinchen und Onkel August", die derartige Kupferstiche bestellen, um sie in den Staaten günstig zu verkaufen, dabei vergessen sie aber, sie in Hamburg ordnungsgemäß zu bezahlen. Eine Kopie, wenn sie denn zur Einrichtung passt, ist an sich kein Zeichen von mangelnder Bildung, auch nicht von Oberflächlichkeit des Käufers an sich, denn van der Straatens Reaktion spricht für

Klarsicht und Intuition. Als er die Kopie an die Wand hängt, lächelt er still in sich hinein, als wisse er, was auf ihn zukommt.[144]

Doch dieser fatalistische Zug des Humoristen erlaubt kein langes Nachdenken, das Bild wird aufgehängt, fast als würde es weggesteckt, ist da, aber gleichermaßen verdrängt es etwas Erlebtes und erledigt, in dem Moment, in dem es seinen vorgesehenen Platz erhalten hat, ein im Grunde unverarbeitetes Erlebnis. Ezechiel van der Straaten ist immerhin einfühlsam genug, den späteren Ehebruch bereits zu antizipieren. Möglicherweise rechnet er von Anfang an damit, dass seine wesentlich jüngere Frau irgendwann einen jüngeren Geliebten finden könnte. All diese Ängste subsumieren sich in Tintorettos Bild „L'Adultera" und drücken jene diffuse Verlustangst aus, mit der van der Straaten zu kämpfen hat und die er möglicherweise durch Geschäfte und materielle Gewinne zu unterdrücken versucht.

Das Bild zähmt nämlich. In Hegels „Ästhetik" wird der metaphorische Ausdruck als eine Seite verstanden, als Bild, die eigentliche Bedeutung jedoch setzt erst dessen Zusammenhang frei. Ihm erscheint die Metapher als eine Art Schmuck, die ein selbstständiges Kunstwerk veredeln soll zu mehr Klarheit und Anschaulichkeit.[145]

„Sie ist eine ganz ins kurze gezogene Vergleichung, indem sie zwar Bild und Bedeutung einander noch nicht gegenübergestellt, sondern nur das Bild vorführt, den eigentlichen Sinn desselben aber tilgt und durch den Zusammenhang, in welchem es vorkommt, die wirklich gemeinte Bedeutung in dem Bilde selber sogleich deutlich erkennen läßt, obgleich sie nicht ausdrücklich angegeben ist.

Da nun aber der so verbildlichte Sinn nur aus dem Zusammenhange erhellt, so kann die Bedeutung, welche sich in Metaphern ausdrückt, nicht den Wert einer selbständigen, sondern nur beiläufigen Kunstdarstellung in Anspruch nehmen, so daß die Metapher daher in vermehrtem Grade noch als bloß äußerer Schmuck eines für sich selbständigen Kunstwerkes auftreten kann."

---

[144] Fontane, L'Adultera, S. 12
[145] Hegel, Georg F. W.: Ästhetik. - Berlin: Aufbau, 1955. - S. 366 ff und 397

Als Grund für das Metaphorische benennt er geistige Vertiefung, weil die innere Anschauung der Gegenstände eine Befreiung von Äußerlichkeiten zulässt, die erst den Prozess der Vergeistigung ermöglicht. Er bewegt sich damit im Gefüge preußisch-moralischer Verhaltensmuster, denn Sitte, Ehre und Verantwortung sollen die Maxime des Handelns sein. Die Gegenstände der Betrachtung werden folglich der sinnlich erotischen Ebene enthoben. Fontanes Romantitel in Anlehnung an das gleichnamige Bild Tintorettos folgt exemplarisch dieser Strategie der Ablenkung vom Triebleben.

Ein weiteres Beispiel für die Metaphorik Fontanes ist das Motiv des „Wickelkindes", das Fontane den Reliefmedaillons Brunelleschis in Florenz entnimmt und als Ausdruck italienischer Baukunst auf höchstem Niveau in „Schach von Wuthenow" zitiert. Es bleibt der Interpretation des Betrachters überlassen, dieses zutiefst christliche Motiv des unschuldigen Kindes, Jesus in der Krippe von Bethlehem, mit dem Ursprung alles Lebendigen zu assoziieren, ohne dass dies ausdrücklich ausgesprochen wird.

Das Einfache und Schlichte hilft auf eine distanzierte, künstlerisch verallgemeinernde Sichtweise zu reduzieren, die den Betrachter durch Einsatz der Verstandeskräfte vor peinlicher Erotik und intimer Betroffenheit bewahrt. Über die Metaphorik wird der Verzicht auf direkte Triebziele erreicht und umgesetzt in einen Prozess der Vergeistigung.

Schach von Wuthenow verbringt seine Zeit vornehmlich mit den Kameraden und benutzt den Salon der Frau von Carayon für sein Amüsement, um sich die Langeweile in Friedenszeiten zu vertreiben. Die Spaltung in eine schöne Mutter mit Hugenottenabstammung und die häßliche Tochter Victoire ergänzt hier das Bild der Berlinerin französischer Abstammung in ihrer Rolle als standesgemäße Gesellschaftsdame für die leichte Unterhaltung. Das Stereotyp der frivolen Französin, mit der sich der Offizier gut die Abende vertreiben kann, kollidiert mit dem Innenleben Schachs, sobald ernstere Absichten geäußert werden, weil Mutter-Imago und zukünftige Ehefrau sich nicht in Einklang bringen lassen. Manthey interpretiert daher das innere Erleben Schachs als „Liebesspaltung".[146]

---

[146] Manthey, Jürgen: Die zwei Geschichten in einer: über eine andere Lesart der Erzählung „Schach von Wuthenow". - In: Theodor Fontane/hrsg. von Heinz Ludwig Arnold. - Sonderband. - München: Text+Kritik, 1989. - S. 117-S. 130

Er sucht die wahre Ursache dafür im Inzesthindernis freudianischer Prägung und operiert wieder mit einem psychoanalytischen Ansatz.

Der auf die Mutterbeziehung fixierte Schach bewahrt seine Reinheit, indem er seine Triebe umlenkt auf ein anderes Objekt, das er jedoch, weil es mit seiner Sexualität verknüpft ist, erniedrigen muss. Fontane gelingt die Darstellung dieser inneren Abwehr, indem er konkret die hässliche, seit der Pubertät durch Blatternarben entstellte Victoire zum abstoßenden Objekt von Schachs sexueller Lust werden lässt. Diese stereotype Aufteilung in eine schöne Mutterfigur und eine hässliche Tochter versinnbildlicht die sich in seinem Inneren abspielende Auseinandersetzung von fremder, abstoßender Triebhaftigkeit und reiner Liebe, denn beides kann er nicht an eine Person binden. Erst durch ungewollte Konsequenzen wird angedeutet, dass es zu einer intimen Begegnung zwischen Schach und Victoire gekommen ist, die ihn zur Einhaltung seiner gesellschaftlichen Verpflichtungen als preußischer Gardeoffizier zwingen. Da ihm diese Nötigung widerstrebt und eine Integration von Liebe und Sexualität nicht gelingt, entschließt er sich zum Suizid. Es sind bei Fontane also nicht ausschließlich die Frauenfiguren, die an den gesellschaftlichen Zwängen scheitern, doch ist ihre wirtschaftliche Abhängigkeit ein wesentlicher Faktor für ihre größere Anfälligkeit in dieser Hinsicht. Seine Sexualität, deren Existenz Schach nicht völlig leugnen kann, bindet er an die hässliche Victoire, die er aber auf keinen Fall als spätere Ehefrau wünscht, weil sie dem Bild der reinen, göttlichen Marienfigur nicht entspricht, das sich in einer idealisierten Mutter-Imago bei ihm festgesetzt hat.

Mantheys Deutungsversuch ist auf Kritik gestoßen, nicht zuletzt auch, weil er eine latente Homosexualität bei Fontane vermutet.[147]

Die Fixierung auf eine ältere Mutterfigur geht einher mit der Unfähigkeit, Liebe und Sexualität mit einer gleichaltrigen Partnerin zu verwirklichen.

Auch Rainer Kolk befasst sich mit interpersonaler Abwehr und „doublebind", wählt dafür jedoch „Stine" als Beispiel.[148]

---

[147] Greif, Stefan: Ehre als Bürgerlichkeit in den Zeitromanen Theodor Fontanes. - Paderborn: Schöningh, 1992. - S. 140

[148] Kolk, Rainer: Beschädigte Individualität: Untersuchungen zu den Romanen Theodor Fontanes. - Heidelberg: Winter, 1986. - S. 88

Begehren kommt nicht zur Sprache, sondern wird verdrängt und abgewehrt.

Doch die Umsetzung latenter Sinnlichkeit in ein stereotyp aufgebautes Muster von gegensätzlichen Konfigurationen, die sich in Trägerfiguren erkennen lassen, veranschaulicht zweifellos den Ausbruch fremder Triebhaftigkeit im Innen und deren Kollision mit den Normen und Verpflichtungen des preußischen Gesellschaftslebens.

In „Cécile" beschreibt Fontane, wie die Protagonistin abschweift in Träumereien, bis das schrille Pfeifen eines Zuges sie aus ihrer Absence holt.

Die Verknüpfung von Blick, Sprachlosigkeit und Mangel, die Lacan als „fascinosum" definiert, deutet auf das Einfließen einer unbewussten Ebene in die sprachliche Gestaltung. Die vermeintliche Idylle der lieblichen Harzlandschaft wird durch den Zug signalisiert, der den Einbruch der Moderne, den Einfluss von Industrie und Technik in eine bisher statische Welt ankündigt. Die Selbstversunkenheit und Unbewusstheit des naiven Ichs wird durch die Moderne irritiert. Die bisher idyllisch erlebende Psyche ist jenseits von Fremdprägung und Fremdorientierung, weil sie sich in einem glückhaften Zustand des „Bei-sich-sein" befindet.[149] Es ist der Einbruch der Technik, der auch bei Fontane diesen Zustand idyllischer Selbstversunkenheit zerstört.

„*Helles, sonnendurchleuchtetes Gewölbe zog drüben im Blauen an ihnen vorüber, und ein Volk weißer Tauben schwebte daran hin oder stieg abwechselnd auf und nieder. Unmittelbar am Abhang aber standen Libellen in der Luft, und kleine graue Heuschrecken, die sich in der Morgenkühle von Feld und Wiese her bis an den Waldrand gewagt haben mochten, sprangen jetzt, bei sich steigernder Tagesglut, in die kühlere Kleewiese zurück. In solchen Träumen blieb sie, bis plötzlich an der Bahn entlang die Signale gezogen wurden und von Thale her das scharfe Läuten der Abfahrtsglocken herüberklang.*"[150]

---

[149] Kahrmann, Cordula: Idyll im Roman: Theodor Fontane. - München: Fink, 1973. - S. 10
[150] Fontane, Cécile, S. S. 73

Das scharfe Läuten deutet auch Cordula Kahrmann als einen Durchbruch der Moderne in das romantisch-naive Fühlen des idyllischgeborgenen Ich.

Die Zeit ändert sich und damit auch das Denken und Fühlen der Menschen. Der bisherigen Statik und Ignoranz gegenüber dem Ablauf des Schicksals wird durch wissenschaftliche Beobachtung von musterhaften Abläufen, auch im menschlichen Verhalten, ein Ende gesetzt. In diesem frühen Stadium der Psychoanalyse, Freud war zum Zeitpunkt des Todes von Fontane 1898 allerdings schon vierzig Jahre alt, ist die Darstellung sublimierter Triebregungen noch in einem Anfangsstadium. Erst mit der zunehmenden Popularität der Psychoanalyse lösen die Literaten sich bereitwilliger von der distanzierten Erzählerhaltung und beginnen, die Innenwelt der Protagonisten schonungsloser zu enthüllen. Bahnbrechend für diese Veränderung beim Schreiben wird der Roman „Ulysees" von James Joyce. Sabine Kyora erwähnt Italo Svevos „La coscienza di Zeno" (Zeno Cosini,1923) und „Die Versuchung der stillen Veronika", auch weitere Arbeiten von Robert Musil als wegweisend beim Eingehen der Psychoanalyse in die Literatur. Für die Zeit um 1874, die mit den Jahren intensiver literarischer Produktion bei Fontane zusammenfallen, interpretiert Sabine Kyora Gustave Flauberts „Die Versuchung des heiligen Antonius".[151] Auch sie erkennt jene „transzendentale Heimatlosigkeit" des Individuums, in der das hysterisch besetzte Subjekt, das von Triebregungen und Mangelempfinden beherrscht wird, sich als desorientierter bürgerlicher Held gebärdet. Antonius nämlich wird gesteuert von seinem Gefühl, etwas zu entbehren. Das Objekt seiner Begierde ist vor allem die Nahrung. So wird die Befriedigung oraler Bedürfnisse zum zentralen Steuerungsmechanismus. Zwanghaftigkeit und ein Gefühl leeren Begehrens beherrscht die Protagonisten. Die Deutungsversuche freudianischer Prägung unter Einbeziehung des Schautriebs und des pathologischen Verhaltens von Hysterikern und anderweitig in ihrer Innenwelt gestörten Individuen erscheint jedoch für die Interpretation von Fontanes Romanen nur ansatzweise relevant, weil im Mittelpunkt seiner Auseinandersetzung die soziale Frage steht. Es ist weniger die aufbre-

---

[151] Italienische Erzählungen des 20. Jahrhunderts/hrsg. von Klaus Stiller. - München: Piper, 1982. - S. 462

chende Sexualität Schachs und deren psychopathologische Komponente als seine Kapitulation vor den bestimmenden Normen preußischer Gesellschaftsansprüche, die ihn in die Enge treiben. Zweifellos antizipiert Fontane durch seine Stereotypie eine Spaltung von Ratio und Gefühl, die der Mensch dieser Zeit durch seine mangelnde Auseinandersetzungs- und fehlende Konfliktfähigkeit verbal und handlungsmäßig nicht lösen kann. Der Ansatz von Peter-Klaus Schuster, eine christliche Metaphorik bei Fontane zu verdeutlichen, kommt Fontanes Intentionen vermutlich näher, weil die Darstellung der Körperlichkeit auf einer Sinnebene christlicher Spiritualität der preußischen Mentalität zu diesem Zeitpunkt eher entsprach. Die Reproduktion christlicher Mythologeme diente, so sieht es auch Peter-Klaus Schuster, der Bestätigung preußischer Vorbilder und der Aufrechterhaltung des moralischen und religiösen Ordnungsgefüges. Die Frau als züchtige Marienfigur, den Armen dienend wie die Heilige Elisabeth, entsprach den Identifikationsmustern preußischer Gesinnung.[152]

Doch stand ein dem Realismus verpflichteter Schriftsteller wie Fontane der Philosophie Schopenhauers und Feuerbachs vermutlich näher als dem Christentum. Seine Frau dagegen wird ihrer sonntäglichen Pflicht regelmäßiger nachgekommen sein. Die glaubensstrenge Herrnhuterin Christine Holk in „Unwiederbringlich" folgt diesem Idealbild von Tugendhaftigkeit, das aber für ihren Mann auch zum Ersticken zwischenmenschlicher Neigung führt. Christines Strenge und Unerbittlichkeit werden zum Kritikpunkt und treiben den Mann in die Flucht, weil er sich im Grunde ein lockeres und ungezwungeneres Leben mit mehr Freude und Frohsinn erhofft. In „Cécile" sind es die Quedlinburger Fürstäbtissinnen, die den adligen Frauen im ledigen Stand ein frommes Dasein im Kloster nahe legen. Das Bild der Klosterfrau, in der Figur der „Adelheid von Stechlin", impliziert politischen und gesellschaftlichen Einfluss und historische Bedeutung einer beginenhaften Existenz. Insofern sind christliche Deutungsversuche solcher Metaphern wie „Kelch und Pokal" Machtsymbole klösterlich christlicher Daseinsformen und verbinden kirchliche und weltliche Herrschaft, den Pokal als Insignum der Macht mit

---

[152] Schuster, Peter-Klaus: Theodor Fontane: Effi Briest: ein Leben in christlichen Bildern. - Tübingen: Niemeyer, 1978. - S. 12

dem Kelch als Zeichen christlicher Vergebung der Sünden beim Abendmahl. In „Ein Sommer in London" schildert Fontane den Beginenhof in Gent. In seiner Neu-Ruppiner Heimat gab es historisch nachweisbar Beginenhöfe und vor allem zu Fontanes Zeit das Kloster Lindow als Vorbild für das Kloster Wutz im „Stechlin".[153]

Doch der Thron ist bereits abgebaut und die Insignien kirchlicher Herrschaft sind abgetragen und haben nur Spuren auf den Tapeten hinterlassen. Das Quedlinburger Schloss ist nur noch eine Fassade, denn die einstigen Kostbarkeiten sind längst aus Geldnot verkauft, der Lieblingsspiegel der preußischen Prinzessin nach Schweden transportiert. Dem Besucher bleibt nur die Erzählung, was einst vorhanden war. Befremdung im Innenleben äußert sich an dieser Stelle durch eine Leere im Außen, die der geschichtliche Zerfallsprozess Preußens mit sich gebracht hat.

„Und hier, wo die Tapete fehlt, genau hier stand der Thron selbst, der Thron der Fürstäbtissinnen, ebenfalls rot, aber von rotem Samt und Hermelin verbrämt. Und mit dem zuständigen Wappen: Zwei Kelche mit einem Pokal." [154]

Bei Flauberts „Heiligem Antonius" dagegen geht es nicht um die „spiritualia sub metaphoris corporalium", die Darstellung der menschlichen Körperlichkeit auf der Sinnebene christlicher Spiritualität, auch nicht um die Sinnentleerung christlicher Bedeutungsträger, sondern das Verdrängen der Erbsünde, das Leugnen der Sexualität ist fraglich geworden. Psychische Vorgänge im Innenleben reißen den Protagonisten aus seiner bisherigen Unbedarftheit. Sexuelle Konflikte rücken zunehmend in den Mittelpunkt, doch bei Fontane wird der Blick in den Spiegel, die Auseinandersetzung mit dem Konvergenzpunkt von Innen und Außen, erster Schritt auf dem Weg zur Auseinandersetzung mit einem noch fremden Innenleben. Rainer Kolk konstatiert bei Fontane vor allem Züge einer deautonomisierten Individualität, die jedoch ihre Deformation ignoriert.[155]

---

[153] Fontane, Stechlin, S. 159
[154] Fontane, Cécile, S. 44
[155] Kolk, Rainer: Beschädigte Individualität, S. 134

Träume, das Unbewußte, die Sexualität, Verdrängungsmechanismen, Komplexe und Introspektion bleiben im Vorfeld, in einem Vorstadium der Verbalisierung verhaftet. Dennoch sind Momente der Selbstbespiegelung, konkret bei der Betrachtung des Äußeren im Spiegel, ein häufig beobachtbares Verhalten besonders der Frauenfiguren. Claudia Liebrand erklärte dies mit dem Versuch der Protagonistinnen, ihr Inneres mit ihrem äußeren Erscheinungsbild auszuloten und auszubalancieren. Es stellt sich allerdings die Frage, ob nicht gerade dieser Versuch eine Harmonisierung mit den Geschmacksvorstellungen der Umwelt zu erreichen, vom authentischen Innen wegführt.

2. DIE FREMDE AUßERHALB VON PREUßEN

2.1. Die fremde Religion

Die starke Orientierung nach Italien hin, die in „L'Adultera" (1882) und „Schach von Wuthenow" (1883) in einer überladenen und vom Katholizismus bestimmten Metaphorik zum Ausdruck kommt, setzt sich auch in „Graf Petöfy" (1884) fort. In „Schach" wendet sich die verschmähte Victoire von Carayon den Reliquien und Symbolen der katholischen Kirche zu, um in den Glaubensritualen des Katholizismus Halt und Trost zu suchen.[156]

Franziska Franz hofft am Ende durch die Hinwendung zum katholischen Glauben die Schuld am Suizid ihres Mannes lindern zu können.

Das „hölzerne Bambino" in der Kirche Araceli in Rom, eine Wickelpuppe mit großen Glasaugen, wird zum Zeichen einer konservativ-katholischen Restaurationsbewegung innerhalb des Adels, die mit dem Dreibund-Vertrag 1882 einherging.

„Dem Bunde mit Österreich hat bald Italien zugesellt werden können. Die Besitzergreifung von Tunis, das Frankreich 1881 aus der türkischen Beute an sich riß, verstimmte auf der Halbinsel so sehr, daß man sich den Mittelmächten zuwandte. 1883 gab Italien durch seinen Beitritt dem Dreibund das Leben."[157]

Sowohl „Schach von Wuthenow" als auch „Graf Petöfy" erschienen genau in diesen Jahren 1882/1883. Italien wurde also als Bündnispartner verstanden.

Ein grundsätzliches Interesse an italienischer Kultur und Kunst ging damit einher. Das Motiv des Wickelkindes das sich in der Architektur von Filippo Brunelleschi wiederfindet, der von 1376 bis 1446 lebte und durch seine halbkreisförmigen Medaillons in Florenz bekannt wurde, auch durch das Findelhaus, das „Ospedale degli Innocenti", das 1419 begonnen wurde, war Baumeister des berühmten Doms und der Kirche San

---

[156] Fontane, Schach, S. 135
[157] Schäfer, Dietrich: Deutsche Geschichte. - Jena: Fischer, 1910 1: S. 330 2: S. 422

Lorenzo. Er wurzelt in der gotischen Tradition und gilt als eine der wichtigsten Persönlichkeiten der Renaissancearchitektur. Insbesondere die reliefartige, sich kreisförmig wiederholende Darstellung dieses Wickelkindes, versinnbildlicht die besondere Bedeutung des unschuldigen Kindes, sei es als Christusfigur in der Krippe von Bethlehem oder als hilfloses unschuldiges Waisenkind im Findelhaus. Es liegt nahe, in dieser Metaphorik Fontanes ein Symbol des schutzbedürftigen Lebens zu erkennen. Wenn Fontane diese Medaillons aus der italienischen Baukunst aufgreift, spricht dies für die besondere historische Verbundenheit mit der italienischen Geschichte und Kultur, aber auch für eine Auseinandersetzung mit der fremden Religion, die seine Familie einst in die Flucht getrieben hatte. Fontane befasste sich mit italienischer Kunstgeschichte und sah darin die besondere Bedeutung des Kindes, sonst hätte er dessen Versinnbildlichung in Form des „Bambino" nicht aufgegriffen. Ähnliche Bilder tauchen bereits bei den Etruskern auf. „Tagis", das weise Kind, das greisenhaft in seiner Erscheinung einem Acker entstieg, hatte die Bedeutung, den Willen der Götter zu erforschen und für alle Mitglieder der Gemeinschaft in die Zukunft zu sehen. Das Ideal der etruskischen Bildhauerei bestand darin, den Menschen so darzustellen, wie er wirklich ist. Auch Fontane ging es als Realist um die genaue Darstellung der Wirklichkeit. Möglicherweise suchte er Impulse für seine eigene Arbeit. Italienische Reiseeindrücke wurden von ihm literarisch umgesetzt und subsumiert im „hölzernen Bambino", weil die Verehrung des Kindes Trost und Hilfe in der Not verspricht.

„Als der Arzt nicht mehr Hilfe wußte, ging ich mit unserer Wirtin (einer echten alten Römerin in ihrem Stolz und ihrer Herzensgüte) nach der Kirche Araceli hinauf, einem neben dem Kapitol gelegenen Rundbogenbau, wo sie den >Bambino<, das Christuskind, aufbewahren, eine hölzerne Wickelpuppe mit großen Glasaugen und einem ganzen Diadem von Ringen, wie sie dem Christkind, um seiner gespendeten Hilfe willen, von unzähligen Müttern verehrt worden sind."[158]

Victoire erfährt die von ihr erhoffte Liebe erst durch die Geburt ihres Kindes.

---

[158] Fontane, Schach, S. 135

Im katholischen Glauben findet sie diese Erfahrung offenbar durch das Bambino mit den Glasaugen besser zum Ausdruck gebracht als im etwas abstrakteren Protestantismus, der höchstens Weihnachten das Kind zu Bethlehem in der Krippe verehrt. Weitere Zeichen in dieser hölzernen Form der Versinnbildlichung des Glaubens beschränken sich auf Jesus am Kreuz, auf Altarbilder und Taufbecken. Die protestantische Kirche bevorzugt seit der Reformation einen kahlen, eher sachlichen Stil. Insbesondere der Calvinismus versuchte, sich vom überladenen Pomp der katholischen Kirche abzugrenzen und sich von Gott kein Bild zu machen. Es ist daher verwunderlich, dass der Realist Fontane am Romanende eine Hinwendung der Protagonistin zum Katholizismus andeutet. Dies lässt sich nur durch die Anlehnung des Adels an den katholischen Süden erklären, weil die Vergangenheit der Staufer in Sizilien an ein „Heiliges Römisches Reich deutscher Nation" erinnerte, verband sich doch damit die Hoffnung auf ein deutsches Großreich mit nationaler Vormachtstellung in Europa, zu dem möglichst auch Österreich und Italien gehören sollten. [159]

„Am 7. Oktober 1879 schloß das deutsche Reich ein Schutz-und Trutzbündnis mit Österreich. Dem Donaustaat war der Gegensatz zu Rußland wieder lebhaft in Erinnerung gebracht worden. Das Bündnis war die letzte Amtshandlung des Ungarn Andrassy, der als Beut's Nachfolger stets für volle Aussöhnung mit Deutschland eingetreten war. Man darf sagen, daß dieses Bündnis den deutschen Reformgedanken in seiner ursprünglichsten Form zur Ausführung brachte. Er war auf eine völkerrechtliche Verbindung des von Preußen geführten Deutschland mit Österreich gerichtet gewesen. Es war ein Ziel das eine geschichtliche Notwendigkeit in sich schloß. In der erwähnten Kontroverse über Bedeutung und Wirkung des mittelalterlichen deutsch-römischen Kaisertums war von großdeutscher Seite mit Recht betont worden, daß die Lage der deutschen Nation in der Mitte Europas es zu einer Frage ihres Bestandes mache, ob sie vermöge, sich einen gewissen Einfluß auf einen Kreis von Nachbarnationen und Ländern zu sichern." [160]

---

[159] Schäfer, Deutsche Geschichte, 2: S. 422
[160] Schäfer, Deutsche Geschichte, 2: S. 421

Es lässt sich also aus alten Geschichtsbüchern, die vor dem ersten Weltkrieg geschrieben wurden, mit Vorbehalt lesen und entnehmen, dass zumindest innerhalb der militärischen Führungsschicht, also unter den adligen Offizieren und den leitenden Verwaltungskreisen, ein Denken im genannten Sinne gepflegt wurde. Die spätere Machtergreifung der Nationalsozialisten konnte auf dieser Grundlage gut gedeihen.

Wenn man Fontanes Romane als Widerspiegelung einer allgemeinen Tendenz versteht, ließe sich daraus der Schluss ziehen, dass tatsächlich in Preußen der Wunsch nach einer nationalen Vormachtstellung in Europa sehr stark vorhanden war. Preußen versuchte, sich gegen die Dänen in Holstein und die Franzosen am Niederrhein durchzusetzen. Fontanes Erinnerungen an deutsche Kriege und Feldzüge sind eine historische Quelle und Ergänzung für das Studium der preußischen Geschichte, die möglichst auch noch Italien zu vereinnahmen gedachte. [161]

Bereits der deutsche Krieg von 1866 gibt Aufschluss über die Kämpfe innerhalb Deutschlands gegen die Bayern. Fontane schildert darin die Gefechte bei Langensalza, die Feldzüge der Main-Armee, die Kämpfe in Süddeutschland und schließlich die Schlacht von Austerlitz an der Elbe. Dabei ergreift er eindeutig Partei für General Hans Karl Edwin v. Manteuffel, der von 1857-1865 die Verwaltung des Militärkabinetts übernahm. Fontane schreibt im Erscheinungsjahr 1871 ganz im Sinne eines national-patriotischen Anhängers der preußischen Armee. Im Kampf um die nationale Einheit war auch das ohnehin machtpolitisch durch Bandentum geschwächte Italien an der Anbindung an Preußen interessiert und übernahm die Rolle eines Bündnispartners.

Im Zuge der Gründung der Nationalstaaten Italien und Deutschland entwickelte sich ein starker Pangermanismus, der durch die Stärkung von Flotte und Heer die europäische Lebensweise in die Kolonien tragen sollte. Traditionell galt Italien als Traumland, als Fremde, die sämtliche Vorurteile vom Südländischen verkörperte, in die man entfliehen möchte, es blieb Idylle und Arkadien, Mythos einer entschwundenen antiken Welt, den Fontane in „Schach" als Fata Morgana entlarvt und entmystifi-

---

[161] Fontane, Theodor: Werke und Schriften/hrsg. von Walter Keitel; Helmuth Nürnberger. - Frankfurt/M.: Ullstein 2: Der deutsche Krieg von 1866. - 1985. - S. 193

ziert, dem er sich aber in seinen Romanausgängen um 1882-1884 nicht entziehen kann. Sowohl Victoire als auch Franziska Franz wenden sich am Ende der konservativ-katholischen Glaubenswelt zu.

Dem preußisch-nüchternen Protestantismus mit Anlehnung an die kaufmännisch-ökonomische Lebenswelt englisch-amerikanischer Prägung steht die Hinwendung innerhalb des Adels zum katholisch-konservativen Denken der Romantik zu diesem Zeitpunkt noch entgegen.[162]

Die Widersprüche drückt Fontane aus, indem er „Graf Petöfy" mit seinem Howard-Kabinett in die Nähe des englischen Königshauses rückt, denn Catherine Howard war bekanntlich die fünfte Frau von Heinrich VIII., andererseits gehört er in die katholische Glaubenswelt der Donaumonarchie.[163]

Es ist dieses Aufeinandertreffen und Kollidieren verschiedener kultureller Einflüsse im Machtkampf um ein neues Europa, das eine Einheit zwischen Innen und Außen symbolisch in der Figur des Wickelkindes sucht, was jedoch durch die Unterschiedlichkeit von Nord und Süd mehr einem Ringen darum gleichkommt. Diese Konfiguration des Einheitsgedankens drückt sich bei Fontane in einer Subjektivierung der Realitätsdarstellung aus, weil die Wahrnehmung der Außenwelt verzerrt wird durch eine angstbesetzte Innenwelt.

Das Verdrängte bleibt inneres Ausland, wirkt bedrohlich und führt dazu, dass das Bemühen der Realisten um eine naturgetreue Abbildung der Wirklichkeit am Faktor undurchschaubarer Seelenregungen kapituliert.

---

[162] Schüppen, Franz: Paradigmawechsel im Werk Theodor Fontanes: Von Goethes Italien- und Sealsfields Amerika- Idee zum preußischen Alltag. - Stuttgart: Verl. der Charles-Sealsfield-Gesell.,1993. - 266 S.
Vgl. dazu auch: Parr, Rolf: „Der Deutsche, wenn er besoffen ist, ist ein ungeselliges, langweiliges und furchtbar eingebildetes Biest. - Fontanes Sicht der europäischen Nationalstereotypen. - Vortrag. Theodor Fontane. Am Ende des Jahrhunderts. Internationales Symposium des Theodor-Fontane-Archivs. Potsdam, 13. -17. September 1998. -

[163] Vgl. dazu: Das Porträt von Frances Howard, Countess of Somerset and Essex von Isaac Oliver d. Älteren im Victoria und Albert Museum in London (1568-1617). Der Maler wurde als Sohn hugenottischer Eltern geboren. - Neue Enzyklopädie der Kunst. - Stuttgart: Deutscher Bücherbund, 1982. - 10: Lexikon O-Z, S. 314

Gerade des Romanende von „Schach" und „Graf Petöfy" beweist den Einfluss von Heilsphantasien und den Glauben an christlich-katholische Reliquien.

Dazu kommen die bereits erwähnten Stereotype bei der Charakterisierung, so dass von einem klaren Bild bezüglich der Fremde kaum auszugehen ist, sondern das nebulöse Ineinandergleiten von Phantasie und Wirklichkeit, von Geschichte, wie sie sich tatsächlich ereignet hat, und Geschichte, wie sie von deutsch-nationalen Anhängern imaginiert wurde, trifft Fontanes Sichtweise besser als der Versuch ihn mit rein rational-wissenschaftlichen Methoden zu verstehen oder ihn grob einzuordnen und als realistischen Schriftsteller zu etikettieren.

Fontane sah die Wirklichkeit verzerrt durch die Vorurteile seiner Zeit. Er greift sie auf, ironisiert sie und wird gleichzeitig ihr Opfer. Dabei versieht er Frankreich nach 1870/71 mit den Attributen „Leichtlebigkeit"; „bloße Phantasie", „Projekte machen ohne Durchführung", „Genuß" und „Mode", während der Deutsche zur Zeit der Befreiungskriege als „romantisch", „idealistisch", „musikalisch", „philosophisch", „tief ", "gründlich" und „warm" eingestuft wird. [164]

Der Real-Idealismus Bismarcks, d.h. das realistische Verwirklichen von Idealen, das Geltendmachen von brauchbaren Konzepten passte nicht zu illusionären Traumwelten mit frivoler Genußorientierung, daher die stereotypen Vorurteile gegenüber den angeblich leichtlebigeren Franzosen, die Gudrun Loster-Schneider aus „Kriegsgefangen" 1872 abgeleitet hat. Bei der Betrachtung von „Graf Petöfy" bestätigt sich jedoch mehr der Aspekt des Aufeinandertreffens zweier Glaubenswelten, mit denen sich eine unterschiedliche Lebensführung verbindet. Es lässt sich aus „Schach" und „Graf Petöfy" entnehmen, dass Fontane sich mit dem unterschiedlichen Glauben befasste, der in der Zeit der Unionspolitik Preußen und Österreich dennoch aneinander band. Das Romanende neigt zu einer Annäherung Franziskas an Sinnbilder und Rituale des katholischen Glaubens und bestätigt die Dominanz Österreichs gegenüber dem pro-

---

[164] Parr, Rolf: „Der Deutsche, wenn er nicht besoffen ist, ist ein ungeselliges, langweiliges und furchtbar eingebildetes Biest": Fontanes Sicht der europäischen Nationalstereotypen. - Vortrag im Rahmen des Internationalen Symposions des Theodor-Fontane- Archivs. - Potsdam, 13. -17. September 1998. -

testantischen Norden; zumindest in der Zeit der Karlsbader Beschlüsse Fürst Metternichs.

„Denn nicht nur alt ist Araceli, sondern auch trostreich und labevoll, und kühl und schön."¹⁶⁵

In Fontanes Roman trifft die protestantische Welt der aus Pommern stammenden Theaterschauspielerin Franziska Franz auf die aristokratische Gesellschaft des ungarischen Grafen Petöfy, dessen Name Fontane ausgerechnet von dem ungarischen Lyriker und nationalen Freiheitskämpfer der bürgerlichen Revolutionszeit Sandor Petöfi abgeleitet hat.¹⁶⁶

Graf Petöfy kommt keineswegs aus ärmlichen Verhältnissen, sondern mütterlicherseits aus der Familie Howard und Talbot, so dass die ungarische Lebenswelt der Magyaren durchsetzt ist von anglophilen Einflüssen, namentlich verbunden mit französischer Herkunft durch die Talbot. Franziska versteht es, die Langeweile dieser „leisure-class" durch Unterhaltung aufzumuntern.¹⁶⁷

Die Dichotomisierung in eine Lebenswelt des Theaters und eine der tatsächlichen Wirklichkeit treffen aufeinander und versammeln den ungarischen Adel in Wien, weil Ungarn zur Doppelmonarchie Österreich-Ungarn gehört. Dabei werden zwei fremde Sprachen und eine unterschiedliche Volkstümlichkeit gepflegt, die sich nur schwer kulturell verbinden lassen. Fontane bringt diesen Konflikt in seinem Roman „Graf Petöfy" zum Ausdruck.

Graf Petöfy, ein um siebzig Jahre alter Junggeselle, frönt dem Amüsement seiner aristokratischen Standesgenossen und ist dabei innerlich jung geblieben. Er hat vergessen, sich seiner Jahre rechtzeitig bewusst zu werden, fühlt sich innerlich rastlos und unstet.

Im Wiener Stadthaus lernt er durch seine Schwester Judith den Günstling der Theaterwelt Franziska Franz kennen. Die Atmosphäre in diesen

---

[165] Fontane, Schach, S. 136

[166] Petöfi, Sándor: Doch währt nur einen Tag mein Leuchten. - Leipzig: Reclam, 1977. - S. 191

[167] Müller-Kampel, Beatrice: Theater-Leben: Theater und Schauspiel in der Erzählprosa Theodor Fontanes. - Frankfurt/M.: Athenäum, 1989. - S. 111-116

Gesellschaftskreisen entspricht einer mit Theaterabenden ausgefüllten Leere, die den Vertretern dieser habsburgischen Donaumonarchie gehobene Ablenkung vom langweiligen Leben auf den abgelegenen Landgütern und Schlössern zu bieten vermag. Plötzlich jedoch reist der alternde Junggeselle unvermittelt nach Biarritz ab, was als Zeichen seiner Verwirrung und Betroffenheit gedeutet wird. Seine ihm nahestehende Schwester versteht seine Reaktionen zu deuten und erkennt die Hilflosigkeit seinerseits gegenüber der sich emotional anbahnenden Beziehung zu Franziska Franz. Auch Franziska kann das Zusammentreffen kaum verarbeiten und erkrankt an einem Nervenfieber. Die romantische Umrahmung der Novelle mit einem Gedicht aus Lenaus „Schilfliedern" offenbart die enge Beziehung Fontanes zu Nikolaus Lenau und die Zeit jugendlicher Revolte im Lenau-Club. [168]

„Dunkler wird der Tag und trüber,
Lauter wird der Lüfte Streit –
Hörbar rauscht die Zeit vorüber
an des Mädchens Einsamkeit."[169]

Diese 1832 in Heidelberg geschriebenen Gedichte schätzte Fontane besonders. Der später enttäuscht aus Amerika zurückgekehrte Lenau befasste sich auch mit der Geschichte der Hugenotten und hielt diese in seinem Nachtgesang über die Albigenser fest.

Romantische Einsamkeit und Sehnsucht nach Ferne und Weite verbinden zwei sensible Gemüter in einer künstlerisch stimulierten Lebenswelt kulturell interessierter Kreise.

Es ist diese romantische Einsamkeit, die offensichtlich Petöfy zu einem Heiratsantrag im fortgeschrittenen Alter bewegt. Während eines Kuraufenthaltes begegnen sich Franziska und Petöfy erneut, kommen sich durch Gespräche näher, in denen auch die unterschiedlichen Mentalitäten von Franzosen, Österreichern und Engländern zur Sprache kommen. Die Österreicher, so meint Petöfy, lieben Unterhaltung und das Theater,

---

[168] Fontane, Theodor: Von Zwanzig bis Dreißig. - 2. Aufl. - Leipzig: Dieterich, 1968. - S. 25-60. -

[169] Lenau, Nikolaus: Lenaus Werke/hrsg. von Carl Hepp. - Leipzig: Bibliographisches Institut, o. D. - 1: Schilflieder, S. 37

bleiben dabei aber Gast auf der Tribüne, während die Franzosen die Hälfte ihres Daseins mit Fiktionen ausfüllen. Es ist bezeichnend, dass die Franzosen als lebensfremde, stets der Scheinwelt des Amüsements zugeneigte Menschen dargestellt werden. In diesem Zusammenhang finden im oberflächlichen „small talk" sämtliche Modeautoren seiner Zeit von Lord Byron, Thackeray, Balzac, Flaubert bis zu den Schriftstellern Shakespeare und Milton Erwähnung. Konversation ist alles und es gilt, alle Register zu ziehen und damit zu imponieren, was man so alles an Autoren kennt und schon gelesen hat.

Das Aufeinandertreffen verschiedener Glaubensrichtungen und Nationalitäten durch Theater- und Kulturaustausch öffnet durch Literatur und Reisen nach außen hin, erschließt neue, bisher fremde Lebenswelten.

Petöfys Schwester Judith, die einen echten Steiermärker geheiratet hat, meint sogar, dass der Unterschied von Geburt und Stand im Augenblick der Eheschließung bereits ausgeglichen sei, problematischer erscheint ihr dagegen der immense Altersunterschied. Franziska ist erst Mitte zwanzig, Petöfy bereits um die siebzig Jahre alt. Doch er hat seine Entscheidung getroffen, möchte Leere nicht mit weiterer Langeweile füllen und erhofft sich eine Aufhellung seiner reifen Jahre durch die eloquente Künstlerin.[170]

Er hat in der Kirche nicht denselben Halt gefunden wie seine Schwester, sucht nun die Ehe als Anker für seine letzten Tage. Doch Franziska reagiert skeptisch, argwöhnt, dass sie nur als „Rededame" und „Plaudertasche" in den Hafen der Ehe überführt werden soll.[171]

Für sie ist Ungarn ein Land kindlicher Phantasien, das sie sich nur auf der Grundlage des Bildes ihrer eigenen Umgebung zu entwickeln vermag. Ihre Vorstellungen kreisen dabei um die Ostseebäder, um die Hafenstädte im Stile Kessin aus „Effi Briest", Schiffe, Häuser und die bunte Flaggen-und Handelswelt Pommerns. Franziska ähnelt einer Figur wie Marietta Trippelli in „Effi Briest", die allein durch ihre Künstlernatur der eigenen Umgebung neue Akzente gesetzt hat.

---

[170] Fontane, Graf Petöfy, S. 75
[171] Fontane, ebd., S. 82

So entwickelt Fontane aus einem Konglomerat von eigenen heimatlichen Vorstellungen und andeutungsweise dem Namen nach an Nikolaus Lenau erinnernd das Bild einer österreichisch-ungarischen Gesellschaft in Wien. Lieder der Revolutionszeit vermischen sich mit den traditionellen Vorstellungen von der Donau-Monarchie, schöpfen aus der Bilderwelt eines romantischen Schlosses Arpa in Ungarn, an einem See gelegen, mit Freitreppen, Korridoren und Bildergalerien, die die Jagdzüge und die Steppenlandschaft malerisch festhalten, in der Kavaliere mit ihren Damen vornehme Gesellschaften abhalten[172]

Tatsächlich ähnelt die Welt des ungarischen Landadels, in die Franziska nach ihrer Eheschließung einzieht, den Phantasiegebilden ihrer naiven Vorstellungen, zumal die fremde Sprache Dorfnamen wie Mihalifalva und Ivanifalva geheimnisvoll fremdländisch mystifiziert, obwohl diese bei näherer Übersetzung ganz profan sich als Michelsdorf und Hansdorf herausstellen.[173]

Auch der See und das Schloss Arpa, Relikte aus der Zeit der Türkenkriege, Nagy-Vasar und die Umgebung, sowie das Billardzimmer, die Bibliothek und das Howard-Kabinett sind für Franziska zunächst überwältigend.

Es war damals für eine Künstlerin aus bürgerlichen Kreisen ein Traum, einen adligen Schlossbesitzer zu heiraten. Der anfänglichen Faszination folgte bald die eheliche Entfremdung.

Es ist jedoch nicht das faszinierende Intérieur aus Rokoko, Schildpatt und alten Möbeln, das die einfache Pastorentochter befremdet, sondern eher das Gefühl der Fremde an sich und der Eindruck, nur geduldet und gnädig aufgenommen zu sein in einer fremden Umgebung.[174]

In der Tat macht die Gesellschaft es Graf Petöfy schwer, zu dieser Liebe zu stehen, weil Franziska dem ungarischen Grafen nicht ebenbürtig ist. Dennoch scheitert die Beziehung nicht an diesem Faktor, sondern an Franziskas Desillusionierung.

---

[172] Fontane, ebd., S. 84
[173] Fontane, ebd., S. 91
[174] Fontane, ebd., S. 111

Das anfangs so faszinierende Schlossleben entpuppt sich als Enttäuschung. Petöfy hatte vorgewarnt und auf die Langeweile des einsamen Landlebens hingewiesen, die nur durch die Ballsaison in Wien ausgeglichen werden könne. Franziska meinte jedoch, in der Güte und Großherzigkeit des Grafen ihr Glück gefunden zu haben. In Wirklichkeit vertraut sie bald einer Freundin an, dass sie ebenso unbefriedigt sei wie als Kind. Bei allem Bemühen um die magyarische Lebenswelt bleibt ihr Wesen andersartig.[175]

Bereits die Schwägerin Judith erkennt den Gegensatz zwischen magyarischer Grazie versus deutscher Würde, die sich allerdings mit einer Art Schwerfälligkeit verbinde.[176] Zwar bezieht sie sich in dieser klischeehaften Kontrastierung auf ihren eigenen Mann, einen hausbackenen Steiermärker, doch auch Franziska deutet ihre Unzufriedenheit als „ein ewig ungestilltes Verlangen, Sehnsucht und Einsamkeit im Sinne von Lenaus romantischem Gedicht:

„Hörbar rauscht die Zeit vorüber
An des Mädchens Einsamkeit."[177]

Im Umgang mit der einheimischen Bevölkerung beweist sie Sensibilität, doch auch diese spürt, dass ihre Freundlichkeit nicht ankommt gegen das Klischee, wie eine Gräfin sich zu benehmen habe. Franziska fehlt es an Stolz und Reitermut.

Sie fährt im wahrsten Sinne des Wortes von Anfang an im falschen Wagen vor, brüskiert die Aristokratie, deren hochmütiger Standesdünkel ihr letztlich den Platz in der Familiengruft nicht zugesteht, weil sie keine Aristokratin ist und noch dazu eine Fremde. Die Ehe zweier sozial unterschiedlicher Partner bleibt subtil eine Art Gönnerschaft, eine Konzession des Adels an die neue Zeit.[178]

---

[175] Fontane, ebd., S. 145
[176] Fontane, Graf Petöfy, S. 126
[177] Fontane, G. P., S. 145
[178] Fontane, ebd., S. 161

Schon auf der obligatorischen Hochzeitsreise nach Italien fühlt sich Franziska ähnlich wie Effi Briest überfordert von den Kunstschätzen und Geschenken Petöfys, mit denen sie überhäuft wird. Bilder und immer wieder Bilder widerstreben ihr, ihrerseits aber bemerkt sie, dass es mit den tatsächlichen Theaterkenntnissen Petöfys nicht weit her sein kann. Ihre Hauptaufgabe, ihn mit Informationen aus der Zeitung zu beglücken, hält ihrem Bedürfnis nach wirklichem Erleben und Abenteuer auf Dauer nicht stand, so dass als wiederholtes Motiv bei Fontane eine Bootsfahrt zum einschneidenden Erlebnis wird. Es bleibt dem Leser eine Leerstelle, was sich genau zwischen Petöfys Neffen und Franziska abgespielt hat. Beide geraten symbolisch und auch realiter in einen Strudel und werden durch ein Unwetter schicksalhaft hineingezogen in eine ungewollte Intimität, der sie sich nicht entziehen können. Alle Versuche, das Geschehene zu vergessen, scheitern an der inneren Anziehung, so dass auch Petöfy durch äußere Anzeichen Misstrauen und Eifersucht erkennen lässt. Zufällig bestätigt sich der Verdacht durch einen Ring, der Franziska gehörte und nun Egon beim Öffnen einer Weinflasche verletzt. Petöfys konsequenter Schritt in den Suizid ist ähnlich wie in „Schach" ein Akt der persönlichen Ehrenrettung. Er übersieht Franziskas Motivation und vor allem ihr ernsthaftes Bemühen um Treue. Fontanes Protagonisten sind zu gemeinsamen Reflektionen und Auseinandersetzungen mit dem Partner über diese Problematik nicht fähig. Die Zeit ist noch nicht reif für partnerschaftliche Offenheit und Toleranz in der Ehe, weil traditionsgebundene Rituale und der Ehrenkodex Prioritäten setzen, über deren Schatten auch Petöfy nicht springen kann.

Franziska fühlt sich daher schuldig, meint auf ihr zukünftiges Glück verzichten zu müssen und wendet sich dem katholischen Glauben zu, um gutzumachen, was im Grunde ihre Schuld nicht ist, sondern in der menschlichen Natur begründet liegt. Sie glaubt, dass nur eine endgültige Integration in die magyarische Glaubenswelt ihr eine Chance auf Erlösung von ihrer Schuld einräume, verbunden mit dem Verzicht auf Egon, denn nicht eins sein mit der Welt ihres Grafen bedeute, nicht eins zu sein mit sich und damit weiterhin „fremd sein", dabei ist ihr Schicksal längst besiegelt durch Umstände, die sich anders hätten lösen lassen.

Diese moralische Enge ähnelt der preußischen Ständegesellschaft, aus der sie kommt, weil sie sich nicht freimachen kann von einengenden Normen, die sie geprägt haben. Die Annahme des katholischen Glaubens, der ihr zunächst bunter und weniger schlicht erscheint als der Protestantismus, stellt sich als eine Umkehrung mit ähnlichen Gesetzlichkeiten heraus, wenn auch auf der anderen Seite des Koordinatenkreuzes. Ihr Kreuz ist im Falle des Ehebruchs jedoch ähnlich streng und rigide wie in Preußen. So bleibt ihr nur der Rückzug in die Witwenschaft, um sich den Sanktionen der Gesellschaft zu entziehen.

2.2. Amerika als fremdes fiktionales Motiv

Die Integration des amerikanischen Westens nach dem Goldrausch, das unstete Pionier- und Wanderleben und auch die Hoffnung, sich bei der Goldsuche in der Wildnis und beim rauen Pionierleben durchzusetzen, prägte die erste amerikanische Literaturproduktion. Ab 1775 erschienen Geschichtswerke über amerikanische Indianer und Reiseberichte über Erfahrungen im Inneren des Kontinents. 1778 berichtete Jonathan Carver über seine Reise nach Minnesota, eines der seenreichsten Waldgebiete im Westen der Vereinigten Staaten. Der Pelzhändler Frederick Jackson Turner bekämpfte die Indianer und erlebte, wie sich die Grenze weiter nach Westen verschob. Besonders bekannt ist uns heute noch James Fenimore Cooper (1789-1851) mit seinem „Lederstrumpf", der die Gestalt des noblen Wilden als literarische Figur in den Vordergrund treten lässt, sie aber auch abgrenzt von den gebildeten weißen Helden. Seine Karriere begann 1820 und endete 1850. 1841 erschien „Der Wildhüter", 1826 dann „Der Letzte der Mohikaner", der noch heute die Kinderphantasien über Indianer und Cowboys prägt. Henry Marie Brackenridge, Sohn des Autors von „Modern Chivalry" aus Pittsburgh, reiste nach St.Louis und publizierte 1814 einen Reisebericht als Appendix in „Views of Louisiana". Seine Landschaftsbeschreibungen waren beeinflusst von der Lektüre Ossians, Fénélons, Ariostos und hatten den Touch arabischer Nächte, erinnerten bisweilen an die Erlebnisse eines Don Quijote. Dabei steckten sie voller Vorurteile gegen die Indianer. Entscheidend war der Einfluss von Captain Zebulon Montgomery Pike, der unter Jefferson den Auftrag erhielt, die Quelle des Mississippi ausfindig zu machen. 1810 erschien „Pike's Journals" unter dem Titel „An Account of Expeditions to the Sources of the Mississippi" und „Through the Western Parts of Louisiana" mit der Abbildung eines attraktiven, jungen und enthusiastischen Soldaten, der Volney, Shenstone und Pope las. Die leere Steppen- und Wüstenlandschaft von Kansas und dem Mittleren Westen wurde so positiv geschildert, dass bei den Lesern ein regelrechter Mythos einer großen Wüste östlich der Rocky Mountains entstand, die bereits die Vision einer Kultivierung in sich trug. Die Vision ging in die Richtung, große tempelartige Gebäude dort zu bauen, die die einfachen Hütten der Wilden und ersten Siedler ersetzen sollten. Eine Vision, die sich, wenn man Jeffersons „Monticello" besucht, durchaus erfüllt hat. Hinter dieser Architektur verbirgt sich der Wunsch, eine antike, klassizistisch geprägte Welt auf dem neuen Kontinent zu errichten und die alte Historie der europäischen Heimat hinüberzutragen in die neue Welt. Doch zunächst einmal ging es um das harte Leben in den Camps und Lagerstätten der einfachen Soldaten und Pioniere. Sie wurden fortan mit dem Namen „Pike" bezeichnet, Repräsentant des einfachen angelsächsischen Einwanderers, der ein barbarisches wildes Leben bestehen musste und die Gegenden Pike County, Illinois, Arkansas und Northern Texas für sich einnahm. Es ist dieses Bild, diese einprägsame Illustration eines Typus, mit dem sich der einfache Amerikaner identifizieren konnte. Periodische Zeitschriften wie „Overland Monthly" und „Western Periodicals" machten „Pike" zu einem Nationalhelden. Solche Auszüge und Abschnitte dieser sensationellen Lektüreereignisse fand Fontane abgedruckt in der Vossischen Zeitung und dies bedeutete auch für ihn eine Anregung bezüglich seiner Amerikavorstellungen. Friedel Fontane schreibt in einem Brief, dass Chateaubriands „Voyage en Amerique" von 1780, James Hall und seine Beschreibungen des Mississippi und Erlebnisse in Ohio und auch Timothy Flints „Recollection of the last ten years" seinem Vater bekannt waren.[179]

Lieblingsschriftsteller Fontanes wurde jedoch Bret Harte, der 1854 mit seiner Mutter von Albany, New Jersey nach Kalifornien reiste und zunächst als Lehrer und Pharmavertreter, auch als Publizist und Heraus-

---

[179] Remak, Henry: Der Weg zur Weltliteratur: Fontanes Bret-Harte-Entwurf. - In: Fontane-Blätter. Sonderheft 6. Nr. 31782. - Potsdam: Fontane-Archiv, 1980. -

geber verschiedener Journale arbeitete. Er kannte Autoren wie Mark Twain, und galt als belesener und gebildeter Mensch. Die Prosaexotik dieses Bret Harte (1842-1914) hatte in Amerika einen sensationellen Erfolg. Minenarbeitergeschichten wie „The Work on Red Mountain", umgeändert in „M'liss", kamen heraus. 1867 setzte sich Mark Twain durch mit „Celebrated Jumping Frog of Calaveras County and Other Sketches".

1869 folgte jedoch schon Bret Hartes „Luck of Roaring Camp" über die Ausweitung des Eisenbahnnetzes und „Plain Language from Truthful James".

Weiteren Einfluss übten John Hays Balladen „Pike County Ballads" aus und Joaquin Millers „Songs of the Sierra". 1871 erschien die realistische Studie eines Lehrers im Mittleren Westen, nämlich Edward Egglestons „Hoosier Schoolmaster". All diese Neuerscheinungen waren gekennzeichnet durch ein besonderes Lokalkolorit, Dialekt, Sentimentalität und Heimweh, Beschreibungen der Umgebung und des Landlebens und im Falle von Brackenridge den Einfluss der chinesischen Malerei. Nachweislich die Sammlung „The Heathen Chinee", im Dialekt geschriebene Sammlung von 1871, lässt auch bei Bret Harte ein lebhaftes Interesse an allem Chinesischen und Exotischen erkennen. Dies ist nicht zuletzt darauf zurückzuführen, dass noch heute ein erstaunlich hoher Bevölkerungsanteil chinesischen Ursprungs ist. Nicht nur in Chinatown in San Francisco, sondern überall sieht der Reisende oft eigentümlich schöne Menschen mit mexikanischen, japanischen und chinesischen Gesichtszügen, die sich assimiliert haben und sprachlich in die amerikanische Gesellschaft integriert sind, wenn auch die chinesische Kultur und Sprache noch gleichermaßen gepflegt werden. Bret Hartes Helden waren Gentlemen, stereotyp kontrastiert mit der Figur eines Anti-Helden, der seinen überlegenen Begleiter großzügig rettete und unterstützte durch Verzicht, meist im Zusammenhang mit einer Dame. Das vorgegebene Muster im genannten Stil wiederholte sich dabei in seinen zwanzig Bänden. Die Konstituierung eines gewöhnlichen, sich dennoch vornehm zurücknehmenden Anti-Helden bedeutete etwas sensationell Neues. Dieser Nicht-Gentleman gab quasi alles her, um den vermeintlich Höherstehenden glücklich zu machen, ihn zu retten oder auch siegen zu sehen. Dieses Gefühlvolle und Sensationelle, die Brüchigkeit eines angeschlagenen Helden, der mit dem Wechselbad der Gefühle bestens vertraut, stets auf der Kippe steht, Spiel, Treue, Liebe, Gewinn und Verlust, alles kennen gelernt hat, meist begleitet von seinem breitschultrigen, naiven Gegenspieler, oft auch von einer weiß gekleideten, lilienhaften Dame, lassen die Handlung in ihrem technischen Aufbau als eine konstruierte Folge erkennen, die sich rasterartig wiederholte und in ihrer Schematik dennoch rezipientenorientiert erfolgreich wirkte, so dass auch Schriftsteller wie Fontane von diesem Muster profitieren konnten. Besondere Varianten gab es hinsichtlich der Protagonisten. In „Miggles" ist eine Frau die Hauptfigur. Entscheidend war, dass eine romantisch pittoreske Welt entstand, die auch dem weniger anspruchsvollen Leser zugänglich war, der die periodischen Zeitschriften in die Hände bekam. Er konnte sich die Welt der „Pikes", „Hoosiers", Trinker und Prostituierten vorstellen, weil dies Menschen waren, die auch im gewöhnlichen Leben vorkamen. Bret Harte war kein Moralist, er predigte nicht, sondern vertrat das Abbild einer neuen, demokratischeren Welt, in der der „Schlossmensch" hinter seinen abgelebten Fassaden isoliert zurückblieb und eine wesentlich interessantere Welt sich auftat mit sämtlichen Möglichkeiten und Chancen für jedermann. [180]

Diese Idee musste Realisten wie Fontane und Keller ansprechen. Amerika wurde ein Produkt der Literatur, ein fiktionales Motiv, bei dem sich Gelesenes mit Gehörtem vermischte. In Gottfried Kellers „Pankraz der Schmoller" beispielsweise verlässt Pankraz fluchtartig New York und verdingt sich als englischer Soldat nach Ostindien. Amerika bleibt bei ihm ein gleichsam idyllischer und utopischer Raum, während das träumerische Indien sich als Epochenraum der zeitgenössischen Kolonialgeschichte halten kann. [181]Die Liebesepisode mit Lydia, der Tochter seines Kommandeurs, in Indien konfrontiert ihn mit der eigenen Introvertiertheit, mit seinen Minderwertigkeitsgefühlen und Abwehrmechanismen bis er sich dazu entschließt, zurückzukehren in die Heimat, in die er fast triumphal einzieht mit allen Insignien fremdländischen Flairs. Endlich hat er etwas zu erzählen, will sich der Mutter und älter gewordenen Schwester

---

[180] Literary history of the United States/ed. by Robert Spiller; Willard Thorp. - 4th edition. - New York: Macmillan, 1974. - p. 865
[181] Figuren des Fremden in der Schweizer Literatur, ebd., S. 51

öffnen, doch diese schlafen fatalerweise vor Müdigkeit ein. Den Kampf mit dem Löwen hat er gewonnen, doch nicht die Liebe, weil er die Dumpfheit seiner eingeschränkten Verhältnisse in der Heimat den Verlockungen der Fremde preisgibt, als er Lydia verlässt. Im „Grünen Heinrich" wird Amerika Schule der Bewährung, der Erziehung und Reifung. Dort kehrt Judith als andere aus der Fremde zurück. Diese Fremde jedoch, nämlich Amerika, wird nicht näher beschrieben. Das Amerikabild dient lediglich der besseren Ausgestaltung der Personen in psychologisch-gesellschaftlicher Hinsicht. Der Durchgang durch die Fremde lässt das Heimatliche tiefer erfassen, verbindet sich mit der Glücksuche im positiven wie im negativen Sinn. Mark Twain und Bret Harte vermittelten Fontane ein Amerikabild, in dem erstmals arme, mittellose Menschen eine Identifikationsfigur wurden und die klassenfremden Adligen ablösten. Die Zukunft wurde liberaler und offener, vor allem durch die Eisenbahn und durch neue Transport- und Reisemöglichkeiten. Mischlingsfiguren wie „Ramona" und Indianerhäuptlinge avancierten zu Kultfiguren, bestätigten eine neue Welt, in der fremde exotische Impulse freudig aufgenommen wurden. Integration oder auch kämpferische Auseinandersetzung mit dem ethnisch Fremden wurde eine Herausforderung. Es eröffneten sich so buntere Nuancen innerhalb eines Realismus, der jedoch über die preußische Ständegesellschaft kaum hinauskam. Es entstand die Hoffnung, dieser rigiden Struktur durch Auswanderung entkommen zu können, was der Dichter Lenau denn auch versuchte, bis er enttäuscht zurückkehrte. Fontane mag ähnliche Pläne stillschweigend gehegt haben, doch seine familiäre und finanzielle Situation ließ allzu weite Reisen doch nicht zu. Amerika stimulierte ihn jedoch hinsichtlich seiner Wildhüterromane, insbesondere in „Quitt" verlagert er den Schauplatz nach Amerika.[182] Für den Vormärzler war die Flucht in die neue Welt eine progressive Idee, doch zweifellos wandelte sich diese Haltung angesichts einer biedermeierlich-kaufmännischen Gesinnung in der Gründerzeit um 1870, in der die Preußen mehr Wert darauf legten, zu Hause zu etwas zu kommen, als die hart verdienten Groschen in der

---

[182] Martini, Fritz: Auswanderer, Rückkehrer, Heimkehrer, Amerikaspiegelungen im Erzählwerk von Keller, Raabe und Fontane. - In: Amerika in der deutschen Literatur: Neue Welt - Nordamerika - USA/hrsg. von Sigrid Bauschinger; Horst Denkler. - Stuttgart: Reclam, 1975. - S. 178-204

Weltgeschichte zu verjubeln. Das preußische Pflichtgefühl entsprach mehr dem Ethos, vor Ort seine Aufgaben zu erfüllen und nicht seine Zeit in fremden, undurchschaubaren Welten zu verbummeln. Der Traum von der Hochzeitsreise nach Italien, in den Harz oder ins Riesengebirge blieb dabei unangetastet als Relikt aristokratischen Lebensstils aktuell. 1874/75 bereiste Fontane bekanntlich Italien. Seine weiteren Reisen sind meist im Auftrag als Journalist oder Gesandter der preußischen Presseorgane zu werten und führten nicht in die USA.[183]

2.2.1. Fontanes Amerikabild im Wildhüterroman „Quitt"

Im Widerstreit zwischen dem alten Geist preußisch-feudaler Ordnung und dem republikanischen Gedankengut einer freiheitlich-demokratischen Gesellschaft verlegt Fontane den zweiten Teil des Wildhüterromans „Quitt" nach Amerika. In den ersten siebzehn Kapiteln bekämpft der Protagonist Lehnert Menz, Sohn eines Stellmachers, der bei den Görlitzern als Soldat gedient hat, seinen Widersacher Opitz, den Verteidiger der feudalen Ordnung im Forst des Grafen. Da das Haus und Land der Familie Menz teilweise der gräflichen Försterei weichen musste, sind die Aggressionen auch räumlich verknüpft mit herrschenden Besitzansprüchen. Der Name Menz taucht in den Wanderungen durch die Mark Brandenburg auf und bezieht sich auf den Menzer Forst, in dem auch der Große Stechlin liegt. Das gleichnamige Rittergeschlecht der de Mentiz wird erstmals 1290 erwähnt und diente Fontane ähnlich wie in Graf Petöfy als Anregung, deckt sich jedoch nicht mit Lehnerts gegenwärtiger Stellung im Forst.[184]

Opitz versteht sich als Vertreter des gräflichen Eigentums und Bewahrer der Standesrechte, dabei verhält er sich offensichtlich ungerecht und unnötig repressiv. Er quält den rastlosen, nervösen Lehnert Menz, den er als Wilddieb mehrfach ertappt und denunziert hat, und dramatisiert dessen Fehlverhalten, ohne die sozialen Gegebenheiten verstehen zu wollen. Diese Verständnislosigkeit trifft auf die hybride charakterliche

---

[183] Literary History of the United States/ed. Robert Spiller, William Thorp. - New York: Macmillan, 1974. - 1556 S.

[184] Theodor Fontane: Die schönsten Wanderungen durch die Mark Brandenburg/hrsg. von Günter de Bruyn. - Berlin: Der Morgen, 1988. - S. 281-283

Beschaffenheit des Lehnert, dessen triebhafte Zügellosigkeit den Charakteren des französischen Naturalismus ähnelt, obwohl Fontane in seinen Studien zu Emile Zola sich explizit von diesem abgegrenzt hat. [185] Diese antagonistische Struktur entspricht dem Konflikt zwischen „Maus Bugisch" und „Baltzer Bocholt" in „Ellernklipp" und beweist, dass Fontane mit vorgegebenen Rastern und bewährten Mustern und Vorlagen arbeitet, die er wiederholt und variiert. Die Handlung steigert sich bis zum Mord als Kulminationspunkt der Handlung und wird dann aufgedeckt durch ein altes Kalenderblatt, das Lehnert als Schuldigen entlarvt, weil er es als Schusspfropfen benutzt hat. [186]

Die im schlesischen Böhmerwald spielende Geschichte, wie stets bei Fontane gegründet auf ein authentisches Vorkommnis, das er bei seinen zahlreichen Sommeraufenthalten in Krummhügel im Riesengebirge erfahren haben mag, kreist um die Konflikte zwischen einem Vertreter von Recht und Ordnung und den Ungerechtigkeiten, die dieses vermeintliche Recht für die abhängigen Untergebenen einer nicht immer eindeutigen Feudalordnung bedeutete.

Die Handlung endet abrupt mit dem 17. Kapitel und wird dann mit der Flucht des zum Mörder gewordenen Wilderers nach Nogat-Ehre/Kansas in die Vereinigten Staaten verlegt. Der Held hat zu diesem Zeitpunkt schon einige Zeit in den „Diggings" unter zweifelhafter Gesellschaft verbracht. An dieser Stelle bestätigt sogar Fontane den großen Einfluss der Lektüre von Bret Harte, die er schon im ersten Teil explizit erwähnt, ähnlich wie er bedeutende Schriftsteller seiner Zeit, mit denen er sich befasste, einzubauen pflegte in seine Romane, sie namentlich auflistet, ohne dass deren inhaltliche Bedeutung klar würde.

„Bis gegen Abend saß er so draußen im Freien und las von Urwald und Prärie, von großen Seen und Einsamkeit. Er schwelgte darin und vergaß die Zeit, aber mit einem Mal ergriff ihn doch ein Grauen."[187]

---

[185] Emile Zola. In: Theodor Fontane: Schriften und Glossen zur europäischen Literatur. - Zürich: Artemis, 1965. - S. 198-221 1: Außerdeutsches Sprachgebiet - Schauspielerporträts
[186] Fontane, Quitt, S. 108
[187] Fontane, Quitt, S. 41

Diese Träume von Freiheit und Abenteuer und vor allem von einer gerechteren Welt, in der jeder eine Chance hat, entsprechen keineswegs den Vorstellungen eines Opitz, der bereit ist, seine Überzeugungen von Zucht, Ordnung, Pflicht und Gehorsam konsequent durchzusetzen, um seinem Handeln die moralische Basis zu verleihen. Lehnert ist mehr ein Träumer, ein Phantast und Utopist, der Ungerechtigkeit aufspürt und sich dagegen wehrt, doch außer Acht lässt, dass er dabei mit den herrschenden Gesetzen kollidiert. Der Trotz des Lehnert, einerseits verständlich, wird als ebensolcher qualifiziert, weil seine Taten Aufsässigkeit anzeigen, Taten, mit denen er selbst sich rühmt, die aber von der Obrigkeit nicht mit Verständnis beantwortet werden. Sein Handeln provoziert, seine Flucht wird als Schuldbekenntnis gewertet und bestätigt die Einstellung des Opitz, dass Hund und Katze nun einmal nicht dasselbe seien. Opitz ist die neue Zeit, in der sich bisher Abhängige aufspielen dürfen wie Ebenbürtige, zuwider, sie geht ihm gegen Ehre, Recht und Gesetz. Deutlich wird, dass demokratische Denkweisen, Gleichheit und Freiheit des Einzelnen sich vor hundert Jahren noch nicht wie selbstverständlich durchgesetzt hatten, sondern feudale Strukturen nach wie vor die Beziehungen dominierten.

Folglich fokussiert Fontane das Interesse der Leser auf ein Amerikabild, in das er Wunschvorstellungen hinsichtlich einer freiheitlicheren Gesellschaft projizieren konnte. Ein Konglomerat aus fiktiven Sektengemeinschaften bietet die Projektionsfläche für religiöse und utopische Ideale. Die Vorlage einer Mennonitensiedlung wird das Gegenkonzept für die Ungerechtigkeit im heimatlichen Forst.

Die Ordnung im Forst ist daher auch nur ein Beispiel für gesamtgesellschaftliche Widersprüche, die an der Einstellung des Opitz transparent werden, der auf jeden Fall verhindern möchte, dass „Hinz und Kunz" mit ihm umspringen dürfen, also jedermann ohne verbürgte Standesrechte, Herkunft und Besitz sich anmaßen dürfe, mit ihm nach Gutdünken zu verfahren. Er kritisiert, dass jeder sich einbildet ein Graf zu sein, dabei gelte es vielmehr, „Ordre" zu parieren, also Gehorsam zu leisten, ohne seine Kritik allzu laut zu äußern. Opitz gesteht gewissen Vertretern der unteren Schichten eine Gegenrede erst gar nicht zu.

Das sei die neue Zeit, die Maulhelden und Schreibervolk produziert habe, dabei Kerle, die einen Fuchs nicht von einem Hasen unterscheiden können.[188]

Opitz überträgt die Rangordnung, die in der Natur herrscht, im darwinistischen Stil seiner Zeit auf menschliche Verhältnisse. Als vierter Stand erweisen sich dabei Lehnert Menz, die Bedienstete Christine als Lehnerts Verlobte, Lehnerts Mutter, deren unterwürfige Art mit ihrer polnischen Herkunft abwertend verknüpft wird, und auch der Gastwirt der Schneekoppe Exner und der Grenzgänger Kraatz als Vertreter des einfachen Volkes.[189]

Er, Opitz, dagegen weiß als Förster des Grafen, wo es langgehen muss, gehört er doch fast zum Adel, den er fanatisch verteidigt. Jeder Verstoß gegen sein Amt muss Konsequenzen mit sich bringen. Er versucht daher dem Schwächeren Lehnert mit seinem unrechtmäßigen Handeln ganz bewusst eine feste, klare Linie entgegenzusetzen. Fontane kontrastiert die getriebene, dem ständigen Kampf ausgesetzte Position des um seine Nahrung kämpfenden Wilderers mit der staatlich legalen, stabilen Stellung des Rechtsvertreters, der auch räumlich gesehen als gräflicher Förster das bessere Haus repräsentiert. Lehnerts Gewese ist ein im Verfall begriffener Bau, dessen Silberhahn als Zeichen von Stolz und Pracht dem Verfolgungswahn des Opitz erliegt. Sein Hund tötet das besondere Tier und löst damit Rache und Vergeltung aus.

Dieser Machtkampf lässt den Eindruck entstehen, dass der Mord an Opitz eine gerechte Sühne für dessen ungerechtfertigtes Handeln sei.

Der Verfall des Raums spiegelt das verletzte Innenleben des gekränkten Protagonisten, so dass die Jagd des Hundes Diana auf den prächtigen Silberhahn zu einer Metapher sozialdarwinistischer Machtkämpfe wird, denen Lehnert durch die herrschenden Besitzverhältnisse unterliegen muss.

---

[188] Fontane, ebd., S. 33
[189] Fontane, Theodor: Briefe an Georg Friedländer: mit einem Essay von Thomas Mann/hrsg. von Walter Hettche. - 1. Aufl. - Frankfurt/M.: Insel, 1994. - S. 9, 17, 26, 49, 81, 130, 155, 198, 241, 379

„Das gab Lehnert einen Stich ins Herz, denn neben dem prächtigen gelben Rosenstrauch an Haus und Dach war der Silberhahn so ziemlich das einzige, woran er hing ; alles andere war in Rückgang und Verfall."[190]

Lehnert ist daher nicht ein einseitig glorifizierter, positiver Vertreter des aufsteigenden Bürgertums, sondern ein durchaus zwiespältiger, gebrochener Held, der zwischen der Angst um die eigene Existenz und den Idealen einer besseren Welt mit sich und anderen ringen muss. Er provoziert durch seine forsche Art und sein wenig unterwürfiges Auftreten.[191]

Die zunehmenden Anschuldigungen bedrohen ihn, zumal es nicht nur um den Schuss auf einen Hasen auf letztlich eigenem Feld geht, sondern um weltanschauliche Grundsätzlichkeiten im Kleinen, die sich auf ein übergeordnetes Ganzes übertragen lassen. Lehnerts Geist ist der neuen amerikanischen Welt zugewandt, hat sich von einer guten Schulausbildung in diese Richtung formen lassen. Die Amerikavorstellungen reichen in dieser Zeit von der romantisierenden Darstellung des edlen Wilden bis zur desillusionierten Haltung des enttäuschten Rückkehrers. Amerika hat zumindest für den idealistisch-weltfremden Träumer einen Erziehungswert, weil er in dieser neuen Welt eine Chance für sich sieht, die ihm die Heimat verwehrt. An der Härte des Lebenskampfes, die die neue Welt ihm abnötigt, kann er sich selbst beweisen.[192]

Lehnert Menz verkörpert den typischen Schwärmer und Leichtfuß mit nebulöser Vergangenheit, der in den „Diggings" sein Glück sucht, obwohl Fontane sehr wohl klar war, dass romantische Prärieabenteuer der rauen Wirklichkeit dieser Lager kaum entsprachen, in denen es kaum Frauen gab, die von kriminellen Charakteren durchsetzt waren und in denen menschenunwürdige Verhältnisse herrschten. Fontanes Schilderung ähnelt einer Satire, weil sich die strengen Werte der preußischen Heimat vermischen mit einer fragwürdigen Scheinwelt, die fast ein Zerrbild von Fremdem und Heimischem ist. Den Betroffenen gelingt nur bedingt der

---

[190] Fontane, Quitt, S. 64
[191] Fontane, Quitt, S. 21
[192] Martini, Fritz: Auswanderer, Rückkehrer, Heimkehrer, Amerikaspiegelungen im Erzählwerk von Keller, Raabe und Fontane, S. 194

Sprung in eine neue Welt, denn sie tragen die Werte der alten mit sich, kämpfen um die Stellung in einer neuen Rangordnung, deren Vorstellungen und Hierarchien noch zu wenig definiert und erprobt sind. Das Enge kollidiert mit einer Weite, die keine ist, denn der Beigeschmack mitgebrachter Schuld, Spießbürgerlichkeit und Gewohnheit haftet an dem Versuch, sich zu lösen und einen totalen Bruch mit der Vergangenheit zu vollziehen. Das Bestehen auf den Wertvorstellungen der alten Welt führt die Chance des Neubeginns ad absurdum. So treten dann auch eigentümliche Charaktere auf wie die Kaulbars, die in ihrer Heimattreue eine Karikatur egozentrischer Arroganz und Borniertheit darstellen gegenüber allem Fremden und Neuen. Besserwisserei und philisterhaftes Preußentum verschließen das Innere gegen das Kennenlernen neuer Lebensformen.[193]

Geschichtslosigkeit als Chance und die Möglichkeit für Besitzlose, Eigentum zu erwerben, übte eine magische Anziehungskraft aus, so dass der „American Dream" auch für viele Preußen zum Ansporn wurde, die Enge der festgelegten Verhältnisse zu verlassen. Doch wurde der Traum bisweilen zum Alptraum, denn die Fremde konnte der Überforderung nicht standhalten, Projektionsfläche für alles zu bieten, was im Heimatland als verfehlt und misslungen erschien. Obwohl Fontane der idealistischen Darstellung von Bret Harte nur bedingt glaubte, faszinierte ihn die Beschreibung dieser neuen, eher gewöhnlichen Helden, die Lager und Festungen errichteten, Siedlungen und Gemeinschaften, in denen sie in Gruppen ihr Überleben sichern mussten, gegen Schlammmassen und Unwetter ankämpften und wie Pioniere bemüht waren, etwas Neues aufzubauen. Fatalerweise blieben Fontanes Gestalten so sehr dem heimischen Sektentum verwurzelt, dass die geographische Fremde völlig absorbiert wurde von der alten verlassenen Kultur der ehemaligen preußischen Heimat. Nogat-Ehre und sein Hauptvertreter, der Mennonit Obdaja Hangbostel, avancieren zu Kultfiguren, die in ihren angelesenen Vorstellungen über den Modus dessen, wie die neue Welt zu sein habe, in ihren naiven Bibelinterpretationen verhaftet bleiben.

---

[193] Fontane, ebd., S. 199

Der Einfluss der Herrnhuter und Ikarier wirkte sich auch auf Schriftsteller wie Gerhart Hauptmann aus. Die sogenannten „Ikarier", eine sozialistische Kolonie, hatten sich die Weltveränderung zum Ziel gesetzt und erhofften sich eine Erfüllung dieses Wunsches in Amerika. Hauptmann widmete 1885 das „Promethidenlos" dem Kreis der sieben Ikarier, nämlich seinen Studienfreunden aus Jenaer Jugendzeiten. Dieses Stück arbeitete er auch in seinen Skandalerfolg „Vor Sonnenaufgang" 1889 ein. Thematisch befasst er sich darin mit den Chancen einer sozialistischen Gemeinde in Amerika. Da er damit in zeitlicher Nähe zu Fontanes „Quitt" von 1890 liegt, ist ein Interesse Fontanes an naturalistischen Kreisen zu vermuten. Bereits Ende der siebziger Jahre hatte sich die naturalistische Bewegung entwickelt und Mitte der achtziger wichtige Ziele erreicht. Sie verfügte über eigene Zeitschriften und aktive Gruppen. Beide Dichter lebten nicht zuletzt in der Nähe der Ostseebäder. Hauptmann besichtigte 1885 erstmals Hiddensee, wo er später mit Thomas Mann das Haus Seedorn erwarb. Auch er interessierte sich für die Sage von Vineta und schrieb 1896 auf Hiddensee das Lied von der „Versunkenen Glocke". Eine fiktive Relation erlaubt sich auch Günter Grass in „Ein weites Feld", indem er Hiddensee als baltisches Capri bezeichnet, wo Fonty und seine Frau ein Gästezimmer bewohnen.[194]

Fontane bewegte sich also mit „Quitt" im Zeitgeist naturalistischer Weltveränderungsideen.[195]

Dem Fremden wird die Fehlinterpretation oder auch Wunschvorstellung einer Utopie übergestülpt, die möglicherweise eine positive Gestaltung sogar zuließe. Die Mitglieder bewegen sich in dem Versuch, sich einer Vorstellungswelt anzupassen, die ihre Ideologen mit Hilfe angelesener Theorien und Texte entwickelt haben. Nogat-Ehre wird daher zu einem Mikrokosmos, wie man denn auch heute noch in den USA beispielsweise bei den Amish den Eindruck hat, zurückversetzt zu sein ins 18. Jahrhundert irgendwo in Schwaben oder einen ländlich abgezirkelten Winkel in Deutschland. Fontane geht es laut Martini denn auch vor allem darum, Lehnert abrupt nach Amerika zu versetzen, um einen inneren Sinnes-

---

[194] Bernhardt, Rüdiger: Hauptmanns Hiddensee. - Hamburg: Ellert & Richter, 1996. - S. 38
[195] Bernhardt, Rüdiger: Hauptmanns Hiddensee. - S. 18

wandel und Läuterungsprozess zu begründen. Die Fremde gibt ihm eine neue Chance. Eine Ausgestaltung der Fremde konnte ihm jedoch nicht gelingen, weil die neue Heimat lediglich Vergegenwärtigung der alten bleibt.[196]

Martini deutet ähnlich wie bei Keller und Raabe Fontanes Amerikabild als ein Spektrum der Fremde, die dem sie durchlaufenden Protagonisten letztlich fremd bleibt. Nur die Rückspiegelung zur Heimat hin oder die innerpsychische Verwandlung, die zu Hause nicht möglich gewesen wäre, steht im Mittelpunkt des Interesses. Das Amerikabild an sich kommt einem Konstrukt gleich, das realistischen Maßstäben nicht standhalten kann. Die offene, freie Welt, die religiöse Vorstellungen zulässt, die zu Hause verboten wären, wie beispielsweise die Verweigerung des Wehrdienstes, erstickt in den kleinlichen Nöten und Bedürfnissen des Einzelnen in der Gemeinschaft, der liebt, leidet und hofft, wobei die hehren Ziele auf der Strecke bleiben. Lehnert kann sich in der neuen Gemeinschaft als Kenner profilieren, sein bisher negatives Image des kleinen mittellosen Wilderers, der von der brutalen preußischen Obrigkeit gejagt und verfolgt wird, wandelt sich aus der Opferrolle in die Position des geschätzten und nützlichen Mitglieds einer sinnvollen Gemeinschaft. Seine Bildungsbeflissenheit kommt ihm dabei zu Gute.

„Mit Bret Harte fing man an, und 'The Luck of Roaring Camp' ebenso wie die 'Outcasts of Pokers Flat' kamen gleich in der ersten Woche zum Vortrage. Sonderbarerweise kannte niemand die Sachen, auch Lehnert nicht, trotzdem er jahrelang in den Diggings und San Francisco gelebt hatte." [197]

Lehnert wird plötzlich als vermeintlicher Kenner der amerikanischen Literatur angesehen. Ansehen ist für ihn eine Erfahrung, die ihm bisher verwehrt blieb. In der „in-group" dieser Sektengemeinschaft genießt Lehnert eine Autorität, der er sich im Grunde gar nicht gewachsen fühlt. Alte Identität und das Leben in der neuen Welt erzeugen einen Bruch, der Verunsicherung auslöst, weil die neuen Erfahrungen zu wenig gefestigt sind, überschattet werden von der traumatischen Vergangenheit im

---

[196] Martini, ebd., S. 198
[197] Fontane, Quitt, S. 195

Forst. Lehnert wird um Rat gebeten, soll Antworten geben auf Fragen, denen er kaum gewachsen ist.

„Lehnert, zum ersten Mal in seinem Leben vor solche Fragen gestellt, geriet in eine gewisse Verlegenheit und wollte sich dem Sprechenmüssen entziehen. Als er aber kein Entrinnen sah, nahm er sich ein Herz und sagte, daß ihn alles tief ergriffen habe, besonders die ‚Outcasts of Pokers Flat', denn solche Figuren gäbe es in beträchtlichem Maße in den ‚Diggings'."[198]

Diese Figuren, gemeint sind die gescheiterten Prachtmenschen eines Bret Harte, faszinierten Fontane, ohne dass er an ihre reale Existenz glaubte. Er ahnte jedoch das Potential einer neuen Epoche.

Zusammenfassend lässt sich sagen, dass Lehnert Menz, der durch Flucht versucht, sich Repressionen zu entziehen, sich von seinem Inneren und seiner Vergangenheit, vor allem von seinem Gewissen dadurch nicht frei machen kann, doch gibt ihm die neue, fremde Welt, die im Grunde nur ein nach Amerika transportierter Mikrokosmos einer heimatlichen Sekte ist, immerhin die Chance, einen Ausgleich herzustellen durch einen aufrichtigen Sinnes- und Verhaltenswandel. Wie schon der Titel anzeigt, entsteht daher der Eindruck „Quitt zu sein", wenn auch die Erfüllung wirklichen Glücks in der Beziehung mit Judith durch seine vergangene Schuld sich nicht einlösen lässt.

Martini meint, Lehnert habe am Ende quasi „gutgemacht", was als hoffnungslos verstrickt erschien.[199]

Lektüre anderer Schriftsteller, Philosophen oder auch Pädagogen benutzt er funktionalistisch zur Darstellung des eigenen Schicksals und zwar in der Weise, dass sich sein Handeln dadurch rechtfertigen lässt. Pestalozzis „Gertrud und Lienhardt" greift er auf, um das persönliche Erleben metaphorisch zu deuten.

„Lienhardt, das war er selbst, und der böse Vogt, der den armen Lienhardt gequält und zum Schlechten verführt, das war Opitz."[200]

---

[198] Fontane, ebd., S. 195
[199] Martini, ebd., S. 197
[200] Fontane, ebd., S. 198

Sein Amerika ist eine Staffage, bestimmt durch amerikanische Örtlichkeiten und Bezeichnungen, die jedoch nur herhalten, um die Sektengemeinschaft auf einen möglichen neuen Boden zu verpflanzen, der in der Heimat nicht erlaubt wäre. Die Mennoniten schaffen sich im Rahmen der Religionsfreiheit Bedingungen, die den Aufbau einer neuen Identität im Rahmen ihrer Glaubenssätze zulassen. Dazu gesellt Fontane auch noch Gestalten aus dem Bereich der Pariser Kommune, in der Person des „L'Hermite", der in den Wirren der Revolution einen Erzbischof tötete und damit ein Pendant zu Lehnert wird. Auch Obadja und dessen Kinder Toby und Judith haben plötzlich eine Gemeinsamkeit, weil sie Einwanderer, also Fremde in der neuen Welt sind. Die Vergangenheit wird tunlichst verschwiegen. Dabei sind alle noch nicht fertig mit der alten Welt, den internalisierten Normen und Erlebnissen der Zeit, mit der sie Fontane so abrupt hat brechen lassen. Der Roman zerfällt in zwei Teile, der erste Teil spielt in der Heimat, der zweite dagegen in der neuen Welt. Dieser Bruch lässt sich zwar dadurch erklären, dass die Handlung einen gänzlich neuen Schauplatz erfordert, doch die Bilder der vergangenen Schuld tauchen unvermittelt und visionär wieder auf, weil die räumliche Ablösung allein die Erinnerung an die Vergangenheit nicht aufheben kann. Die vermeintliche Harmlosigkeit und Freundlichkeit Lehnerts, seine aufkeimende Liebe zu Ruth machen den Leser nicht vergessen, was er vorher war. Die innere Misere wird abgeschnitten durch neue Erlebnisse und Gefühle, doch das verdrängte Unbewusste, die Metaphorik unterdrückter Schuldgefühle setzt sich unvermittelt durch. Der Roman antizipiert psychologische Verdrängungsmechanismen, die alptraumhafte Sequenzen aus der Vergangenheit in den zweiten Teil mit einfließen lassen.

„Der Weg aber, der immer steiler anstieg, erschien ihm jetzt mehr und mehr wie die Krummhübler Straße zwischen dem ‚Goldenen Frieden' und dem ‚Waldhaus', und der Gebirgsbach, der da neben ihm schäumte, das war die Lomnitz, die vom Mittagsstein und den Teichen herunterkam." [201]

---

[201] Fontane, ebd. S. 172

Fontanes Amerikabild, das wird an dieser Stelle nur allzu evident, ist dem Erleben zahlreicher Sommeraufenthalte im Riesengebirge zu verdanken, denn dort hatte er die Zeit, sich den Broschüren und Zeitschriften zu widmen, aus denen er einschlägige Informationen über Amerika bezog.

Die neue fremde Welt wird zu einer Chance, die Sühne ermöglicht, aber überlagert bleibt von vergangener Schuld. Lehnerts Ängste sind diffuse Anklänge verdrängter Seelenregungen im modernen psychologischen Sinn, ohne den Leser zu überfordern. Der Gedanke, durch einen Bruch mit der Vergangenheit, durch die Flucht in die Fremde den lästigen Verpflichtungen heimischer Zwänge zu entgehen, war damals aktuell und interessierte mit Sicherheit die breite Masse. Symptomatisch ist daher das Aufbrechen verdrängter Schuldgefühle.

„Und an dem Kessel hin lief ein Pfad, und dahinter kam ein Moorstreifen und gedorrtes Gras und Huflattich....
Und dann kam ein Kusselgebüsch...
Und da lag wer..." [202]

Die implizite These mag lauten, dass die Wahrnehmung der Wirklichkeit stets beeinflusst bleibt von vergangenem Erleben und quasi rückwirkend die Gegenwart mitbeeinflusst. Da liegt etwas, was da gar nicht liegt, doch die Halluzination als solche macht das Reale erst realistisch, denn die Realität ist laut Fontane keine objektive Angelegenheit, sondern mitgeprägt von dem Erleben des Einzelnen. Amerika ist analog etwas, was es nicht gibt, sondern das abhängig ist von den Phantasien und inneren Welten derer, die sich dort ansiedeln. Es kann somit die Erfahrung des Einwanderers nicht zur allgemeingültigen Aussage für alle werden. Für die Mennonitengemeinschaft wird Amerika eine preußisch geprägte Lebenswelt, verbunden mit den zu verwirklichenden Idealen. Mennonitische Gebräuche wie die Fußwaschung, die Darstellung der Architektur im nüchternen Bethaussaal und die Beschreibung der Zeremonien während der Andachten kennzeichnen ein Lokalkolorit, dessen Brauchtum und Lebensweise dieser Sekte sich Fontane aus heimischen Studien angelesen hat, so dass die Kenntnis Amerikas gar nicht notwendig ist. Fontane

---

[202] Fontane, Quitt, S. 172

benutzt diese angelesenen Informationen, um auszugleichen, was er tatsächlich nicht kannte.

Es liegt außerdem nahe, dass er sich auf diese Weise mit den sozialistischen Utopien der Naturalisten auseinandersetzte, denen vor allem an der Stärkung des vierten Standes gelegen war.

Der Konflikt von heimatlicher Enge und Vergangenheit und neuer Offenheit und Zukunft in der Fremde erschien ihm offenbar wesentlicher als die Authentizität der Darstellung. [203]

Letztlich scheiterte der Roman jedoch an den vielen Kürzungen, die ihm die Redaktion der „Gartenlaube" auferlegte. Von 37 Kapiteln durfte er nur 27 abdrucken, so dass besonders revolutionär anmutende Teile aus den Tagen der Pariser Kommune den Streichungen zum Opfer fielen. „L'Hermite" und „Kaulbars" wurden so zu Nebenfiguren degradiert. Das genau beschriebene Leben der Mennonitengemeinde fiel ebenfalls weg. Im Gegensatz zu Theodor Storm versuchte Fontane die Verstümmelung durch die Redakteure gelassen zu ertragen. Da insgesamt ein Viertel des ganzen Romans eliminiert wurde, lässt sich daran der oft fragwürdige Einfluss der Geldgeber festmachen. [204]

2.3. Fontanes Verhältnis zu England

In den Jahren 1855-1859 hatte Fontane einen Beobachterposten als Mitarbeiter der konservativen Kreuz-Zeitung. Aus den zahlreichen Artikeln und Korrespondenzen aus dieser Zeit lässt sich das Fazit ziehen, dass man unterscheiden muss zwischen seinem literarischen Werk und allem, was sein „Broterwerb" ihm auferlegte, respektive im Sinne der preußisch-konservativen Richtung der Anhänger Manteuffels zu berichten. [205]

Ebenso wie Fontanes Äußerungen und seine Haltung zum Antisemitismus sind seine politischen Ansichten dieser Zeit in England Diskussi-

---

[203] Harte, Bret: Kalifornische Erzählungen. - Leipzig: Reclam, o. D., 163 S.
[204] Fontane, Quitt, S. 276
[205] Neuhaus, Stefan: Freiheit, Ungleichheit, Selbstsucht? Fontane und Großbritannien. - Frankfurt/M.: Lang, 1996. - 444 S.

onspunkt und Anlass häufiger Auseinandersetzungen um seinen Gesinnungswandel vom preußisch-nationalen zum eher demokratisch-liberalen Schriftsteller. Die Frage der literarischen Bewertung seiner Romane und Gedichte erscheint in diesem Zusammenhang wichtiger. Es kann nicht darum gehen, sich bei der Beschäftigung mit Fontane an oft lapidar hingeworfenen Briefsequenzen und Alltagsredensarten aufzuhalten. Fontane hat Tausende von Seiten geschrieben, von Geldsorgen bis zu Problemen mit den Kindern ist darin alles enthalten, was auch heute jede Familie an Sorgen aufweisen kann. [206]

Bereits in einem Brief vom 17.11.1855 berichtete er seiner Frau aus London, dass ihm daran gelegen sei, einen besonderen Eindruck zu hinterlassen. Um der Kälte und der Armseligkeit zu entrinnen, habe er sich daher einen stattlichen Pelz zugelegt, in dem ihn schon bald jeder Engländer identifizieren werde. „The foreigner with the fur" solle eine Art Markenzeichen für seine bisher weniger bekannte Existenz werden, schrieb er etwas eitel an die zu Hause gebliebene Ehefrau, und es wird nur allzu deutlich, dass Karrierebedürfnisse und das freie Leben in der Fremde ihn trotz Gebundenheit an seine Familie reizten.[207]

Hugo Aust erwähnte in seinem Vortrag in der Ring-Vorlesung zum hundertjährigen Fontanejubiläum 1998, dass die Lektüreliste in seinen Tagebüchern vor 1848 vor allem Sir Walter Scott ausweise. Dazu gehörten die „Ministrelsy of the Scottish border", ein Sammelwerk Scotts auf der Basis volkstümlicher Balladen und Gesänge. Der lebendige Sagenschatz der Nationalliteratur bunter, volkstümlich geprägter Werke, wie Herder sie auch im „Ossian" aufgreift und mit der englischen Literatur verbindet, gefiel ihm. Bischof Percy's 1765 erschienenes Buch „Reliques of Ancient English Poetry" beeinflusste nachhaltig die Stimmung dieser aufkommenden Nachfrage nach einer eigenen ursprünglichen Volks- und Nationalliteratur. [208]

---

[206] Emilie und Theodor Fontane: Der Ehebriefwechsel/hrsg. von Gotthart Erler. - Berlin: Gr. Brandenburgische Ausg., 1998. - 2400 S.
[207] Fontane, Jenseits von Havel und Spree, S. 39
[208] Herder, G.: Herders Werke/Johann Gottfried Herder in fünf Bänden. Ausgewählt von Wilhelm Dobbek. - Weimar: Volksverlag, 1963. - 2: Auszug aus einem Briefwechsel über Ossian und die Lieder alter Völker. - S. 194-260

Barden, Skalden und Lieder des Volkes erwuchsen laut Herder aus der unmittelbaren Gegenwart, aus einer unmittelbaren Begeisterung der Sinne.

In „Sweet William's Ghost" zitiert er die Stelle, wo eine Geistererscheinung den Bräutigam Hannchens vermuten lässt, der früh verstorben an ihre Seite zurückkehren soll. In Bret Harte's „Tennessee's Kompagnon" sind es ebenfalls Visionen und Träume, die Tote wiederkehren lassen. So entsprach die Geistererscheinung in Fontanes „Effi Briest" ganz seiner Lieblingslektüre und stammt noch aus der Zeit der Hochromantik um 1820 als Bestandteil eines Lebens auf der Schwelle zwischen Leben, Schlaf und Tod. Noch in den trivialeren „Kalifornischen Geschichten" von Bret Harte träumt der Protagonist, er könne den längst hingerichteten Freund vom Wege auflesen. Fontanes Lektüre umfasste aber auch Shakespeare, Thackeray's „Vanity Fair", George Eliot, Emily Bronte und C.F.Cooper. Aus Lenaus „Schilfliedern" zitiert er in „Graf Petöfy".

Durch seinen Studienfreund Wilhelm Wolfsohn interessierte er sich für die russische Literatur. Als es ihm jedoch nicht gelang, die schwierige slawische Sprache zu erlernen, erschöpfte sich auch seine Lektüre. Er las zumindest Auszüge aus Tolstoi, Dostojewski und Turgenjew in der „Russischen Revue", die Wolfsohn herausgab.[209]

Doch sein Hauptinteresse blieben die Balladen schottischer Volkskunst. Sir Walter Scotts Romane boten ihm zeitlebens eine historische Quelle für das 17. Jahrhundert, weil er in England aus einer Kombination zwischen Königstreue und freiem Parlamentarismus eine vorbildliche Verbindung von Monarchie und Republik konstituiert glaubte. In Romanen wie „Woodstock", der 1649-1660 zur Zeit Cromwells spielt, fand er Glaubenskonflikte zwischen Protestanten und Katholiken, die auch ihn als Hugenotten tief bewegten. Auch der Roman „Old Mortality", der 1679 die Zeit der schottischen Presbyterianer und ihre Glaubenskämpfe widerspiegelt, erinnert an nationale Glaubenskonflikte, wie sie auch in „Graf Petöfy" deutlich werden, obwohl dieser erst 1883 / 1884 erschien.[210]

---

[209] Theodor Fontanes Briefwechsel mit Wilhelm Wolfsohn. - Berlin: Aufbau, 1988. - S. 53

[210] Eberhardt, Wolfgang: Fontane und Thackeray. - Heidelberg: Winter, 1975. - 316 S.

In einem Brief vom 27.06.1858 schrieb er aus London, er fühle sich wie eine Pflanze in fremdem Boden, die zu wenig verwurzelt sei und daher ausgehen müsse, obwohl man sie mit allerlei Mist verpackt habe. Die Fremde als Mittel zum Zweck, die Eindrücke liefere, die man in der Heimat nutzbringend verwenden könne, erzeugte in ihm eine Art Widerwillen gegen seine Tätigkeit, der in „Ein Sommer in London" wiederholt zum Ausdruck kommt.

Der Roman „Unwiederbringlich" greift die Atmosphäre seiner Erfahrungen auf und kommt schließlich zu dem Ergebnis, dass die Rückkehr Holks zur Ehefrau die beste Lösung für ihn sei, dies jedoch erst, als die schöne Ebba von Rosenberg ihm einen reichen englischen Lord vorzieht. Das Lebensgefühl, zwischen Fremde und Heimat unwiederbringlich hin- und hergerissen zu sein, beherrschte ihn so sehr, dass er dieses Gefühl literarisch umsetzte in einen Roman.

Im Herbst 1844 trat er der Gruppe „Der Tunnel über der Spree" bei und verknüpfte so seine Dichterlaufbahn mit dem aufkommenden Interesse an England und Schottland, insbesondere interessierte er die Dichterkollegen für die schottischen Balladen, die dem vormärzlichen Tenor dieser Zeit entsprachen. Zu dieser Zeit war sein Englandbild überschwenglich positiv. Die zweite Reise im Jahre 1852, die ein halbes Jahr dauerte, lässt eine gewisse Skepsis durchblicken. Aufschluss darüber gibt der Band „Ein Sommer in London", der Erfahrungen der zweiten Reise mit aufnimmt, obwohl er erst 1854 entstand.

Trotz der vielen neuen Eindrücke, die ihn faszinieren, leidet er 1844 unter dem Argwohn, der ihm als Fremder entgegengebracht wird.

„Ein Fremder sein heißt, verdächtig sein "

äußert er in dem Kapitel über „Fremde in London" in „Ein Sommer in London".

Shears, Lambert Armour: The influence of Walter Scott on the novels of Theodor Fontane. New York: AMS Pr., 1966. - 83 S.
Reuter, Hans-Heinrich: Grundzüge und Materialien einer historischen Biographie. - Leipzig: Reclam, 1976. - S. 118

Der Engländer begreife nicht, dass unter einem zerrissenen Rock das Herz eines Gentleman schlagen könne. Lieber verkehre er mit dem Laster in Frack und Handschuh als mit der hemdsärmligen Tugend.[211] Obwohl er das Gefühl hat, als Fremder etwas Besonderes zu sein, weil sich die Aufmerksamkeit sofort auf ihn richte, nörgelt er über den „englischen Zopf ", das notorische Festhalten am Althergebrachten, die Geldgier und mangelnde Gastfreundschaft der Engländer. Alte Feindbilder kommen früher oder später immer wieder ins Gespräch, wenn es ihm endlich gelingt, an die »table d'hôte« geladen zu werden. Dabei verkennt er seine eigene Mission. Sein Blick ist getrübt durch morbide Eindrücke. Auf der Fahrt nach London beschreibt er ein zerschossenes Invalidenschiff. Beim Gang durch den Hyde Park vergleicht er den Glaspalast, ein von Joseph Paxton 1851 für die Ur-Expo gebautes Gewächshaus, mit einer „Riesenleiche".[212]

Dennoch reist er 1852 erneut nach London und verbringt ganze fünf Monate dort als Pressevertreter der „Preußischen Zeitung".

1854 erhält er den Auftrag, einen wöchentlichen Pressespiegel zu etablieren. Erst 1855 kommt es zu einem dreijährigen Aufenthalt, der ihn durch eine gut dotierte Stelle England ohne finanziellen Druck erleben lässt. Sein ironisch-abwertender Ton schlägt nun in ein gewisses Wohlwollen um, doch Melancholie, sicherlich auch durch Heimweh bedingt, mischt sich mit einer Niedergeschlagenheit, die darauf hindeutet, dass er sich nie richtig heimisch fühlte. Selbstzweifel und Entfremdetsein führen zu negativen Aussagen über die ihm fremde Kultur. Am besten bringt dies der Roman „Unwiederbringlich" zum Ausdruck.

2.3.1. Betrachtung eines Gemäldes zur Französischen Revolution

„Ein Sommer in London" erschien 1854 und ist eine Zusammenstellung von 36 Texten zu Impressionen von Erfahrungen Fontanes in England ab 1844.[213] Während die Originalausgabe von 1854 ein Kapitel über den

---

[211] Fontane, Ein Sommer in London, S. 165
[212] Fontane, ebd., S. 10
[213] Fontane, Theodor: Ein Sommer in London. - Berlin, 1854. -

Beginenhof in Gent enthält, ist dieses in der Neuauflage von 1998 nicht auffindbar. Fontanes Interesse an der inoffiziellen Stellung dieser unabhängigen Schwesterngemeinschaft als Lebensalternative zur Ehe wurde damit unbemerkt gestrichen. Ehemalige Beginenhöfe in der Nähe seiner Heimatstadt Neu-Ruppin mögen bereits in der Kindheit bei ihm ein Interesse für diese Lebensform geweckt haben. Der Text „Der Fremde in London" versucht Fontanes Situation in England darzustellen. Die am Anfang noch reiche Metaphorik in den ersten Kapiteln bis Kapitel fünf weicht einer Beschreibung von englischem Intérieur, Stadtteilen, Bauwerken und nicht zuletzt den Londoner Docks. Fontane fasst seine Beobachtung in der Metapher des „englischen Zopfs" zusammen und meint damit den Hang zum Konservativen, der nicht davor zurückschrecke, auch ein Genie weiterzugeben, indem man es einpökelt als eine Anspielung auf die sprichwörtlich schlechte englische Küche. Das 15. Kapitel „Die Kunstausstellung" offenbart einiges über Fontanes Verhältnis zur Französischen Revolution. Es handelt sich um „Charlotte Corday auf ihrem Todesgange". Er bezeichnet dieses Gemälde von einem Maler namens Ward als genial und gelungen.

„Charlotte (rechts vom Beschauer) tritt eben aus dem Gefängniß; ihre Tracht ist ein blutrothes Kleid; zwei republikanische Soldaten führen sie, und eine Heldin des Marat-Klubs, in buntfarbigem Friesrock, mit Jakobinermütze und Freiheitskokarde, hebt drohend ihre Rechte gegen das fest und ruhig einherschreitende Mädchen. Die Charakteristik dieser Gruppe ist eben so wahr, wie die Kontraste frappant sind. Die brutalschmunzelnden Soldatengesichter, die an dieser zweifellos mit Gemeinheiten aufgeputzten Drohrede ihre unverhohlene Freude finden; das sonnverbrannte, stumpfnasige, von Sinnlichkeit und Fanatismus beherrschte Weibergesicht, und zwischen all dem Schmutz die hohe Stirn des todesmuthigen Mädchens, das (wer verdächt' es ihr) mehr Ekel als Lust an diesem Leben zu empfinden scheint, man kann nichts Ergreifenderes sehen!" [214]

Termini wie einerseits Sinnlichkeit, Fanatismus, Beherrschtsein, Schmutz, andererseits Ekel davor deuten möglicherweise auf eine zu

---

[214] Fontane, Ein Sommer in London. - Berlin, 1854. - S. 99

große Leidenschaftlichkeit, in der Fontane etwas gelungen „Ergreifendes" wahrnimmt, das jedoch das Fanatische und Übersteigerte nicht leugnen kann.

Die Möglichkeit, durch die Kunst am Beispiel einer zum Schafott geführten Mörderin an einem Vertreter der Französischen Revolution immanent die Stimmung innerhalb der Anhängerschaft des Marat zum Ausdruck zu bringen, verdeutlicht, dass auch Fontane sich mit den Jakobinern und den Ideen der Revolution auseinander setzte. Er benutzt das bereits vorhandene Bild, um durch dessen Beschreibung seine eigene Einstellung zu vermitteln. Fontane fühlt sich durch die Kunstausstellung zurückversetzt und erschüttert von den Ereignissen der Revolution und empfindet Grauen und Mitleid beim Anblick der Gefangenen, als wäre er selbst dabei gewesen.

So kann die Malerei etwas zum Ausdruck bringen, was sonst nur dem Drama gelingt. Doch macht Fontane keinen Hehl daraus, dass bei aller inneren Ergriffenheit etwas Derbes und Grobschlächtiges in der Revolution für ihn liegt, ein Ekel vor Gewalt und Blutvergießen. Robespierre beschreibt er dagegen als Figur im seidenen, himmelblauen Staatsfrack, sauber, duftig, mit gepudertem Toupet, jenseits allen Schmutzes und Wütens auf der Straße, ein Träger der Idee und der Theorie. Was dem einen als Todesbringer erscheint, beurteilt der andere als Freiheitsbote. Fontane bietet zumindest beide Versionen der Interpretation an, bemerkt, dass das Mädchen für Robespierre keinen Blick gehabt habe, weil sie wusste, dass das Äußere und das Innere in diesem Fall weit auseinander klafft. Fontane unterstellt ihm vermeintliche Vornehmheit, denn die seidenen Kleider Robespierres, das harmlose Blumensträußchen, das er am Frack trägt, verschleiert ihn, der doch letztlich nichts anderes ist als ein Bluthund, der sich finster auf seine Gegner stürzt, ohne sich selbst dabei schmutzig zu machen. [215]

Das Fazit der Bildbeschreibung ist die Jakobinerherrschaft als eine Schreckenszeit, verbunden mit zahlreichen Todesurteilen.

Das Bild ist ihm Ausnahme im Bildersaal der Engländer, bei denen die Porträtmalerei eines Gainsborough dominierte, der vornehm repräsentie-

---

[215] Fontane, Ein Sommer in London. - Berlin: Aufbau, 1998. - S. 70

rende Adlige mit ihren überzüchteten Jagdhunden in den Vordergrund der nationalen Kunst stellte. Fontane sieht jedoch vor allem den technischen und gesellschaftspolitischen Fortschritt dieser Zeit.

„Die Partie steht so, Eisenbahn gegen Thurmbau zu Babel."[216]

In „Jenseit des Tweed" beschreibt er in Bildern und Briefen von 1858-1859 seine Begeisterung für jene Bilder, die ihm geholfen haben, sich beispielsweise Edinburgh und sein Schloss lebhafter vorzustellen. Das Bild „Der Frieden" von Edwin Landseer, der den grasbewachsenen Dünenhügel am langgestreckten Strand zeigt, an dem Kinder spielen und Schafe weiden, wäre ein Bild des Friedens, wenn nicht ein Schaf an Grashalmen nagte, die aus einem alten Kanonenrohr herauswachsen.[217]

Kriegerische Auseinandersetzungen, alte Relikte, wie rostige Geschütze und Kanonenrohre sie andeuten, gehören längst der Vergangenheit an, weil die letzte Schlacht dort auf das Jahr 1570 zurückgeht. Einzig der Graf von Murray überrumpelte 1313 die Burg, doch im 14. und 15. Jahrhundert ging es friedlich zu, trotz Festungsgemäuer und faszinierender Burganlage, deren Aussicht Fontane so gut gefiel.

In seinem Kapitel über „Spukhäuser" berichtet er von Gespenstern, die in Schottland dank alter Gemäuer unbedingt dazugehörten.

„Die Gespenster scheinen hier eine Art Landesprodukt zu sein."[218]

Neben Puritanismus und Dampfmaschine sei der mittelalterliche Aberglaube geblieben, was Fontane vor allem auf die karge Schönheit der Landschaft zurückführt. Auch Fontane bevorzugt diese gespenstische Atmosphäre düsterer Moor- und Heideeinsamkeit und zieht sie England bei weitem vor. In einem Brief an seinen Freund Bernhard v.Lepel beschreibt er seine Reise von England nach Schottland.[219]

Edinburgh bezeichnet er darin als einen der schönsten Orte der Welt. Holyrood, der Palast und die Ahnengalerie der schottischen Könige rege

---

[216] Fontane, Ein Sommer in London, S. 102
[217] Fontane, Jenseit des Tweed, S. 75
[218] Fontane, Jenseit des Tweed, S. 78
[219] Fontane, Jenseit des Tweed, S. 73

seine Phantasie an, die durch die Romane von Walter Scott und die schottische Geschichte ohnehin schon entzündet gewesen sei.

In der Grafschaft Inverness durchreitet man Gegenden ohne Baum und Strauch, die Grampians rechts und ein Gebirgsbach links, schreibt er, in der die Hexen aus Shakespeares „Macbeth" förmlich dazugehören. Alle Dichter Schottlands hätten aus diesem Grund die Geisterwelt lebhaft in sich aufgenommen. Vor allem Sir Walter Scott habe eine besondere Passion für Gespenstergeschichten und ein Geschick sie vorzutragen.[220] Alle Spekulationen, die Spukelemente bei Fontane zu erklären, münden höchstwahrscheinlich in seine Vorliebe für Scott und seine Neigung, sich an den Kindheitserzählungen des Vaters zu freuen, die voll waren von ungesühnten Mordtaten und Geistererscheinungen und Wiedergängern, wie die Geschichte von der Tochter des Lord Ravendale, die als Wiedergängerin trotz des Abbrennens des Hauses in dieses zurückkehrte, oder vom Mord am Sänger Rizzio 1565, der mit 56 Messerstichen in Anwesenheit von Maria Stuart, von einem Kammerherrn und einer Hofdame brutal umgebracht wurde. Die balladeske Landschaft und ihre blutrünstigen Legenden und Sagen faszinierten das empfindliche Gemüt des Hugenotten, der vermutlich die Bartholomäusnacht damit assoziierte und die Flucht und Verfolgung der eigenen Vorfahren.

2.3.2. Fontanes Verhältnis zur französischen Literatur

Emil Aegerter untersuchte den französischen Naturalismus 1922 in Hinsicht auf Bezüge zu Fontanes Werken, doch will er keine Parallelen erkennen.

In den dreißiger Jahren befasste sich dann Ursula Wiskott mit französischen Wesenszügen in Fontanes Persönlichkeit und mit möglichen Auswirkungen auf sein Werk. Paul Böckmann wies auf seine Anglophilie hin und warnte vor einer Überbewertung dieser Bezüge. 1958 erschien George Karlssons „France in Fontane's life and works" und führte zahlreiche, darin vorkommende Paraphrasierungen und französische Rede-

---

[220] Fontane, Jenseit des Tweed, S:79

wendungen auf.[221] Ursula Wiskott befasste sich mit Romanen von Stifter, Raabe, Keller und Fontane und erkannte in den deutschen Romanen eine Entwicklung, während sie die französischen Helden als starr und prädestiniert bezeichnet. Intensiv widmete sie sich einer Interpretation der »Madame Bovary«. Der bevorzugte Mensch des französischen Realismus sei nach außen hin auf die Befriedigung seiner materiellen Bedürfnisse und seiner sinnlichen Triebhaftigkeit bedacht, offenbare eine erschreckende Sucht nach Geld und sinnlicher Liebe, so dass das Materielle und die Erotik zur eigentlichen Zielsetzung seines Daseins werde. Der tiefe Pessimismus des französischen Protagonisten lasse ihn willenlos vor sich hin treiben, bis er ähnlich der Madame Bovary in ihrer Konsumsucht in immer stärkere Abhängigkeit gerate und jeden Halt verliere, verbunden mit dem Verlust seiner geistigen und sinnlichen Kräfte.[222] Fontane widerstrebte diese Tendenz, seine „Zola-Studien" offenbaren seine tiefe Abneigung. [223] Bei den Romanen Emile Zolas handele es sich um „Mumpitz", stellt er recht drastisch fest. So lautet das Urteil über Emile Zolas »La Fortune de Rougon«, seine Protagonisten seien Dorf-Brunhilden, Dorf-Romeos und Julias, die er wie „Lady Macbeth" konzipiert habe, doch leider eingebettet in ein kleinstädtisches Milieu. Diese Atmosphäre verkrüppelter Verhältnisse in einer öden, bornierten Umgebung sei nichts für ihn, Theodor Fontane. Zudem seien diese Protagonisten allein durch ihre Sinne bestimmt. Halbverrückte mit tierischen Trieben, Kraftmenschen, Wilddiebe und Schmuggler, gekennzeichnet durch ungezügelte Leidenschaften. Dabei lassen sich Figuren im Werk Fontanes wie Baltzer Bocholt in „Ellernklipp" und Lehnert Menz in „Quitt" durchaus in die Kategorie der Wilddiebe einreihen, die geplant sind wie hybride Helden aus der klassischen Tragödie, die in eine ländliche Waldlandschaft im Riesengebirge oder im Harz versetzt erscheinen. Auch Fontane bleibt dem Lokalkolorit seiner Sommerreisen verhaftet,

---

[221] Karlsson, George: France in Fontane's life and works/George Lainen Karlsson. - Pittsburgh: Univ. of Pittsburgh, 1958. - S. 2

[222] Wiskott, Ursula: Französische Wesenszüge in Theodor Fontanes Persönlichkeit und Werk. - Leipzig: Akad. Verl.-Ges., 1938. - (Nachdr.) New York: Johnson, 1970. - 200 S.

[223] Aegerter, Emil:Theodor Fontane und der französische Naturalismus: ein Beitrag zur Geschichte und Theorie des naturalistischen Romans in Deutschland und Frankreich. - Univ., Diss, Bern, 1922. - 74 S.

kommt aus der preußischen Enge nicht hinaus. Was er jedoch intendiert, ist eine Abgrenzung vom Naturalismus, weil der echte Realismus ästhetisch bleibe. Es gehe ihm nicht um die bloße Wiedergabe des Lebens.[224] In einem Brief an seine Frau Emilie vom 15.06.1883 äußerte er sich anerkennend über Emile Zola. Auch er konnte am großen Erfolg von »Nana« (1880) nicht vorbeisehen, befasste sich zunehmend intensiver mit ihm als geplant. Die Nähe zum Naturalismus, auch zu Tolstois „Anna Karenina" (1875-1877) und Gustave Flauberts »Madame Bovary« (1856) stellt sich über die Thematik des Ehebruchs her. Dabei mutet der Ehebruch an sich als eine französische Spezialität an, der die deutschen Leser grundsätzlich schockieren musste. Der Reiz des Verbotenen setzte sich jedoch durch. Vesselina Remenkova sieht in Fontane mehr den regional gebundenen Autor, während Tolstoi mehr das Weltganze, die überregionale geschichtliche Entwicklung widerspiegeln wolle.[225] In allen Romanen kollidieren die Helden und Heldinnen mit den Konventionen der Gesellschaft, sind limitiert durch ein undurchschaubares Schicksal, das ihrer Selbstbestimmung Grenzen setzt und letztlich in Resignation mündet.[226] Bei Fontane scheitern sie jedoch nicht an erbgenetischen Gesetzen, zügelloser Triebhaftigkeit, Sucht oder mangelnder Selbstbeherrschung, sondern am Verstoss gegen die soziale Etikette. Im Realismus Fontanes wirkt das Außen auf das Innenleben, während der Naturalismus einem prädestinierten Innen nach außen hin unüberwindliche Grenzen gesetzt hat. Die Protagonisten des französischen Naturalismus können aus ihrem sozialen Milieu nicht heraus.

2.3.3. Fontane und Guy de Maupassant

Guy de Maupassant war Fontane nicht nur bekannt, er erwähnt ihn sogar explizit als Modeliteraten in „Jenny Treibel". Beim Stammtisch der Oberlehrer wird der Französischlehrer Etienne auf ihn angesprochen.

---

[224] Fontane, Theodor: Schriften und Glossen zur europäischen Literatur. - Zürich: Artemis, 1965. - 1: Außerdeutsches Sprachgebiet Schauspielerporträts, S. 198 ff

[225] Remenkova, Vesselina: Die Darstellung der Napoleonischen Kriege in „Krieg und Frieden" von Lew Tolstoj und „Vor dem Sturm" von Theodor Fontane. - Frankfurt/M.: Lang, 1984. - 264 S.

[226] Degering, Thomas: Das Verhältnis von Individuum und Gesellschaft in Fontanes „Effi Briest" und Flauberts „Madame Bovary". - Bonn: Bouvier, 1978. - S. 85

„*Nicht wahr, Etienne, so was ist immer fatal ; oder kommt es im Französischen nicht vor, wenigstens dann nicht, wenn man alle Juli nach Paris reist und einen neuen Band Maupassant mit heimbringt.*" [227]

Guy de Maupassant (1850-1893) lebte ebenso wie Fontane in einer Zeit gesellschaftlicher Umstrukturierung. Industrialisierung, Erstarken des vierten Standes und Technisierung der Umwelt formen einen neuen Menschen, insbesondere einen neuen Typus von Frau. Alberto Savinio konstatiert, dass Maupassants Novellen wie für den Rhythmus der Eisenbahn geschrieben sind. [228] Alltägliche menschliche Schwächen werden in Maupassants Novellen zum Thema. 1880 wird er endlich berühmt mit der Novelle „Fettklößchen". Unter der Führung von Emile Zola zusammen mit weiteren Schriftstellern wie den Brüdern Goncourt, Iwan Sergejewitsch Turgenjew, Alphonse Daudet, Joris-Karl Huysman, Hippolyte Taine, Ernest Renan und Maxime du Camp bildete sich ein Kreis in Médan. So kam es zu den berühmtem »Soirées du Médan«, für die sechs dieser Novellen verfasst wurden. Seinen Posten im Marineministerium konnte er fortan aufgeben, weil er mit seinem Roman »Bel Ami« (1885) zu Wohlstand gelangte. Er starb 1893 an den Folgen einer Geschlechtskrankheit und den Konsequenzen von Rauschmittelgenuss. Alberto Savinio beschreibt seinen Verfallsprozess in „Maupassant und der Andere". Er war für Fontane höchstwahrscheinlich Vorbild durch seine Erfolge und seine immense Schaffenskraft. Die Inhalte seiner Werke seien kurz skizziert. Die Erzählungen spielen in der bäuerlichen Atmosphäre der Normandie, aus der er stammt, oder in Paris. Die Hierarchie der dörflichen Gemeinschaft rührt an die Substanz, weil sie die Schwäche des Individuums offensichtlicher preisgibt, als es in der Anonymität der Großstadt möglich wäre. Wer hier nicht anpassungsfähig ist, wird gnadenlos ausgegrenzt. Die kleinen verhängnisvollen Missverständnisse des Lebens, die Enge des täglichen Daseins verknüpft Maupassant mit seiner Tätigkeit im Ministerium und vermittelt in Geschichten wie „Der Regenschirm" und „Der Schmuck" die Absurdität und oft komische Ärmlichkeit, die aus der Begrenztheit der Möglichkeiten herrührt. Der Roman

---

[227] Fontane, Jenny Treibel, S. 60
[228] Savinio, Alberto: Maupassant und der „Andere". 1. Aufl. - Frankfurt/M.: Suhrkamp, 1988. - S. 35

"Unser Herz" beschreibt einen neuen Typus von Frau. Es sind bei ihm nicht die romantischen und leidenschaftlichen Träumerinnen, auch nicht die fröhlichen Frauen der Restauration oder die verwöhnten Damen des Kaiserreiches, sondern er beschreibt Madame Michèle Burne und damit die raffinierten Wesen mit unruhigen und lebhaften Gemütern, die schon alle Mittel zur Beruhigung ihrer Nerven kennen gelernt zu haben scheinen. Susanne Konrad bestätigt, dass es auch Fontane mitten ins Herz treffe, wie äußere Umstände sich innen anfühlen, wie diese Gefühle auf sie zurückwirken und wie dies wiederum zu emotionalem Handeln führe.[229] Madame de Burne, eine typische Pariser Salondame, verkörpert einen seltenen und erlesenen Luxusgegenstand, unersättlich und auf der ständigen Suche nach Zerstreuung, dabei jedoch stets gelangweilt und nicht zu befriedigen. Dieser »ennui« verbindet sich mit einer eigentümlichen und fast gewaltsamen Anziehung und Leidenschaft. Dabei wechseln Klugheit und Nüchternheit mit unmittelbar folgender Flatterhaftigkeit und nervlicher Überreiztheit. Claudia Liebrands These, dass die Protagonistinnen Fontanes durch Selbstbespiegelung ihre Innenwelt auszugleichen versuchen, kommt an dieser Stelle in Erinnerung, weil in Maupassants Welt der reichen Nichtstuer das Auftreten zwischen Gefallsucht und bereits erloschener Neugier schwankt. Liebesverwirrungen passen zu Fontanes Titelnovelle "Irrungen, Wirrungen". Der Spiegel spielt deshalb eine nicht wegzudenkende Rolle. Die Sucht, äußerlich zu gefallen, ruft dabei auch Introspektion und aufkommende Selbstbefragung hervor.

"Wie viele Male schon hatte sie in ihrem Ankleidezimmer in Paris so vor ihrem Spiegel gesessen und sich gefragt: „Was wünsche ich? Was hoffe ich? Wer bin ich? Neben dem Vergnügen, sie selbst zu sein, und dem tiefen Bedürfnis, zu gefallen, das sie allerdings sehr genoss, hatte sie in ihrem Herzen niemals etwas anderes als schnell erloschene Neugier gefühlt. Sie kannte sich übrigens gut genug, denn sie hatte zu sehr die Gewohnheit, ihr Gesicht und ihre ganze Person zu betrachten und zu studieren, um nicht auch ihre Seele zu beobachten. Bis jetzt hatte sie

---

[229] Konrad, Susanne: Die Unerreichbarkeit von Erfüllung in Theodor Fontanes „Irrungen, Wirrungen", und „L'Adultera": Strukturwandel in der Darstellung und Deutung intersubjektiver Muster. - Frankfurt/M.: Lang, 1991. - S. 125

sich mit dem unbestimmten Interesse für alles begnügt, was die anderen bewegte, das aber nicht fähig war, sie leidenschaftlich zu erregen, sondern höchstens imstande, sie zu zerstreuen." [230]

Tiefere Anteilnahme ist nicht von Dauer, Eifersucht eine kurze Regung egoistisch motivierter Spannung; oder was kurzfristig gefällt, verblüht ebenso schnell. Nichts kann ihr Herz wirklich fesseln. In ihr regiert der Trieb nie zu stillenden Liebesbegehrens. Sie ist unerfüllt und innerlich unzufrieden. So wird das Herz zum Thema und die Bespiegelung des inneren Wesens ein Gegenstand des Interesses. Diese neue Innerlichkeit deckt den Widerspruch auf zwischen Sehnsucht und Wirklichkeit. Auch der männliche Protagonist lebt in der Welt der Salons, der Feste, Diners, Theatervergnügungen und Empfänge gehobener Kreise. Die Charaktere stellen ihre Toilette zur Schau und geben sich aus Langeweile den gesellschaftlichen Ereignissen hin, um der Einsamkeit zu entgehen. Fontane inspirierte dieser Aspekt des gesellschaftlichen Salonlebens. Cécile erinnert in ihrem »ennui« und ihrer halbbewussten Selbstversunkenheit an die Damen der Pariser Gesellschaft.

Doch neben der Madame de Burne, einer Frau von erlesener Eleganz und Schönheit, stets geschmückt und geputzt, um ihre Rolle spielen zu können, zeigt Guy de Maupassant auch den Gegentypus der abgehärmten, gichtknotigen Landfrau, deren Physiognomie durch harte Arbeit, Armut und Plumpheit gekennzeichnet ist. André Mariolle wendet sich schließlich ab von der falschen Eleganz des Pariser Salonlebens. Er findet echte Liebe bei Elisabeth Ledru, Tochter einer Heimnäherin und eines arbeitslosen, stets betrunkenen Buchhalters, die sich ihren Lebensunterhalt als Kellnerin verdienen muss. Doch die ärmliche, düstere Atmosphäre ihrer Herkunft haftet ihr an. Mariolle versucht, sie wie eine Dame zu behandeln, wobei deutlich wird, wie krampfhaft gezwungen dieser Versuch ist, sie mit etwas gleichzusetzen, was sie nicht ist. Auch als es ihr gelingt, ihre Toilette anzupassen, die eleganten Schuhe der Pariser Modewelt überzustreifen, bleibt sie doch seine „Kleine", das Dienstmädchen, das den gesellschaftlichen Anforderungen nicht genügen kann. Elisabeth kann sich durchsetzen, aber ihre Anhänglichkeit ver-

---

[230] Maupassant, Guy de: Ein Herz, S. 70

rät eine innere Dankbarkeit, von einem solchen Mann genommen zu werden. Liebe vermischt sich mit unbewusster Herablassung, verbunden mit einem Standesunterschied, der überwunden werden kann durch Liebe, dennoch aber im Raum schwebt. Zwischen den Liebenden bleibt die Fremdheit der ungleichen Herkunft. Maupassant ist im Gegensatz zu Fontane nicht frei vom verächtlichen Dünkel des Aristokraten. Dabei kennzeichnet Maupassant in seinen Figuren eine frauenverachtende Haltung, deren Ursachen in seiner Biographie zu suchen ist. Zwar löste sich Maupassant ebenso wie Fontane von den strengen Standesregeln des Feudalismus, doch bleibt Maupassant innerlich seiner Herkunft treu. Fontanes Sympathie mit den sozialen Aufsteigern wirkt echter, während Maupassants Figur Elisabeth an die Gestaltung von typischen Liebesverhältnissen zwischen Grundherr und Dienstmädchen erinnert. Beide Schriftsteller zeichnet jedoch ein gewisser Humor aus, der vor allem in Maupassants Kurzgeschichten erkennbar ist. Im Vergleich mit Jenny Treibel, die dank ihrem Anpassungsvermögen die kleinbürgerliche Herkunft erfolgreich abgestreift hat, ist das Entscheidende für die Entwicklung des Romans die Begegnung klassenfremder Protagonisten. Der Konflikt zwischen Dienstmädchen und Herrin durchzieht die Welt von Maupassants Romanen. In „Ein Leben" wendet sich Jeannes Ehemann bereits bei der ersten Begegnung einem Dienstmädchen zu, erniedrigt es durch unglaublich kalte Ignoranz, wobei Eifersucht, Geiz, Trieb bis hin zum Mord die Schicksale bestimmen. Der Roman „Ein Leben" spielt in der Normandie im Milieu des Landadels, dem der Autor selbst entstammte. Der Sohn des Vicomte Jean de Lamare passt zwar gesellschaftlich zur Tochter des Barons Simon Jacques Le Perthuis, doch fehlende Geldmittel, hohe Verschuldung und wirtschaftliche Not zwingen beide in ein Absteigequartier der noch vorhandenen Meierhöfe. Wie bei Fontane ist das Schloss in Frage gestellt, muss verkauft werden, so dass die Erfahrung gesellschaftlichen Abstiegs beim Sohn als Reaktion auf verschwenderische Grandezza fatalen Geiz zur Folge hat. Jeanne wird kurz gehalten und mit dem Dienstmädchen Rosalie betrogen, die ihr uneheliches Kind wie ein Tier zur Welt bringt. Ehemalige Glückserwartung und Freude auf die Ehe weicht einer tiefen Desillusionierung. Hinter der standesgemäßen Heirat lauert doppelbödige Moral, Not, Armut und ein völlig gestörtes Verhältnis zum anderen Geschlecht. Der einzige Sohn wird für Jeanne zur Kompensation für ein elendes Leben. Dabei verspielt er das noch verbliebene Vermögen endgültig. Kurz vor dem Tod seiner Mutter kehrt er zu ihr zurück, um ihr seine zukünftige Frau vorzustellen, die ein Kind erwartet. Dabei hat er sich längst über ständische Erwartungshaltungen hinweggesetzt. Die Fassade bröckelt zunehmend, weil Industrialisierung und Verarmung der ländlichen Gutsbesitzer diese in den Ruin treibt und das aufkommende Bürgertum sich immer mehr in seiner Prosperität und Sparsamkeit durchzusetzen vermag. Einerseits entstammt Maupassant einer dekadenten Salonwelt aristokratischer Verschwender und Müßiggänger, andererseits erfordern die Notwendigkeiten den Erhalt des Besitzes, so dass im Widerspruch von Sein und Schein die Ehe aus standesgemäßen Erwägungen heraus geschlossen wird. Der Ehebruch wird als Relikt des Feudalrechts als normale Sache integriert und deckt auf, wie sehr diese Welt vermeintlich begehrenswerter Lebensverhältnisse des französischen Landadels längst zerrüttet ist durch Not, Zerfall und moralische Verderbtheit. Fontane, der bereits die honorige und propere Atmosphäre des Bürgertums beschreibt, steht ebenfalls zwischen den Verfallserscheinungen des preußischen Landadels, der seine Schlösser kaum mehr finanzieren kann, und der sparsam spießigen Lebensführung einer „Mathilde Möhring", die durch Sauberkeit und Tugend wettmachen will, was an Standesdünkel fehlt. Bei aller Abgrenzung vom triebhaft gesteuerten Instinktleben in den Schilderungen des Naturalismus zeigt sich bei Fontane eine Gemeinsamkeit im gesellschaftlichen Umbruch einer sich vom Feudalismus wegbewegenden und zu bürgerlichen Strukturen sich hinwendenden Welt, in der fremde Klassen aufeinandertreffen und miteinander agieren, ohne jedoch zueinander zu finden. Die Dekadenz eines Maupassant jedoch liegt ihm fern. Seine Romane interessierten ihn dennoch. Es bleibt eine Fremdheit in der Beziehung der Geschlechter, die trotz Intimität sich nicht auflösen will und die bedingt ist durch tief verwurzelte Vorurteile vermeintlicher Zuordnungen und Standeszugehörigkeiten. Diese Brüche in der sozialen Umgebung galten gleichermaßen in Frankreich und Deutschland und verschafften daher Autoren wie Guy de Maupassant internationalen Ruhm.

Zumindest entdeckte der Realist im französischen Naturalismus, was ihn selbst bewegte und zutiefst abschreckte, eine fast tragische Abhängigkeit von Triebregungen und Dispositionen des Milieus einerseits, andererseits aber auch ein köstlicher Humor in Novellen wie „Der Regenschirm".

3. EHELICHE ENTFREMDUNG

3.1. Effi Briest zwischen Herrenhaus und Spukhaus

Das Haus als Metapher hat in Fontanes Werk eine ambivalente Bedeutung. Einerseits kann es im Sinne von Gaston Bachelards „Poetik des Raumes" vom Keller zum Dachboden bis in Schubladen, Truhen und Schränke hinein an eine Innerlichkeit des Zuhauseseins im positiven Sinne rühren, die es zu einer Muschel der Geborgenheit werden lässt, andererseits löst es traumatische Angstzustände und Einsamkeitsgefühle aus, wenn der Raum nicht im Einklang steht mit der Seele seiner Protagonisten. [231]

So wird das Haus laut Bachelard ein Diagramm der Psychologie seiner Bewohner. Bachelard reizte es, einige Zimmer oder Häuser zu betrachten, die von Schriftstellern kreiert worden sind, um die Protagonisten einzubetten in ein adäquates Gefüge, das Drinnen und Draußen miteinander verknüpfen hilft. Das Haus lässt sich so nutzen zum Instrument der Analyse der menschlichen Seele. In Fontanes „Effi Briest" fluktuiert die Protagonistin zwischen der vertrauten Atmosphäre im elterlichen Heim und der ungewohnten Umgebung des Ehemanns.

Die psychische Verfassung spiegelt sich in der Wahrnehmung der Räumlichkeiten, lässt das Intérieur zum Indikator ihrer inneren Ängste werden. Die Handlung eskaliert schließlich bis zum Ehebruch, der durch das Auffinden versteckter Liebesbriefe in einem Nähkästchen an die Öffentlichkeit gerät. Gegenstände des Hauses werden zum Instrumentarium schicksalhafter Handlungsmomente, sagen etwas aus über die Disposition der Bewohner. Abgesehen davon konstruiert Fontane durch Anekdoten und Metaphern wie die „Schlittenfahrt durch den Schloon" oder die „Gottesmauer" Bilder, die er mit den Wunschvorstellungen, Träumen und intimsten Gefühlen in Beziehung setzt wie beispielsweise das Gefühl des winterlichen Eingeschlossenseins durch eine Schutz-

---

[231] Bachelard, Gaston: Poetik des Raumes. - 7. - 8. Tsd. - Frankfurt/M.: Fischer, 1994. - S. 60

mauer zur Rettung vor äußerer Gefahr. Dabei bezieht er sich vermutlich auf das gleichnamige Gedicht von Clemens Brentano.

Bezeichnenderweise unterhält sich Effi kurz vor dem Ehebruch mit ihrem späteren Liebhaber Crampas über die „Gottesmauer", eine kleine Geschichte über eine Witwe, die im Krieg zu Gott betete, er möge sie vor dem Feind schützen. In der Tat fing es an zu schneien, so dass der Feind an ihrem Haus vorüberzog. Effis großes Bedürfnis nach Geborgenheit kommt damit indirekt zum Ausdruck. Fontane gestaltet sie als romantisch fühlende Heldin.

„Mit dem Eingeschneitwerden verbinde ich von langer Zeit her eine freundliche Vorstellung, eine Vorstellung von Schutz und Beistand." [232]

Häufig zitiert und auch wichtig ist die Feststellung, dass der Anfang eines Romans, so Fontane in einem Brief an Mathilde Rohr vom 3. Juni 1879, immer entscheidender Kern des weiteren Geschehens ist, wie ein Tannenreis, das zu einer geraden Tanne aufwächst. Technisch spezifisch ist daher das Eingangskapitel bei Fontane eine konstruierte Raumbeschreibung, die den Raum als soziales Grundkonzept ausweist. Er baut gleich am Anfang das Bild eines Hauses auf, das Symbol einer ganzen Epoche ist und im „Stechlin", Fontanes letztem Roman, politische Bezüge konnotiert. Die von Fontane bewunderten Schlösser der märkischen Junker sind im Abbröckeln begriffen, werden ersetzt durch die Wohnungen des Bürgertums, durch Villen, die Bél Étages, aber auch durch die düsteren Mietwohnungen in der Berliner Großstadtatmosphäre, so dass die Adresse zum Statussymbol wird und der Besitz eines Hauses die Zugehörigkeit zum Bürgertum bestätigt. Die märkischen Junker befürchteten eine Bedrohung ihrer Vormachtstellung durch die erstarkende Sozialdemokratie.

Effi Briest lebt im traditionsreichen Herrenhaus zu Hohen-Cremmen in der Mark Brandenburg, so dass die ersten fünf Kapitel geprägt sind durch die Raumbeschreibung dieses Hauses, das bestimmt wird durch

---

[232] Fontane, Theodor: Effi Briest. - München: dtv, 1995. - S. 151. -

die Herrschaft der Hohenzollern und schon seit Kurfürst Georg Wilhelm im Besitz der Familie Briest ist.[233]

Verknüpfung von Mensch, Geographie und Geschichte drückt sich bereits im Namen aus. Briest ist sowohl ein Dorf in der Uckermark bei Fredersdorf als auch bekannter Hugenottenname im Zusammenhang mit der Familie des bekannten Schriftstellers Friedrich de la Motte-Fouqué.

So verbindet sich heimischer Ort mit fremdländischen Einflüssen als typisches Merkmal preußischer Herrschaft. Das Herrenhaus repräsentiert jene Schicht, die in Verwaltung und Heer diesen Staat trägt und maßgeblich bestimmt.[234]

Heller Sonnenschein fällt auf die mittagsstille Dorfstrasse und lässt den rechtwinklig angebauten Seitenflügel einen Schatten auf einen weiß und grün quadrierten Fliesengang werfen, in dessen Mitte sich eine Sonnenuhr befindet am Rande eines üppig bewachsenen Rondells. Eine helle, sonnige Atmosphäre kennzeichnet den Raum als Teil intakter Ordnung, in der Ruhe, Besonnenheit und Harmonie von Mensch und Raum dominieren. Am Seitenflügel entlang verläuft die Hohen-Cremmener Kirchhofsmauer mit dem Schindelturm dahinter, auf dem ein vergoldeter Wetterhahn thront. Die Anregungen für diese Beschreibungen schöpfte Fontane nicht allein aus seiner Phantasie, sondern er wurde inspiriert durch seine „Wanderungen durch die Mark Brandenburg" und Häuser seiner Ruppiner und Swinemünder Vergangenheit.[235] Dazwischen grünt und blüht es, leimblättriger Efeu umsäumt die Mauer, die zusammen mit dem Fronthaus und Seitenflügel ein Hufeisen um einen kleinen Ziergarten bildet.

Die Solidität des Hauses wird jedoch durchbrochen durch das Bild einer Schaukel und einen Teich mit einem Boot. Die Schaukel hängt durch häufiges Benutzen schief und wird so zu einem Motiv vielfältiger Deu-

---

[233] Schweizer, Ronald: Thomas Mann und Theodor Fontane: eine vergleichende Untersuchung zu Stil und Geist ihrer Werke. - Zürich, Univ. Diss.,1971. - S. 35

[234] Müller, Karla: Schlossgeschichten: eine Studie zum Romanwerk Theodor Fontanes. - München: Fink, 1986. - S. 115

tung. Claudia Liebrand sieht sie als Relikt von Fontanes Kindheit in „Meine Kinderjahre".[236]

Stefan Greif meint, die Schaukel deute an, dass es schwer ist über Leidenschaften und Alltäglichkeiten hinaus einen Sinn im Leben zu finden.[237] Ihre zentrale Bedeutung als antizipierende Metapher der Offenheit und Unentschiedenheit des kommenden Schicksals ist besonders durch R.W.Faßbinders Literaturverfilmung haften geblieben.[238]

Zumindest ist sie ein Spielzeug für Kinder, zeigt das unbesorgte Schweben ohne zeitliche Begrenzung an, das bewusstseinsmäßig nur der idyllischen Geborgenheit eines kindlichen Gemüts ohne Zukunftsangst vorbehalten bleibt.

Das Bild der unschuldig schaukelnden Effi, die unbesorgt und offen als Kind einer guten Familie im Park spielen kann, weckt Hoffnung und bietet Identifikation für all jene, die möglicherweise weniger begünstigt aufwachsen. Zum Terminus „Rondell" als extravagante Beschreibung eines parkartigen Schlossambientes äußert sich Iman Khalil.[239]

Kurzum, in der Phantasie des Lesers bildet sich der Entwurf eines idyllischen Hauses im Sinne eines „topos amoenus". Hans Jürgen Zimmermann sieht es als Idealtypus eines säkularisierten Paradieses. Dazu gehört der Aspekt der Unendlichkeit, der Loslösung von der Zeit, durch die Illusion der Jugend, in der Gegenwart völlig aufgehen zu können, ewig zu währen.[240]

---

[236] Liebrand, Claudia: Das Ich und die Andern: Fontanes Figuren und ihre Selbstbilder. - Freiburg: Rombach, 1990. - S. 52

[237] Greif, Stefan: Ehre als Bürgerlichkeit in den Zeitromanen Theodor Fontanes. - Paderborn: Schöningh, 1992. - S. 187. -

[238] Schachtschabel, Gaby: Der Ambivalenzcharakter der Literaturverfilmung von Rainer Werner Faßbinder. - Frankfurt/M.: Lang, 1984. - 188 S.
Effi Briest: ein Film von R. W. Fassbinder nach dem Roman von Theodor Fontane 140 Min. Duisburg: Atlas, 1972-74. - Mit Hanna Schygulla; Wolfgang Schenk; Ulli Lommel. - Landesarchiv Rep. 149 Ordner 1324; 1045; 1047; 1062

[239] Khalil, Iman Osman: Das Fremdwort im Gesellschaftsroman Theodor Fontanes: zur literarischen Untersuchung eines sprachlichen Phänomens. - Frankfurt/M.: Lang, 1978. - S. 95

[240] Zimmermann, Hans-Jürgen: >Das Ganze< und die Wirklichkeit: Theodor Fontanes perspektivischer Realismus. - Frankfurt/M.: Lang, 1988. - S. 23

So wird Hohen-Cremmen Ort der Harmonie und abgeschlossener, schützender Ort nach außen hin, aber auch Ort luftiger offener Räume, die sich dem Fremden nicht verschließen.[241] Wenn dieses Haus tatsächlich so intakt und harmonisch wäre, wie Zimmermann es versucht zu verklären, wäre es kaum zum fatalen Ehearrangement zwischen Effi und Innstetten gekommen, sondern eine harmonische Bindung hätte sich natürlich und zwanglos von selbst ergeben und zwar ohne die Manipulation ständischer Erwägungen bei der Partnerwahl. Karla Müller weist explizit darauf hin, dass die Wohnform der Aristokratie, das Schloss oder Herrenhaus, den Adel als herrschende Gesellschaftsschicht repräsentiert, die sich durch luxuriöse Gartenarchitektur und die an sich exklusive Wohnform des Schlosses nach außen hin abzuschotten versteht.[242]

Fliesengang, Sonnenuhr und Teich vermitteln den Eindruck einer gepflegten Umgebung, über der der Wetterhahn als Symbol des Wechsels thront und trotz aller Unfähigkeit der Kontrolle über Wetter und Natur zumindest die gegenwärtige Lage anzuzeigen vermag. Die herrschaftliche Architektur drückt sich in Haupt- und Nebenflügeln aus, in Wohlhabenheit vermittelnden Pflanzen wie der Aloe und üppig rankendem Wein als Zeichen von Fruchtbarkeit und Gesundheit. Besonderes Statussymbol war die in den Garten beziehungsweise Park hinausführende Freitreppe, großzügig nach außen geschwungen in einer Halbrundung, die im Falle der Briests Zugang zum Hochparterre und den Seitenflügeln bot. Fontane beschreibt detailliert, wie sich das Leben der Briests meist an der Frontseite, auf einer mit Gartenstühlen besetzten Rampe abspielt und bei extremem Sonnenschein im Schatten eines Fliesenganges. Insgesamt bietet die Raumbeschreibung das Bild intakter Ehe- und Familienverhältnisse.

Peter-Klaus Schuster deutet das häusliche Weben eines Altarteppichs als Sinnbild christlicher Unschuld, als „hortus conclusus" der Jungfräulichkeit.[243]

---

[241] Hamann, Elsbeth: Theodor Fontane: Effi Briest. - Interpretationen von Elsbeth Hamann. - München: Oldenbourg, 1981. - S. 24
[242] Müller, ebd., S. 131
[243] Schuster, ebd., S. 5

Die Frau als Hüterin und Bewahrerin häuslicher Ordnung in Einheit mit Religion und Kirche erfüllte in der preußischen Gesellschaft ihren Platz im Haus. Emanzipation oder gar Berufstätigkeit standen kaum zur Diskussion, wobei allerdings ihr Aufgabenbereich klar abgesteckt und in diesem Sinne auch nicht in Frage gestellt war. Dabei war der Mann Ernährer und Versorger und mitverantwortlich für das Wohl von Frau und Kindern.

Mutter und Tochter Briest sind demnach Vertreterinnen der preußisch-konservativen Frauenrolle. Effis Versuch, sich durch maskuline turnerische Übungen der Stickerei und Passivität weiblicher Fügung zu entziehen, werden mit wohlwollenden Bemerkungen über sie als Kunstreiterin oder übermütige Grazie kommentiert. Die Ehe werde diese Ungezügeltheit schon korrigieren, hoffen die besorgten Eltern. Die preußische Sozialisation lenkt schließlich alles in die richtigen Bahnen. Effi ist ein Kind ihrer Zeit.

Ihr blauweißes Matrosenkleid entspricht der Mode, dem Kolonialismus, der Weltoffenheit und Imperialität einer Seemacht, die die Neugier auf alles Fremde und Fremdländische bejaht, aber dennoch gewohnt ist, sich dagegen abzugrenzen.

Jhy-Wey Shieh rückt sie in die Nähe von Ibsens Nora, weil ihr Wille, alte Konventionen zugunsten von mehr Gefühl und Freiheit abzustreifen, Tendenz signalisiert.[244]

Im Stile der Matrosen ist das Wunschbild, das die Mode hier vorgibt, weniger weiblich als kittelartig aus einfachem Leinen mit bronzefarbenem Ledergürtel und Matrosenkragen, also burschikos und keineswegs luxuriös oder mit kostbarem Spitzenbesatz verziert. Effi selbst äußert den Wunsch, sich neu einzukleiden, sich eine damenhafte Garderobe zuzulegen.[245]

---

[244] Shieh, Jhy-Wey: Liebe, Ehe, Hausstand: die sprachliche und bildliche Darstellung des Frauenzimmers im Herrenhaus in Fontanes Gesellschaftsromanen „Effi Briest". - Frankfurt/M. [u. a.]: Lang, 1987. - S. 62

[245] Reuter, Theodor Fontane: Grundzüge und Materialien einer historischen Biographie, S. 181

Fontane diente, so in einem Brief an Hans Hertz vom 7. März 1895, die Kleidung einer jugendlichen Methodistin, die er in Thale bei einem seiner Harzaufenthalte gesehen hatte, als Vorbild. Im Vergleich mit Thomas Mann wirkt jedoch seine Ausführung eher kärglich. Effis Wunsch, besser zu repräsentieren, äußert sich durchaus in ihrem Bedürfnis, die Schlichtheit ab- und extravagante Kleider anzulegen, die sozialen Aufstieg und gesellschaftliche Akzeptanz unterstreichen. Wenn Thomas Mann durch die Qualität der Stoffe, durch Faltenwurf oder den Schnitt eines Kleides die Zugehörigkeit zu einer wohlhabenden Schicht indirekt zum Ausdruck bringt, bezieht sich Fontane eher auf eine direkte Aussage zu ihrem Wesen, das verzichtet, wenn es das Teuerste und Beste nicht bekommen kann. Beschreibungen wie später der Gesellschaftsanzug des Freundes Gieshübler in Frack, Ordensband und mattgoldenen Knöpfen auf einer blendend weißen Piquéweste bilden die Ausnahme im Bereich detaillierter Darstellungen von bloßen Äußerlichkeiten. Innere Züge dagegen fasst Fontane in charakterlichen Aussagen oft präzise zusammen. Thomas Mann führt später in seinen „Buddenbrooks" jene Ambivalenz zwischen liberaler Offenheit einerseits und strikter Abgrenzung allem Fremden gegenüber aus, die Fontane in „Effi Briest" angelegt hat.

Der alte Buddenbrook gilt als aufgeklärter Mann, der bis nach Süddeutschland gefahren ist, um als Heereslieferant Getreide für die Preußen einzukaufen. Er bereiste Amsterdam und Paris und hielt nicht alles für verurteilenswert, was er dort sah.

„Abgesehen vom geschäftlichen Verkehr aber, in gesellschaftlicher Beziehung, war er mehr als sein Sohn, der Konsul, geneigt, strenge Grenzen zu ziehen und Fremden ablehnend zu begegnen." [246]

Thomas Mann wagt auszudrücken, was Fontane noch diffus umschreibt. Fontanes Kessiner Kaufleute verstehen sich auf das Öffnen von Apfelsinenkisten aus fremden Ländern, doch der Fremde als integrativer Bestandteil heimischer Kultur- und Lebenswelt stösst auf die Ablehnung der Einheimischen. Effi, das Mädchen aus gutem Hause, soll also umziehen in die Küstenstadt Kessin, als Frau des dortigen Landrats Repräsentantin seiner Politik werden und die Verantwortung übernehmen für das ge-

---

[246] Mann, Thomas: Buddenbrooks. - Berlin: Fischer, 1964. - S. 9

sellschaftliche Leben der ihm zugeordneten Bevölkerung. Effi ahnt, in welche Rolle sie da hineinberufen wird.

Wenn Claudia Liebrand behauptet, Effi verzichte auf ihr Spiegel-Ich, bleibe unkorrigiert und natürlich, so trifft dies zwar auf das etwas informelle Treffen mit Innstetten zu, wird jedoch sehr bald durch den Einkauf der Aussteuer, des »trousseau« und besserer Garderobe in Berlin erweitert.[247]

„Nur das Eleganteste gefiel ihr, und wenn sie das Beste nicht haben konnte, so verzichtete sie auf das Zweitbeste, weil dies Zweite nun nichts mehr bedeutete." [248]

Effi kommt aus einem herrschaftlichen Haus und in ein ebensolches heiratet sie hinein, wenn auch nicht unbedingt bewusst berechnend, so doch in Hoffnung auf das kluge Arrangement ihrer Eltern, die im Rahmen der Konvenienzehe für die adäquaten Bedingungen gesorgt haben. Baron Geert von Innstetten ist zwanzig Jahre älter und ehemaliger Verehrer ihrer Mutter, der im Konkurrenzkampf mit Briest noch nicht die nötige berufliche Solidität aufweisen konnte. Als gealterter »Célibataire« versucht er es nun mit der Tochter, nicht zuletzt auch, um mögliche familiäre Kontakte mit der Mutter zu intensivieren. Hamann spricht daher von einer „zweiten Auflage", Liebrand vermutet eine latente Rivalität zwischen der jugendlichen Tochter und der gereiften schönen Mutter, die im Alter von Ende dreißig durchaus mit der jugendlichen Tochter mithalten kann, doch Zimmermann sieht in ihr vor allem die geschäftstüchtige Kupplerin. [249]

Im Vergleich mit „Jenny Treibel" und „Schach von Wuthenow" zeichnen sich also deutliche Parallelen in der Konstellation von Mutter, Tochter und potentiellem Bräutigam ab, wenn es um Heiratspolitik und Stabilisierung ständischer Verhältnisse geht. Im Grunde liebt der Bräutigam die Mutter, doch nur Manthey wagt es, psychoanalytische Kategorien zu

---

[247] Liebrand, ebd., S. 81
[248] Fontane, Effi Briest, S. 24
[249] Hamann, Theodor Fontane: Effi Briest, S. 45 Liebrand, Das Ich und die Andern, S. 167 Zimmermann, ebd., S. 145

verwenden.[250] Die Mutter sieht, dass die Tochter sie sozial einholt, hat damit das Erfolgserlebnis, sie gut unter die Haube gebracht zu haben. Auch Effi spürt, dass im Grunde jeder potentiell der Richtige sein kann. Mittelmann bemerkt dazu, dass Effi ihre Rolle quasi aufgedrängt werde.[251]

Kolk versteht, dass sie existenzunfähig ist, als alleinstehende Frau bestenfalls wie Adelheid von Stechlin in einem Kloster unterkommen kann, und erkennt die ökonomischen Bedingungen, die zur Konvenienzehe zwingen, um gesellschaftliche Herrschaftsstrukturen aufrecht zu erhalten. Romantische Liebe lässt sich mit der Regelung wirtschaftlicher Zweckgebundenheiten nüchternerweise nur schwer verbinden.[252]

„Gewiss ist es der Richtige. Das verstehst du nicht, Hertha. Jeder ist der Richtige. Natürlich muß er von Adel sein und eine Stellung haben und gut aussehen." [253]

Dabei vermischen sich christliche Symbole mit wirtschaftlichen Faktoren. Wo Schuster das Marienhafte und unschuldig Verklärte in Effi sieht und das vorbildliche Überirdische in Innstetten, akzentuiert Kolk die auf falschen Gefühlen beruhende Sentimentalität der Jenny Treibel und die Dichotomisierung von privater und ökonomischer Existenz in Effi, während Fontane selbst den Ehrgeiz und das Karrieredenken als hauptsächliche Gemeinsamkeit von Effi und Innstetten beschreibt und in „Mathilde Möhring" eine ähnliche Konstellation auf der Ebene des Kleinbürgertums, das in die gehobene Verwaltungsbeamtenhierarchie aufsteigen möchte, zum Thema seines Romans macht. [254]

---

[250] Manthey, Jürgen: Die zwei Geschichten in einer: über eine andere Lesart der Erzählung „Schach von Wuthenow". - In: Theodor Fontane/hrsg. von Heinz Ludwig Arnold; Edition Text+Kritik. - Sonderband. - München: Text+Kritik, 1989. - S. 117-130
[251] Mittelmann, ebd., S. 48
[252] Kolk, Beschädigte Individualität, S. 54
[253] Fontane, Effi Briest, S. 20
[254] Schuster, ebd., S. 8
Vgl. auch: Heyse, Novellen, S. 138
Kolk, ebd., S. 87

Zwar ist Effi nicht darauf angewiesen sich sozial zu verbessern oder gar zu bestätigen, doch rechnet sie bei ihrer Heirat sicherlich nicht mit einer Verschlechterung ihrer Verhältnisse.

Effis Eltern erkennen das Rabiate und die Vergnügungssucht in ihrem Charakter als hybride Züge in ihrem Wesen und antizipieren bereits, dass Innstetten möglicherweise ihre Furcht vor Langeweile in der Provinz Hinterpommerns nicht wird vertreiben können.

„Und wenn es Zärtlichkeit und Liebe nicht sein können, weil Liebe, wie der Papa sagt, doch nur ein Papperlapapp ist (was ich aber nicht glaube), nun, dann bin ich für Reichtum und ein vornehmes Haus, ein ganz vornehmes Haus, wo Prinz Friedrich Karl zur Jagd kommt, auf Elchwild oder Auerhahn, oder wo der alte Kaiser vorfährt und für jede Dame, auch für die jungen, ein gnädiges Wort hat. Und wenn wir dann in Berlin sind, dann bin ich für Hofball und Galaoper, immer dicht neben der großen Mittelloge." [255]

Glanz und Ehre und gleich danach Zerstreuung erhofft sich Effi von ihrer Ehe und lässt damit einen Hang zum Extravaganten erkennen. Das unbekannte Neue und Fremde erscheint ihr zunächst interessant, wenn sie auch um die sibirische und isolierte Lage von Kessin, ihrem baldigen Wohnort, weiß. Auch die Hochzeitsreise nach Italien entspricht ganz den idealistischen Erwartungen der gehobenen Stände, die auf den Spuren italienischer Kunst und der Italienreise Goethes wandeln und Italien als Ziel aller Hoffnungen und Wünsche idealisieren. In Fontanes Alterswerk, dem „Stechlin", ist diese Traumvorstellung von italienischer Kultur und Kunst jedoch abgeklärt.

Die typische Hochzeitsreise der gehobenen Verwaltungs-und Offizierskreise ging bei bescheidenem Geldbeutel nach Schlesien oder in den Harz und endete im Idealfall in Capri und Sorrent, wobei Innstetten nach einem peniblen Zeitplan sämtliche Kunstgalerien und Sehenswürdigkeiten abschritt und das große Ereignis ebenso militärisch abbrach, wie er es durchgeführt hatte, weil ihn die Amtspflichten nach Hause zwangen. Effi bleibt dabei als naives Dummchen hinter seinen grandiosen Kunstkenntnissen im Schatten und kann sich, so die vielen Kartengrüße an die

---

[255] Fontane, Effi Briest, S. 32

Eltern, nicht so recht von ihrer Heimat lösen. Effi hat Heimweh, reagiert enttäuscht und fühlt sich völlig überfordert von Innstettens Bildungsbeflissenheit.[256] Effi möchte lieber zu Hause die Tauben füttern und mit ihren Freundinnen spielen. Italiensehnsucht kehrt sich bei ihr um in die Sehnsucht nach ihrem Elternhaus, der Traum von der Fremde wird durchbrochen durch die Realität wirklichen Erlebens. Das Fremde verliert im Augenblick realer Erfahrung seinen Reiz, verlischt in der Desillusionierung falscher Vorstellungen und Sehnsüchte. Kristeva spricht vom entlarvten Glück. Der Fremde hat durch seine Reise eine Schwelle überschritten, die anzeigt, dass er darüber hinaus ist, etwas erobert hat, was er bisher noch nicht kannte, etwas, was ihm bisher fremd war. Egal, ob er nun verstört oder erfreut reagiert, ihm haftet das Glück an, der Triumph, für immer und ewig etwas überschritten zu haben, das Glück der Trennung, die Überwindung des Raumes und Weges. Dennoch bleibt eine Verzerrung, weil eine Bedrohung durch die fragile Grenze von Flucht und Ursprung bestehen bleibt. Der Fremde kann seine Erinnerung nicht abstreifen und auch nicht die Divergenz von Ideal und tatsächlichem Erleben.[257] Fontanes Italienbild weist in „Effi Briest" eindeutig Spuren von Desillusionierung auf, die sich im Alterswerk verstärken, wenn auch die typischen Konversationen verschiedener Gesprächspartner nie eindeutig Schlüsse auf seine eigene Meinung zulassen. Im „Stechlin" ist es Gnewkow, der aus Langeweile viel gereist ist und im Park das Glück einer solchen heimischen Parkanlage erkennt.

„Wenn ich so bloß an Italien zurückdenke. Sehen Sie, da läuft man nu so rum, was einen doch am Ende strapaziert, und dabei dieser ewige pralle Sonnenschein. Ein paar Stunden geht es; aber wenn man nu schon zweimal Kaffee getrunken und Granito gegessen hat, und es ist noch nicht mal Mittag, ja, ich bitte Sie, was hat man da? Was fängt man da an? Geradezu schrecklich."[258]

Auch in der Fremde bleiben Momente der Nähe und Intimität, trotz Abwesenheit der Eltern und Hochzeitsreise, ausgespart. Leidenschaftlich-

---

[256] Fontane, E. B., S. 41
[257] Kristeva, Julia: Fremde sind wir uns selbst. - 1. Aufl. Frankfurt/M.: Suhrkamp, 1990. - S. 14
[258] Fontane, Stechlin, S. 187

keit wird ersetzt durch ein respektvolles, angenehm höfliches Umgehen miteinander. Die Überlegenheit Innstettens ist dabei stets Voraussetzung. Nur selten beschreibt Fontane, in welcher Weise Intimleben stattfindet, und geht über Andeutungen nicht hinaus. Die Bekannten und Vertrauten versorgen das junge Paar mit einer roten Ampel, die symbolisch alles abdecken soll, was Sexualität in der Ehe angeht. [259] Instinktives, Unberechenbares und biologisch Naturhaftes entspricht nicht der rigiden Konventionalität preußischer Umgangsformen und wird bestenfalls toleriert, wo sich das unbekannte „Wilde" zum Naturgesetz machen lässt.

Sexualität existiert nur andeutungsweise, wird hinter Tabuzonen verborgen. Fontanes Beziehung zum Körper und zur Körperlichkeit ist unterdrückt und gezwungen. Hamann sieht, dass Leidenschaftlichkeit bis zur starren Leblosigkeit erstickt wird. [260]

Dabei ist Fontane im Vergleich mit Zeitgenossen wie Gottfried Keller oder Adalbert Stifter wesentlich avancierter in seinen Ausführungen, die, so lassen es die Manuskripte erkennen, bei der Überarbeitung noch verhaltener wurden als von Fontane ursprünglich geplant.

Die Darstellung der Körperlichkeit schreibt den Text aufgezwungener sozialer Beziehungen, seien sie nun gesellschaftlich naheliegend oder durch die Institution der Ehe gesetzlich verankert. Die freie, ohne Zwang getroffene Verbindung wird durch Standesgrenzen abgeblockt und gesellschaftlichen Notwendigkeiten unterworfen. [261]

Lieblosigkeit und Entfremdung, trotz scheinbar freundlichen Umgangs, münden in Einsamkeit und Wahnvorstellungen bis zur Psychose. Fontane, im Vorfeld der Psychoanalyse, gebraucht diese Terminologie noch nicht, sondern benennt die Konsequenzen der Unterdrückung mit Spuk. Ähnlich wie die Falltür im englischen Roman des 18. Jahrhunderts, der „split", die personifizierte Spaltung bei „Dr. Jekyll und Mr. Hyde", spüren Autoren wie R.L. Stevenson, Oscar Wilde und nicht zuletzt Edgar Allan

---

[259] Dingeldein, Die Konfiguration des Gegenständlichen, S. 138
[260] Hamann, ebd., S. 45
[261] Bronfen, Elisabeth: Nur über meine Leiche: Tod, Weiblichkeit und Ästhetik. - 2. Aufl. München: Kunstmann, 1994. - S. 208

Poe eine innere Zerrissenheit in zwei Hälften. Die verborgene Tür, hinter der die verrückte Ehefrau in Charlotte Brontës „Jane Eyre" eingesperrt wird, das unheimlich verborgene andere Ich, wird durch die Kontraste ans Tageslicht gebracht. [262]

Fontane wählt in „Effi Briest" das Bild zweier Häuser, die Gespaltenheit widerstrebender Gefühle von Heimat und Fremde, Geborgenheit und Verlorenheit, um anzudeuten, was die Psychologie später mit Termini wie Schizophrenie, Borderline oder Psychose belegt. Metaphern von räumlicher Objekterfahrung stehen somit für tiefere innere Zustände und Dispositionen. Die Romantik, eine Epoche, die ihre Fiktion mit Elementen des Mystischen und Unheimlichen verbindet, verknüpft Fontane mit der realistischen Schreibweise nüchtern realer Darstellung der Wirklichkeit. Es ist diese Mischung aus Realismus und übernatürlichen Einflüssen, die das Schicksal der Protagonisten bestimmt. Das für den Naturalismus typische Unterworfensein unter Erbgenetik und Determination durch soziale und andere Faktoren erscheint bei Fontane abgeschwächter, durchlässiger im Bereich sozialer Standesgrenzen und eher gesteuert durch metaphysische Gesetze, auf die der Mensch kaum Einfluss hat. [263]

Effi vollzieht den Ehebruch nicht bewusst, um ihr Leben entscheidend zu verändern, sondern sie wird überwältigt von Gefühlen und Sehnsüchten, die in ihrem täglichen Eheleben keine Erfüllung finden können.

Die Intention der Realisten, so zu schreiben, dass der Leser den Eindruck gewinnt, alles habe sich tatsächlich so abgespielt, ergänzt sich bei Fontane durch Elemente heidnischer Naturreligion und ländlicher Einflüsse von Aberglauben, im modernen Sinne als Parapsychologie zu bezeichnen. Das Haus ist dabei etwas Archaisches, eine Grundform menschlicher Lebensweise, die je nach Beschaffenheit, sei es nun Schloss, Kate oder Herrenhaus, luxuriös, arm oder abgebrannt, in enger Beziehung zu seinen Bewohnern steht.

---

[262] Bachelard, Poetik des Raumes, S. 45
[263] Chambers, Helen: Supernatural and irrational elements in the works of Theodor Fontane/by Helen Elisabeth Chambers. - Stuttgart: Akad. Verl. Heinz, 1980. - S. 168

Nicht zuletzt bedeutet es auch eine Grenze, indem es sich dem Besucher öffnet oder verschließt.

Sein Zustand impliziert Geborgenheit, Schutz, Gefahr, Intimität, Sicherheit oder auch Bedrohung. Seine geometrischen Formen, besonders die Dachschrägen, stehen in unmittelbarer Beziehung zum Klima und Wetter.

Die Kategorien, die Gaston Bachelard in seiner „Poetik des Raumes" entwickelt hat, sind geradezu exemplarisch für die Betrachtung räumlicher Dispositionen, die auf die Innenwelt des Protagonisten schließen lassen.[264]

Fremde bedeutet auch das „Nicht-Zuhause-sein".

Die Fremde, das ferne Italien, löst bei Effi Sehnsucht aus, solange sie diese Fremde noch nicht kennengelernt hat, eine Sehnsucht, die für das Empfinden einer ganzen Nation steht, sowohl im positiven als auch im negativen Sinn.[265]

Das romantische Sehnen erfährt desillusionierende Ernüchterung durch das tatsächliche Wissen und Kennenlernen. Die Dichotomisierung in ein männliches und weibliches Prinzip, personifiziert durch Effi als Romantikerin und Innstetten als Vertreter des nüchternen Rationalismus, bedingt in „Effi Briest" ein Aufeinandertreffen von zwei völlig gegensätzlichen Prinzipien, die sich fremd gegenüberstehen. Die Ambivalenz und Furcht vor diesem Fremden projiziert Effi jedoch auf den spukenden Chinesen. Er ist das Symbol einer fernen Welt, die jenseits christlicher Kategorien liegt und ein Tor öffnet zu anderen Glaubensrichtungen und exotischen Einflüssen. Aus diesem Grund liegt er jenseits des christlichen Kirchhofes begraben, zwischen den Dünen, ist ein Teil von Kessin und lässt sich dennoch nicht integrieren. Er muss außerhalb untergebracht werden, auch im Tod.[266]

---

[264] Bachelard, Poetik des Raumes, S. 33

[265] Bance, Alan: Theodor Fontane: the major novels. - Cambridge: Cambridge Univ. Pr., 1982. - S. 42

Vgl. dazu auch: Schüppen, Franz: Paradigmawechsel im Werk Theodor Fontanes, S. 210

[266] Fontane, Effi Briest, S. 61

Kessin ist eine Hafenstadt, gelegen an der Ostseeküste, nicht weit von der Grenze zu den slawischen Ländern und unmittelbar durch die Schifffahrt verbunden mit Skandinavien. Andererseits liegt es in Hinterpommern, ist abgeschnitten von der Hauptstadt und provinziell im kulturellen Sinn. Menschen verschiedenster Herkunft kommen dort zusammen, slawische Kaschuben leben mehr landeinwärts, doch als Handelszentrum bildet Kessin ein Konglomerat von Fremdeinflüssen, die auch Fontane biographisch prägten, als sein Vater seine Ruppiner Apotheke verkaufte und nach Swinemünde zog, das neben Ahlbeck an der polnischen Grenze liegt.[267]

Effi reagiert mit Neugier und Befremdung auf die neue Umgebung.[268]

Fontanes Gestaltung ihrer Persönlichkeit erinnert an die Tradition des romantischen, sentimentalen Romanhelden, der zu Träumen und Visionen neigt, sich der Reiselust und Sehnsucht hingibt, aber dem wirklichen Leben letztlich nicht gewachsen ist. Sei es „Bleak House" von Charles Dickens, „Pamela" von Richardson (1740) oder „Sentimental Journey" von Lawrence Sterne (1759), der Einfluss des englischen Romans des 18. Jahrhunderts, die Technik der Enthüllung von Ereignissen und Gefühlen durch Korrespondenzen und auch profane englische Fortsetzungsromane, die weniger in die Weltliteratur eingegangen sind, prägten Fontane, der als Anhänger von Sir Walter Scott und durch seine Englandaufenthalte mit englischer Kunst und Literatur vertraut war. Die Gruselgeschichten der „Gothic novel" reizten das Gemüt, der, mit modernen Medien unvertrauten, Leser. Im Gespräch mit der Künstlerin Marietta Trippelli äußert sich Effi:

„Ich bin so leicht Eindrücken hingegeben, und wenn ich die kleinste Gespenstergeschichte höre, so zittere ich und kann mich kaum wieder zurechtfinden." [269]

---

[267] Fontane, Meine Kinderjahre, S. 246
[268] Fontane, Effi Briest, S. 45
[269] Fontane, ebd., S. 93
Vgl. dazu auch: Bernbaum, Ernest: The romantic movement. - New York, 1930.
Birkhead, Edith: The tale of terror: a study of the Gothic romance. - New York, 1963. -

Kessin ist geprägt durch den Einfluss der internationalen Seefahrt. Menschen unterschiedlicher Herkunft haben sich zufällig dort angesiedelt wie der Schotte Macpherson, Beza, ein Barbier aus Lissabon und der Goldschmied Stedingk aus einer schwedischen Familie. Das Flair von Fremde und weltmännischer Atmosphäre wirkt entsprechend auf das Gemüt der unbedarften Protagonistin. [270]

Im Folgenden intensiviert sich das Unheimliche, Sublime und die latente Nervosität, ohne dass die damit verknüpften Phantasien befriedigt werden könnten, weil Innstettens Welt zwar höfisch und vornehm wirkt, doch im Grunde nur noch Scheinarchitektur darstellt, denn seine landrätliche Wohnung ist ein enttäuschendes Fachwerkhaus, einfach, altmodisch und für Gäste kaum geeignet.[271]

Die Frontseite hat allerdings Giebel, die auf die Hauptstraße weisen, die zu den Ostseebädern führt und eine gewisse Hoffnung auf Erholung, Kurzweil und regen Badebetrieb andeutet. Außerdem fällt der Blick auf ein Wäldchen in den Dünen, das auf Spaziergänge hoffen lässt und einen schönen Ausblick bietet. Schräg gegenüber von Effis neuem Heim liegt das Landratsamt, der Arbeitsplatz Innstettens, der die Möglichkeit hat, zwischen zwei Häusern zu pendeln. Nicht dagegen Effi, die gebunden ist an ein Intérieur der Blendung. Geblendet ist sie von einer Fülle des Lichts, von unheimlichen Naturalien, einem riesigen Fisch und sogar einem Krokodil. Bachelard ordnet solche Bilder der Muschel-Ontogenese zu. Sie versetzen uns in frühe Perioden der Erdgeschichte, erinnern an eine Moorwelt voller Farne, Riesensaurier und Reptilien, die zu unserer verdrängten Geschichte gehören.[272] Muscheln und Fossilien sind für ihn Versuche, Formen des menschlichen Körpers vorzubereiten. So sind diese eigenartigen Naturalien einmal Zeichen des Zeitgeschmacks, des Interesses an der Naturgeschichte und Entwicklungsgeschichte der Menschheit, an der Entdeckung fremder Kontinente durch die Seefahrt, aber auch ganz allgemein Metaphern der Körperlichkeit. Sie dienen als Schmuck, der die Einfachheit übertünchen soll durch Überfluss und Überladenheit von exotischen Mitbringseln, rühren an die Urzonen

---

[270] Fontane, Meine Kinderjahre, S. 72
[271] Fontane, Effi Briest, S. 50
[272] Bachelard, Poetik des Raumes, S. 124

menschlicher Entstehung, an die Säfte des Körpers und die Geheimnisse der Natur. Die Einfachheit des Hauses wird überspielt durch diese ungewöhnliche Faszination exotischer Objekte, so dass die Blendung durch Fülle einer Täuschung entspricht, weil einfaches Weißblech der Leuchter eine optische Überreizung auslöst. Kurzum, das Haus hält nicht, was es verspricht.

„Sie war gebannt von allem, was sie sah, und dabei geblendet von einer Fülle von Licht. In der vorderen Flurhälfte brannten vier, fünf Wandleuchter, die Leuchter selbst sehr primitiv, von bloßem Weißblech, was aber den Glanz und die Helle nur noch steigerte. Zwei mit roten Schleiern bedeckte Astrallampen, Hochzeitsgeschenk von Niemeyer, standen auf einem zwischen zwei Eichenschränken angebrachten Klapptisch, in Front davon das Teezeug, dessen Lämpchen unter dem Kessel schon angezündet war." [273]

Der Spiegel an sich steht in einer literarischen Tradition. Die Metaphorik von Spiegel und Lampe lässt sich nicht nur auf die Romantik zurückführen, sondern bereits in der Lyrik des Mittelalters ist der Spiegel Statussymbol der höfischen Dame. Liebrand beschreibt ihn als Konvergenzpunkt von Realität und Unbewußtem, er korrigiere und verbinde Fremd- und Selbstbild, versuche das Innen mit dem Außen zu versöhnen.[274]

Fontane benutzt ihn als Indikator der bürgerlichen Wohlhabenheit, aber auch als Zeichen der Gebrochenheit, wenn er Flecken und Risse aufweist. Sein Fehlen deutet auf einen Mangel hin. Im Quedlinburger Schloss sind nur noch die Tapetenspuren zu sehen, wo einst das kostbare Stück aufgehängt war.[275]

„Rosa stimmte zu, während Cécile verwirrt vom Fenster zurücktrat und mechanisch, und ohne zu wissen, was sie tat, an die Wandstelle klopfte, wo der Kristallspiegel seinen Platz gehabt hatte. "

Fontane zieht Vergleiche mit den Barockprinzessinnen der Vergangenheit und befaßt sich sowohl in „Cécile" als auch im „Stechlin" und in „Ein

---

[273] Fontane, ebd., S. 50
[274] Liebrand, ebd., S. 56
[275] Fontane, Cécile, S. 46

Sommer in London" mit Beginen und Äbtissinnen.[276] Die Beginen schlossen sich den anerkannten Orden nicht an, sondern folgten einem keuschen Leben, indem sie sich frei organisiert der Krankenpflege widmeten und außerhalb der Zünfte Hausarbeit verrichten durften. Witwen und Frauen, die ihre Männer verlassen hatten oder aber verlassen worden waren, konnten so ihren Lebensunterhalt bestreiten. Doch der Spiegel steht nicht nur in diesem Zusammenhang in einer Tradition, sondern Fontanes Stelle in „Effi Briest" deutet auch auf das Überfluten des Verstandes, das Abrams in den Mittelpunkt seiner Deutung gerückt hat.

„Sie war gebannt von allem, was sie sah, und dabei geblendet von der Fülle von Licht. "[277]

Abrams sieht in der Transformation von Metaphern vom Spiegel zur Lampe, eine Veränderung, die die Wahrnehmungsstrukturen der Leser vom Ausgang des 18. zum 19. Jahrhundert verändert hat. Der Geist ist als Spiegel im Kontakt mit den sinnlichen Eindrücken der Außenwelt zu verstehen. Das überflutende Licht, der überquellende Brunnen sind Metaphern, die auf Hobbes, Locke und die englischen Lyriker Wordsworth und Coleridge weisen, die sich über die Schule der Cambridger Platonisten auseinander setzten.

" 'Now the Spirit of man is the Candle of the Lord' he says, for the Creator, himself 'the fountain of Light', furnished and beautified this lower part of the World with Intellectual Lamps, that should shine forth to the praise and honour of his Name..."[278]

Der aktive wahrnehmende Verstand ist für die Romantiker und Platonisten die Analogie einer Licht projizierenden Lampe. Die genannten Stilelemente gehören noch zur Tradition der ausgehenden Romantik.[279] So

---

[276] Shahar, Shulamith: Die Frau im Mittelalter. - Frankfurt/M.: Athenäum, 1988. - S. 36-68

[277] Fontane, E. B., S. 50

[278] Abrams, M. H.: The mirror and the lamp: romantic theory and the critical tradition. - London: Oxford Univ. Pr., 1974. - S. 59

[279] Abrams, ebd., S. 60
Vgl. dazu auch: The Norton Anthology of English Literature/M. H. Abrams; E. Talbot [u. a.]. - 3rd ed. New York: Norton, 1974. - S. 597 1: The Middle Ages 2: The Romantic Period

sind Spiegel und Lampe nicht nur häusliche Einrichtungsgegenstände, sondern auch Reflektoren psychischer und wahrnehmender Impulse. Bei Effi deutet sich eine Reizüberflutung an durch eine Fülle von neuen, auch verzerrenden Eindrücken. Alberto Savinio beschreibt das Intérieur des typischen Sammlers des 19. Jahrhunderts, der aus seinem Salon ein Sammelsurium exotischer Objekte macht, ein Gruselkabinett, mit der Tendenz, Gegenstände aller Epochen und Länder zu sammeln. Zwar bezieht sich Savinio auf seine Heimatstadt Mailand, doch zeigen sich frappierende Ähnlichkeiten mit dem Einrichtungsstil von Innstettens Haus.

„Dieser demiurgische Ehrgeiz hat sich bis in die entlegensten Salons des 19. Jahrhunderts ausgebreitet, die, in geheimnisvolles Halbdunkel getaucht, vollgestopft waren mit Sitzkissen, chinesischen Vasen, türkischen Teppichen, seltenen Muscheln, brasilianischen Schmetterlingen, Krokodilhäuten, Elefantenzähnen, Straußeneiern, arabischen Teppichen; bis der verrückte Wind anhob, der trockene Wind, der ausdörrende und zerstörerische Wind des Rationalismus, der unter dem Vorwand von Licht und Luft diese kleinen Universen zerstörte, diese privaten, winzigen und persönlichen Universen, mit denen sich selbst der einfachste Mensch die in ihm verborgene Präsenz eines Demiurgen bestätigte." [280]

Savinio sieht in Licht und Luft also eher den klaren, zum Aufräumen und Entfernen neigenden Verstand des Rationalisten. Bei Fontane ist es Innstetten, der aus einem Hang zum Rationalismus das Intérieur eher so lässt, wie es ist. Was Effi als altmodisch empfindet, ist seine Neigung, Ästhetik in Raum und Haus nicht überzubewerten. Innstetten geht lieber seinen Pflichten und Amtsgeschäften nach, lässt das Gruselkabinett bestehen, ohne seinen eigenen Stil zu verwirklichen. Überladene Fülle kann jedoch Effi über die enttäuschende Leere nicht hinweghelfen. Zwar hat Effi ein eigenes Zimmer mit einem echten türkischen Teppich, Fischbassin und Blumentisch, das die behagliche Lebensweise der oberen

---

Percey Bysshe Shelley: When the lamp is shattered, the light in the dust lies dead./Wenn die Lampe erschüttert ist, lässt sie das Lied des Herzens und der Seele verstummen.

[280] Savinio, Alberto: Stadt ich lausche deinem Herzen. - Frankfurt/M.: Suhrkamp, 1996. - S. 12

Stände widerspiegelt, auch die übrige Inneneinrichtung mit Ecksofa, Trumeau, altem Kachelofen und alkovenartigem Schlafraum ist akzeptabel, doch insgesamt ist das Haus stumpf und ungepflegt, öde ärmlich und enttäuschend der Saal und auch die übrigen Zimmer sind fast leer.[281]

„*Effi war einigermaßen enttäuscht, sprach es auch aus und erklärte, statt des öden und ärmlichen Saales doch lieber die Zimmer an der gegenübergelegenen Flurseite sehen zu wollen. ‚Da ist nun eigentlich vollends nichts', hatte Innstetten geantwortet, aber doch die Türen geöffnet. Es befanden sich hier vierfenstrige Zimmer, alle gelb getüncht, gerade wie der Saal, und ebenfalls ganz leer.*"[282]

Innstetten, der Frühaufsteher, verlässt früh das Haus. Die plötzliche Stille lässt Raum für sonderbare Töne. Effi hört lange Schleppenkleider über die Diele schleifen, sieht kleine weiße Atlasschuhe und es ist ihr, als werde im Saal getanzt. Roswitha bestätigt Effi, dass es sich nicht nur um eine subjektive nervöse Imagination handeln kann. Gieshübler, der treue Freund des Hauses, versucht zu beruhigen, es seien nur die Gardinen, die der Wind über die Dielen streifen lasse. Reales und Phantastisches vereinen sich in der Metapher der im Winde raschelnden Gardinen. Der Saal, ein Relikt höfischer Rokokotradition, der an rauschende Ballnächte und Menuette erinnert, ist feucht, stockig und völlig ohne Prunk und Glanz. Die alten Gardinen sind zu lang und werden dennoch nicht gekürzt oder verändert. Folglich ist etwas aus der Ordnung. Es zeichnet sich Resignation und Apathie dem Bestehenden gegenüber ab. Der sonst so strenge Hausherr lässt die Dinge schleifen, reagiert gleichgültig, weil er andere Prioritäten setzt. Effi versucht höflich zu bleiben, macht ihm Komplimente über sein Heim und zieht Vergleiche zu Hohen-Cremmen.[283]

---

[281] Wilhelm, Gisela: Die Dramaturgie des epischen Raumes bei Theodor Fontane. - Frankfurt/M.: Rita G. Fischer, 1981. - S. 92
[282] Fontane, Effi Briest, S. 61
[283] Wilhelm, ebd., S. 201

„Überhaupt, Geert, ich sehe nun erst, wie vornehm ich mich verheiratet habe. Bei uns konnte alles nur so gerade passieren."[284] Effi möchte zunächst die Gardinen kürzen, also Initiative ergreifen für eine Erneuerung, aber Innstetten sucht andere Ursachen, führt Iltisse und Holzwürmer an, wenn es darum geht, eine Entschuldigung für die seltsamen Vorkommnisse zu finden. Der Saal fordert beide, verlangt Überlegenheit und Überlegung und rührt an Bereiche jenseits von Vernunft und Realität. Zwar ist sein Haus das erste am Ort, im Vergleich mit den einfachen Strohdächern am Rande des Wäldchens, in dem arme Kinder mit Holzpantinen wohnen, die keine Konkurrenz darstellen, aber auch keinen Anreiz bieten zum gesellschaftlichen Verkehr. Nur wenige Adlige leben in der Gegend, so dass allein der Adel tatsächlich erkennt, dass dieses erste Haus im Grunde nichts von einem Schloss hat. [285]

Auch Innstettens Haus hat einen Seitenflügel, in dem alles Notwendige zur Wirtschaftsführung untergebracht ist. Herrschaftliche Statussymbole wie eine vorhandene Mädchenstube, Pferdestall und eine Wagenremise sind vorhanden. Die Kutscherfamilie Kruse gehört in den eher rustikalen Raum, der landwirtschaftlichen Zwecken dienen soll wie die Rollkammer, der Hühnerstall und Taubenschlag. [286]

Bachelard betont, wie wichtig die ersten Kindheitserfahrungen für die Ausprägung von Vorstellungen und Träumen im kindlichen Gemüt sind. Dabei entwickelt sich vom Keller bis zum Dachboden eine Hierarchie der verschiedenen Funktionen des Wohnens. Bei Fontane sind diese nicht zuletzt auch sozial unterschiedlich verteilt.

Nicht jedem Kind steht zur Ausbildung seiner Phantasie und Imaginationskraft ein Turmzimmer oder ein Taubenschlag zur Verfügung. Effi hatte immerhin ein sonnendurchflutetes Herrenhaus im Hintergrund, musste nun den Wechsel vollziehen in ein vergleichsweise fast bäuerlich wirkendes Zuhause. Nur der Saal mochte sie an herrschaftliche Gesellschaften erinnern, an Zeichen vergangener Dominanz, doch war er nun leer, ungenutzt, fast kühl und verkommen, Relikt einer vergangenen Zeit.

---

[284] Fontane, Effi Briest, S. 55
[285] Müller, ebd., S. 115
[286] Bachelard, ebd., S. 41

Im Vergleich zu Hohen-Cremmen sieht Margherita Cottone, die besonders die Bedeutung Goethes für Fontane hervorhebt, in Kessin einen Raum der Unsicherheit. [287]

Als Trost bleibt Effi der Hund „Rollo". Rolf Zuberbühler befasste sich in seiner Studie mit den Hunden in Fontanes Romanen. Er sieht den Zusammenhang von Entfremdung und Naturbegriff in der Ableitung von Rousseaus Grunderfahrung des 19. Jahrhunderts, in der humane Existenz mit gesellschaftlicher nicht kongruent ist. [288]

Die Inkongruenz von Natur und Mensch leitet Zuberbühler von Gottfried Seumes Gedicht „Der Wilde" ab und bezieht sich damit noch auf die Tradition der Idylle im Sinne eines Naivitätsideals. Hunde wie Rollo in „Effi Briest", Hektor in „Vor dem Sturm", Boncoeur in „Cécile", Sultan in „Irrungen, Wirrungen" oder Uncas in „Quitt" dienen Zuberbühler dabei als exemplarische Muster für Treue, Verlässlichkeit und eine dem Menschen überlegene Qualität. Fontane stehe in der Tradition von Schopenhauers „Parerga und Paralipomena" von 1851. Tierliebe soll Kompensation sein und über Entfremdung hinwegtrösten. Der Name Rollo erinnert an die steinernen Kreuze, die die Wallfahrtswege säumen. Das Tier als Zeichen göttlicher Fügung verstanden, verdient ebenso Liebe und Trauer bei seinem Tod wie der Mensch.

In der Fontaneforschung findet sich häufig die Bemerkung, dass Fontane eine sekundäre Beziehung zur Natur habe, weil er in ihr nicht die göttliche Schöpfung an sich, sondern nur die Bezogenheit auf den Menschen sehe. Dabei sind seine untreuen Ehefrauen, „die Schlittenfahrt durch den Schloon", als Metapher für den natürlichen Abgrund, in den der Mensch gezogen werden kann, das schwarze Huhn der Frau Kruse in „Effi Briest" oder auch Hankels Ablage in „Irrungen, Wirrungen" als heimlicher Treffpunkt beziehungsweise „Ellernklipp", der Fels in Verknüpfung mit Ellern, einer gnomhaften Gestalt aus Heinrich Heines „Wintermärchen", Topoi eines romantischen Naturverständnisses, das irrationale und

---

[287] Cottone, Margherita: Romanzo e spazio simbolico: le affinità elettive di J. W. Goethe e „Effi Briest" di Theodor Fontane. - Palermo: Flaccovio, 1992. - S. 127

[288] Zuberbühler, Rolf: „Ja, Luise, die Kreatur. ": zur Bedeutung der Neufundländer in Fontanes Romanen. Tübingen: Niemeyer, 1991. - S. 1

übermenschliche Kräfte in ihr voraussetzt, die die Ratio des Menschen überschreiten.

Damit gewinnt die Natur die Bedeutung einer über den Menschen hinausgehenden Dimension.

Die Hervorhebung des Konfliktes zwischen gesellschaftlicher und natürlicher Existenz, als Widerstreit zwischen Moral, Konvention und gesellschaftlicher Verpflichtung, und dem polaren Gegensatz seiner freien natürlichen Beschaffenheit ist einerseits wesentlicher Schwerpunkt bei Fontane, schließt jedoch andererseits die Autonomie der Natur als omnipotente, übergeordnete Dimension nicht unbedingt aus. Er integriert den Menschen in die Natur, die er liebt, was seine „Wanderungen durch die Mark Brandenburg" bestätigen, sieht den Menschen jedoch als Teil der Natur, die ihn beeinflusst wie das Wetter, nämlich in unberechenbarer und unkontrollierbarer Art und Weise.

Er ordnet den Menschen damit der Natur unter, weil er vor allem ihren Gesetzen unterliegt. Beispiel für eine besonders eindringliche Naturbeschreibung bietet eine Stelle aus dem Roman „Unwiederbringlich":

„Die Sonne, die frühmorgens so hell geschienen, war wieder fort, der Wind hatte sich abermals gedreht, und ein feines Grau bedeckte den Himmel; aber gerade diese Beleuchtung ließ die Baumgruppen, die sich über die große Parkwiese hin verteilten, in um so wundervollerer Klarheit erscheinen. Die Luft war weich und erfrischend zugleich, und am Abhang einer windgeschützten Terrasse gewahrte man allerlei Beete mit Spätastern; überall aber, wo die Parkwiese tiefere Stellen hatte, zeigten sich große und kleine Teiche, mit Kiosks und Pavillons am Ufer, von deren phantastischen Dächern allerlei blattloses Gezweige hernniederhing. Überhaupt alles kahl. Nur die Platanen hielten ihr Laub noch fest, aber jeder starke Windstoß, der kam, löste etliche von den großen gelben Blättern und streute sie weit über Weg und Wiese hin. In nicht allzu großer Entfernung vom Schloß lief ein breiter Graben, über den verschiedene Birkenbrücken führten; gerade an dem Punkt aber, wo Schleppegrell, an der Spitze der anderen, den Grabenrand erreichte, fehlte jeder Brückensteg, und statt dessen war eine Fähre da, mit einem zwischen hüben

und drüben ausgespannten Seil, an dem entlang man das Flachboot hinüberzog."[289]

Fontanes Natur ist eine künstlich angelegte Parklandschaft, die ohne den Menschen kaum in dieser Form existierte. Sie gehört unmittelbar in die Nähe des Schlosses und wird geschützt durch Gräben und Brücken. Wieder gebraucht Fontane die Metapher des Bootes als Medium zwischen zwei Welten, dem Hüben und dem Drüben, also der Welt innerhalb des Schlosses und jener außerhalb, zu der Schleppegrell eigentlich gehört, dessen einfache, enge Frau nur Gast in der Welt des Adels ist. Natur, Raum und Personenbeschreibung gehen folglich ineinander über.[290]

Die Konzentration der architektonischen Gestaltung und Raumbeschreibung von Extérieur und Intérieur stehen bei Fontane jedoch vor der Beschreibung der Natur. Stimmungen vermittelt er über den Wechsel von Helligkeit und Dunkelheit im Raum, über Disharmonie und Verfall in der unmittelbaren Umgebung. In „Effi Briest" ist es die Treppe, die er als baufällig beschreibt. [291]

Treppen führen meist hinauf oder hinab in die unteren ängstlichen Traumzonen der Seele, in den Ultra-Keller, oder führen hoch in die luftverbundenen Dachbodenstübchen, in denen die Kinder in den Holzgerüsten der unwohnlichen Dachbalken eine besondere Bleibe zum Träumen und Kauern, zum Lesen und Phantasieren erhielten. Bei Fontane mündet die Dunkelheit in einen heiter anmutenden Flur und bestätigt die eigentümliche Ambivalenz von Helligkeit und Dunkelheit, Vernunft und Spuk, denn trotz desolater Momente hat das Haus einen schönen Ausblick auf eine Windmühle, die sehr malerisch ist. Eine in ihren Flügeln schief hängende Doppeltür, die in den sogenannten Saal führt, der die gesamte Etage einnimmt, antizipiert Unheimliches durch die im Luftzug hin und her wehenden Gardinen.[292]

---

[289] Fontane, Unwiederbringlich, S. 161 f
[290] Jung, Bildergespräche, S. 180
[291] Bachelard, ebd., S. 50
[292] Fontane, Effi Briest, S. 60

Die Leuchter werden als blechern beschrieben, an einer Wand ein Kamin mit Steinplatte, doch nichts ist höfisch prachtvoll, sondern alles ist stumpf und ungepflegt.

„*In unserer Zivilisationsepoche, die das gleiche Licht überallhin verbreitet und auch den Keller elektrisch beleuchtet, geht man nicht mehr mit dem Leuchter in den Keller.*" [293]

Dennoch wirkt die Lampe beruhigend auf den hereinblickenden Außenstehenden, der durch das heimelige Licht am Fenster angezogen wird. Sie ist das Auge des Hauses und vermittelt Leuchten, Einsicht und Wachsamkeit. Diese Helligkeit ist jedoch in „Effi Briest" abgestumpft. Da fehlt es an Hoffnung und Erwartung. Stattdessen überschattet das Haus eine unheimliche Atmosphäre durch wenig anheimelnde Einrichtungsgegenstände bis hin zu gänzlicher Leere.

Dies löst bei Effi zwangsläufig Enttäuschung aus. Türen führen in verborgene Welten der Doppelbödigkeit, rühren an unbewusste Tiefen, die die Geborgenheit, die Effi im Elternhaus erfahren hat, nicht bestätigen können.

Hubert Ohl möchte Fontane am liebsten aus der Zuordnung zum Realismus entlassen, weil er im Grunde durch diese Metaphorik nicht den Ansprüchen des Realismus gerecht werde. Realismus heißt für ihn Darstellung einer nichtkontingenten Kunstwirklichkeit, geplante, der Wirklichkeit entsprechende Abbildung einer kontingenten Realität. Bei Fontane vermischen sich äußere Perzeption mit innerpsychischen Wahrnehmungen und gehen im Grunde über die bloße Abbildung der Wirklichkeit hinaus, denn Subjekt und Objekt unterliegen einer Wechselwirkung, die von der jeweiligen Sichtweise des Subjekts bestimmt wird. Effi sieht die Welt anders als Innstetten und daher kann nur die Erfassung der psychischen Realität verschiedener Protagonisten zu einer Darstellung der abgebildeten Wirklichkeit führen.[294]

---

[293] Bachelard, ebd., S. 45
[294] Ohl, Hubert: Bild und Wirklichkeit: Studien zur Romankunst Raabes und Fontanes. - 1. Aufl. - Heidelberg: Stiehm, 1968. - S. 236

Der Erzähler beschreibt Effis Reaktionen durch die distanzierte Sicht eines übergeordneten anderen, der ihre Enttäuschung von weitem beobachtet.

Voller Erwartung fragt sie Innstetten nach der Beschaffenheit der übrigen Räume und erfährt, es sei dort absolut nichts. Während er mit diesen vierfenstrigen, gelbgetünchten Zimmern vorläufig ebensowenig zu tun hat wie mit dem leeren Saal, wird allmählich deutlich, dass er Effi in ein Zuhause versetzt, das nur die Kulisse seiner beruflichen Tätigkeit darstellt. Es ist diese unheimliche Leere des Raums, die die Innenwelt Effis widerspiegelt. Ihr inneres Empfinden korrespondiert mit der Beschaffenheit der Räumlichkeiten, die vor allem ihr zugeordnet werden sollen. Innstettens Zuhause dagegen ist sein Schreibtisch im gegenüberliegenden Landratsamt. Auch die weiteren Einrichtungsgegenstände drücken die unausgesprochenen Seelenregungen metaphorisch aus. Durchgesessene Binsenstühle, an deren Lehne ein Bildchen mit einem Chinesen klebt, geben ein Bild norddeutscher Hafenumgebung ab, das in seiner ärmlichen Biederkeit kitschige Sehnsüchte nach Fremde und Meer versinnbildlicht. Der Blick auf das Meer, besonders deutlich in „Unwiederbringlich", ist ein typisches Motiv der Romantik, das Fontane ebenso variiert wie die Italiensehnsucht. Es bringt die unerreichbare Erfüllung von Reisen in die und Erfahrungen mit der Fremde zum Ausdruck, die nur wenigen realiter vergönnt sind. Der einfache Mecklenburger bleibt in seiner strohgedeckten Kate, begnügt sich mit dem Blick auf das Meer und mit einem Abziehbild, das seine exotischen Bedürfnisse ins bescheidene Heim holt, es festklebt auf den alten Hörnstuhl, von dem er sich trotz durchgesessener Binsen nicht trennen mag. Der Blick in die Weite wird gebunden durch die Enge der realen Möglichkeiten. Fontane verbindet ärmliche Biederkeit mit weltmännischer Offenheit und stößt dabei an seine schriftstellerischen Grenzen. Ein Abziehbild auf einem ursprünglich norddeutsch rustikalen Binsenstuhl versucht, das abgewohnte Möbel mit einem ärmlichen Versuch der bildlichen Aufwertung zu schmücken, doch dadurch wird das Objekt erst in seinem eigentlichen Wert unterminiert. Der gediegene handwerklich solide Stuhl bekommt das Zeichen eines Fremden aufgedrückt und wird so zu einem widersprüchlich stigmatisierten Gegenstand. Es ist gerade dieses Abziehbild, das Effis noch fast kindliche Phantasie anregt. Der Versuch, den unheimlichen Saal zu einem Gästezimmer umzufunktionieren, drückt konstruktive Abwehr aus. Doch Innstetten möchte den potentiellen Besuch lieber in der ersten Etage seines ebenso leeren Landratsamtes unterbringen. Die Leere und die Hoffnung auf Besuch bestimmt beide. Außer dem Apotheker Gieshübler, der von sich selbst behauptet, nie jung gewesen zu sein, betritt jedoch niemand das Arbeitszimmer des Landrats mit schwerfälligem Schreibtisch und Fauteuils. Der ersten Frau aus dem Ort mangelt es an Publikum. Der mutmaßliche Einfluss seemännischer Spanier hat eine Mischung einheimischer mit fremden, ausländischen Menschen zur Folge gehabt, beispielsweise Gieshübler ist der Sohn einer schönen Andalusierin, ohne dass seine provinzielle Plumpheit damit verschwunden wäre. Sein Zylinder ist für seine Verhältnisse zu hoch und sein Apothekeradel in der vierten Generation vermittelt einen Eindruck fremdländischer Exotik gemischt mit gewöhnlicher Provinzialität.[295] Dabei strahlt er Treue, Freundschaft und Loyalität aus. Der Eindruck der Mittelmäßigkeit setzt sich in den weiteren Beziehungen fort. Unstimmigkeiten im Äußeren ergeben sich, als Effi argwöhnisch von der einheimischen Bevölkerung in Augenschein genommen wird. Effis Toilette wird als prätentiös und wenig dezent eingeschätzt. Der Vorwurf, sie sei Atheistin, ist Ausdruck vorurteilsgebundener Neidvorstellungen, deutet allerdings an, wie schwer es ihr gemacht wird, in ihrer Führungsrolle als Ehefrau des Landrats akzeptiert zu werden. Nicht nur Außenseiterfiguren wie Gieshübler bewegen sich zwischen fremder Herkunft und Integration. Allein sein Vorname deutet auf seine Fremdartigkeit. Er führt eine Doppelexistenz zwischen Bürgerlichkeit und Hang zum Künstlertum. Als Arrangeur von Kunstabenden gelingt ihm ansatzweise die Integration.[296] Effi kommt nicht aus Kessin und muss sich zunächst einmal beweisen. Zur Befremdung in einer ungewohnten Umgebung kommt die Ablehnung ihrer Bewohner, auf deren Anerkennung Innstetten angewiesen ist. Innstetten in Hausrock und Saffianschuhen plaudert mit Effi in Gesellschaftstoilette, Fächer und Handschuhen nach Besuchen, die mehr

---

[295] Schweizer, ebd., S. 42
[296] Degering, Thomas: Das Verhältnis von Individuum und Gesellschaft in Fontanes „Effi Briest" und Flauberts „Madame Bovary". - 1. Aufl. - Bonn: Bouvier, 1978. - S. 41

Pflichterfüllung als Vergnügen bedeuten. An Effis Auftreten hängt jedoch der Erfolg, weil Innstetten die Majorität im Reichstag benötigt. Politischer Zwang dringt somit in die häusliche Intimsphäre ein. Er beabsichtigt politisch Karriere zu machen und kann sich formloses Benehmen nicht leisten, wenn er die Bevölkerung und vor allem die Honoratioren der Stadt auf seiner Seite haben will. Nicht zuletzt sein späterer Antagonist desillusioniert Effi, indem er behauptet, dass ihm dafür jedes Mittel recht sei, sogar ein Spuk könne ihm dienlich sein, das langweilige Dasein der Provinzbewohner etwas aufzuwühlen, um sich interessanter erscheinen zu lassen. Doch noch ahnt Crampas nicht, dass Innstetten dabei unerbittliche Grenzen kennt.[297] Das Bedürfnis nach Ruhe lässt seine Stellung nicht zu. Innstetten kann sich keine Frau leisten, die Gespenster sieht und sich vor der Gesellschaft verschließt.[298] Es gilt zu repräsentieren. Die gemütskranke Kutschersfrau Kruse mit ihrem schwarzen Huhn ist gerade genug der Verrücktheit im Hause Innstetten. Weitere Störungen darf es nicht geben. Sie stellten all das in Frage, wofür das preußische Junkertum steht.[299] Pflicht, Ordnung und Prinzipien verlangen die absolute Intaktheit der Familie als Keimzelle des Staates. Doch Effi umgibt ein Gefühl der Einsamkeit, des Heimwehs und der Melancholie, die Entfremdung von ihrem kindlichen Zuhause in der geschützten Idylle von Hohen-Cremmen.[300] Statt sich innerlich zu beruhigen, fällt ihr die Geschichte der weißen Frau in die Hände, ein Teil märkischen und romantischen Sagengutes, das die Erregung intensiviert. Fortan wird sie verfolgt vom spukenden Chinesen. Karla Müller sieht in ihm die Objektivation unausgelebter Triebwünsche.[301] Effi sehnt sich nach Nähe und Intimität.[302] Karla Müller bezieht sich auf Brüggemann, der wie Jean Améry Anzeichen verdrängter Sexualität in Effis Verhalten erkennt. Katharina von Fa-

---

[297] Fontane, ebd., S. 133
[298] Kolk, ebd., S. 89
[299] Machtan, Lothar: Die Klassensymbiose von Junkertum und Bourgeoisie: zum Verhältnis von gesellschaftlicher und politischer Herrschaft in Preußen-Deutschland 1850-1878/79/Lothar Machtan; Dietrich Milles. - Frankfurt/M. [u. a.]: Ullstein, 1980. - S. 31
[300] Fontane, ebd., S. 70
[301] Müller, Schlossgeschichten, S. 51
[302] Bindokat, Effi Briest: Erzählstoff und Erzählinhalt, S. 47

ber-Castell hält die zunächst gar nicht als Krankheit dargestellten Ängste deshalb für bedeutungsvoll, weil sie den Beginn ihres physischen und psychischen Verfalls signalisieren.[303] Der Tausch oder Verkauf des Hauses wird jedoch nicht in Erwägung gezogen. Innstetten beschwichtigt, hält alles für einen Traum und Sinnestäuschung, wobei der Spuk an sich als Indikator für adlige Herkunft und Wappen ihm als Statussymbol gar nicht so unangenehm erscheint. Im Gegensatz zum langweiligen Bürgermädchen repräsentiert Effi eine feudale Welt, zu der die psychische Anspannung, die Neuralgie und der Rheumatismus als klassische Krankheiten des Adels gehören. Der Herkunft aus dem kleinen Bürgerhaus setzt Innstetten den spannenderen Hintergrund voller Überraschungen und Extravaganzen entgegen, in die er auch den spukenden Chinesen und die weiße Frau zunächst noch recht gut miteinbeziehen könnte, hätte nicht Effi durch ihren Ehebruch gleichzeitig den Bruch mit den Normen insgesamt vollzogen. In der Terminologie Bachelards ließe sich die Situation Effis, einer Frau aus dem märkischen Adel, mit einer Truhe vergleichen, deren Datum zunächst dem heutigen Leser wie mit Farbe übertüncht erscheint. Erst durch mühevolles Abbeizen wird allmählich die Zeit um 1885 freigelegt. Schließlich wird deutlich, dass hinter der Farbe der Holzwurm lauert und die Frau einer Zierleiste gleichkommt. Die Verwirklichung eines erfüllten Eigenlebens ist in einer patriarchalisch-militärisch organisierten Gesellschaftsform nicht möglich, da die Frau ohne Begleitung ihres Mannes nicht in der Öffentlichkeit auftreten kann. Bei Fehltritten ist sie bedroht durch strikte Sanktionen, muss sogar damit rechnen, dass die Männer in einem Duell Satisfaktion einfordern. Nach der vermeintlichen Ehrenrettung kann dann zwar der betrogene Ehemann weiterleben, doch die Frau müsste zerfallen, hätte kaum Möglichkeiten sich aus dieser abhängigen Stellung zu befreien. Weder die Rückkehr zu den Eltern, noch ein Leben im Kloster können eine ausreichende Perspektive für eine geschiedene Frau sein. Nicht Innstetten wird wegen seiner kalten Ignoranz in Frage gestellt, sondern die Schuldzuweisung trifft allein Effi, die für ein Handeln zur Rechenschaft gezogen wird, deren Hauptursache nicht in ihr zu suchen ist, son-

---

[303] Faber-Castell, Katharina von: Arzt, Krankheit und Tod im erzählerischen Werk Theodor Fontanes. Zürich, Univ. Diss., 1983. - S. 9

dern in einer Gesellschaft, die Gefühle nicht zulassen will und der Frau nur als Anhängsel ihres Ehemanns eine untergeordnete Rolle zuweist.

3.1.1. Der Chinese als Paradigma des Fremden

Der Chinese, als Paradigma des Fremden, wurde auf vielfältige Art und Weise zu entschlüsseln versucht. Degering deutete ihn als Allegorie für alles „Unbürgerliche".

„*Als fremdes außerhalb der bürgerlichen Welt befindliches Element bringt er Gefahr und Verderben für die, die sich mit ihm einlassen.*"[304]

Fontane präsentiert ihn als angstauslösenden Fremden, der bei Effi einen „Stich" verursacht. Er löst also eine affektive Gefühlsregung aus, jenseits ihrer rationalen Kontrolle. Dabei passt er in den Anekdotenschatz und die vom Kolonialismus geprägte Welt der Hafenstadt Kessin. Er erinnert an die Geschichte des Kapitäns Thomson, der als Chinafahrer mit seiner Reisefracht zwischen Schanghai und Singapur pendelt und schließlich sein Schiff verkauft, um das Haus zu erwerben, das später von Innstetten und Effi übernommen wird. Krokodil, Haifisch und das unheimliche Naturalienkabinett gehen also auf den Geschmack dieses Kapitäns zurück, begründen die Exotik des Hauses im Imperialismus preußischer Handelspolitik. Der Chinese, mehr Freund als Diener Thomsons, hatte vermeintlich eine heimliche Beziehung zu dessen Enkelin Nina, die nach dem Tanz mit dem Chinesen an ihrem Hochzeitstag plötzlich verschwand. Nach vierzehn Tagen starb der Chinese, offenbar aus Gram, und wurde in den Dünen außerhalb christlicher Bestattungsräume beerdigt.

„*Der Berliner Pastor aber soll gesagt haben: Man hätte ihn auch ruhig auf dem christlichen Kirchhof begraben können, denn der Chinese sei ein sehr guter Mensch gewesen und gerade so gut wie die anderen.*"[305]

Der Integrationsversuch scheitert also einmal am fremden Glauben und zum anderen an der Tabuierung der Beziehung zwischen einer preußi-

---

[304] Degering, Thomas: Das Verhältnis von Individuum und Gesellschaft in Fontanes „Effi Briest" und Flauberts „Madame Bovary". - 1. Aufl. - Bonn: Bouvier, 1978. - S. 37-39
[305] Fontane, Effi Briest, S. 86

schen Frau und einem exotischen, gar dunkelhäutigen Fremden, den man als Diener und männlichen Freund duldete, nicht jedoch als den potentiellen Liebhaber einer einheimischen Frau. Jhy-Wey Shieh befasste sich mit Liebe, Ehe und Hausstand und definiert zunächst den Fremden als Nicht-Heimischen. Auch lehnt sie sich dabei an Freud an, wenn sie daraus „das Unheimliche" ableitet. Weiterhin befasst sie sich mit Otto Bollnows These, dass der Mensch in dieser Welt ein Wohnender sei und erst im Wohnen zum eigentlichen Menschen werde.[306]

1951 beschäftigte sich Martin Heidegger mit Bauen und Wohnen und führte die Bedeutung etymologisch zurück auf das altsächsische „wunon", das im Sinne von „bleiben" beziehungsweise „sich aufhalten" und „wunian", „zufrieden sein" beziehungsweise „zum Frieden gebracht und bewahrt vor Bedrohung und Gefahr", sich mit Bachelards Vorstellung vom glücklichen Haus in Verbindung bringen lässt. Für beide ist der Grundzug des Wohnens der Balsam der sich schonenden Seele. Das Haus bettet den Menschen in ein semantisiertes Raumgefüge ein.[307]

Doch in Fontanes Haus, dem ehemaligen Heim des Kapitäns Thomson, ist der Friede gebrochen, seine Geschichte verstößt gegen herrschende Ordnungsvorstellungen, weil im Inneren die Gefahr lauert und der fremde Chinese den Hausfrieden gestört hat, ohne dies zu wollen. Seine exotische Anziehungskraft hat die Enkelin Nina betört, sie in die Flucht geschlagen und die Hochzeit durcheinander gebracht. Der Suizid des Fremden entspricht einer Kapitulation, weil er das Scheitern der Integration bedeutet. Der Chinese löste eine Katastrophe aus. Effis Haltung zu dieser Geschichte reflektiert die Widersprüche der Wilhelminischen Epoche. Anziehungskraft verbindet sich mit Angst. Am Chinesen scheiden sich die Meinungen. Die Rationalisten, wie Pastor Trippel, wären durchaus tolerant genug, ihn auf dem Friedhof zu beerdigen.[308]

Die konservativen, weniger freigeistig gesonnenen Preußen funktionalisieren ihn als Spuk aus Berechnung, als Paradigma des Fremden, der

---

[306] Shieh, Jhy-Wey: Liebe, Ehe, Hausstand: die sprachliche und bildliche Darstellung des Frauenzimmers im Herrenhaus in Fontanes Gesellschaftsroman „Effi Briest". - S. 107

[307] Müller, Karla: Schlossgeschichten, S. 125

[308] Fontane, Effi Briest, S. 95

als Gegenfigur zur preußischen Ordnung diese aufrechterhalten soll. Das gewöhnliche, monotone Haus soll dadurch interessanter erscheinen, es aufwerten und quasi Erziehungsmittel im Sinne eines Angstapparates aus Kalkül werden.

„Daß Innstetten sich seinen Spuk parat hielt, um ein nicht ganz gewöhnliches Haus zu bewohnen, das mochte hingehen, das stimmte zu seinem Hange, sich von der großen Menge zu unterscheiden; aber das andere, daß er den Spuk als Erziehungsmittel brauchte, das war doch arg und beinahe beleidigend."[309]

Der Chinese als Repräsentant einer fremden Welt, in der andere Werte herrschen, möglicherweise verbunden mit Promiskuität und Rausch, steht der Werteskala preußischer Normen als Bedrohung entgegen, verbindet sich mit der Angst vor Desintegration, den Folgen eines Ehebruchs und dem Status des Ausgeschlossenseins.

„Man studiere daraufhin, beispielsweise, die Erziehung, der Effi Briest in ihrer Ehe schrittweise ausgesetzt wird und die weder die Frau, die sie erleidet, noch der Mann, der sie ihr antut, ganz begreifen. Es ist eben, als wäre sie in der Natur begründet."[310]

Das Häusliche und Vertraute lässt zwar Fremdheit zu, doch nur soweit diese die private Ordnung disziplinieren hilft.

„Zur >Verborgenheit< und zum >Fremden< gehören immer zwei beteiligte Parteien, damit ein >Gegenüber< zustande kommen kann, nämlich hinsichtlich des >Geheimnisses<, einerseits die Partei der Eingeweihten und andererseits die der Nichteingeweihten."[311]

Wenn das Fremde und die Unheimlichkeit dominieren, steht es mit dem Hausfrieden schlecht. Die Bedrohung greift bis in die Privatheit des ehelichen Hausstandes ein. Bei Effi sind die Gründe für ihre Empfindlichkeit verbunden mit dem Verlust des elterlichen Hauses und der Konfrontation mit dem männlichen Fremden, dem anderen Geschlecht.

---

[309] Fontane, ebd., S. 134
[310] Matt, Peter von: Liebesverrat: die Treulosen in der Literatur. - München: Hanser, 1989. - S. 74
[311] Shieh, ebd., S. 98

Waldenfels analysiert diese Situation folgendermaßen:

„Erst recht ist das Fremdartige, das an den Kreuzwegen des Lebens und hinter den Schwellen der Erfahrungen lauert und das unsere eigenen Möglichkeiten übersteigt, in seiner oftmals beschriebenen Unheimlichkeit verlockend und beängstigend, beflügelnd und belastend zugleich." [312]

Die Fremdheit des anderen Geschlechts entlädt sich in einer Angst vor dem paradigmatisch verfügbaren Fremden. Dieses steht wie eine Vogelscheuche als künstlich aufgerichtete Figur metaphorisch für die Angst vor allem Neuen und unbekannten Fremden.

3.1.2. Nomen et omen

Sowohl Geert von Innstetten als auch Crampas sind zunächst Fremde, die in Effis Welt eindringen. Velardi bemerkt, dass Innstetten im Hause Hohen-Cremmen zwar als Freund der Mutter aufgenommen wird, doch den Freundinnen Effis ist er kein Einheimischer. [313]

„Ach, Effi, wir wollen dich ja nicht beleidigen, und auch den Baron nicht. Innstetten sagtest du? Und Geert? So heißt doch hier kein Mensch." [314]

Es ist der fremde Name, der die fremde Herkunft ähnlich andeutet wie Theodor Fontanes eigener Hugenottenname. Die Angst vor diesem fremden, potentiellen Ehemann wird jedoch kanalisiert durch das vorhandene exotische Fremde in Gestalt des Chinesen. Statt reale Angst vor Innstetten zu empfinden, überträgt Effi diese auf den Chinesen. Die Furcht vor einem Bruch mit der Ordnung, in diesem Konglomerat befremdender Gefühlsregungen, steigert sich durch den Auftritt des späteren Liebhabers Crampas, der den Ansichten Innstettens durch zynische Entlarvung von dessen vermeintlichen Tugenden als Antagonist entgegentritt. Der fremde Chinese wird so zum diffusen Auffangbecken einer ganz anderen Angst, nämlich der Angst vor dem neuen Haus, dem Spukhaus in Kessin. Fontane arbeitete seinen eigenen inneren Zwiespalt beim Schreiben ab, indem er zwei charakterlich unterschiedliche Figuren

---

[312] Waldenfels, Der Stachel des Fremden, S. 35
[313] Velardi, Carol Hawkes: Techniques of compression and prefiguration in the beginnings of Theodor Fontane's novels. - Bern: Lang, 1992. - S. 111
[314] Fontane, Effi Briest, S. 12

wie Innstetten, den Erhalter preußischer Moral und patriarchalischer Ordnung, und den leichtsinnigen Hasardeur und Damenmann Crampas, dessen Unzuverlässigkeit die herrschende Moral in Frage stellt, als Antagonisten aufeinandertreffen lässt. Crampas' vermeintlich polnische Herkunft vermittelt ebenfalls Vorurteile gegenüber allem Bedrohlichen und Unzuverlässigen, das nur aus dem Ausland kommen kann, und bringt Effi endgültig aus ihrem psychischen Gleichgewicht, weil er ihre Ehe in Gefahr bringt, ohne Gewissensbisse zu haben. Das Paradigma des fremden Chinesen bedeutet daher eine Verschleierung der eigentlichen Bedrohung durch den möglichen Ehebruch und die damit verbundenen Sanktionen.

Die Ängste vor dem eigenen Zuhause, der aufgezwungenen Sexualität mit dem Ehepartner, werden projiziert in Ängste vor dem Aushäusigen, also dem Fremden, der im Grunde aber reizvoller erscheint, unbekannter und sinnlich vielversprechender als der ältliche Innstetten. Phantasie und Spuk sind die Umsetzung realer Ängste und benebeln die Protagonistin wie einen Traum, so dass sie sich mit der wirklichen Ursache ihrer seelischen Nöte nicht befassen muss.

„Aber er ist so'n halber Pole, kein rechter Verlass, eigentlich in nichts, am wenigsten mit Frauen. Eine Spielernatur. Er spielt nicht am Spieltisch, aber er hasardiert im Leben in einem fort, und man muss ihm auf die Finger sehen." [315]

Bei der späteren Hotelsuche entdeckt Effi zufällig den Namen Crampas als einfachen Dorfnamen auf der Insel Rügen. Damit gehört er zum mecklenburgischen, also einheimischen Sprachschatz, doch die heidnisch-wendischen und slawischen Fremdelemente in der preußischen Kultur, dazu skandinavische und französische Einflüsse, lassen das Heimische als aus der Fremde mitgebrachte Kulturmomente erkennen. Der Name Crampas, abgesehen von der Andeutung einer neuralgischen Verkrampfung, wie Katharina von Faber-Castell sie in extenso bei Fontane untersucht hat, lässt auch eine semantische Nähe zu Hohen-Cremmen erahnen. Crampas ist ihrer Natur, ihrem elterlichen Zuhause näher als Innstetten, dessen Name eher süddeutsche Herkunft anzeigt.

---

[315] Fontane, Effi Briest, S. 147

Dabei könnte das niederdeutsche Wort Krampe auch für Haken und Klammern stehen, abgeleitet vom althochdeutschen „chramph" für heute „krumm". Krummin ist ein am Bodden gelegener Ort auf Usedom unweit von Rügen, an der heutigen polnischen Grenze gelegen und in der Nähe von slawischen Kulturgütern, typisch für Pommern und keineswegs fremd, ausländisch oder suspekt.

Im übertragenen Sinn könnte auch Effis Anklammerung an einen unsoliden, leichtsinnigen Crampas ihr einen Halt geben, um mit der monotonen Leere einer leidenschaftslosen Konvenienzehe leben zu können. Die etymologische und physiognomische Analyse des Namens und der Herkunft als möglicherweise fremder, im polnischen, wendischen oder exotisch begründeten Kolonialreich, bedeutete im 19. Jahrhundert, insbesondere in der Bismarckzeit, dass die Grenzen zwischen dem, was als „einheimisch" galt, und dem potentiellen Fremden nicht mehr klar umrissen sein konnten, denn ein großer Teil des preußischen Adels hatte polnische Namen, polnische Herkunft und war durch die polnischen Teilungen gezwungen, sich in der Bismarckzeit für die Zugehörigkeit zu Polen oder Deutschland zu entscheiden. Drei Beispiele für diese Verunsicherung sind Graf Bninski, Junker von Vitzewitz und Landedelmann von Landalinski in „Vor dem Sturm", die ihre polnische Identität zugunsten preußischer Staatsangehörigkeit ablegen konnten. Auch die französische Herkunft der Hugenotten drückt sich aus in fremdländischen Namen wie Victoire von Carayon in „Schach von Wuthenow", die polnische in Woronesch von Zacha in „Cécile", die skandinavische wie Holk von Holkenäs in „Unwiederbringlich", und die jüdisch-holländische wie Ezechiel van der Straaten in „L'Adultera". Die bunte Mischung verschiedener ethnischer Gruppen in Preußen manifestiert sich so in den Familiennamen. Fontane bringt zum Ausdruck, dass das Element fremder Herkunft ausgeglichen werden musste, und zwar durch Überbetonung und Anpassung an die preußische Ständegesellschaft. Dabei kollidieren heidnische mit christlichen Gebräuchen und erzeugen irrationale Einflüsse, die sich im schwarzen Huhn der Frau Kruse und den Resten wendischer Opfersteine und dem Glauben an „Spuk" und „weiße Frauen" entladen.

„Die Ritterschaftsrätin, eine vorzügliche alte Dame, war in allen Stücken ein Original und suchte das, was die Natur, besonders durch starke Bakkenknochenbildung, nach der wendisch-heidnischen Seite hin für sie getan hatte, durch christlich-germanische Glaubensstrenge wieder in Ausgleich zu bringen." [316]

Reuter deutet den Spuk historisch. Abgesehen von der Tradition hohenzollernscher Hausgespenster sieht Reuter ihn als Unsicherheit Fontanes, zieht jedoch vor allem den Schluss, dass Fontane den Spuk aus der Romantik zwar aufgreift, jedoch nur, um ihn zum Kontrapart rationalistischer Denkweise zu machen und seine übernatürliche Existenz ironisch in Frage zu stellen. Es ist evident, dass Fontane sich über ihn lustig macht. Er benutzt die vermeintlichen Gespenster um anzudeuten, dass es sich um eine Spiegelung des Seelenlebens handelt. Er operiert bereits mit psychoanalytischen Deutungen, benutzt aber noch die Schreckgespenster der Vergangenheit, weil tiefenpsychologische Überlegungen erst im Kommen sind.

„ Tante Amelie auf Schloss Guse ist gestorben, weil sie geglaubt hat, ein Gespenst zu erblicken. Was ist es in Wirklichkeit gewesen? Ihr eigenes Spiegelbild. Der Erzähler erspart dem Leser nicht die letzte Desillusionierung, wenn er berichten läßt, die Schuld treffe lediglich das Kammermädchen, das vergessen habe, den Spiegel zu verhängen. Jeder Spuk ist beseitigt, und zwar so schonungslos objektiv, daß sich die Frage der Notwendigkeit seiner Einführung überhaupt, nach seiner epischen Funktion ergibt." [317]

Es bleibt, wenn der Spuk des Chinesen nicht mehr hinreicht, die Frage nach dem Fremden im eigenen Ich, nach der Auseinandersetzung mit fremder Identität und Angst vor dem Spiegel-Ich, dem Anderen im eigenen Selbst. Damit antizipiert Fontane psychoanalytische Ansätze, die jedoch auf der Ebene der Konfrontation von Objekten verharren, weil die Spiegelung des Spiegels bedarf, die Begegnung mit der Seele erfährt in der Verdoppelung einer fremden Gestalt ihre Berührung mit dem Außen,

---

[316] Fontane, ebd., S. 165
[317] Reuter, Fontane Bd. 2, S. 556
Vgl. dazu: Liebrand, Das Ich und die Andern. -

ohne zu einer Kongruenz zu gelangen. Dorothea Keuler wählte in ihrer Travestie „Die wahre Geschichte der Effi B." Fontanes Roman als Vorlage. Doch trotz erzählerisch unterhaltsamer Qualitäten, die sie besser für eine Eigenproduktion eingesetzt hätte, bleibt ihr Versuch ähnlich wie der Jean Amérys und Christine Brückners eine epigonenhafte Erweiterung des Stoffes, der jene Starrheit und Fremdheit nicht als Zeitzeichen zum Ausdruck zu bringen vermag, weil sie ausschmückt und personifiziert, wo Fontane Leerstellen bei der Gestaltung des Chinesen gelassen hat. Sie überzieht die Gestalt des James Wang und verlässt dadurch jene Abstraktionsebene, die Fontane bereits erreicht hatte.[318] Der Fremde, wenn erst sein Name genannt wird, verlässt die Anonymität alles Unbekannten und fängt an, sich in die Welt der Einheimischen einzufügen.

3.1.3. Der fremde Tod

„Wenn Effi von Innstetten nach einer Spuknacht gar fordert, das Haus zu verkaufen, so steht hinter dieser Forderung nicht lediglich die Angst vor dem Spuk, sondern in diesem Wunsch ist der verzweifelte Versuch verborgen, jenes mit ihrer neuen Rolle verbundene Gefühl des Verunsichertseins abzuschütteln."[319]

Es ist diese Verunsicherung gegenüber dem Fremden, die Orientierungslosigkeit und Wahnvorstellungen bis zur psychischen Krankheit begünstigt. Der über das Meer kommende Fremde lässt sich subsumieren unter einer ihn personifizierenden Figur, nämlich der des Chinesen. Er gehört zur Hafenatmosphäre und ist Dienstbote der in Kessin sich bildenden Gesellschaftsschicht, die sich gern mit dem Titel Konsul schmückt, eine Mischung aus diplomatischer Weltoffenheit und kaufmännischem Erfolg als Etikett trägt, solange es nicht zur ethnischen Vermischung kommt. Ein Prozess, den Fontane mit dem Aufbrechen

---

[318] Keuler, Dorothea: Die wahre Geschichte der Effi B. - Zürich: Haffmans, 1998. - 238 S.
Vgl. dazu auch: Brückner, Christine: Wenn du geredet hättest, Desdemona: ungehaltene Reden ungehaltener Frauen. - 8. Aufl. - Hamburg: Hoffmann & Campe, 1984. - S. 75-109
Améry, Jean: Charles Bovary, Landarzt: Portrait eines einfachen Mannes. - Berlin: Volk und Welt, 1986. - 167 S.

[319] Shieh, ebd., S. 123

einer Apfelsinenkiste vergleicht.[320] Thomas Mann lehnte sich in „Tonio Kröger" an Fontanes Beschreibung an, allerdings hat sich die bürgerliche Schicht handeltreibender Kaufleute bei ihm bereits voll etabliert.[321] Auch Madame Antoinette Buddenbrook geb. Duchamps stammt ähnlich wie Melanie van der Straaten aus der französischen Schweiz, ist aber eine geborene Hamburgerin. Die guten Kessiner, von denen Innstetten spricht, sind Kaufleute, die auf ihren Vorteil bedacht sind und daher auch ein wenig zweifelhaft, doch unter ihnen befinden sich Schwarzflaggen, das heißt Kapitäne, die mit Tonkin und der Südsee in Berührung gekommen sind und den Exoten mitgebracht haben. Der Chinese ist also die Manifestation fremden Einflusses durch den Seehandel. Effis Aufgeschlossenheit den fremden Geschmackseinflüssen gegenüber teilt sie ihrer Mutter mit. Der neue Reichtum, den der Seehandel mit Asien ins Land brachte, stieß auch deshalb auf Interesse, weil feines Teeporzellan, Wandschirme und chinesische Malerei in die guten Stuben kamen. Der Besitz dieser Chinoiserien bedeutete ein Statussymbol, denn nur weitgereiste Kapitäne hatten das Geld dafür und nur besser verdienenden Seeleuten gelang der weite Transport.

„... So müsst´ es ein japanischer Bettschirm sein, schwarz und goldene Vögel darauf. Alle mit einem langen Kranichschnabel... Und dann vielleicht auch noch eine Ampel für unser Schlafzimmer, mit rotem Schein." [322]

So verbindet sich mit exotischem Luxus auch das Rotlicht, die Sexualität gepaart mit exotischer Fremde, die Effi fasziniert, weil sie unmittelbar zum Intimen gehört und gleichzeitig der rauschhaften Welt des Opiums und der Prostitution in fremden Ländern zuzuordnen ist. In „Unwiederbringlich" bewundert Holk das Intérieur der bürgerlichen Frau Hansen.

„Man ist doch nirgends besser aufgehoben als bei Witwe Hansen; es lacht einen alles an, alles blink und blank und am meisten Witwe Hansen selbst. Und das chinesische Geschirr zu dem Tee. Man merkt an allem,

---

[320] Kolk, ebd., S. 87f
[321] Vgl. dazu auch: Schweizer, Thomas Mann und Theodor Fontane: eine vergleichende Untersuchung zu Stil und Geist ihrer Werke. - Zürich, Univ. Diss., 1971. - 119 S.
[322] Fontane, ebd., S. 30

daß ihr Seliger ein Chinafahrer war, und Ihr Schwiegersohn, wie mir Baron Pentz gestern abend erzählt hat, ist es auch und heißt auch Hansen; derselbe Name, derselbe Titel, so daß es einem passieren kann, Mutter und Tochter zu verwechseln." [323]

Preußisch-nüchterner Protestantismus schließt diese Fremde spätestens aus, wenn es um die Absolution nach dem Tode geht. Der fremde Chinese wird vom Kirchhof ausgegrenzt und steht für das Heidentum und die Segregation fremder Rassenzugehörigkeit. Das spätere nationalsozialistische Denken könnte folglich auf dem Bodensatz dieser konservativ deutsch-nationalen Einstellungen wurzeln, die besonders im „Stechlin" zum Ausdruck kommen. Der Versuch von Günter Grass in seinem Roman „Ein weites Feld", die Romane Fontanes mit der modernen Umwelt nach der Wende fiktiv zu vermischen, bedeutet eine Überblendung zweier Zeitebenen, in denen der Protagonist Fonty, seinen Papieren nach Theo Wuttke, sowohl Züge des alten Fontane als jene des Autors trägt, weil er die Zeit vor hundert Jahren mit den Bedingungen der heutigen Umwelt verknüpft. [324] Es gelingt ihm, Fontanes ambivalentes Verhältnis zu den Juden authentisch und dennoch verständnisvoll zu gestalten, den Antisemitismus in seinen ersten Tendenzen zu beschreiben, ohne sentimental zu werden oder dabei Fontane und seine Zeit zu verfälschen. Andererseits erscheint es höchst unwahrscheinlich, dass der alte Fontane, lebte er denn heute, seinen siebzigjährigen Geburtstag bei Macdonald's feierte. Höchstwahrscheinlich würde er wie früher das Kranzler vorziehen, immer noch Forellen statt Fishburger bestellen und seinen Gewohnheiten trotz veränderter Umwelt weitgehend treu bleiben. Grass zwingt ihn in Beschreibungen hinein, die die Verhältnisse nach der Wende einfangen sollen. Mauerspechte, die Touristen mit Mauerresten in Plastiksäckchen versorgen, sind ebenso irrelevant in diesem Zusammenhang wie der Handel mit Ostgeld. Fontane wäre heute auf diesen sicherlich nicht angewiesen, weil er es längst zum erfolgreichen Journalisten gebracht hätte. Andererseits kann ein Roman Aspekte zusammenfügen, während die Wissenschaft nicht über geschichtlich verifizierbare und sachliche Information hinausgehen darf. Neuerdings wird der Ver-

---

[323] Fontane, Theodor: Unwiederbringlich. - München: dtv, 1995. - S. 79
[324] Grass, Günter: Ein weites Feld. - 3. Aufl. München: dtv, 1999. - S. 57

gleich von Literatur aus unterschiedlichen Gattungen und Epochen wieder aufgegriffen. Elisabeth Bronfen handelte sich in ihrem Vortrag über „Cross-mapping" den Vorwurf der Ahistorizität ein, als sie den kühnen Versuch unternahm, Todestrieb und Eros in Richard Wagners Oper „Tristan und Isolde" vergleichen zu wollen mit ähnlichen Konstellationen im amerikanischen >filme noir< der dreißiger und vierziger Jahre.[325] Es ist wichtig, dass die Wissenschaft sich wieder öffnet für ähnliche Experimente, nicht beharrt auf dem festgefahrenen Standpunkt, unterschiedliche Zeitebenen strikt voneinander trennen zu müssen. Bronfens Ansätze sind ein mutiger Schritt. Dies hieße in letzter Konsequenz, dass es legitim ist, Fontanes Romane mit heutigen literarischen Produkten zu vergleichen, aus den Unterschieden Schlüsse zu ziehen und die Weiterentwicklung, insbesondere in den Geschlechterbeziehungen, zu untersuchen. Der fremde Chinese ließe sich folglich mit modernen Kategorien der Psychoanalyse deuten als metaphorischer Ausdruck latenter Ausländerfeindlichkeit. Shieh, die in ihrer Studie sich mit diesem Phänomen auseinandersetzt, rückt ihn in die Nähe der Angst vor allem Unheimlichen, vor allem vor dem Tod. Der tote Chinese ist es, der die Projektionsfläche bietet für jene Fremdheit, die auch der Tod impliziert. Er versinnbildlicht Eros und Todestrieb im freudianischen Sinn. Nach Elisabeth Bronfen bestätigte er die Unmöglichkeit der Liebeserfüllung und den Tod als letzte Konsequenz dieser Tatsache.[326] Außerdem steht er aber auch für die Ausgrenzung des Fremden in Preußen, einem Staat, der ihn braucht und benutzt, um sich an ihm ökonomisch und moralisch zu stabilisieren.

„Wenn man nun diesen Sachverhalt genauer beschreiben will, so ist für Effi die Vorstellung von einem lebendigen Chinesen die ‚Exotik' und ein ‚toter' Chinese jene diese Exotik ins Negative versetzende ‚Fremdheit', die ‚unheimlich' und ‚gruselig' wirkt, – ein Phänomen, das sicherlich auf Effis Schicksal vor und nach der Eheschließung zu übertragen ist, worin

---

[325] Bronfen, Elisabeth: Cross-Mapping. Ein Versuch zur Intermedialität. Vortrag im Rahmen des Einstein Forums zu Remigranten an deutschen Universitäten nach 1945. - Berlin, den 11. 01. 2000

[326] Vgl. dazu auch: Bronfen, Elisabeth: Judy Chicago/Edward Lucie-Smith „Der Andere Blick"/ein Sachbuch. - In: Die Zeit, 31. 05. 2000, S. 59

wir eine der wichtigen Funktionen des Chinesen-Motives in „Effi Briest" sehen."[327]

Sie, die eigentlich die erste Frau der Stadt werden soll, ist verunsichert und zwar nicht zuletzt durch das Erstarken einer neuen Schicht, die ihr und auch Innstetten fragwürdig erscheint, doch durch Einfluss und neuen Reichtum den Adel unter Druck setzt.

„Allerlei Exotisches. Nicht wahr, so was ähnliches meintest du doch?...Eine ganz neue Welt, sag´ ich, vielleicht einen Neger oder einen Türken, oder vielleicht sogar einen Chinesen... Auch einen Chinesen. Wie gut du raten kannst."[328]

Die roten Astrallampen stehen für die geistige Aufgeschlossenheit diesen Fremden gegenüber, die ja ebenso gut wie wir sind, wie sogar die Dienstboten in Form eines griechischen Chors es kommentieren. Doch die kaufmännische Weltmännischkeit und Handelstüchtigkeit kann den märkischen Uradel nicht ganz überzeugen.

„Ja, Brutus war ein Konsul. Aber unsere sind ihm nicht sehr ähnlich und begnügen sich damit, mit Zucker und Kaffee zu handeln oder eine Kiste mit Apfelsinen aufzubrechen und verkaufen dir dann das Stück pro zehn Pfennig."[329]

In der Truhe oder Kiste, deren Bedeutung schon Bachelard als inneres Ordnungszentrum beschreibt, steckt also eine Form von Betrug den Kunden gegenüber.[330] In der Naturgewalt des Meeres liegt die Gefahr der Vernichtung durch einen Sturm. Die Dichotomie von „oben" und „unten" im Haus vom Keller bis zum Dachboden entspricht in „Effi Briest" der Öde und Verlassenheit des leeren Saales und Dachbodens, so dass der Raum psychische Vorgänge der Protagonistin widerspiegelt. Die Leere des Saals überträgt sich auf sie. Ein chinesisches Abziehbild wird zum Auslöser diffuser Ängste vor allem Ausländischen und Fremden. Die Wasserwelt und das Leben an der Küste signalisieren zudem Heimatlosigkeit und Fremde an sich, weil Effi, die aus einem sicheren, ab-

---

[327] Shieh, ebd., S. 115
[328] Fontane, ebd., S. 45
[329] Fontane, ebd., S. 57
[330] Bachelard, ebd., S. 95

geschirmten Hause stammt, sich quasi „kaum über Wasser halten kann".[331]

„Auf die unruhige, verschlingende Oberfläche des Meeres kann man kein Haus bauen, weil ein fester Grund fehlt, das heißt, ein Grund ist immer da, nur ist er eher ein Abgrund, und wer sich nicht über Wasser halten kann, geht ‚zugrunde', und der Untergang führt fast ausnahmslos zum Tod, – in germanischer Vorstellung geht der Weg zum Totenreich über das Meer."[332]

Wenn zwei Menschen in einem Boot sitzen, so verbindet sich ihr Schicksal in der „Dichotomie von Leben und Tod". Das Haus wird zum gemeinsamen Besitz, das Boot gehört beiden, so dass es bei einem Schiffbruch auch für beide zu einem Verlust kommt und beim Tod des einen der andere nicht nur emotional, sondern auch besitzrechtlich betroffen ist. Die Ehe als vertragsrechtliche Regelung tangiert auch das Erbrecht und schließt im Falle des Ehebruchs den schuldig gewordenen Partner nach preußischen Prinzipien vom Erbe aus. Die Einstellung dieser Zeit folgte der Überlegung, Innstetten könne nicht etwa einer Frau sein großes Haus hinterlassen, die mit einem leichtsinnigen Crampas durch die Dünen streift. Shieh setzt Ehebruch in Verbindung mit Schiffbruch, weil das Schicksal keine Garantie bieten kann für Sicherheit. Es ist Crampas, der in seiner Nähe zur Insel Rügen und zur Ostsee Intimität geben kann, doch gleichzeitig greift er an die Substanz bestehender Verhältnisse, weil seine Philosophie um die Unsicherheit des Meeres weiß. Das Meer vermittelt Abenteuer und Reiz, Kontakt mit dem Fremden und der Exotik, doch erinnert die Todesangst des Schiffers in einem Sturm an die Gefahr, die die Wasserwelt ebenfalls in sich birgt. „Effi Briest" ist ein Roman, der ohne die Ostsee, ohne die Region Pommern und das dazugehörende Lokalkolorit kaum diese Fluktuation zwischen Angst und Interesse, Sehnsucht nach und Faszination vor dem Fremden vermitteln könnte. Der Blick in die Weite endet am Horizont, in einem vermeintlichen Nichts, weil die menschliche Optik begrenzt ist, dennoch weiß heute jeder, dass es dahinter weitergeht. Das Meer erscheint unendlich,

---

[331] Shieh, ebd., S. 147
[332] Shieh, ebd., S. 147

doch es endet in einer real existierenden Fremde, die nicht mehr fremd ist, sobald das Schiff am unbekannten Ufer angekommen ist. Fremde ist folglich auch eine Sache der subjektiven Perspektive. Das Fremde hört auf fremd zu sein, sobald der Prozess des Kennenlernens eingesetzt hat. Doch die Meerestiefe ist dadurch nicht weniger bedrohlich. Zwar kann man hinuntertauchen, das Hinabgesunkene bergen, ausloten und ergründen, doch diese unendlich groß erscheinende Naturtiefe übersteigt die menschlichen Dimensionen des mehr endlich orientierten Denkens. Die Stille und Weite des Meeres ist wie der Tod, unergründlich tief und ewig.

3.1.4. Intimität und Distanz

Es ist Innstettens frostige Distanz, die ihn wie einen Schneemann erscheinen lässt.[333] Seine Hemmungen im emotionalen Bereich kommen nicht zuletzt daher, dass er alles Intime mit Formlosigkeit gleichsetzt.[334] In den seltenen Momenten, in denen er formlos sein muss, um seine Gefühle zu zeigen, entschuldigt er sich fast dafür. Die Disziplin, die seine soziale Rolle als Regierungsrat ihm abverlangt, führt dazu, dass er Emotionalität negiert, weil seine Karriere die Einhaltung von Sittenschranken und Prinzipien erfordert. Die mangelnde Intimität ist aber Kennzeichen beider Ehepartner, denn Intimität zwischen Fremden ist unüblich. Fremde stehen sich naturgemäß distanziert gegenüber. Effi verlangt zwar rational nach Zärtlichkeit, aber emotional wehrt sie Innstetten im Grunde ab. Innstettens Welt ist das Arbeitszimmer mit dem Schreibtisch, einem alten Erbstück, das ihm mehr bedeutet als Sexualität. Wenn ihm die Lampe gebracht wird, das Zeichen, dass es Zeit ist an Bettruhe oder Nähe zu denken, wählt er den Weg des Rückzugs. Er ist ein alter Junggeselle, der mehr aus gesellschaftlichem Aufstiegsdenken, zu dem nun einmal die Ehe mit allen Repräsentationsverpflichtungen gehört, als aus Neigung geheiratet hat. Gleich beim ersten Aufwachen in Kessin muss Effi feststellen, dass Innstetten das Haus bereits verlassen hat. Einsame Stille umgibt sie. Nur der Hund Rollo liebt sie und schenkt ihr Vertrauen.

---

[333] Müller, ebd., S. 126
[334] Fontane, ebd., S. 123

„Aber wo war Innstetten? Alles still um sie her, niemand da. Sie hörte nur den Ticktackschlag einer kleinen Pendule und dann und wann einen dumpfen Ton im Ofen, woraus sie schloß, daß vom Flur her ein paar neue Scheite nachgeschoben würden."[335]

In ihrer Ehe fehlt es an Huldigungen und kleinen Aufmerksamkeiten, denn Innstetten hat nicht viel von einem Liebhaber.

„Innstetten war lieb und gut, aber ein Liebhaber war er nicht."[336]

Seine politische Einstellung lässt ihn als konservativen, wenig liberal denkenden Preußen erkennen.[337] Dabei scheiden sich die Geister hinsichtlich ihrer Einstellung zu Richard Wagner. Fontane deutet an, dass die Diskussion um Wagner auch den gesamten Komplex der Judenfrage impliziert, ohne dies weiter auszugestalten. Auch Innstettens Bekanntenkreis besteht offenbar aus reaktionär gesonnenen Wagnerianern, die das heikle Thema in der Fachsimpelei über dessen Opern abzuhandeln versuchen, in Opposition zu den liberaleren Freigeistern, die mit Brunhilde und Lohengrin nicht viel anfangen können, solange der Chinese seinen Platz auf dem Friedhof nicht zugestanden bekommen hat.[338]

Der Pastor Trippel dagegen vertritt die liberalere Gesinnung ebenso wie der Apotheker Gieshübler, der als Freund Innstettens durch die musikalischen Soirées diesen Einfluss begünstigt.[339]

Ein weiterer Streitpunkt ist die Einstellung zu Gotthold Ephraim Lessing, so dass bei einer Rede anlässlich einer Weihnachtsréunion im Oberförsterhaus Ring der Papenhagener Güldenklee einen Toast auf Ring anstimmt, indem er die Lessingsche Ringparabel ins Lächerliche zieht und diffamiert. Lessings Position, die Toleranz gegenüber allen Religionen postuliert, wird von ihm als liberaler Krimskrams abgetan, der nur Verwirrung und Unheil stifte.

---

[335] Fontane, ebd., S. 52
[336] Fontane, ebd., S. 102
[337] Fontane, ebd., S. 103
[338] Fontane, ebd., S. 95
[339] Guarda, Theodor Fontane und das „Schauspiel" S. 82

Die drei Ringe, die für Islam, Judentum und Christentum in toleranter Vereinigung stehen, lehnt er ab.

„Ich bin nicht für diese drei Ringe, meine Lieben, ich bin für einen Ring, für einen Ring, der so recht ein Ring ist, wie er sein soll, ein Ring, der alles Gute, was wir in unserm altpommerschen Kessiner Kreise haben, alles, was noch mit Gott für König und Vaterland einsteht – und es sind ihrer noch einige (lauter Jubel) –, an diesem seinem gastlichen Tisch vereinigt sieht. Für diesen Ring bin ich."[340]

Innstetten steht also zwischen den konservativen Kräften einerseits und dem emotionalen, vom liberalen Denken beeinflussten Gieshübler, dem Pastor Trippel und dem ebenso musisch-künstlerischen Wesen der Marietta Trippelli und nicht zuletzt auch dem seiner eigenen Frau Effi, die das Fremde zunächst fasziniert. Innstetten ist Bismarck verpflichtet, der für Sozialreformen sorgte, doch auch für Suspendierung und Ausschluss, wenn seine Beamten sich nicht an die Disziplin seiner preußischen Vorstellungen hielten. Auch als Effi noch bei den Eltern ist, bleibt er dienstbeflissen vor Ort und rührt damit an Effis Verletzlichkeit. Sogar Effis Vater wundert sich:

„Mich wundert nur, daß er nicht mal Urlaub genommen hat und rübergeflitzt ist. Wenn man eine so junge Frau hat..."[341]

Effi führt sein Verhalten auf Innstettens Karrierepläne zurück, die ihm Haltung abverlangen und allzu viel Zärtlichkeit und Intimität nicht zulassen.[342]

Kolk deutet diesen Mangel an Intimem als eine Form disziplinierter Subjektivität.

„Innstetten ist so gewissenhaft und will, glaub´ ich, gut angeschrieben sein, und hat so seine Pläne für die Zukunft; Kessin ist doch bloß eine Station. Und dann am Ende, ich lauf´ ihm ja nicht fort. Er hat mich ja.

---

[340] Fontane, ebd., S. 155
[341] Fontane, ebd., S. 120
[342] Kolk, ebd, S. 95

Wenn man zu zärtlich ist... und dazu der Unterschied der Jahre... da lächeln die Leute bloß."[343]

Innstetten möchte sich nicht der Lächerlichkeit preisgeben, sich ungern kompromittieren, was in der Wilhelminischen Epoche das gesellschaftliche Ende bedeuten konnte. Der gute Ruf nach außen musste gewahrt bleiben, denn es ging auch darum, sich abzugrenzen gegen die unteren Schichten, Vorbild zu sein und einer Verletzung der moralischen Ordnung Einhalt zu gebieten.[344] Aus einem Brief an ihre Mutter geht hervor, dass es Effis häufiges Alleinsein ist, was die Aussöhnung mit dem Spuk begünstigt.[345] Der Spuk bringt Leben und Aufregung in ihr Haus, das im Grunde monoton, leer und unheimlich ist, wenn auch standesgemäß. Ambivalenz zwischen Leere und Fremdheit lässt widersprüchliche Impulse aufeinandertreffen und bedingt, dass Anregungen von außen die Innenwelt erschüttern. Letztendlich ist es der Mangel an Intimität und Sexualität, der zu Effis Frustration führt und den Ehebruch begünstigt, weil Crampas ihr jene Sinnlichkeit bietet, die sie im häuslichen Intimbereich vermisst. Innstetten ist der Typ, der nur die Mutter lieben kann, die ihm versagt bleibt.

„Um zehn war Innstetten dann abgespannt und erging sich in ein paar wohlgemeinten, aber etwas müden Zärtlichkeiten, die sich Effi gefallen ließ, ohne sie recht zu erwidern."[346]

Die Störung im Intimbereich, die fehlende Libido und Sexualität ist also Mangel von beiden Seiten. Crampas dagegen weckt in ihr schöne Gefühle, die bis zur Ohnmacht gehen, nicht zuletzt auch deshalb, weil sie gesellschaftliche Tabus brechen.

„Dann nahm er ihre Hand und löste die Finger, die sie immer noch geschlossen hielt, und überdeckte sie mit heißen Küssen. Es war ihr, als wandle sie eine Ohnmacht an."[347]

---

[343] Fontane, ebd., S. 120
[344] Fontane, ebd., S. 253
[345] Fontane, ebd., S. 103
[346] Fontane, ebd., S. 103
[347] Fontane, ebd., S. 162

3.1.5. Die Erlösung aus der Entfremdung

Major von Crampas bricht in Effis Welt ein wie ein Trost- und Rettungsbringer, weil Entfremdung in der ehelichen Gemeinschaft Effis Leben dominiert. Sie bleibt eine Fremde, unverstanden in ihrer Gefühlswelt und sehnsüchtig unerfüllt in ihrem Liebesverlangen. Innstettens schlaffe Zärtlichkeiten eines alten Junggesellen können sie nicht befriedigen. Heinz Schlaffer führt die Diskontinuität der entfremdeten Beziehung von häuslich-humanen Bedürfnissen und beruflicher Tätigkeit als mögliche Ursache an. Im Intérieur will der Bürger die Illusion, hat Angst, die erworbene Frau könne wieder dem Heiratsmarkt freigegeben werden, und begründet Eifersucht und Angst in eben diesen Möglichkeiten.[348]

Auch Jhy-Wey Shieh erkennt Widersprüche, die mangelnde Identität von Ich und Raum, eine Effi, die sich nicht wohl fühlt in ihrem Zuhause, weil ein Gefühl des Mangels und der Leere sie beherrscht, was ein gemütliches Kauern in der häuslichen Umgebung unmöglich macht.[349]

Effi ist zum Zeitpunkt des Ehebruchs bereits Mutter einer Tochter und weiß um die Sanktionen, die in der preußischen Ständegesellschaft, besonders in den oberen Verwaltungskreisen mit einem Fehltritt in der Ehe verbunden sind. Das Duell als letzte Konsequenz würde sie in ihrer Position als Ehebrecherin mit dem Ausschluss aus der Gesellschaft und lebenslanger Ächtung bedrohen. Nicht zuletzt deshalb lautet der Titel einer der Filmversionen „Ein Schritt vom Wege". Er betrifft all jene Frauen, die voller Enttäuschung, gelangweilt und durch mangelnde Kommunikation trostlos an ihren Ehen festhalten.[350]

Effi verliert ihre Beherrschung, sie folgt ihren Gefühlen und emotionalen Bedürfnissen und macht sich daher schuldig, weil sie den preußischen Moralkodex in Frage zu stellen wagt. Ihr Bruch mit Moral und Konvention hat einen zwanghaften Selbstlaufmechanismus. Ihr Ehebruch wird von ihr nämlich nicht bewusst vollzogen, sondern sie schliddert quasi in ihn hinein, wie von einer Naturgewalt, metaphorisch dargestellt am Beispiel

---

[348] Schlaffer, Heinz: Der Bürger als Held: sozialgeschichtliche Auflösungen literarischer Widersprüche. - 3. Aufl. - Frankfurt/M.: Suhrkamp, 1981. - S. 73
[349] Shieh, Jhy-Wey: Liebe, Ehe, Hausstand, S. 108
[350] Grawe, Christian: Effi Briest, S. 37

eines Sandstrudels, des Schloons, in den Abgrund, in ihrem Fall den gesellschaftlichen Abstieg gezogen. Die davon angesprochene Zielgruppe, die weibliche Leserschaft, kann somit fiktiv im Roman realisieren, was das Leben ihr vorenthält, und bekommt gleichzeitig die möglichen Konsequenzen eines Fehltritts vor Augen geführt.

Im Gegensatz zu „L'Adultera" führt der Ehebruch nämlich nicht in eine positivere Alternative, sondern in Krankheit und Tod. Fontane ist in dieser Zeit seiner größten Krise offenbar von der Negation des Bestehenden überzeugt, verbunden mit einer generellen Resignation gegenüber den Verhältnissen. Dieser tiefe Pessimismus eines reifen Mannes und Realisten offenbart die Erkenntnis verkrusteter Strukturen der preußischen Ständegesellschaft. Er glaubte nicht an eine positive Alternative, an die Erfüllung von Sehnsucht, schließlich auch nicht mehr an eine Besserung der Verhältnisse durch Flucht oder Reisen. Der Druck lastete so bedrohlich auf den Individuen, dass nur die realistische Darstellung der Gegebenheiten ihm die Möglichkeit bot, die Aufmerksamkeit auf die Verhältnisse zu lenken und dadurch Reflexion anzuregen. Während er in „L'Adultera" die Utopie weiblichen Glücks als Konstrukt entwickelt, bleibt er in „Effi Briest" ganz in der Nähe realistischer Schreibweise. Die Suizide in seinen Romanen belegen, dass er an positive Lösungen nicht mehr glaubte.[351]

Das Romanende gestaltete er aufgrund seiner gesellschaftspolitischen Einschätzung der Verhältnisse. Es beruht nicht auf austauschbaren technischen Effekten, die lediglich die Leserschaft im Sinne von *no news is good news* manipulieren sollen, sondern Fontane war ein politisch denkender Journalist, ein engagierter Preuße und kein Trivialautor, der planlos ein Happy end konstruiert, um Erfolg zu haben und einen Bestseller zu erzielen. Dabei lässt sich nicht leugnen, dass auch er auf diesen angewiesen war. Der Handlungsgang in „Effi Briest" entspricht jedoch der Logik der Verhältnisse, weil Effi durch den Ehebruch sinnliche Befriedigung erfährt, die jedoch gleichzeitig zu ihrem tragischen Ende führt. Die bisher unausgesprochene Grauzone der Sexualität wurde von Fontane enttabuiert, Intimes zumindest angedeutet, ohne die Entspan-

---

[351] Mittelmann, Hanni: Die Utopie des weiblichen Glücks in den Romanen Theodor Fontanes. - Bern: Lang, 1980. - 125 S.

nung und Befreiung des Lesers zu erzielen, denn am Ende folgten die bitteren Konsequenzen der kurzfristigen Entgleisungen. Fontane kommt daher über seine Zeit nicht hinaus. Einzig in „L'Adultera" wagt er eine radikale Veränderung im Sinne einer immerhin schmerzhaften Trennung Melanies von ihren Kindern zugunsten einer glücklicheren Beziehung.

Das Augenmerk sei jedoch auf Major von Crampas gelenkt, ein sogenannter Damenmann und Charmeur, ein Mann vieler Verhältnisse, der streng von seiner stets eifersüchtigen Gattin beobachtet wird. Peinlichkeiten entstehen daher schon bei der ersten Begegnung, in der Effi im Grunde noch unbedarft seine Bekanntschaft macht. Wieder enthüllt der Brief an Effis Mutter die im Keim schon entstehende Liaison zwischen Effi und Crampas.

„Beide, Herr und Frau Crampas, waren vor vierzehn Tagen bei uns, um uns ihren Besuch zu machen; es war eine sehr peinliche Situation, denn Frau von Crampas beobachtete ihren Mann so, daß er in eine halbe und ich in eine ganze Verlegenheit kam." [352]

Sei es nun der Gesangsabend mit Marietta Trippelli, die Besuche in der adligen Nachbarschaft, der Badebetrieb im Sommer oder der erste Kontakt mit Crampas, Effis Leben ließe eine Fülle von Progression im Handlungsablauf zu, doch subjektiv erscheint ihr das Leben stumpf, ereignislos und indifferent, weil die Formen in Steifheit ersticken. Gefühle stehen der Karriere in der preußischen Beamtenhierarchie entgegen und werden gleichgesetzt mit Charakterlosigkeit. Der militärisch geprägte Preuße unterdrückt seine Gefühle, zeigt sie nicht nach außen hin und lässt sich nicht durch Stimmungen von der Pflichterfüllung abbringen. Effi, als das weibliche Prinzip in dieser Konstellation, fühlt sich vernachlässigt, obwohl Innstetten zweifellos Neigung für sie empfindet, wenn auch nur als Tochter ihrer Mutter.[353]

---

[352] Fontane, Effi Briest, S. 105
[353] Greif, Stefan: Ehre als Bürgerlichkeit in den Zeitromanen Theodor Fontanes. - Paderborn: Schöningh, 1992. - S. 189

Hannelore Schlaffer deutet die eheliche Kommunikation als Fortsetzung des gesellschaftlich vorgeschriebenen Tons, freundlich, aber im Grunde ohne echte Liebe.[354]

Crampas ist der typische Antagonist, der unzuverlässige Hasardeur, der ganz im Gegensatz zu Innstettens Pflichtbewusstsein und Strenge als labile Spielernatur und noch dazu halber Pole angesehen wird. In ihm findet Effi eine Sinnlichkeit und Leidenschaft, die sie aus ihrer Monotonie befreit. Zunächst kommt durch ihn neues Leben ins Haus, er animiert den ehemaligen Kompaniefreund zu Ausritten und schleicht sich in sein Vertrauen ein, dabei unterscheidet sich seine gesamte Einstellung, auch die gegenüber der Ehe, fundamental von der Innstettens. Zwar beugt er sich den gesellschaftlichen Verpflichtungen, doch er fühlt sich eingeengt und heißt den individuellen Ehebruch gut.[355] Crampas kennt Innstetten, weiß, dass er sich durch Spukgeschichten und Ungewöhnlichkeiten interessant zu machen versteht, um dies für seine Karriere geschickt zu nutzen. Entsprechend stellt er ihn bei Effi bloß und analysiert ihr die Beweggründe für Innstettens Machenschaften.

„Ja, wenn ich durchaus sprechen soll, er denkt sich dabei, daß ein Mann wie Landrat Baron Innstetten, der jeden Tag Ministerialdirektor oder dergleichen werden kann (denn glauben Sie mir, er ist hoch hinaus), daß ein Mann wie Baron Innstetten nicht in einem gewöhnlichen Haus wohnen kann, nicht in einer solchen Kate wie es die landrätliche Wohnung, ich bitte um Vergebung, gnädigste Frau, doch eigentlich ist. Da hilft er denn nach. Ein Spukhaus ist nie was Gewöhnliches..."[356]

Crampas entlarvt den Spuk, desavouiert Innstetten und sein Mysterium und raubt Effi die Illusion, indem er sie ganz profan auf den Boden der Tatsachen zu bringen versucht, um ihre Gunst ganz auf sich zu lenken. Dabei kränkt er ihre Gefühle und beleidigt sie und ihr Haus, um ihre Verunsicherung für seine Bedürfnisse zu nutzen.

---

[354] Schlaffer, Hannelore, ebd., S. 79
[355] Degering, Thomas: Das Verhältnis von Individuum und Gesellschaft in Fontanes „Effi Briest" und Flauberts „Madame Bovary". - Bonn: 1978. - S. 46
[356] Fontane, Effi Briest, S. 133

„*Einem Freunde helfen und fünf Minuten später ihn betrügen, waren Dinge, die sich mit seinem Ehrbegriffe sehr wohl vertrugen.*"[357]

Gisela Wilhelm unterstreicht den Deutungsversuch, Innstetten wolle die Natürlichkeit und den Freiheitsdrang seiner Frau durch einen „Angstapparat durch Kalkül" im Zaume halten, indem er sie in einen ihr wesensmäßig fremden Raum versetze.[358]

Das 19. Kapitel erreicht eine szenische Bildhaftigkeit im winterlichen Ablauf einer Schlittenfahrt durch den mit Wasser gefüllten Schloon, der die Verführungsszene Effis umrahmt. Durch die Witterung sind die Sandstellen unpassierbar, die Pferde sinken in den Sand ein, so dass Crampas in den Schlitten der Damen einsteigt, um ihnen Schutz zu bieten. Effi nimmt links neben Crampas Platz, womit zufällig räumliche Nähe hergestellt ist, die bisher von Kutscher Kruse verhindert wurde. Die moralischen Konventionen bedingen eine strenge Beobachtung des Geschehens von außen, so dass nur der Zufall es zuwege bringt, eine intime Begegnung einzuleiten. Crampas ist ein Mann, der der Entwicklung seinen Lauf lässt. Unbewusst will Innstetten es wohl wissen, als er seinen Schlitten in einen anderen Weg einbiegen lässt. In einer Art großzügiger Vornehmheit gibt er Crampas die Chance und dieser ergreift sie prompt und überdeckt ihre Hände mit heißen Küssen. Die lange erwartete Sehnsucht nach intimer Begegnung erfüllt sich nun auch beim Leser. Effi schwebt wie in einem Zauberbann.[359] Genaugenommen gehen die Intimitäten über die höfliche Grenze verhaltener Leidenschaft nicht hinaus, weil es sich lediglich um Handküsse handelt. Der Leser spürt jedoch die Glut, die hinter dieser Zurückhaltung lauert.

Gegen den Ehebruch im Sinne einer bewussten Revolte gegen ihre desolaten Verhältnisse spricht die Metapher des Schloon. Effi ist keine selbstbewusste, berechnend handelnde Protagonistin. Sie ist vielmehr ein naiver Gefühlsmensch, der sich vom Strudel treiben und mitreißen lässt, und entspricht damit dem typischen Frauenbild dieser Zeit. Sie wird in den Ehebruch sinnlich hineingezogen, verführt und bezaubert von ei-

---

[357] Fontane, ebd., S. 135
[358] Wilhelm, Gisela: Die Dramaturgie des epischen Raumes bei Theodor Fontane. - Frankfurt/M.: Rita G. Fischer, 1981. - S. 218
[359] Degering, Thomas: Das Verhältnis von Individuum und Gesellschaft, S. 52

ner Liebeserfüllung, die sie als junges Mädchen für ihre Ehe erhoffte, doch die durch Innstettens Art nicht möglich wurde. Grundlage ihres Handelns ist die Enttäuschung, die Frustration angesichts der realen Verhältnisse. Insofern ist der Ehebruch schon eine Art stummen Protestes, das Signal mehr zu wollen als das Gegebene. Der Widerspruch von Konvenienzehe und Glücksanspruch kennzeichnet das Aufeinandertreffen von feudal-aristokratischer und bürgerlicher Lebensweise. Zweifellos konnte eine Konvenienzehe glücklich enden, wurde aber in erster Linie durch ständische und ökonomische Erwägungen und nicht aus Liebe und Treue geschlossen.

Fontane geht es vor allem um die Rolle der Frau in dieser Umbruchsituation. Dies ist für uns heute selbstverständlich, war jedoch damals ein Ereignis. Endlich wurde der emotionale Notstand der unterdrückten Hausfrau thematisiert. Während Innstetten mit seinem Raumarrangement Spuk, Furcht und innere Angst, möglicherweise auch vor seiner Sexualität, bei Effi auslöste, trifft Crampas mitten in ihr Herz.[360]

Die Außenwelt wird zur Projektionsfläche, zum Spiegel innerer Gedanken und Hoffnungen. Der Roman erfüllt, was der Leser befürchtet und sich gleichzeitig erträumt, nämlich die Erfüllung seiner Sehnsüchte, die Befreiung aus Einsamkeit und Enttäuschung durch die intime Begegnung, wenn auch nur in der fiktiven Realisierung eines Romans.

Da es im Gegensatz zu heute keine Aufklärung in Jugendzeitschriften gab, keine Eheberatungsinstitute oder Psychologen, konnten nur die modernen Romane Aufschluss bringen. Jugendliche suchten dort erste Informationen über sexuelle Détails, ältere Leser trösteten sich über langweilige Stunden hinweg, indem sie fiktiv nachlebten, was im eigenen Leben nicht stattfand. Die Darstellung intimer Szenen deutet also darauf hin, dass die Gesellschaft sich allmählich dafür öffnete, Intimes auch nach außen hin zuzulassen. Fontanes metaphorische Gestaltung der Sinnlichkeit lässt noch viele Leerstellen, er bleibt in der Verhaltenheit diskreter Andeutungen, verschweigt ganze Sequenzen und impliziert in letzter Konsequenz, dass stattgefunden haben muss, was an die Bedürfnisse der Leser nach Zärtlichkeit und Befriedigung ihrer Sexualität

---

[360] Liebrand, Claudia: Das Ich und die Andern, S. 188

rührt. Dabei bleibt er äußerst verhalten. Doch gerade das intensiviert die Spannung.

Versteckte und entdeckte Liebesbriefe in Zentren der Innerlichkeit, wie beispielsweise dem Nähkästchen, werden erst Jahre später zum vermeintlichen Indiz des Ehebruchs. Fontane benutzt sie als eine Art „deus ex machina", um zu beweisen, was der Leser längst vermutet hat, er selbst aber nicht direkt zu beschreiben wagte, vor allem weil es seinem Stilarrangement nicht entsprochen hätte und auch Rücksichtnahme auf seine Frau und Familie geboten war.

Dennoch eskaliert die Handlung wie auf einen sexuellen Höhepunkt hin. Die so erzeugte Spannung entlädt sich erst, als es tatsächlich zu einer Darstellung von Intimem kommt. In „Effi Briest" geht Fontane jedoch nicht über Anspielungen hinaus, indem er die Schlittenfahrt durch den Schloon als Darstellung wählt für den Durchbruch der Leidenschaft. Ein äußeres Naturerlebnis wird so zu einer Metapher für inneres Empfinden. Damit ließe sich sagen, dass bei Fontane die äußere Naturerscheinung mit dem inneren natürlichen Fühlen kongruent ist. Das Innere wird durch die Beschreibung eines Naturerlebnisses vermittelt. Dennoch ist vergleichsweise die omnipotente Bedeutung der Natur bei Adalbert Stifter im Verhältnis zu Fontanes Darstellung unverhältnismäßig einflussreicher. Fontane konzentriert sich auf die Charaktere, Stifter dagegen auf die Einwirkung der Natur auf sie. Die Natur bei Fontane hat vor allem eine metaphorische Funktion, weil sie das Innere seiner Personen vermittelt. Sie steht nicht im Mittelpunkt, übt jedoch fast irrationale Wirkungen aus. In „L'Adultera" stimuliert die schwüle Stimmung im Treibhaus. Die Topoi der Liebesbegegnungen sind meist Orte außerhalb des Hauses, in der Natur, außerhalb der Stadt in der anrüchigen Atmosphäre von Hankels Ablage, im Treibhaus, oder auch auf einem Boot, oder irgendwo im Ausland, wo niemand es sieht. So wird die Fremde auch ein Ort der Heimlichkeit, schließt die Öffentlichkeit aus und entgrenzt das Innere, weil sie zulässt, sich Freiheiten zuzugestehen, die zu Hause nicht gestattet wären. Dabei hat der Ehebruch etwas von einer momentanen Verirrung, die sich zufällig ergibt und wird zu einer Verlegenheitslösung, die im Grunde ebensowenig Liebe und Glück bieten kann wie die Ehe.

3.1.6. Raumwechsel und Handlungsprogression

Major Crampas wird abrupt nach Stettin abberufen, Innstetten als Ministerialrat nach Berlin befördert. Konflikte werden so durch Versetzungen und Raumwechsel dezent zu lösen versucht. Auch Effi erhält Gelegenheit, ihren schuldhaften Ehebruch zu verdrängen. Die Suche nach einer eleganten, nicht zu teuren Wohnung in Berlin wird zum Anfang eines neuen Lebensabschnitts für alle Beteiligten. Rainer Kolk stellt fest, dass die Emphase des Neubeginns unerklärlicherweise in Berlin nicht gelingt.[361] Das Scheitern der Hoffnungen lässt sich wieder an der Beschaffenheit des Hauses erkennen. Der Neubau ist feucht und löst bei Effi Rheumatismus aus.[362] Stefan Greif zieht hier eine Parallele zu den Poggenpuhls. Diese müssen sich trotz ihrer adligen Herkunft mit einer Mietwohnung bescheiden, leiden unter den unstandesgemäßen Lebensbedingungen und vor allem unter ständigen Geldsorgen.

Effi reagiert neuralgisch empfindlich, doch es wäre höchstwahrscheinlich im Lauf der Zeit zu einer Konsolidierung der Verhältnisse gekommen, wenn nicht Innstetten Jahre später im Nähkästchen seiner Frau verhängnisvolle Liebesbriefe von Crampas entdeckt hätte. Beide werden trotz des Umzugs in die Hauptstadt von der Vergangenheit eingeholt. Innstettens Versuch, ein Haus zu machen, zu repräsentieren, im Sinne des Adels den Fortbestand seiner Familie zu sichern, wird vom Schicksal durchkreuzt. Seine innere Gefasstheit spricht für ihn, aber er kann die Dinge nicht mit sich abmachen, sondern fühlt sich verpflichtet, im Duell mit Crampas Genugtuung zu fordern. Statt die Briefe zu ignorieren und zu schweigen, zieht er andere ins Vertrauen und fühlt sich verpflichtet, die Angelegenheit im Sinne der längst überholten Adelskonventionen zu bereinigen.[363]

„Die Welt ist einmal, wie sie ist, und die Dinge verlaufen nicht, wie wir wollen, sondern wie die andern wollen."

---

[361] Kolk, Rainer: Beschädigte Individualität, S. 87
[362] Greif, Stefan: Ehre als Bürgerlichkeit, S. 324
[363] Fontane, Effi Briest, S. 236 ff

Innstetten ist durchdrungen von seinem Pflichtbewusstsein, während Crampas eher menschlich reagiert. Er lebt gerne und ist zugleich dem Leben gegenüber gleichgültig.

„*Er nimmt alles mit und weiß doch, daß es nicht viel damit ist.*"

Dabei ist Crampas der Unsinn des Duells bewusst und er hätte den Konflikt lieber in einem Gespräch gelöst oder auf eine andere Art beseitigt. Höchstwahrscheinlich sieht er überhaupt keinen Sinn darin, weil die Geschehnisse zeitlich lange zurückliegen und keine Bedeutung mehr für sein weiteres Leben haben.

Innstetten als Repräsentant der tragenden Gesellschaftsschicht seiner Zeit ist zu kommunikativen oder verbalen Lösungsversuchen jedoch nicht in der Lage. Für ihn gibt es nur den Weg der rituellen Satisfaktion, die zwar die Entfremdung nicht aufheben kann, aber seine Ehrenrettung sichert.[364] Als er zum Duell nach Kessin reist, sieht er sein ödes, vernachlässigtes Haus wieder, in dem Claudia Liebrand Fontanes Elternhaus aus „Meine Kinderjahre" erkennen will. Die Überblendung verschiedener Zeitebenen bei Fontane, die Verschmelzung von Erzähler, Autor und Protagonist, führt zu einer Deutung seiner Bilder als Motive aus den Kindheitserlebnissen im geisterhaften Spukhaus in Swinemünde, in dem Fontane der Alltagstristesse leicht entkommen konnte, denn dort gab es mythologische Motive aus „Leda- und der Schwan" als Deckengemälde, die ihn der realen Welt enthoben und ihn einführten in den Fundus der literarischen Tradition der Klassik und Romantik.[365] In diesem Zusammenhang ist die vollständige Lektüre von „Meine Kinderjahre" aufschlussreich. Die Gestaltung der Räume wurzelt zutiefst in Fontanes eigener Erinnerung, doch der Handlungsgang des Romans orientiert sich vor allem an Effis und Innstettens charakterlicher Disposition, die in ihrer Dichotomie identisch sein könnte mit dem biographischen Konflikt, in dem der Autor sich zu diesem Zeitpunkt befand. Der Erzählstil Fontanes lässt eine Parteinahme nicht zu, sowohl Effis Situation als auch die Innstettens wird aus der Distanz erzählt, doch deutet die Spaltung in

---

[364] Greif, ebd., S. 184
[365] Liebrand, ebd., S. 34

einen rational-männlichen und sentimental-weiblichen Part auf geschlechtsspezifische Unterschiede.

Hätte Innstetten an seinem Haus etwas ändern können? Er spürt, dass er eine schlechte Tragödie spielt, in der er sich und Effi ruiniert, um gesellschaftlichen Verpflichtungen Genüge zu tun, ohne von diesen wirklich überzeugt zu sein. Diese Ambivalenz lässt er jedoch nicht zu, weil seine konsequente Härte, seine Dienstpflicht innerhalb einer Beamtenhierarchie Verständnis nicht erlaubt.

Doch im Gespräch mit seinem Vorgesetzten Wüllersdorf legt dieser ihm sogar nahe, die ganze Angelegenheit zu vergessen. Die Dienstverpflichtungen können also nicht der Grund für seine rigide Konsequenz sein. Innstetten will und kann nicht verzeihen, weil er im Grunde auch nicht lieben kann. Ihm geht es allein um das Prinzip, um die preußische Grundsätzlichkeit.

Obwohl er weiß, dass sein Handeln für Effi den gesellschaftlichen Abstieg, den Ausschluss aus dem Elternhaus und die Entfremdung ihrer Tochter zur Folge haben wird, reagiert er fast zwanghaft konsequent wie eine Zinnsoldatenfigur. Er dressiert seine Tochter Annie, ihm blind zu gehorchen und sich von der Mutter völlig abzuwenden. Da eine Frau in Effis Lage kaum Hoffnung auf eigene Lebensgestaltung hatte, musste ihm klar sein, dass er sie nicht nur von sich stieß, sondern sie durch die Trennung gesellschaftsunfähig machte. Dies war vor allem deshalb fragwürdig, weil der Ehebruch im Grunde längst verjährt war, die Ereignisse für ein gemeinsames Weiterleben von Effi und Innstetten kaum mehr Bedeutung haben konnten. Fontane kritisierte damit implizit, dass seinen Frauengestalten ein künstliches, fremdes Verhalten aufgezwungen wurde, das ihren eigentlichen Bedürfnissen und Wünschen nicht entsprach. Die Konvenienzehe brachte Partner zusammen, die sich zwar gesellschaftlich nahe standen, sich heirateten, ohne sich jedoch wirklich zu lieben.[366] Die Ehe hatte etwas Gezwungenes. Der aktuelle Forschungsstand lässt jedoch gelten, dass in diesen Ehen durchaus glückliche Momente, heitere Plauderei und Interaktion stattfanden. Hannelore

---

[366] Faber-Castell, Katharina von: Arzt, Krankheit und Tod im erzählerischen Werk von Theodor Fontane. - Zürich, Univ. - Diss., 1983. - S. 34

Schlaffer nennt beispielhaft Ezechiel und Melanie in „L'Adultera" und Armgard und Woldemar im „Stechlin" als Paare, die weder aus verschiedenen Gesellschaftsschichten stammen, noch durch Konvention gezwungen werden, ihr Leben miteinander zu teilen. Es wäre zu ergänzen, dass auch Franziska und Graf Petöfy, obwohl sie eine Konvenienzehe eingehen, durchaus eine starke emotionale Bindung zusammenführt, die allerdings auf Dauer durch den Altersunterschied, durch ständische, kulturelle und religiöse Divergenzen letztlich nicht erfolgreich verlaufen kann. Franziska versucht, ihre Langeweile durch ein Liebesabenteuer mit Petöfys jungem Neffen zu bewältigen. Weder Petöfy, der nur durch einen Suizid seine gekränkte Ehre nach außen hin wiederherstellen zu können glaubt, noch Franziska, die reumütig zum Katholizismus konvertiert, können sich von den herrschenden moralischen Vorstellungen lösen. Die Gesetze vor hundert Jahren waren hart. Im Falle eines Ehebruchs verlor die Mutter alle Rechte auf ihre Kinder. 1876 erschien erstmals ein kritischer Aufsatz über die „Rechte der Frauen auf ihre Kinder".[367] Die Frauen erkannten die Einseitigkeit dieser Regelung. Im Falle von Melanie van der Straaten, die zwei Kinder zurückließ, war diese eine absolut verwerfliche Rabenmutter und verachtenswerte Person in den Augen der Öffentlichkeit, deren gesellschaftliche Ausgrenzung als notwendige Folge gelten darf. Um so ketzerischer ist Fontanes Schritt, ihr ein zweites Glück zuzugestehen, und um so mutiger ihr eigener, diesen tatsächlich zu vollziehen. Ein Skandal im wahrsten Sinne des Wortes. Fontane schöpfte aus der >Chronique scandaleuse< und deshalb haftet ihm etwas Voyeuristisches an, etwas zutiefst Gewöhnliches, aber auch sehr Menschliches.

Karla Müller erkennt in der auflösenden Tendenz seiner Romane eine Kapitulation.[368]

„Innstetten war immer ein vortrefflicher Mann, so einer wie´s nicht viele gibt, aber ich konnte nicht recht an ihn heran, er hatte so was Fremdes. Und fremd war er auch in seiner Zärtlichkeit." [369]

---

[367] Mittelmann, Hanni: Die Utopie des weiblichen Glücks, S. 57
[368] Müller, Karla: Schlossgeschichten, S. 58
[369] Fontane, Effi Briest, S. 215

Effi leidet an der Andersartigkeit ihres Mannes, aber auch die flüchtige Sinnlichkeit, die Crampas ihr bieten kann, führt zu keiner Lösung der Eheprobleme. Da fehlt etwas. Austauschbarkeit, Unzufriedenheit, mangelnde Harmonie und fehlender Seelengleichklang vereinigen sich mit sexueller Apathie und unüberwindlichem Altersunterschied. Es handelt sich also um die Thematisierung einer alten, aber plötzlich ganz modern anmutenden Problematik, nämlich die der Partnerschaftsbewältigung, die schon vor Fontane von Autoren wie Jean Paul im „Siebenkäs" angegangen wurde, allerdings darin in einer den modernen Lesern antiquiert anmutenden sprachlichen Form.

3.1.7. Isolation und Raumverengung

Die vorletzte Station der geschiedenen Effi Briest ist die Wohnung in der Königgrätzstrasse. Während die Lage des Poggenpuhlschen Eckhauses zwischen Großgörschenstrasse und Matthäikirchhof im Rahmen geographischer Örtlichkeiten einen hohen Authentizitätsgrad aufweist, ist die Lage der Wohnung von Effi in der Königgrätzstrasse mit der Nähe zum Halleschen Tor beschrieben. Dies macht jedoch eine Perspektive auf den Matthäifriedhof real nicht möglich. Vielleicht wollte Fontane damit andeuten, dass ein standesgemäßes Begräbnis der Effi Briest nahe liege, aber nicht mehr den tatsächlichen Gegebenheiten im sozialen Sinn entspricht. Auf dem Matthäikirchhof sind heute noch bedeutende Wissenschaftler begraben, darunter auch die Brüder Grimm.

„Drei Jahre waren vergangen, und Effi bewohnte seit fast ebenso langer Zeit eine kleine Wohnung in der Königgrätzer Straße, zwischen Askanischem Platz und Halleschem Tor: ein Vorder- und Hinterzimmer und hinter diesem die Küche mit Mädchengelaß, alles so durchschnittsmäßig und alltäglich wie nur möglich." [370]

Dennoch handelt es sich im Rahmen der Möglichkeiten um eine hübsche, aparte Wohnung, die Dr. Rummschüttel, der Effis Neuralgiekomödie längst verziehen hat, drei Treppen hoch besteigen muss. Das Motiv der Vergänglichkeit, des Gleitens zwischen Vergangenheit und Gegenwart manifestiert sich im Vorbeigleiten der Züge und wird unmittelbar in

---

[370] Fontane, Effi Briest, S. 259

Beziehung gesetzt zum Matthäikirchhof, der de facto am S-Bahnhof Yorckstrasse liegt, nicht aber zwischen Askanischem Platz und Halleschem Tor.

„Sehen Sie doch nur die verschiedenen Bahndämme, drei, nein vier, und wie es beständig darauf hin- und hergleitet... und nun verschwindet der Zug da wieder hinter einer Baumgruppe. Wirklich herrlich. Und wie die Sonne den weißen Rauch durchleuchtet! Wäre der Matthäikirchhof nicht unmittelbar dahinter, so wäre es ideal." [371]

Das Ablaufen einer Bewegung in der Zeit entspricht ganz dem Weltbild des Impressionisten, der beeinflusst durch die Photographie den Augenblick einfangen möchte, jedoch dem Voranschreiten auf den Tod hin nicht entgehen kann. So vermischen sich Anklänge englischer Romantradition mit dem Einfluss der französischen Literatur.[372] Fontane beendet die Worte des Arztes mit einem Einschub, der Effis Zwischenstation in einem Pensionat vor Bezug ihrer kleinen, reizenden Wohnung beschreibt.[373] Gegenseitige Überheblichkeiten und die geistige Atmosphäre psychischen Drucks verbindet sich mit Fremdheit und vorübergehendem Untergekommensein. Das Pensionat sammelt sieben durchaus gebildete, aus verschiedenen Orten und verschiedener Herkunft aufeinandertreffende Frauen, die sich im Grunde in einer Atmosphäre psychischer und moralischer Unerträglichkeit befinden, weil sie sich fremd sind und bleiben. Ihre menschlichen Geheimnisse bleiben den anderen verborgen. Es würde sich kaum lohnen, sich einem Gegenüber völlig zu öffnen.

„Die beiden Damen, die dem Pensionat vorstanden, waren gebildet und voll Rücksicht und hatten es längst verlernt, neugierig zu sein. Es kam da so vieles zusammen, daß ein Eindringenwollen in die Geheimnisse jedes einzelnen viel zu umständlich gewesen wäre." [374]

Effi raubt diese Enge den Atem. Die Traurigkeit ihrer armseligen Lage rückt sie in die Nähe Roswithas, als Repräsentantin der Unterschicht, die

---

[371] Fontane, ebd., S. 259
[372] Proust, Marcel: Tage des Lebens: drei Essays. - Frankfurt/M.: Suhrkamp, 1974. - 134 S.
[373] Fontane, ebd., S. 260
[374] Fontane, ebd., S. 260

stereotyp die Geschichte des Vaters erzählt, der mit dem glühenden Eisen auf sie losging.[375]

„Und wir werden eine sehr kleine Wirtschaft haben, immer das, was wir sonst unser Donnerstag-Essen nannten, weil da reingemacht wurde."

Die vergangenen Zeiten im Kessiner Haus mitsamt dem spukenden Chinesen erscheinen ihr im nachhinein wie glückliche Zeiten, weil sie damals die Härte des Lebens noch nicht erfahren hatte.[376] Die Verklärung der Realität in der Rückschau mischt sich mit Wehmut und Melancholie. Zunächst genießt sie ihre Einsamkeit, weil die Pensionsetage ihr nichts bedeutet, doch Weihnachten verstärkt dann ihre Schwermut zunehmend. Musik, vor allem Chopin, rahmt dieses Lebensgefühl eines traurigen Schattendaseins ohne Umgang und Freude musikalisch ein.

„Was tun? Sie las, sie stickte, sie legte Patience, sie spielte Chopin, aber diese Nocturnes waren auch nicht angetan, viel Licht in ihr Leben zu tragen, und wenn Roswitha mit dem Teebrett kam und außer dem Teezeug auch noch zwei Tellerchen mit einem Ei und einem in kleine Scheiben geschnittenen Wiener Schnitzel auf den Tisch setzte, sagte Effi, während sie das Piano schloss: »Rücke heran, Roswitha. Leiste mir Gesellschaft.«" [377]

Das konventionell auf Standesschranken, Distanz und Gegensatz an Besitz und Wohlhabenheit basierende Dienstboten- und Herrschaftsverhältnis wird hier durch Armut und sozialen Abstieg relativiert, denn Effi hat in ihrer Isolation nur Roswitha als Gesellschafterin. Indem sie verdeutlicht, dass sie Intimität nötig hat, steigt sie sozial in den Bereich einer deklassierten Schicht ab. Ihr Versuch, sich der Malerei zu widmen, kann nicht darüber hinwegtäuschen, dass ihr die Welt verschlossen ist, denn die Akzeptanz der Gesellschaft bleibt ihr fortan versagt. Isolation bedeutet also, dass kein Raum für Teilnahme an guten Ereignissen offen ist. Ihr Leben wird eng. [378]

---

[375] Fontane, ebd., S. 264
[376] Fontane, ebd., S. 263
[377] Fontane, ebd., S. 265
[378] Fontane, E. B., S. 266

3.1.8. Spuk und leerer Raum

Im Rückblick auf Kessin wird dem faktisch leeren Raum der Raum als unheimlich spukender entgegengesetzt, um innere Leere und Langeweile durch eine irrationale Faszination zu kompensieren. Die Angst vor der Angst, die Einsamkeit und Isolation wird durch das Bild des Chinesen in den Hintergrund gedrängt. Es handelt sich um eine Verdrängungsreaktion durch Übertragung. Das Defizit an Intimität wird durch die Verlagerung auf eine Sündenbockfigur ausgeglichen. Die Befremdung, die das neue Haus auslöst, weil es nicht das vertraute Elternhaus ist, versinnbildlicht sich in einem trivialen Abziehbild auf einem abgesessenen Binsenstuhl, ein naiver Versuch, das schäbige alte Möbel aufzuwerten durch etwas Neues. Bei Fontane gehen Phantasie und Wirklichkeit ineinander über. Kerstin Dingeldein führt in diesem Zusammenhang Marie aus „Vor dem Sturm" an, die Träume und phantasievolle Gedankenspiele in ihren Alltag integriert, ohne die Verbindlichkeit des real Gegenständlichen dabei zu verlieren. Tante Amelie dagegen, die Schwester von Berndt von Vitzewitz, plagt die Angst vor der Begegnung mit der schwarzen Frau, ohne dass sie Distanz halten kann.[379]

Auch in der Erzählstrategie des Romans oszilliert das Subjekt zwischen innen und außen, wird aber durch die Konfrontation mit der entgegengesetzten, mehr rational nüchternen Sichtweise in Frage gestellt. Effi empfindet das Haus Innstettens als verwunschen, auch hier spukt die Vergangenheit des alten Kapitäns herum und wühlt die Phantasie auf, doch der exotische Chinese passt mit der traditionellen weißen Frau des märkischen Adels nicht zusammen. Effi möchte daher das Haus aufgeben. Der Versuch, dem bürgerlichen Fachwerkhaus in der Handelsstadt Kessin ein adliges Gepräge überzustülpen, mißlingt, weil das Klischee, wie so ein Spuk auszusehen habe, nicht mit der neuen Form zusammenpassen will.

„Das ist ja, wie wenn du aus einem kleinen Bürgerhause stammtest. Spuk ist ein Vorzug, wie Stammbaum und dergleichen, und ich kenne

---

[379] Dingeldein, ebd., S. 113

Familien, die sich ebenso gern ihr Wappen nehmen ließen als ihre 'weiße Frau', die natürlich auch eine schwarze sein kann." [380]

Spuk entspringt Adelsstolz und Tradition, möglicherweise einhergehend mit Hang zu Neuralgie und schwachen Nerven, der Annahme, der Adel sei per se empfindlicher und durch das Bewusstsein seiner langen Vergangenheit durch Stammbaum und Geschichte geschwächter als das Bürgertum, doch dieser Spuk will nicht mehr ins Haus passen, nimmt eine neue Gestalt an und wird in dieser neuen, bürgerlichen Form nicht angenommen.

"...Chinesen willst du sagen. Du siehst, Effi, man kann das furchtbare Wort aussprechen, ohne daß er erscheint. Was du da gesehen hast oder was da, wie du meinst, an deinem Bette vorüberschlich, das war der kleine Chinese, den die Mädchen oben an die Stuhllehne geklebt haben; ich wette, daß er einen blauen Rock anhatte und einen ganz flachen Deckelhut mit einem blanken Knopf oben." [381]

Innstetten will andeuten, dass die Angst allein von dem real vorhandenen Abziehbild herrührt. In der Tat könnte das Abziehbild auf dem Binsenstuhl für die Anregung phantastischer Vorstellungen ebenso verantwortlich sein, wie ein Sarotti-Mohr für ein kindliches Gemüt.

Effi und Innstetten verkörpern zwei diametral entgegengesetzte Typen, die den Zeitgeist in seiner Widersprüchlichkeit vermitteln sollen. Effi steht als Charakter der Romantik und der Sagen- und Märchenwelt märkischer Lieder und Balladendichtung nahe, während Innstetten bereits dem Realismus zugeneigt ist. Im Widerstreit dieser beiden Tendenzen scheint Effi die Schwächere und Überholtere zu sein, weil sie der neuen Zeit nicht standhalten kann und mit Verunsicherung reagiert. In ihren Ansprüchen steckt jedoch mehr Zukunft als in Innstettens Pedanterie. Letztlich fehlt beiden etwas. Ihr das Bewusstsein und die Vernunft und ihm die Spontanität und Emotionalität. Fontanes Spaltung in ein weibliches und männliches Prinzip haftet die bereits erwähnte schematische Stereotypie an. Crampas ist schließlich auch ein Mann und wäre möglicherweise trotz seiner Andersartigkeit der bessere Partner für sie gewe-

---

[380] Fontane, Effi Briest, S. 80
[381] Fontane, ebd., S. 79

sen. Fontanes Romane wirken pauschalisierend, merklich unbefriedigend in ihrem Handlungsverlauf. Er bleibt verhaftet in depressiver Verfangenheit zwischen Eros und Todestrieb. Doch in der Tat waren auch die realen Möglichkeiten besonders für alleinstehende Frauen begrenzt. Da fehlt es an Mut, an Autonomie und Experimentierfreudigkeit. Der aristokratische Mensch am >Fin de siècle< war abgelebt, festgelegt durch die Normen einer obsoleten Zeit. Der Raum wird somit zu einem unheimlichen im wahrsten Sinne des Wortes.

Der gruselige Raum ist nicht der Ort eines Individuationsprozesses, er dient auch nicht der Weiterentwicklung im Sinne einer befreienden Erlösung durch Selbsterkenntnis, sondern er charakterisiert typologisch fremd sich gegenüberstehende Prinzipien des Weiblichen und Männlichen als kennzeichnend für die Beziehungsstrukturen der Gründerzeit.

Die Gesellschaftsformen des Adels werden durch bürgerliche abgelöst, so dass der Adel sich umstellen muss auf bescheidenere Verhältnisse, die die alte Gastlichkeit und Grandezza nicht mehr bieten. Der Brief an die Mutter enthüllt Effis sozialen Abstieg.

Das landrätliche Haus hat zwar viel Hübsches und Apartes, ist aber weder Schloss noch Herrenhaus, sondern nur Wohnung für zwei Personen ohne größere Ansprüche. So schreibt Effi an ihre Mutter, sie könne nicht gastfreundlich sein, weil es kein Esszimmer gebe. Der Raum ist nicht repräsentativ genug, wirkt ärmlich im Vergleich zum adligen Herrenhaus.

"Wir haben freilich noch Räumlichkeiten im ersten Stock, einen Saal und vier kleine Zimmer, aber sie haben alle etwas wenig Einladendes, und ich würde sie Rumpelkammer nennen, wenn sich etwas Gerümpel darin vorfände; sie sind aber ganz leer, ein paar Binsenstühle abgerechnet, und machen, das mindeste zu sagen, einen sehr sonderbaren Eindruck." [382]

Innstetten versucht die Situation zu bagatellisieren, die Mutter könne auch in seinen Diensträumen untergebracht werden und überhaupt sei das alles Altweiberkram, doch das grundsätzliche Missverhältnis offenbart eine Fremdheit in der Beziehung, die ein befriedigendes Sexualle-

---

[382] Fontane, Effi Briest, S. 100

ben gar nicht erst aufkommen lässt. Schließlich wird der Spuk in der Monotonie des häuslichen Alleinseins für Effi zum entscheidenden Ersatz für wirkliches Erleben.

„Kannst Du Dir denken, Mama, daß ich mich mit unserm Spuk beinah ausgesöhnt habe? Natürlich die schreckliche Nacht, wo Geert drüben beim Fürsten war, die möcht' ich nicht noch einmal durchmachen, nein, gewiß nicht; aber immer das Alleinsein und so gar nichts erleben, das hat doch auch sein Schweres, und wenn ich dann in der Nacht aufwache, dann horche ich mitunter hinauf, ob ich nicht die Schuhe schleifen höre, und wenn alles still bleibt, so bin ich fast wie enttäuscht und sage mir: wenn es doch nur wiederkäme, nur nicht zu arg und nicht zu nah." [383]

So verdrängt der Spuk das Gefühl der Leere in Raum und Handlung.[384]

Historisch-politisch gesehen gibt es hier mögliche Anklänge an die Angst vor der „Gelben Gefahr". Neben der Angst vor der Rohheit der aufstrebenden Volksmassen wurde die Angst vor der Bedrohung durch die Chinesen zum Thema. Schachtschabel führt in diesem Zusammenhang Heinz Gollwitzers Studie „Die Gelbe Gefahr" an, die das imperialistische Denken dieser Epoche aufzeigt. Wilhelm II. habe nach dem chinesisch-japanischen Krieg von 1894/95 ein Bild vom Chinesen entworfen, das ihn als „Gelbe Gefahr" symbolisiere.[385]

Stefan Greif führt die eheliche Entfremdung auf Schweigen und unterdrückte Gefühle zurück.[386] Tatsächlich hat aber gerade über den Spuk eine dialogische Auseinandersetzung zwischen Innstetten und Effi stattgefunden. Heinz Schlaffer sieht eine Diskontinuität durch unterschiedliche Bedürfnisse in Öffentlichkeit und Privatheit und argumentiert auf der Ebene ökonomischer Veränderungen, die die Formen von Liebe und Ehe umstrukturieren.[387]

---

[383] Fontane, ebd., S. 100
[384] Wilhelm, Gisela: Die Dramaturgie des epischen Raumes bei Theodor Fontane, S. 45
[385] Schachtschabel, Gaby: Die Ambivalenz der Literaturverfilmung, S. 154
[386] Greif, Stefan: ebd., S. 189
[387] Schlaffer, Der Bürger als Held, S. 71

Er begründet den literarischen Schauder des Ehebruchromans mit latenter Verlustangst. Innstetten unterliegt jedoch weitgehend den patriarchalisch-preußischen Machtstrukturen der noch feudal geprägten Bismarckära, in der der Preuße für Armee und Verwaltung abgerichtet wurde, um einen „Machtapparat aus Kalkül" auch in seiner Intimsphäre zum Korrektor des Handelns werden zu lassen. Dem natürlichen Freiheitsdrang Effis, die paradigmatisch die weibliche Rolle in diesem Staat verkörpert, wurde der Spuk, die Angstmache durch fremde, exotische Existenzen als Kontrollmechanismus entgegengesetzt, ohne dass dies jedoch offen zugegeben worden wäre. Die Vorsätzlichkeit des Spuks als Erziehungsmittel kann Innstetten nicht unterstellt werden, doch gerade indem er seine Existenz leugnet, bestätigt er in Effi den Zustand ihrer unzurechnungsfähigen Gemütslage. Die Sprachlosigkeit Effis, ihre Unfähigkeit, die Ehekrise verbal zu bewältigen, entspricht ganz ihrer Rolle in dieser Zeit. Ihre Schwäche durfte nicht nach außen dringen und ihre Sprachfähigkeit wurde nur für gesellschaftliches Repräsentieren vorteilhaft eingesetzt, um der politischen Karriere Innstettens nützlich zu sein, oder bei Theaterabenden und Réunions situationsgerecht benötigt. Der Zwang zur Contenance im Bismarckstaat bedingte erstens einen schizophrenen Zustand zwischen der Furcht vor dem Irrationalen, dem Fremden, der „Gelben Gefahr", die im Kolonialismus begründet lag und in der Tradition romantischer Denkweise, verlangte zweitens jedoch die strikte Verleugnung dieser Ängste. Im entscheidenden Moment, nämlich im 27. Kapitel, als es um die Zukunft von Innstetten und Effi geht, wird Effi nicht in die Kommunikation einbezogen. Innstetten bespricht seine Lage mit dem Vorgesetzten Wüllersdorf und schließt die Frau, die unmittelbar im gestörten Intimleben betroffen ist, von weiteren Entscheidungsprozessen aus.

Kordula Kahrmann deutet die Entfremdung aus einer Gesellschaft heraus, deren Normen das Individuum von sich selbst entfremdet, weil die eigenen Gefühle und Bedürfnisse zu diesen Normen in Opposition stehen.

Hanni Mittelmann spricht von der Utopie weiblichen Glücks und sieht einen geschlechtsspezifischen Unterschied in der Wahrnehmung. Glenn Guidry vergleicht Fontane mit Hofmannsthal und entwickelt anhand von

Habermas' Kommunikationstheorie eine weitere Theorie zur Utopie des Glücks in der Geschlechterbeziehung. Die Absichten des entfremdeten Individuums resultieren aus dessen Strategien, zu menschlichem und wirtschaftlichem Erfolg zu gelangen, andere zu benutzen und zu manipulieren wie Figuren in einem Schachspiel, um die Durchsetzung der eigenen Interessen zu verwirklichen.

„Alle anderen lassen sich von einer Absicht leiten und schauen nicht rechts und nicht links, ja, sie atmen kaum, bis sie ihre Absicht erreicht haben: darin besteht ihr Trick." [388]

Mit „Verständnis statt Manipulation" deutet Guidry eine Beziehungsstruktur an, in der sich die Partner aus der Erkenntnis kalkulierter Erfolgsstrategien heraus, daraufhin geeinigt haben, manipulierten Konversationen entgegenzutreten. Verständnis und betonte Höflichkeit, ein hohes Maß an Rücksichtnahme kennzeichnet die bewusste Regulierung des Sprechaktes zwischen Helene und Hans in „Der Schwierige" von Hugo von Hofmannsthal. Eine symmetrische Beziehung ist möglich, weil aus den Erfahrungen des Krieges heraus der Wunsch nach einem neuen, authentischeren Leben vorhanden ist. Abgeflachtes Geschwätz, das heillose Konfusion auslöst, wird von beiden abgelehnt, so dass der Diskurs bewusst aus der Banalität herausführen soll. Dazu gehört Helenes Selbstverständnis, Indiskretionen zugunsten der Beziehung zu vermeiden. Hofmannsthal reflektiert die Bedeutung von Sprechen und Schweigen, befasst sich damit, ob Schweigen auch eine Art Unvermögen zum Ausdruck bringe. Entsprechend agieren seine Charaktere fünfundzwanzig Jahre nach Fontanes Erfolgsromanen auf der gemeinsamen Erkenntnis von Strategie und Handeln im Sinne einer Erfolgskontrolle für ihre Ehe. Rücksichtnahme statt manipulierter Konversation, bewusste Steuerung und Regulation entspricht allerdings auch den Kennzeichen einer markt- und gewinnorientierten bürgerlichen Gesellschaft, die Heinz Schlaffers These nahekommt, dass die Beziehungsstruktur im Eheleben

---

[388] Guidry, Glenn: Language, morality and society: an ethical model of communication in Fontane and Hofmannsthal. - Berkeley: Univ. of California Pr., 1989. - S. 47
Vgl. dazu auch: Bauer, Gerhard: Abhängigkeitsbewußtsein und Freiheitsgefühl im Werk Hofmannsthals. - Marburg, Univ. Diss., 1962. - 214 S.

sich den Marktmechanismen anpasse. Zwar sind in Romanen wie „Mathilde Möhring" oder „Jenny Treibel" ebenfalls Strategien erkennbar, die zum erhofften Erfolg in der Heiratspolitik führen sollen, doch unterscheidet sich dieser Ehrgeiz insofern von der Konzeption in Hofmannsthals Stück, als die Absichten fast komödienhaft auf die Verführung von Hugo Großmann hinzielen oder auf das Verhindern einer Heirat zwischen Leopold und Corinna. Auch bei Hofmannsthal geht alles um die Heiratspolitik der Salonaristokratie. Der alternde Hans Karl äußert sich trotz seiner bisherigen Bindungsunfähigkeit positiv über die Ehe. Liebe sieht er allein durch die Dauerhaftigkeit und den Willen alles gemeinsam durchzustehen verwirklicht. Die Protagonisten sind umgeben von neugierigen Freundinnen und Gesellschaftslöwen, die den Hauptsinn des Daseins in der geistreichen Konversation sehen, die aus der Banalität heraus und in die Ehe hineinführen soll. Dies ist zumindest thematisch gesehen ähnlich wie „Effi Briest" auf die Bedeutung der Ehe und das Leben in gehobenen Gesellschaftszirkeln hin angelegt. Dabei schleicht sich häufiger die Frage ein, ob dies denn nun tatsächlich die Hauptsache des Daseins gewesen sein soll. Das intrigante Gesellschaftsgeplänkel wirkt fast banal, lässt vieles offen, was Fontane durch seine Darstellung des Ehebruchs und seiner Konsequenzen als problematischer ansieht. Hofmannsthal dagegen konzentriert sich auf die gemeinsame Kommunikation beider Partner. Immerhin entspricht auch Fontanes Konversation ganz dem Genre des Gesellschaftsromans. Gespräche dienen der Unterhaltung und qualifizieren ihre Teilnehmer als geistreiche Mitglieder einer Gesellschaft zwischen adligem und bürgerlichem Salonleben. Es gehörte in der guten Gesellschaft einfach dazu, über alle möglichen Themen aus Politik, Geschichte oder Literatur reden zu können, um seine Fähigkeit unter Beweis zu stellen, geschickt und interessant die Gesellschaftsrunde aufrecht zu erhalten, ohne dass allzu viel Tiefgang oder gar erkennbare Ergebnisse deutlich würden. Zwar sinnierte auch Hofmannsthal darüber, ob nicht gerade die Oberfläche den Tiefgang ausmache, doch bei Fontane ist die Tendenz zur pretentiösen Klügelei im Verhältnis zu tiefergehenden Erkenntnisprozessen und Inhalten mehr eine geschickte Maskierung des Innenlebens, offenbart aber gleichzeitig die Unfähigkeit sich dieses bewusst zu machen.

Die seitenlangen Gesellschaftsgespräche im „Stechlin" lassen beim Leser Langeweile aufkommen und Frauen wie Cécile beispielsweise gestehen freimütig ein, dass ihr Wissensschatz zu beschränkt sei, um sich in die Männergespräche zu sehr einzumischen. Dabei wird erwähnt, dass Cécile durchaus las. Witzigerweise benennt Fontane die uckermärkische Separatistenbewegung als einen Titel, der sich neben französischen Romanen auf ihrer Leseliste befindet. Dies lässt auf ein bemerkenswertes Interesse an regionaler Politik schließen, das keineswegs auf Ignoranz oder Dummheit hindeutet. Cécile wird in die Rolle der schwachen, ignoranten Nervenkranken gedrängt, die an der »table d'hôte« ihre Beiträge lieber auf die Zubereitung von kulinarischen Genüssen beschränken sollte. [389]

Wirkliche Emanzipation findet nicht statt, höchstens stereotyp verknüpft mit dem Etikett der äußerlichen Unattraktivität bei Mathilde Möhring.[390] Männer und Frauen verharren in den ihnen zudiktierten Rollenzuweisungen. Die eheliche Kommunikation zwischen Innstetten und Effi ist dabei keineswegs unangenehm. Der zwanzig Jahre ältere Ehemann wendet sich in seiner Rolle als Beschützer und Ernährer seiner jugendlichen Gattin durchaus liebevoll und fürsorglich zu, doch ermahnt er sie gleichzeitig, es nicht zu weit zu treiben mit ihrer Offenheit. Eine Frau, die ihre innere Einsamkeit durch visionäre Spukgestalten bekämpft, könnte ihn gesellschaftlich kompromittieren. [391]

Daraufhin schweigt Effi. Doch ihr Schweigen ist keine bewusst gewählte Strategie der Auseinandersetzung, sondern signalisiert Hilflosigkeit im Umgang mit ihrer Rolle als Ehefrau und Repräsentantin des Hauses Innstetten. Innstetten steckt die Prämissen ab und erstickt Effis Bedürfnisse bis hin zur Sprachlosigkeit.

---

[389] Fontane, Cécile, S. 71
[390] Plett, Bettina: Frauenbilder, Männerperspektiven und die fragwürdige Moral. Applikation und Demontage von Rollenbildern und Wertzuschreibungen in Fontanes Romanen. In: Fontane-Blätter 68/1999. - S. 121
[391] Fontane, E. B., S. 80

Sowohl Fontane als auch Hofmannsthal bemühten sich um die „charakterisierende Sprechweise".[392] Ihre Figuren sollten nicht in einem einheitlichen Ton sprechen, sondern besonders Hofmannsthal wollte das Eingehen auf unterschiedliche seelische Eigenschaften durch differenziertes Sprechen. Das Anpassen und Stilisieren der Sprechweise in mimetischer Art und Weise an die real gegebenen Verhältnisse verlangte eine Modulation hinsichtlich sozialer Herkunft, Intelligenz oder der jeweiligen Kommunikationssituation. Dabei kritisierte Hofmannsthal die zunehmende Zielgerichtetheit beim Sprechen, den unangenehmen Geschäftston zwischen Männern und Frauen, die leichte Durchschaubarkeit der hinter der Rede steckenden Absicht.

Konversation sollte ein geistiges Spiel sein, eine Form geselligen Salonlebens, bei dem sich der kultivierte Mensch seines Geistes und der gehobenen Rede bedient, um sich der erlesenen Unterhaltung zu widmen. Edine sagt daher zu Graf Altenwyl in „Der Schwierige":

„Ich sag: wenn ich Konversation mach, will ich doch woanders hingeführt werden. Ich will heraus aus der Banalität. Ich will doch wohintransportiert werden." [393]

Obwohl dem Salonaristokraten Hofmannsthal die Sprache Fontanes zu einfach war, lässt sich Fontane nicht unterstellen, dass es ihm nicht gelungen wäre, die Redeweise seiner Charaktere auf deren spezifische soziale Situation abzustimmen. Er selbst rühmte sich seiner Gestaltungsfähigkeit in dieser Hinsicht und führte sie auf seine französische Herkunft zurück, die er damit verknüpfte, besonders geistreich zu sein.

3.1.9. Befremdende Raumentwürfe

Effis Umzug in die Keithstrasse mit guter Adresse und Nähe zum Tiergarten bedeutet zunächst eine Wiederherstellung einer Raumkulisse, die dem Status Innstettens als Ministerialrat gemäß ist.

---

[392] Mommsen, Katharina: Hofmannsthal und Fontane. - Frankfurt: Suhrkamp, 1986. - S. 33-55

[393] Hofmannsthal, Hugo von: Gesammelte Werke/hrsg. von Bernd Schoeller. - Frankfurt/M.:Fischer, 1979
Dramen IV: Lustspiele. - S. 378

Die Lage und Beschaffenheit der Wohnung entspricht zwar nicht dem Leben in einer Villa oder einem Schloss auf dem Land, ist aber gemessen an dem, was die Großstadt vergleichsweise zu bieten hat, eine akzeptable Kompensation. In Effi keimt eine gewisse Hoffnung auf Veränderung und ein interessanteres Leben auf durch die kulturellen Möglichkeiten, die Berlin zu bieten hat.

"Nun also, sie gestand mir, daß dies Gefühl des Fremden sie verlassen habe, was sie sehr glücklich mache." [394]

Befremdung weicht dem Gefühl positiver Erwartungen durch den Raumwechsel in die Keithstrasse.

Effi Briest erlebte Berlin bereits bei ihren Besuchen mit der Mutter vor ihrer Ehe gemäß dem Klischee der weltoffenen Großstadt, in der man standesgemäß einkaufen kann und repräsentative Orte wie die Nationalgalerie, die berühmten Cafés oder als Mitglied der guten Gesellschaft die Theater und Opernhäuser aufsucht.[395] Entsprechend ironisiert Fontane, dass der Einkauf des »trousseau« programmgemäß ablief. Die Erwartung, zur sozial privilegierten Schicht zu gehören, ein großes Haus zu führen und am gesellschaftlichen Leben teilzunehmen, erfüllt auch Innstettens Karrieredenken, doch Effi rechnet nicht damit, dass sie selbst viel zu deren Erfüllung beitragen muss. Sie ist verwöhnt und wird versorgt, so dass Repräsentation und vornehmer Lebensstil selbstverständliche Klischeevorstellungen in ihrer Erwartungshaltung sind. Während Effi von der Faszination des Raumes bestimmt wird, legt Innstetten wenig Wert auf Mobiliar und Verbesserungen im Haus, so dass diese Rollenverteilung von Mann und Frau, in der das Haus die Domäne der Frau ist, noch den Konventionen gemäss erscheint. Einerseits bietet die Großstadt die Teilnahme am gesellschaftlichen Leben für jene, die eine gute Position haben und etabliert genug sind, Opernbesuche und Konzerte zu bezahlen. Andererseits steht dem jedoch das Bild Berlins als Auffangbecken für gestrandete Existenzen entgegen. Jene, die gegen Sitte und Moral verstoßen haben, können dort in der Anonymität und Isolation jenseits des gesellschaftlichen Lebens ihr Schicksal hinnehmen,

---

[394] Fontane, E. B., S. 216
[395] Fontane, ebd., S. 22

ohne weiter aufzufallen. Später wird Effi nach ihrem Ehebruch durch den ablehnenden Brief der Mutter die Großstadt in dieser Weise kennenlernen. So wird im Handlungsverlauf der offene zu einem geschlossenen Raum. Die sonnige, luftige und offene Effi wird zu einer im Raum gebremsten, isolierten und hinter Vorhängen zurückgezogenen Frau.

An diesem Beispiel offenbart sich die Ambivalenz räumlicher Vorstellungen. Der ortskundige Berliner erlebt die Stadt anders, als die Erfahrungswelt des Touristen es zulässt. Kerstin Dingeldein weist nach, dass in „Vor dem Sturm" das historische Zeitbild des Ortes Hohen-Vietz etwas imaginär Raumhaftes bedeutet, weil weniger die Handlung als der Raum, an dem jeder Punkt ein gewordener ist, wichtig erscheint als Kontur flächig gewordener Geschichte, entweder als Gesamtansicht eines Hauses oder als Grundriss.[396] Im Sinne von Peter Demetz, der von der Welt der „richtigen Adresse" spricht, weist sie darauf hin, dass bereits eine kleine Anspielung genügt, um eine soziale Vorstellung auszulösen, ohne das gesamte Lokalkolorit näher beschreiben zu müssen, weil mondäne Reisen, die Lage einer Bel etáge oder das Image eines teuren Wohnviertels, wie damals der Tiergarten, bereits Assoziationen erwekken, die weitere Erklärungen überflüssig erscheinen lassen.[397] Fontanes Raumentwürfe entsprechen traditionellen Idyllen, das heißt dem Wunschbild von einem ungefährdeten, in sich ruhenden Dasein im Sinne eines Refugiums, das bei näherer Betrachtung jedoch in der Darstellung des Raumes bereits gebrochen ist. In „Cécile" ist es die von Efeu und wildem Wein überwucherte Villa, die Idylle und Glückserwartung zu bestätigen scheint, doch Fontane versucht zu vermitteln, dass man das Glück nicht von außen aufbauen soll, weil der letzte Bewohner der Villa Suizid beging und die materielle Veräußerung des Glücks damit in Frage stellt. Gebäudetypen stehen topographisch für die Formen ständischer Lebensweise, so dass der Adel mehr in Rittergütern und Schlössern residierte mit freiem Blick in die Landschaft, während die bürgerliche Villa der Gründerzeit die Lebensweise des wohlhabenden Fabrikanten kenn-

---

[396] Dingeldein, Kerstin: Die Konfiguration des Gegenständlichen: eine Studie zur geschichtlichen Denkintention in den Texten Theodor Fontanes. - Frankfurt/M.: R. G. Fischer, 1994. - S. 88
[397] Demetz, Peter: Formen des Realismus, S. 117

zeichnet. Die Treibelsche Villa entsprach dem Stil des neureichen Unternehmers, der nebenan seine Fabrik hatte und sich den Geschmack des Adels zu eigen machen versuchte. Die ärmliche, meist in der Küche zentrierte Wohnwelt der Unterschicht spart Fontane aus, da er dem Illusionsroman stärker verhaftet ist als dem Naturalismus. Doch Repräsentanten des Kleinbürgertums wie Stine oder Lene in „Irrungen, Wirrungen" stellt er als Ausnahmen heraus, weil sie von adligen Herren zur Geliebten gemacht werden. So kontrastiert er die Herkunft mit dem prächtigen, etwas hastig und vom Liebhaber beschafften Mobiliar der Witwe Pittelkow. Wohnen und Einrichten ist kein langsamer organischer Prozess, sondern eine aufgesetzte einmalige Aktion, in der alles Notwendige beschafft wird, was für ein gemütliches >tête à tête< benötigt wird. Ein prächtiger Trumeau steht kontrastiv mit jämmerlichen Gipsfiguren zusammen und der wertvolle Rokokoschreibtisch passt in seiner Eleganz und Funktion wenig zur einfachen Lebensweise der Bewohner. Inwieweit Raumtypen Entfremdungsmerkmale vermitteln, bestätigt sich durch Grundrisse bürgerlicher Häuser im 19. Jahrhundert. An die Stelle von großen Gemeinschaftsräumen traten mehrere kleinere Zimmer. Die bisherige Lebensweise, die oft Arbeit und Wohnen integrierte, spaltete sich in die Trennung von Arbeitsplatz und Privatheit und schuf neue Raumtypen. In großbürgerlichen Häusern zogen sich die Damen zurück in ihre Damenzimmer, stickten, nähten oder musizierten. In „Effi Briest" stellten sie Kirchenwandteppiche her. Die Herren dagegen rauchten in ihren Herrenzimmern, saßen am Schreibtisch ihrer Bibliotheken. Diese Trennung in geschlechtsspezifische Räumlichkeiten kennzeichnet die zunehmende Entfremdung in der ehelichen Gemeinschaft. In „Mathilde Möhring" ist es die mangelnde Identifikation mit dem Mobiliar, die innere Fremdheit zur Außenwelt transparent werden lässt.

Divergenzen zwischen Intérieur und gesellschaftlichem Hintergrund, wie sie in „Stine" und „Irrungen, Wirrungen" zum Ausdruck kommen, zeigen die nie aufzuhebende Fremdheit zwischen Adel und Kleinbürgertum, obwohl der adlige Botho von Rienäcker sich mit dessen Einfachheit zu arrangieren versucht. Der aufgesetzte Versuch, sich dem Lebensstil des Adels in der Welt des Kleinbürgertums anzupassen, damit der Liebhaber sich wohl fühlt, wirkt wie ein von vornherein zum Scheitern verurteilter

Ansatz, die Fremdheit zweier antagonistischer Klassen zu verleugnen. Dem Kleinbürgertum fehlt es an Geschmack und Bildung, so dass trotz der zur Verfügung gestellten Möbel ein Widerspruch zwischen innen und außen sichtbar wird. Doch auch der Adel, soweit er über repräsentative Schlösser verfügt, entspricht nicht mehr den Vorstellungen vom romantischen Schlossherren. Seine Schlösser, wie Innstettens landrätliches Haus oder das Schloss im „Stechlin", sind im Grunde Katen, durch die Landwirtschaft oder Kleinstadtrepräsentanz geprägte Bauten und nicht mehr dem Klischee des Höfischen gemäß. Die Lebensweise der Junker verbindet das Schloss mit rustikal landwirtschaftlichen Lebensformen. Auch Adelheid von Stechlin ist ganz und gar nicht die Dame von Welt, sondern kaum über den Horizont ihrer klösterlich provinziellen Erfahrungen hinausgekommen. Der nüchtern arrogante Blick von Crampas entlarvt daher den Lebensstil Innstettens als prätentiös. Nicht zuletzt daher gelingt es ihm, den Status Innstettens zu disqualifizieren. Innstetten hat es nötig, Geschichten zu erzählen. Er muss, um sein Haus aufzuwerten, Spuk auf Lager haben, damit er für andere interessant erscheint. Raumtypen bestätigen somit ständische Schranken und helfen, die Fremdheit zu perpetuieren. Der Adel sieht die Not der Unterschicht nicht, fühlt sich jedoch im Zuge gesellschaftlicher Veränderungen durch das Erstarken des Bürgertums befremdet und verunsichert, ohne dies analysieren zu können. Diese Angst äußert sich in Wahnvorstellungen, die Effi Briest als den spukenden Chinesen erlebt, das heißt, die Angst vor allem Fremden veräußert sich im Raum.

„Fontane differenziert die Figuren deutlich nach ihrer Einstellung zum Raum, womit demonstriert wird, daß er erst seine Neutralität verliert, wenn das Individuum eine Beziehung zu ihm herstellt und ihn mit Qualitäten besetzt." [398]

Eine fehlende oder gestörte Beziehung zum Raum, eine Gebrochenheit im Verhältnis zum Mobiliar oder eine Kluft zwischen Wollen und Können, wie in den „Poggenpuhls", signalisiert Irritationen im Sinne von Gefühlen der Befremdung, die jedoch den Protagonisten selbst nicht klar sind. Unverständnis, Melancholie, das sehnsüchtige Sitzen am Fenster, um mit

---

[398] Wilhelm, ebd., S. 90

Langeweile und Leere fertig zu werden, bestimmen das Empfinden des Protagonisten im Raum. Der glückliche Raum, wie Hankels Ablage es für die Liebenden zu sein scheint, ist in Wirklichkeit nur eine Absteige. Fontanes Räume werden daher zur entmythologisierten Idylle.

Kolk weist bereits darauf hin, dass die Hauptfiguren der Ehebruchromane, Effi Briest, Melanie van der Straaten und Cécile von St. Arnaud keiner produktiven Tätigkeit nachgehen.[399]

Dieses gemeinsame Strukturmerkmal entspricht der Gestaltpsychologie, die im Sinne Cassirers versucht, immer wiederkehrende Grundmuster, sich wiederholende Raummotive und Raumtypen wie einen Fundus von Darstellungsmustern zu verdeutlichen.[400]

3.2. Raum, Handlung und Entfremdung

Die Entfremdung Effis von ihrer eigenen Tochter kennzeichnet ebenfalls Reaktionen psychischer Befremdung und Desorientiertheit. Annis stereotype Höflichkeit ist andressierter Trotz und Distanzierung. Ein ähnliches Strukturmuster verwendet Fontane in „L'Adultera", als Melanies Tochter Lydia ihr erklärt, sie habe keine Mutter mehr.[401] Zur Fremdartigkeit und Unheimlichkeit in der Umgebung kommt in „Effi Briest" die Isolation der Personen und deren mangelnde Nähe und Befremdung zueinander. Hamann spricht von einer Entfremdung der Eheleute, doch war im Grunde eine wirkliche Nähe nie vorhanden. Der von der Mutter empfohlene, viel zu zugeknöpfte Landrat wirkt in seinem Verhalten aufgesetzt. Alle Geschehnisse werden formal organisiert. Nichts geschieht aus innerem intensiven Wollen und Wünschen heraus. Der Raum und dessen Beschreibung dienen der Kenntlichmachung psychischer Prozesse. Die Sperre gegen die fremde Umgebung vermittelt sich im Spuk und Alptraum.

---

[399] Kolk, ebd., S. 125
[400] Cassirer, Ernst: Der Begriff der symbolischen Form im Aufbau der Geisteswissenschaften. - In: Vorträge der Bibliothek Warburg, 1921/22. - S. 11-39
[401] Fontane, L'Adultera, S. 135

"Der Raum ist für den Erzähler nicht Selbstzweck, sondern vielmehr Bestandteil eines engen Beziehungsgeflechts zwischen Figuren, Handlung und Raum." [402]

Hamann spricht von einer gelungenen epischen Integration des Raums. Der Konflikt zwischen Normen und Geboten einerseits und Gefühl und Spontanität andererseits trifft auf die unterschiedliche Disposition der Charaktere. Ehre steht bei Innstetten vor Verständnis und entfremdet die Tochter der Mutter. Wie eine stereotyp abgerichtete Puppe folgt sie den Anweisungen Innstettens, bleibt höflich, aber distanziert und fremd. Hamann arbeitet eng am Text und es gelingt ihr, ein umfassendes Textverständnis aufzubauen, doch der Punkt fehlender erotischer Verbundenheit wird nur unter anderen benannt. Möglicherweise liegt aber gerade in der mangelnden Erotik und in der Leidenschaftslosigkeit der entscheidende Grund für die Entfremdung im menschlichen Miteinander. So kommt es zum Ehebruch, der verspricht, die Enttäuschung und Monotonie aufzubrechen. Doch ihr Handeln führt nicht in eine lebendigere, befriedigendere Erlebniswelt, sondern schließt Effi letztlich völlig aus der Gesellschaft aus. Das Symbol der hin- und herfahrenden Züge zeigt, wie das Leben an ihr vorbeigleitet. Sie selbst ist nur noch isolierte Betrachterin und den Besuch der Tochter kann sie nur über den Amtsweg erzwingen. Wirkliches Leben und unmittelbare Beziehungen bleiben ihr am Ende völlig verwehrt. Während am Anfang in Hohen-Cremmen ihr Schicksal noch offen ist, steigert sich die Handlung bis zu einem Kulminationspunkt der Lebensleere und Hoffnungslosigkeit. [403]

"Zusammenfassend kann gesagt werden, daß die Untersuchung der Raumgestaltung eine enge Verquickung von Effis Schicksal mit unterschiedlichen Handlungsschauplätzen ergeben hat. Sie untermalen nicht nur den jeweiligen Handlungsablauf, sondern spiegeln die unterschiedlichen Stadien im Leben der Hauptfigur. Die einzelnen Räume sind einander zugeordnet und aufeinander bezogen, woraus eine Gesamtkomposition entsteht, die die Struktur des Romans wesentlich bestimmt." [404]

---

[402] Hamann, Elsbeth: Theodor Fontane: Effi Briest. - München: Oldenbourg, 1981. - S. 42
[403] Fontane, E. B., S. 262
[404] Hamann, ebd., S. 41

Fontane verquickt Raum, Figuren und Handlung zu einem wohlkomponierten Gesamtgefüge. Bereits in der Exposition ist alles angelegt, was für den Gesamtverlauf des Romans nötig ist.

„Dem eigentlichen Erzähler verbleibt demnach die Aufgabe, die Selbstdarstellung der Personen durch das Gespräch zu ermöglichen, durch das Schaffen von Überleitungen, das Überbrücken von Zeiträumen, das Skizzieren von Situationen, das Zusammenführen der Figuren; auch bleibt die bewußte Strukturierung des Ereignisverlaufes durch den Erzähler zu erkennen, und konsequent verfolgt er das Prinzip der Indifferenz unter Verzicht auf Kommentar und eigene Reflexion- selbst im Rahmen widerspruchsvoller Handlungen wie Ehebruch und Duell bleibt ein moralisierendes Eingreifen des Erzählers aus." [405]

Hamann deutet den Verzicht auf erotische Szenen mit Crampas in der Weise, dass es Fontane nicht darum gegangen sei, durch erotische Intimitäten seine Leser zu gewinnen, sondern den Akzent darauf zu setzen, grundsätzlich die Aufmerksamkeit auf die Frage von Pflicht und Neigung des Individuums in der preußischen Gesellschaft zu lenken. Nur aus Crampas' Reaktion auf Effis Korrespondenz lässt sich indirekt über den Briefverkehr erkennen, dass von ihr wesentliche Initiativen ausgegangen sein müssen; soweit gehend, dass sie Crampas die Flucht vorgeschlagen hat. Innstettens Liebesentzug, den er auf seine Tochter übertragen hat, ist daher folgenschwere Konsequenz. Fontane geht es um die objektive Darstellung eines Konfliktes, der sich aus dem normativen Gefüge ergibt. Die Auseinandersetzung mit dieser Problematik ermöglicht es dem Leser, die Lage und ihre Widersprüche selbst gegeneinander abzuwägen. Wesentliches Moment dieser Zeit war die Tabuisierung von Erotik und allem Intimen. Probleme werden durch feststehende Rituale wie das Duell scheinbar gelöst. Offenheit und Kommunikation gehören in den Bereich der Indiskretion. Distanz, Schweigsamkeit und Befremdung bestimmen den Umgang miteinander, der in Konfliktfällen bis zur völligen Entfremdung führt. Dabei wird durchaus lebhaft kommuniziert, sowohl durch Briefe als auch im gesellschaftlichen Leben, doch die Sprache macht Halt vor dem Intimbereich. Wenn Georg Lukács den Abfall des

---

[405] Hamann, ebd., S. 79

Individuums vom metaphysischen Raum als wesentlichen Bruch im Entwicklungsgang des Romans des 19. Jahrhunderts benennt, so bestätigt sich dies in „Effi Briest". In ihrem Alleinsein findet Effi keinen Halt in der Religion. Parapsychologische und heidnisch-mythologische Zeichen, bedingt durch den slawischen Ursprung ihrer Heimat, gewinnen Gewalt über ihre angespannte nervöse Disposition. Es lässt sich nicht erkennen, dass Religion respektive der christliche Glaube ihr Halt bieten.

4. FREMDES IM INNEN UND AUßEN

4.1. Effi als musterhaftes Abbild

Der Name Effi bedeutet laut Karla Bindokat „effigies", also Bild, und steht damit im Zusammenhang mit der „Executio in effigie", die der preußische Staat bei Freitod und Duell als Strafe vorsah.[406] Bei Selbstmördern oder Fremden anderen Glaubens erfolgte die Ausgrenzung vom Friedhof. Mit dieser Leichenbestrafung ging entweder der Ausschluss aus der Kirchengemeinde einher und ließ keine christliche Bestattung mehr zu, oder es handelte sich ohnehin um einen Menschen, der nicht durch seinen Glauben dazugehörte.

Dieser Gedanke der ewigen Verdammnis bei fehlender Erdbestattung wurzelt in der Antike und erinnert an Sophokles' Antigone. Die Vorstellung, der Geist der Toten könne ruhelos umherspuken, konnte auch durch Gesetzgebung und Verordnungen nicht eingedämmt werden. Innstetten, der gegen jede Metaphysik mit dem nüchternen Denken des Rationalisten vorgeht, macht sich über die animistischen Vorstellungen seiner Umgebung lustig, die geprägt sind von den heidnischen Kultstätten der Wenden. Die Ironisierung naiver Heiligenbilder, die zur Angstüberwindung vor allem Fremden, Befremdlichen und Unverständlichen dienten, stellt Fontane am Abziehbild des Chinesen dar, der vom Dienstmädchen im Portemonnaie mitgenommen wird in die Keithstrasse.[407]

Das Fremde und Bedrohliche wird damit verdinglicht und in einer Art Totem oder Talisman zu bannen versucht. Sigmund Freud befasste sich in „Totem und Tabu" später mit diesen Phänomenen.

Glaubenskonflikte und Ängste vor Fremdeinflüssen in der Religion spiegeln sich auch in der Künstlerfigur Marietta Trippelli, für die Staatsglaube und orthodoxe Vorstellungen nicht im Widerspruch stehen müssen, doch die streng protestantische preußische Ständegesellschaft bedrohte An-

---

[406] Bindokat, Karla: Erzählstoff und Erzählinhalt, Frankfurt a. M., 1984, S. 40
[407] Fontane, E. B., S. 208

dersdenkende und Ungläubige nicht nur mit dem Ausschluss vom Friedhof, sondern auch mit Berufsverbot und gesellschaftlicher Ächtung.[408]

Fontane wählte die Metapher des Grossinquisitors Thomas de Torquemada (1420 – 1498), also die Zeit der spanischen Inquisition, um Bismarcks Kampf gegen den Katholizismus anzudeuten. Dazu kam die Angst vor der Unterwanderung ständischer Grenzen. Viele Adlige hatten Verhältnisse mit ihren Dienstmädchen oder mit anspruchslosen Frauen aus dem Kleinbürgertum, wie etwa in „Stine" und „Irrungen, Wirrungen" dargestellt. Freigeistige Ansichten der Oberschicht rührten an den Sittenkodex und trugen bei zu der Angst vor einer sozialen Revolution durch den vierten Stand.

Die unterhaltungsbedürftigen Volksmassen wanderten am Wochenende in die Berliner Umgebung hinaus, um an besonders markanten Orten Feste zu feiern im Sinne einer Stärkung des nationalen Bewusstseins.

„Ich hasse diese Landpartien, die sich das Volksgemüt als eine Kremserpartie mit ‚Ich bin ein Preuße' vorstellt, in Wahrheit aber schlummern hier die Keime einer sozialen Revolution." [409]

Effi könnte eine Art Abbild dieser sozialrevolutionären Umbrüche sein.[410]

Sie ist ein Fallbeispiel, Einzelfall, aber dennoch Muster für die Widersprüche ihrer Zeit. Psychische Dispositionen werden nur durch Verknüpfungen des Handlungsverlaufs deutlich.

„Das Gespräch über den Chinesen hatte nach dem Passieren des Spukhauses, aber vor Beginn des Duells stattgefunden. Es verknüpfte also die unheimlichen Vorgänge im Innern Instettens." [411]

Die Angst vor den Vorgängen im eigenen Innern ähnelte dabei der Angst vor den technischen Erfindungen. Man sah die Symptome, befürchtete jedoch, sie näher zu ergründen, weil möglicherweise Schock oder Ver-

---

[408] Bindokat, ebd., S. 42
[409] Fontane, E. B., S. 252
[410] Mann, Thomas: Der alte Fontane, In: Theodor Fontane/hrsg. v. Wolfgang Preisendanz. - Darmstadt, 1973, S. 18
[411] Bindokat, ebd., S. 37

letzung wie beim Öffnen eines elektrischen Gehäuses, beispielsweise einer Lampe, die Folge sein könnte.

H.G. Wells beschreibt in seiner Kurzgeschichte "The man who could work miracles" einen Mann, der angesichts einer umgedrehten Petroleumlampe, gemessen an seiner Naturerfahrung, ein Wunder wahrzunehmen glaubt, weil diese auch in der Umkehrung noch weiterbrennt. Besonders die Erklärung physikalischer Erscheinungen aus der Elektrik gab ihren Betrachtern Rätsel auf und führte zu Geschichten, in denen Wissenschaft und Phantastik ineinander übergehen. Die heutige Angst vor dem Computer entspricht möglicherweise diesen ersten Berührungsängsten mit der Elektrizität. Die einfachste Lösung, nämlich das Herausziehen des Steckers zur Absicherung, um einen Unfall zu vermeiden, konnte allein das Gemüt nicht vor den unerklärlichen Phänomenen beruhigen und so mussten denn diese Ängste durch Abbilden und Personifizieren versuchsweise gebändigt werden. Alles, was er nicht versteht, versucht besonders der primitive Mensch durch Abbildung zu beseelen und durch bildliches Festlegen zu bannen. Freud befasste sich daher auch mit den Erfahrungen der Südseefahrer und Missionare, die mit dem Totemismus der Naturvölker in Berührung kamen. Das schwarze Huhn der Frau Kruse, Relikte der Berührungen mit anderen fremden Welten, kristallisierten sich daher auch im Intérieur. Krokodil und Haifisch entsprechen einer Metaphorik, die das Fremde und die Berührung mit fremden Völkern durch die Seefahrt zum Ausdruck bringt. Die Welt Polynesiens übte auch auf Effi durch die Fremdartigkeit einen merkwürdigen Reiz zwischen Angst und Faszination aus.[412]

Unheimlich werden ihr diese Objekte erst, als der Mangel an Liebe und Zärtlichkeit Ängste in ihr auslösen.

Das Fremde wirkt vor allem bedrohlich, wenn dem Eigenen etwas fehlt.

---

[412] Bachelard, Psychoanalyse des Feuers, Frankfurt a. M., 1990, Vgl. dazu auch: Keyserling, Eduard von: Abendliche Häuser, Berlin, 1986, S. 223-274, darin: Seine Liebeserfahrung.

4.1.1. Fremde Eleganz

Iman Khalil hat bereits alle Termini untersucht, die bei Fontane mit Gartenbau, Intérieur, Baukunst und Mode zusammenhängen.[413]

Fontanes persönliche Meinung in einem Brief vom Sommer 1889 lässt erkennen, dass er modischen Chic hauptsächlich bei Ausländerinnen feststellen konnte. Schon damals dominierte der Einfluss der Pariser Mode. Durch das wirtschaftliche Erstarken orientierte sich das Bürgertum der Gründerjahre entsprechend modisch. Nicht nur Aristokratinnen, sondern auch wohlhabende Bürgerinnen schmückten sich fortan mit Statussymbolen wie Schmuck, Mantillen und Krinolinen. Auch das Lesen von Modeblättern wurde Prestigeangelegenheit. In „Effi Briest" und „L'Adultera" kommen Modejournale bereits vor.[414]

„Un was die Vernezobern war, na, die putzte sich bloß, un war immer vor'n Stehspiegel, der alles hübscher machte, und sah aus wie's Modejournal und war eijentlich dumm."

Konkrete Beispiele der Putzsucht kennzeichnen das äußere Erscheinungsbild von Melanie van der Straaten, ihr schwarz-weiß gestreifter Burnus mit Kapuze.

„Gabler und Elimar erhoben sich, um aus dem Wagen eine Welt von Decken und Tüchern heranzuschleppen, und Melanie, nachdem sie den schwarz und weiß gestreiften Burnus umgenommen und die Kapuze kokett in die Höhe geschlagen hatte, sah reizender aus als zuvor."[415]

Cécile wird mit einem pelzbesetzten Jacquet dargestellt. Fontane selbst erwähnt voller Stolz seinen in London erworbenen Pelzmantel. Pelzbesätze und Pelzjäckchen galten als unabdingbarer Luxus, ein typisches Statussymbol des reichen Gründerjahrebürgers. Sogar Corinna Schmidt in „Jenny Treibel " Tochter eines Professors und damit aus mehr bildungsbürgerlichen als wohlhabenden Verhältnissen, wird mit Mantille gezeigt, kostbar umrandet mit Samtbesatz. Spitzenmantillen aus Seide

---

[413] Khalil, Iman: Das Fremdwort im Gesellschaftsroman Theodor Fontanes. - Frankfurt/M., 1978, S. 105 ff
[414] Fontane: L'Adultera, S. 102
[415] Fontane: L'Adultera, S. 64
Vinken, ebd., S. 67

erinnerten an spanische Exotik und tänzerische Eleganz. Sie wurden wie Tücher um den Hals geworfen. So schreibt denn Fontane auch in einem Brief an seine Tochter Mete am 18.04.1884 etwas ironisch vom obligatorischen Kauf der Spitzenmantille, der im Bürgertum zu einer Art Ereignis geworden war. Es mag sein, dass es ihm selbst schwerfiel, die Tochter standesgemäß auszustatten. Der selbstverständliche Umgang mit Besitz und Garderobe fehlte noch, was sich auch im Erwerb von Kunstwerken bemerkbar machte. Das Kopieren, namentlich ehemaliger Statussymbole des Adels, wurde nun ins eigene Verhalten und Auftreten integriert. Besonders modern war die Krinoline, eine Art Reifrock, aber auch andere Termini wie Mantille, Jacquet, Plaid, Cape und Shawl sprechen für die Fremdheit und Übernahme modischer Requisiten aus anderen Kulturkreisen. Die Herren trugen ebenso wie die Damen Kostüme bzw. Anzüge mit Manschetten, Schlipsstreifen und Chemisettevorbau. Besonders berühmt ist Gieshüblers Piquéweste mit Jabots, also Spitzenrüschen am Männerhemd.[416]

„Gieshübler – im blauen Frack mit mattgoldenen Knöpfen, dazu Pincenez an einem breiten, schwarzen Bande, das wie ein Ordensband auf der blendendweißen Piquéweste lag – Gieshübler konnte seiner Erregung nur mit Mühe Herr werden."

Ab 1840 setzte sich der aus England stammende Paletot durch. Neben allen Varianten von Westen und Stehkragen durften auf jeden Fall die Orden nicht fehlen. Besonders das Tragen des roten oder schwarzen Adlerordens zeichnete den Elitepreußen aus, im Falle des „roten Adlers" die Zugehörigkeit zur französischen Kolonie.

„Sie werden doch alle Kalkreuth für einen klugen Mann halten, ja mehr, für einen Mann, der, wie wenige, von dem „Alles ist eitel" durchdrungen sein muss. Und doch, als er den roten Adler erhielt, während er den schwarzen erwartet hatte, warf er ihn wütend ins Schubfach und schrie: „Da liege, bis du schwarz wirst."[417]

Iman Khalil deutet die übertriebene Eleganz oder komische Zusammenstellung der Kleidung als Indikator einer spezifischen Wesenlosigkeit.

---

[416] Fontane: E. B., S. 89
[417] Fontane: Schach von Wuthenow, S. 56

Fontane verknüpft äußeres Erscheinungsbild mit charakterlicher Disposition. Defekte Gamaschen oder zu lange Schöße einer Manchesterweste erinnern an den Aloetopf im „Stechlin", dessen Kümmerlichkeit durch das Erblühen eines fremden Samenkorns weniger auffällt. Das Fremde retuschiert quasi weg, was sonst eher einfach und ärmlich erschiene. Keine Metapher ist so treffend für die Bedeutung des Fremden wie dieses Beispiel es umschreibt.

„Aus dem sumpfigen Schloßgraben hatte der Wind vor langer Zeit ein fremdes Samenkorn in den Kübel der kranken Aloe geweht, und alljährlich schossen infolge davon aus der Mitte der schon angegelbten Aloeblätter die weiß und roten Dolden des Wasserliesch oder des Butomus umbellatus auf."[418]

Doch bei allem Luxus fremder Eleganz wie Brokat, Atlas, Marabufächer, Batist, Filet, Chenille, Krepp, Kaschmir, Tüll, Flanell und Manchester es andeuten, ist Fontanes Darstellung des Äußeren, besonders was den modischen Chic angeht, im Vergleich beispielsweise mit Thomas Mann eher verhalten. Thomas Mann lässt in seinen Überlegungen zum Künstlertum den Protagonisten Tonio Kröger darüber philosophieren, dass das Künstlertum ohnehin schon abenteuerlich genug sei und der Künstler nicht noch durch eine auffällige Kleidung seine innere Andersartigkeit zum Ausdruck zu bringen brauche. Dennoch wird deutlich, dass der Einfluss des Vaters, eines wohlhabenden Exportkaufmanns, seine Spuren hinterlassen hat. Als Tonios Eltern längst gestorben bzw. in den Süden verzogen sind, orientiert er sich immer noch am vornehmen Grauton der maßgeschneiderten Anzüge seines Vaters und erlaubt es sich sogar in der Bahn die erste Klasse zu wählen, weil ein Mensch, der es insgesamt schwer im Leben hat, sich zumindest privat ein wenig Luxus gönnen sollte.[419] Während Thomas Mann durch den respektvollen Vater ein starkes Selbstbewusstsein besitzt, das es ihm auch als Künstler erlaubt, sich der Oberschicht zuzuordnen, leidet Fontane eher an der schwachen Spielernatur eines wenig finanzkräftigen Louis-Henri. Zweifellos konnte er als Sohn eines Apothekers mit der Anerkennung der Umwelt rechnen,

---

[418] Fontane: Der Stechlin, S. 9
[419] Mann, Thomas: Tonio Kröger und Mario der Zauberer. - 35. Aufl. Frankfurt/M.: Fischer, 1999. - S. 30

doch sein Verhältnis zur Kleidung war entscheidend beeinflusst durch die karge, aber ordentliche Haltung der Adoptivtocher eines Arztes, durch seine Frau Emilie Rouanet-Kummer, die aus religiösem Hause kommend, sicherlich keinen Hang hatte zu übertriebener weltlicher Putzsucht oder den Extravaganzen, die Schauspielerinnen wie Marietta Trippelli oder Franziska Franz auszeichnen. Emilie war weit davon entfernt, die Rolle einer Madame Bovary einzunehmen, und besorgt, im Haushalt schuldenfrei zu wirtschaften. Fontanes Einstellung zur Kleidung entspricht daher einem angemessenen Geschmack, der weder Nachlässigkeit noch teure Ausschreitungen erkennen lässt. Im Sinne eines Intellektuellen war ihm das Äußere seiner Figuren weniger wichtig als deren Einbettung in einen spezifischen Raum, dessen er allerdings bedurfte, um diese sozial einstufen und dem Leser vermitteln zu können.

Das Methodistenmädchen, das er als Vorbild für Effi Briests Matrosenkleid bei einem Harzaufenthalt gesehen hatte, erinnert zwar an den Zeitgeschmack, ohne jedoch besonderen Reichtum zu offenbaren. Mimik, Frisur, Teint, Kleidung und Haltung der Konsulin Buddenbrook dagegen spiegeln bis in den akribischen Faltenwurf eines kostbaren Kleides, am Schleifchen eines Ärmels die Authentizität von hanseatischer Wohlhabenheit und bürgerlicher Saturiertheit in Manieren, Gesprächen, Essgewohnheiten und Auftreten. In Thomas Mann „Lotte in Weimar" wird das Kleid aus Crêpe zum Hauptgesprächsthema zwischen Mutter und Tochter, die die ein wenig lichten Brust- und Ärmelschleifchen durch etwas dunklere in lila ersetzen wollen. Auch als Aschenbach aufbricht, um durch das Fremdländische und Unbestimmte einer Reise in den Süden seinem Leben einen neuen Akzent zu setzen, verleiht er ihm durch seinen besonderen Hut eine eigentümliche Note. Die Matrosenkleider der polnischen Aristokratenfamilie betonen eine gediegene Einfachheit, die mit tiefer Religiösität einhergeht. Die Kleidung unterstreicht bei Thomas Mann eine spezifische Besonderheit und Fremdheit im Wesen des Trägers.

Die »table d'hôte«, wie sie in den Gesellschaftskreisen des vorigen Jahrhunderts gepflegt wurde, nimmt bekanntlich bei Fontane einen bemerkenswerten Raum ein. Essen und Landpartien, Schlittenfahrten und stundenlange Konversationen enthüllen und umrahmen das Geschehen der Romane. Doch die Wohlhabenheit der Buddenbrooks, der gepflegte Tisch mit dem Meißener Porzellan mit Goldrand und Silberzeug, das Beschreiben der aufgetischten Gerichte erreicht einen Höhepunkt bürgerlicher Esskultur, wie sie bei Fontane erst ansatzweise angelegt ist. Die Buddenbrooks sitzen auf hochlehnigen, schweren Stühlen, speisen mit gediegenem Silbergerät über sieben Kapitel hinweg und besprechen, wie man am besten Karpfen in Rotwein zubereitet, als gäbe es keine anderen Probleme in der Welt. [420]

Die große Bedeutung von Essen und Geselligkeit, gesellschaftlichem Auftreten und modischer Eleganz spielt zwar bei Fontane auch eine Rolle, ist aber gebrochen durch Disharmonien im Sein und Schein ständischer Ordnung. Das Weihnachtsessen im Försterhaus Ring bietet ebenfalls Damast, Weinkühler und reiches Silbergeschirr, weil die Frau des Försters aus einem reichen Danziger Kornhändlerhause stammt, doch in die Kommentierung mischt sich ein Ton von Neid und Missgunst angesichts des ungezogenen Verhaltens der Haustochter Cora, so dass ein Bruch zwischen Sein und Schein entsteht. In unverfrorener Offenheit bemerkt daher Sidonie zu deren Benehmen:

„Ein Oberförster ist ein bißchen mehr als ein Förster, und ein Förster hat nicht solche Weinkühler und solch Silberzeug; das alles ist ungehörig und zieht dann solche Kinder groß wie dies Fräulein Cora."[421]

Fontane legte Wert auf äußere Eleganz, reagierte peinlich berührt, als er mit dem schlecht gekleideten Theodor Storm das bekannte Kranzler aufsuchen wollte.[422]

Fontane beschreibt den gänzlich ausgeleierten Schal Theodor Storms, an dessen Ende jeweils eine Puschel hing. Er schlug ihm daher vor, lieber ins weniger frequentierte Kaffeehaus Schilling in die Kochstraße zu gehen.

---

[420] Hauschild, Brigitte: Gesellschaftsformen und Erzählstruktur, Frankfurt a. M., 1981, S. 8

Hass, Ulrike: Theodor Fontane: bürgerlicher Realismus am Beispiel seiner Gesellschaftsromane, Bonn, 1979, S. 48

Vgl. auch: Fontane: Der Stechlin, S. 65

[421] Fontane, E. B., S. 152 ff

[422] Roch, Herbert: Fontane: Berlin und das 19. Jahrhundert, Düsseldorf, 1985, S. 43

„*Aber mit der Ruhe des guten Gewissens bestand er auf Kranzler. En avant denn, wobei ich immer noch hoffte, durch gute Direktiven einiges ausrichten zu können.*"

Hier projizierte Fontane die leinerne Erscheinung mit Weste und Beinkleid, die zwar wie gelbe Seide aussieht, aber eben doch nur Leinen ist, und vermischt sie mit den Unzulänglichkeiten ungewollter Faltenwürfe und Abnutzungserscheinungen alter Textilien, mit denen sich der schlecht verdienende Schriftsteller bescheiden musste.[423]

Kurzum, Bekleidung ist bei Fontane eher ein Ausdruck von Besitz und Status, besonders wenn es sich um Textilien aus dem Ausland handelt, unterstreicht weniger wie bei Thomas Mann die Elemente einer fremdländischen charakterlichen Disposition wie in „Tonio Kröger", sondern bringt entweder Armut oder Wohlhabenheit zum Ausdruck, weniger Eleganz als Schlichtheit.

Der eigentümliche fremdländische Hut Aschenbachs dagegen unterstreicht das besondere Dasein des Künstlers, der der Alltäglichkeit und Gewohnheit entfliehen will durch die Suche nach dem Fremden und Unbestimmten im Ausland. Seiner besonderen Lebensform möchte er durch das Tragen befremdender Kleidungsstücke Ausdruck verleihen.

4.1.2. Fremde Physiognomie

In keinem anderen Roman Fontanes ist die fremde Herkunft und Physiognomie so deutlich thematisiert wie in „Schach von Wuthenow". Auch Effi Briest, das Urbild von Fontanes Gestalt, entstammt, wie nicht zuletzt Fontane selbst, einer Hugenottenfamilie. Der bekannte märkische Dichter Friedrich de la Motte-Fouqué heiratete 1803 in zweiter Ehe Karoline von Rochow geb. von Briest.[424]

---

[423] Nancy Birch Wagner bezieht sich in ihrer Arbeit über Bezüge zwischen Adalbert Stifter, J. W. v. Goethe und Theodor Fontane auf Fontanes Methaphorik in Anlehnung an die Bildhauer Gottfried Schadow (1764-1850), Adolf Menzel (1815-1905) und Christian Daniel Rauch (1777- 1857).
Vgl. auch: Wagner, Nancy Birch, Goethe as cultural icon: intertextual encounters with Stifter and Fontane, New York, 1994, S. 102

[424] LaMotte-Fouqué, Friedrich de: Ritter und Geister: romantische Erzählungen von Friedrich de la Motte- Fouqué. - Frankfurt/M.: Fischer Taschenbuch Verl., 1981. - S. 305

Möglicherweise will Fontane damit die romantische Disposition seiner Protagonistin andeuten.

In „Effi Briest" lässt sich die eheliche Fremdheit der Partner nicht an äußerlichen Merkmalen allein festmachen. Schach von Wuthenow dagegen ist fast stereotyper Vertreter des »honnête homme«, der sein äußeres Erscheinungsbild optimal durchstilisiert hat, um seinem Ansehen als preußischer Gardeoffizier gerecht zu werden.[425]

Ihn kennzeichnet das perfekte Auftreten, die Akzeptanz seitens der anderen durch äußere Eleganz und Kultiviertheit. Repräsentation und Erfolg bei seinen Offizierskameraden sind ihm wichtiger als innere Differenziertheit und charakterliche Qualität. Es fällt ihm schwer, sich zu jemandem zu bekennen, der die äußeren Normen vermeintlicher Schönheitsideale nicht erfüllt. Seine Bewunderung gilt daher der schönen Frau von Carayon, Mutter der Victoire, in deren Salon er verkehrt. Auf fast plakative, stereotype Art und Weise karikiert Fontane zehn Jahre vor „Effi Briest" in diesem Roman den preußischen Junker als Opfer einer Umwelt, die ihn vermeintlich zwingt, bestimmten Rollenanforderungen gerecht zu werden, weil er selbst zu schwach ist, diese in Frage zu stellen. Es fehlt ihm die Souveränität, sich über das Gespött der Leute zu erheben.[426]

Dazu kommt die Ambivalenz in der preußischen Frankreichpolitik. Der Roman spielt am Anfang des 19. Jahrhunderts in der Ära Napoléon zur Zeit des berühmten Régiment Gensdarmes.[427]

„Man weiß, daß wir diese Liebedienerei gegen Frankreich mißbilligen, von der wir schließlich nichts haben als gestohlene Provinzen."

So waren die Hugenotten stets Lieblingskinder der preußischen Könige und andererseits die Franzosen der potentielle Feind im Kampf um die Grenzbezirke am Niederrhein und in Lothringen. Victoire von Carayon gehört zweifellos in die Berliner Gesellschaft.[428]

---

[425] Greif, ebd., S. 125
[426] Lowe, Theodore: The problems of love and marriage in the novels of Theodor Fontane, Univ. Diss. Ann Arbor, 1955. - S. 81 ff.
[427] Fontane: Schach von Wuthenow, S. 11
[428] Garland, Henry: The Berlin novels of Theodor Fontane, Oxford, 1980. - S. 30

Anekdoten und Persiflagen über Franzosen schmückten das Gesellschaftsgeplänkel der Zeit. Mit »Bonmots« versuchte man, sich gegenseitig seine geistreiche Konversationsfähigkeit zu bestätigen. Es galt, die Maske im Kreis gehobenen Salonlebens zu beweisen.[429]

Jürgen Manthey beschreibt die Bedeutung der besonderen Regeln im Gesellschaftsleben des Adels.

„Das Weibliche ist im Salon präsent, ja, dominant, aber es ist, bis auf die Blicke und die Rede, die zu ihm hinreichen, dem direkten „Zugriff" entzogen. Denn hier herrschen Regeln, die gleichen wie in der Gesellschaft überhaupt. Es ist eine sowohl erotische wie kontrollierte ‚Zone'. Es ist, als Schauplatz und als Symbol, der Ort des Begehrens: inneres Verlangen in der Sprache des Außen."[430]

Victoire von Carayons Liaison macht beide zur Zielscheibe des Gespötts, weil Victoire seit ihrer Jugend durch hässliche Blatternarben entstellt ist. Fontane wählte Frau Schröder, eine Wirtschafterin aus Pudagla, als Vorbild aus seinen „Kinderjahren".

Eine Lampe enthüllt der Prinzessin ihre ehemalige Schönheit als entstelltes Zerrbild.

„Und dabei beugte sie sich aus dem Schatten in den Lichtschein der Lampe vor, in dessen Helle man jetzt deutlich erkennen konnte, daß ihr feines Profil einst dem der Mutter geglichen haben mochte, durch zahlreiche Blatternarben aber um seine frühere Schönheit gekommen war."[431]

---

[429] Plett, Bettina: Die Kunst der Allusion, Köln, 1986, S. 348

[430] Manthey, Jürgen: Die zwei Geschichten in einer, München, 1989, S. 122
Vgl. dazu auch: Gebhardts Handbuch der Deutschen Geschichte, neu hrsg. von Ferdinand Hirsch, Stuttgart: Union, 1909
Von der Reformation bis zur Gegenwart, 4. Auflage, 986 S.
Heilborn, Ernst: Zwischen zwei Revolutionen: der Geist der Schinkelzeit (1789-1848) Berlin: Wegweiser, 1927. - 307 S.
Mertens, O.: Illustrierte Weltgeschichte. Berlin: Franz Schmidt Verlagsbuchhandlg., 1896, S. 579-594

[431] Fontane: Schach von Wuthenow, S. 9

Dennoch kommen sich Schach und Victoire bei Klavierspiel und Gesang im Salon näher.[432]

Manthey analysiert diese Nähe allerdings als verdrängte Inzestphantasie und führt diese auf eine Abspaltung zurück, die auf einer zu starken Mutterbindung beruht. Schach sucht in der Mutter Victoires die eigentliche, reife Geliebte und überträgt auf deren hässliche Tochter alles, was er in den Bereich seiner triebhaften Sexualität verdrängt hat. Die wahre reine Liebe ordnet er also der Mutter zu und wählt für alles ablehnenswerte, den niederen Instinkten verhaftete Triebleben das ersatzweise gewählte Objekt. Dies entspricht quasi einem Verdopplungseffekt. Unerwünschte Gefühle, die für ihn mit Trieb und Sexualität, nicht aber mit Liebe etwas zu tun haben, kann er auf die hässliche Tochter abwälzen.[433] Manthey versucht also, Deutungen aus der Psychoanalyse zu entwickeln. Fontane befände sich damit wieder im Vorfeld diffus als Konflikt erfahrener Spaltung von Tochter- und Mutterfigur, in die er unerwünschte und verdrängte Libido projiziert. Seine Konzeption bleibt jedoch ein Konstrukt aus dem Berliner Gesellschaftsleben, das zwar exemplarisch ist, jedoch psychoanalytische Abstraktionen kaum erkennen lässt. Während einige Literaturwissenschaftler die Antizipation psychoanalytischer Kategorien als ahistorisch ablehnen, vertreten andere den Standpunkt, es sei durchaus legitim, Fontane aus der heutigen Perspektive unter Einbeziehung modernster Erkenntnisse heraus zu analysieren. Fontanes Bilder offenbaren Strukturen, die Klischees und Verhaltensnormen, wenn sie auf die Spitze getrieben werden, als eine Art Karikatur oder Zerrbild seiner Zeit vermitteln. Das typische Gruppenverhalten der Prestigeoffiziere, die sich nach ihrem Amüsement in die »Sala Tarone« begeben, um in dieser italienischen Weinhandlung ihre Trinkgelage fortzusetzen, ähnelt den Festen unter Verbindungsstudenten oder den Exzessen reicher Internatszöglinge. Die wenig attraktive Erscheinung Victoires wird dort Thema der gesellschaftlichen Unterhaltung und bis zum bösen Gespött Ersatz für sinnvollere Beschäftigung. Es ist der üble Klatsch und der Zwang, bei seinen Freunden akzeptiert sein zu müssen, der Gestalten wie Schach in die Defensive zwingt. Sein peinlicher Rück-

---

[432] Fontane: Schach von Wuthenow, S. 18
[433] Manthey, ebd., S. 126

zug, sein Nichterscheinen in der Theaterloge, löst bei Victoire Angst und Zittern aus. Sie unterliegt dem bitteren Gesetz gesellschaftlicher Blamage. Dabei verliert sie die Kontrolle über ihre Motorik, verfällt in ein bitteres, fast hässliches Lachen, bis bange Tränen ihre Gefühle freisetzen. Wieder werden ihre Gefühle metaphorisch dem Leser vermittelt und damit in ihrer Intensität gebremst. Lieder und Kompositionen, ein Bild Albrecht Dürers und ein Altarblatt in Soest, in dem ein westfälischer Schinken statt eines Osterlamms in der Schüssel liegt, dienen der Sublimation.

„All dies wurde sehr freundlich gesprochen, aber so freundlich es klang, so fremd klang es auch, und Victoire hörte mit feinem Ohr heraus, daß es nicht die Sprache war, die sie fordern durfte."[434]

Fatalerweise ist es Schach, der ausspricht, man entfremde sich fast, statt sich näher anzugehören. Bei aller Freundlichkeit und bei allem Bemühen um Ausgleich hält er zwar die Regeln der Höflichkeit ein, doch das Urteil seiner Freunde, die in ihm eine einzigartige Natur sehen mit überspannten Vorstellungen, deutet auf einen unüberwindlichen Gegensatz zwischen seinen Idealen und der Realität. Seine Vorstellung von Schönheit, Ehe und Intaktheit kreisen um die Mutterfigur, respektive um die Mutter Victoires. Die Ehe mit einer hässlichen Prinzessin, deren unansehnliche Physiognomie auch von anderen abstoßend gefunden wird, verletzt seine persönliche Eitelkeit. Seine Abhängigkeit vom Urteil anderer dürfte jeden Heiratsplan mit Victoire vereiteln. Demgegenüber steht die ultimative Forderung von Victoires Mutter, die ihn, auch vor der preußischen Dienstverpflichtung, zu einer Einhaltung von vermeintlichen Versprechen zwingen will. Schach distanziert sich von dieser Bindung, indem er sich auf sein Schloss zurückzieht. Victoire reagiert verletzt. Ohnmacht und Brustkrämpfe sind die Konsequenz enttäuschter Hoffnungen, gegen die jedes rationale Argumentieren sinnlos erscheint. Sie spürt, dass Schach die Intimität mit ihr nicht will.

„Er kommt immer, wenn etwas geschehen ist oder eine Neuigkeit vorliegt, über die sich bequem sprechen läßt. Er geht intimen Unterhaltungen mit mir aus dem Wege."[435]

---

[434] Fontane: Schach von Wuthenow, S. 72
[435] Fontane: Schach von Wuthenow, S. 82

Seine Artigkeiten und kühle Distanziertheit, die halbherzige Zustimmung zu einer Heirat, der er nur der Mutter wegen zustimmt, geben ein denkwürdiges Muster ab. Täuschung und Enttäuschung spiegelt sich auch in der Darstellung des Raums. Die Problematik der fremden Physiognomie lässt sich im wesentlichen am preußischen Schönheitsideal festmachen. Das Gespött von Schachs Offiziersfreunden enthüllt die typisch preußische Erwartungshaltung an eine zukünftige Ehegattin. Nostitz hatte die Männerpartie nämlich verlassen, um einer flachsblonden Schulmeisterstochter nachzustellen.

„Und eine Blondine, sagten Sie. Dann freilich erklärt sich alles. Denn neben einer Prinzessin Flachshaar kann unser Fräulein Victoire nicht bestehen. Und nicht einmal die schöne Mama, die schön ist, aber doch am Ende brünett. Und Blond geht immer vor Schwarz."[436]

Die eher dunkle Physiognomie der Koloniefranzosen wurde von preußischer Seite als weniger wert deklariert, ebenso wie das kleinwüchsige, verwachsene Erscheinungsbild vieler Koloniefranzosen mit Eulengesicht. Am Beispiel der Tante Marguerite charakterisiert Fontane deren betont französisch anmutendes Auftreten bis hin zur Lächerlichkeit.

„Tante Marguerite, das war ihr Name, war noch eine echte Koloniefranzösin, d.h. eine alte Dame, die das damalige Berlinisch mit geprüntem Munde sprach, das ü dem i vorzog, entweder ‚Kürschen' aß oder in die ‚Kürche' ging, und ihre Rede selbstverständlich mit französischen Einschiebseln und Anredefloskeln garnierte. Sauber und altmodisch gekleidet, trug sie Sommer und Winter denselben kleinen Seidenmantel, und hatte jene halbe Verwachsenheit, die damals bei den alten Koloniedamen so allgemein war, daß Victoire einmal als Kind gefragt hatte: ‚Wie kommt es nur, liebe Mama, daß fast alle Tanten so ‚ich weiß nicht wie' sind?' und dabei hatte sie eine hohe Schulter gemacht."[437]

Das Gefühl, aus einem anderen Lande zu stammen, nämlich Frankreich, die deutsche Aussprache nicht richtig zu beherrschen, hatte Fontane selbst noch bei seinen Großeltern kennengelernt. Es wäre sicherlich

---

[436] Fontane: Schach von Wuthenow, S. 22
[437] Fontane, Schach von Wuthenow, S. 29

übertrieben, im Sinne von heutiger Fremdenfeindlichkeit und Diskriminierung von Ausländern in den Hugenotten die Anfänge solcher Erscheinungen zu suchen. Vielmehr waren die Hugenotten wirtschaftlich stark, gesellschaftlich auch in der Oberschicht akzeptiert und stellten einige bedeutende Dichter wie Chamisso, Fouqué und nicht zuletzt heirateten die adligen Damen französischer Herkunft in ebensolche preußischen Kreise ein. Dennoch wird deutlich, auf welch simplen, oft stereotyp oberflächlichen Divergenzen sich Fremdheitsgefühle bewegten.[438]

Schach fühlte sich einerseits hingezogen zur schönen Mutter, in einer Zeit, in der der Kontakt mit Franzosen eine Art Statussymbol war, gleichzeitig aber auch abgestoßen von einer Tochter, die wie Mirabeau, Vertreter der konstitutionellen Monarchie, durch hässliche Blatternarben entstellt war und ihm ähnlich aufgezwungen wurde wie die Fremdherrschaft Napoleons nach der Niederlage der Preußen in Jena und Auerstädt.

4.2. Identität und »ennui«

Im Januar 1891 erschien der Roman „Cécile" als Vorabdruck, nachdem Fontane wie gewöhnlich vielfältige Korrekturen vorgenommen und die Reinschrift seiner Frau Emilie übertragen hatte. Domenico Mugnolo, der wie Christel Laufer die Manuskripte bearbeitet hat, berichtet von zwei früheren Fassungen, die wieder aufgetaucht sind.[439]

Fontane beschreibt in diesem Roman, was Freud später unter hysterischer Indisponiertheit einer nervösen Frau subsumiert. Cécile leidet unter Unrast und Nervosität, ist unfähig, Langeweile zu ertragen, und ausgestattet mit einem Nervensystem, das im Ruhezustand ein Übermaß an Erregung freisetzt.[440] Während der Lebemann Schach sich alles erlauben kann, was in der Clique seiner Offizierskameraden für gut be-

---

[438] Vgl. dazu: Keyserling, Eduard von: Abendliche Häuser: Erzählungen, S. 27
Koc, Richard: The German Gesellschaftsroman at the turn of the century: a comparison of the works of Theodor Fontane and Eduard v. Keyserling, Bern [u. a]: Lang, 1982, 263 S.

[439] Mugnolo, Domenico: Vorarbeiten zu einer kritischen Fontane-Ausgabe: zu Schach von Wuthenow, Cécile, Unwiederbringlich, Berlin, 1985. - S. 29

[440] Hanraths, Ulrike: Das Andere bin ich, München, 1989, S. 168

funden wird, widersetzen sich Fontanes Frauengestalten zwar ihrer zudiktierten Rolle, werden aber im Falle eines Fehltritts entehrt und ausgestoßen, die Männer hingegen versuchen, ihre Probleme durch ein Duell, also durch ein Ritual zu bereinigen.[441]

Der Romananfang ist insofern untypisch, als er nicht als Raumdarstellung beginnt, sondern er schildert das Ankommen am Urlaubsort im Harz, also ein Reiseroman, der auf Fontanes zahlreichen Harzreisen basiert.[442]

Cécile wird maßgeblich durch die Briefe ihres Liebhabers Leslie-Gordon an seine Schwester vorgestellt und enthüllt. Der Leser lernt sie daher nicht durch ihr selbstbestimmtes Handeln kennen, sondern durch Aussagen, die aus diesen hervorgehen. Sie erinnert in ihrem »ennui« und ihrer »languisse« an die entfremdeten Gestalten des französischen Gesellschaftsromans, wie sie Gustave Flaubert in Madame Bovary und Honoré de Balzac in Mme de Bargeton in "Verlorene Illusionen" erschaffen hat. Ausgehend von dem Begriff »languissante«, der im Italienischen mit »languidamente« in der Bedeutung von „sehnsuchtsvoll" gebraucht wird, lässt sich dieser Begriff ebenfalls mit »languido« im Sinne von Abwesenheit und »languissante« Unerfülltheit, auch als psychische Mattheit und Erschöpfung bezeichnen im Sinne von »languida«. Kurzum, die Frau des vorzeitig in den Ruhestand versetzten Offiziers Pierre von St. Arnaud soll sich im Harz von ihrer Apathie und nervösen Empfindlichkeit erholen.[443]

„Er, trotzdem er ‚a. D.' ist (nicht bloß ‚zur Disposition'), Gardeoffizier from top to toe, sie, trotz eines languissanten Zuges, oder vielleicht auch um desselben willen, eine Schönheit ersten Ranges. Wundervoll geschnittenes Profil, Gemmenkopf. Ihre Augen stehen scharf nach innen, wie wenn sie sich suchten und lieber sich selbst als die Außenwelt sähen – eine Besonderheit, die von Splitterrichtern sehr wahrscheinlich ihrer Schön-

---

[441] Greif, Stefan: Ehre als Bürgerlichkeit, Paderborn, 1992, S. 147
[442] Mugnolo, ebd., S. 17
[443] Müller, Karla: Schlossgeschichten, München, 1986, S. 96
Vgl. dazu auch: Faber-Castell, Katharina von: Arzt, Krankheit und Tod im erzählerischen Werk Theodor Fontanes. Zürich, Univ. Diss., 1983, 97 S.

heit zum Nachteil angerechnet und mit einem ziemlich prosaischen Namen bezeichnet werden wird."[444]

Der Grund der Entlassung St. Arnauds bleibt zunächst unklar. Seine egoistische Launenhaftigkeit und spöttische Verbitterung deutet allerdings darauf hin, wie sehr ihm seine berufliche Situation zusetzt. Gespräche, in diesem Fall die Unterhaltung zwischen Gordon und der Malerin Rosa, decken auf, warum es zu seiner Entlassung kam und wie die Beziehung zwischen den Eheleuten einzuschätzen ist. St.Arnaud musste den Dienst nämlich quittieren, weil er Céciles Ruf und seine Verlobung mit ihr vor seinem Dienstherrn in einem Duell verteidigte.[445]

Schließlich wurde er zum Spieler und Müßiggänger, der, dem Gespött der Leute ausgesetzt, sein Leben sinnlos bei Whist und Billard in seinem Club verbringt. So wurde ihm das Leben zur Kur und die Frau dazu ein Vorwand, das Handhalten erschien ihm auf Dauer etwas schwer.

„Er hält", sagte sie, „viertelstundenlang meine Hand und erschöpft sich in Schönheiten gegen mich, und gleich danach geht er ohne Gruß und Abschied von mir und hat auf drei Tage vergessen, daß er eine Frau hat."[446]

Der zwanzig Jahre ältere Garçon St.Arnaud ähnelt Innstetten, denn er ist zwar für die Liebe nicht ganz unempfänglich, zeigt sich artig, höflich und aufmerksam, aber Rechthaberei, Dünkel und Eigensinn beherrschen ihn wesentlich mehr und Cécile liebt er vor allem, weil er sie als seinen persönlichen Besitz erachtet. Defizite kennzeichnen bei Fontane meist beide Geschlechter. Cécile ist ein ursprünglich allem Schwerfälligen abgewandter Charakter, der nur die Oberschicht gewöhnt ist und sie souverän und mit arroganter Miene repräsentiert, obwohl ihre Interessen und Kenntnisse das Mittelmaß kaum übersteigen. Dabei ist sie von ihrer Einfalt so überzeugt, dass sie zwar weiß, dass sie nicht viel weiß, aber sich im Grunde damit zufrieden gibt. Die Außenwelt nimmt sie als vornehm wahr, quasi aus höherer Sphäre kommend, gewöhnt an die Huldigungen der anderen, die sich um sie bemühen müssen. Rainer Kolk

---

[444] Fontane, Cécile, S. 52
[445] Fontane, ebd., S. 145
[446] Fontane, ebd., S. 143

definiert daher auch das Verhältnis zwischen St.Arnaud und Cécile als ein symbiotisches psychosoziales Arrangement.[447]

Die innere Leere des einen ergänzt sich mit der Unausgefülltheit des anderen. Dabei erweckt das Ehepaar nach außen hin den Anschein von Ordnung und Harmonie. Täglich wird gemeinsam das Frühstück eingenommen, anschließend folgt der Morgenspaziergang und das Ausruhen auf einer von Flieder und Goldregen überwachsenen Parkbank. Die Natur erscheint als Idylle, als „locus amoenus" einer zeitlos intakten Natur.[448]

„Die räumlich-zeitliche Isolation bewirkt für die idyllisch erlebende Figur die Aufhebung von Fremdorientierung und Fremdprägung, so daß es zu einem glückhaften Bei-sich-sein kommt."

Cordula Kahrmann weist insbesondere auf die in der Idylle verwurzelte Naturbeschreibung hin, die jedoch jäh durch das scharfe Läuten der Abfahrtsglocke vom Bahnhof her durchbrochen wird. Der Pfiff der Lokomotive reißt Cécile aus ihren Träumen. Die moderne Technik durchkreuzt die romantische Versunkenheit einer weltfremden Innenschau.[449]

Fontanes Interesse an Detailfragen, seine genauen Beschreibungen der örtlichen Geographie und Untersuchungen der Gesteinsarten erinnern an Goethe. Dazu gehören auch die gemeinsamen Essen im Freundeskreis, deren Teilnehmer laut Leslie-Gordon jedoch durch ihre Mittelmäßigkeit auffallen. Der scherzhafte Plauderton einer oberflächlichen Konversation soll die wahren Konflikte nach außen hin vertuschen helfen. Ganz im Stile aristokratischer Lebens- und Bildungsformen zieht man es vor, dem anderen nicht zu nahe zu treten, peinliche Themen auszugrenzen und den Mahlzeiten und der Küche Dominanz im Leben einzuräumen. So wird die Schmerle im Vergleich mit der Forelle kulinarisches Gesprächsthema zum Zeitvertreib und zur Belustigung im gesellschaftlichen Geplänkel des Kurbetriebes. Mugnolo deutet dieses Tafeln als Versuch, über die Sinne Kontakt zur Außenwelt aufzunehmen.[450]

---

[447] Kolk, Rainer: Beschädigte Individualität, Heidelberg, 1986, S. 63
[448] Kahrmann, Cordula: Idyll im Roman - Theodor Fontane, München, 1973, S. 10
[449] Fontane, Cécile, S. 73
[450] Mugnolo, ebd., S. 11

Ebenso häufig werden Reiseerlebnisse in Italien und im Himalaya Unterhaltungsmittelpunkt, Essgewohnheiten fremder Länder und unbekannte neue Rezepte. Diese Themen rühren nicht an die Innenwelt der Protagonisten, verhindern peinliche Intimität, so dass die Grenzen sozialer Beziehungen aufrechterhalten werden. Die Intimsphäre bleibt gewahrt, die Forelle bleibt Forelle.[451]

„*Forellen sind Forellen. Doch nur etwa so, wie Menschen Menschen sind. Weiße, Schwarze, Privatgelehrte haben einen verschiedenen Geschmack, auch vom anthropophagischen Standpunkt aus, und die Forellen desgleichen. Sie schmecken wirklich verschieden.*"[452]

Katharina von Faber-Castell fasst den verhaltenen Stil im Umgang mit körperlichen Krankheitssymptomen und Erotik zusammen:

„*Körperliche Symptome einer Krankheit beschreibt er mit der gleichen, äußersten Zurückhaltung wie die erotische Seite menschlicher Beziehungen.*"[453]

Körperlichkeit und Intimität sind tabu. Die nicht offen aufbrechende Aggression setzt sich um in Launenhaftigkeit und Indifferenz. Enttäuschung durch Mangel an Zuwendung wird nach innen gekehrt und verwandelt sich in Melancholie, Apathie aus Nervosität. Schwankungen des Gemüts beherrschen die Charaktere, die sensibel, schwach und lebensuntüchtig im Rückzug in ihre Innenwelt aus einem langweiligen Dasein eine Scheinsicherheit suchen. Diese These bestätigt auch Rainer Kolk, der im Rückzug ins Intérieur als Schutzraum eine Angst vor der Bedrohung von außen erkennt.[454]

Die Unbestimmbarkeit der Krankheit, die eigentlich ja auch keine ist, heute als psychosomatische Erkrankung bezeichnet, ist letztlich ein Krankwerden an den Unterdrückungsmechanismen einer repressiven Außenwelt. Mittelmann meint, dass gerade Céciles Hinfälligkeit ihr Macht

---

[451] Bockholt, Werner: Das Theodor Fontane-Kochbuch. - Warendorf: Schnell, 1998. - S. 61
[452] Fontane, ebd., S. 63
[453] Faber-Castell, Katharina von: Arzt, Krankheit und Tod im erzählerischen Werk Theodor Fontanes, S. 82
[454] Kolk, ebd., S. 128

über die Männer verschafft, weil diese sich in ihrer Beschützerrolle bestätigt fühlen und zu Aufmerksamkeiten gezwungen werden.[455]

Céciles Sensorium ähnelt der instinktiven Natur eines Hundes, der Céciles Schönheit spürt und ihr huldigt. Zuberbühler untersucht die Rolle der Haushunde bei Fontane und bezeichnet den Hund Boncoeur in Cécile, ebenso wie Rollo in „Effi Briest" als das einzige Wesen, das eine intensive Beziehung und Nähe herzustellen vermag.[456]

Die vielen leidenden Leserinnen fanden Identifikation in einer diffus vor sich hin kränkelnden Frauenfigur, der »femme fragile«. Cécile ist in ihrer labilen Identität der Lage nicht gewachsen und fällt durch den Tod ihres Liebhabers Gordon in eine Depression, die im Suizid endet, weil der Ehrenkodex der preußischen Gesellschaft stärker ist als sie, die als Entehrte ihre Legitimation verloren hat.[457]

4.2.1. Französischer Schein bei polnischem Sein

In „L'Adultera" lässt sich die fremde Herkunft am derb sentimentalen Ezechiel van der Straaten und seiner Frau Melanie aus der französischen Schweiz feststellen. Dieser neureiche Jude protzt mit dem Besitz einer großen Villa und stellt seine vermeintliche Kunstkennerschaft zur Schau, indem er sich italienische Kopien von Tintoretto und Veronese schicken lässt, erlesene Weine bestellt und den zweifelhaften Hugenottenadel seiner Frau Melanie de Caparoux, Frau von Rotkäppchen, benutzt, um nach außen hin zu repräsentieren. Fontanes Darstellung bringt einen Antisemitismus zum Ausdruck, der in dieser jüdisch-bürgerlichen Oberschicht gegen sich selbst gerichtet erscheint. Die Vorurteile der anderen werden übernommen und führen zur Selbstverleugnung. Als Ebenezer Rubehn sich bei den van der Straatens als Logiergast ankündigt, äußert Melanie, deren Ehemann ja auch Jude ist, dass ihr ein christlich-germanischer Besuch lieber gewesen wäre.

---

[455] Mittelmann, ebd., S. 40
[456] Zuberbühler, Rolf: „Ja, Luise, die Kreatur." Tübingen, 1991, S. 48
[457] Greif, Stefan: Ehre als Bürgerlichkeit, S. 155

„Ich bekenne dir offen, daß mir etwas Christlich-Germanisches lieber gewesen wäre."[458]

Fremde ethnische Herkunft wird bei Fontane mit allen Vorurteilen der Zeit aufgegriffen und auf einer Konversationsebene in die Romane eingebaut.[459]

Norbert Mecklenburg befasste sich mit der Logik und Präsentation von Fremden bei Fontane als kunstproduktives Moment. Ansonsten spart die wissenschaftliche Literatur den Antisemitismus und Rassismus weitgehend aus, um nicht an die Tabugrenzen deutscher Geschichte zu rühren. Es geht letztlich auch nicht darum, Fontane als Konservativen zu verdammen und je nach politischem Zeitgeist seine sozialrevolutionären Tendenzen zu unterstreichen oder zu leugnen, er vereint vielmehr über die lange Zeitdauer seines Schriftstellerlebens hinweg viele Strömungen und Brüche des 19. Jahrhunderts. Seine Romane spiegeln daher Tendenzen, die die Konflikte fremder ethnischer Herkunft in Preußen bereits im 19. Jahrhundert erkennen lassen. Er greift diese Vorurteile auf und baut sie in die Alltagssprache seiner Protagonisten ein, um sie so wiederzugeben, wie sie auch als Stimme des Volkes realiter vorhanden waren. Dies bedeutet nicht, dass er selbst ähnliche Meinungen vertrat, er ironisiert, spielt mit Stereotypen und festgefahrenen Mustern bis hin zur Karikatur. Möglicherweise war auch er ein Opfer der Vorurteile seiner Zeit. Immerhin lag ihm daran, diese zu entlarven. Weiteres Beispiel der Identitätskrise des preußischen Adels ist Cécile. Während jedoch Melanie, singulär im Vergleich mit allen anderen Ehebruchnovellen, die Chance eines neuen Lebens geboten wird, ist Cécile ein typisches Muster des Scheiterns an den moralischen Grenzen der Umwelt, aus denen sie sich nur durch Suizid befreien kann.[460] Nach außen hin vermittelt

---

[458] Fontane, L'Adultera, S. 18

[459] Vgl. dazu auch: Mecklenburg, Norbert: >Alle Portugiesen sind eigentlich Juden.< Vortrag im Rahmen des Symposions „Fontane und die Fremde: Fontane und Europa." vom 16.-18. 07. 1998. -

[460] Lühe, Irmela von der: „Wer liebt, hat recht". - Berlin, 1996, S. 117
Mittelmann, Die Utopie weiblichen Glücks, Bern, 1980, S. 13
Vgl. auch: Der Antisemit In: Ohff, Heinz: Theodor Fontane: Leben und Werk. 3. Auflage. - München [u. a.]: Piper, 1996, S. 363-368
Konrad, Susanne: Die Unerreichbarkeit von Erfüllung in Theodor Fontanes „Irrungen, Wirrungen" und „L'Adultera", Frankfurt, 1991, S. 19-43

Cécile das perfekte Bild einer französisch-stämmigen Adligen, die erst gegen Ende des Romans als Polin erkannt wird. Die frankophile Orientierung des polnischen Adels wird damit deutlich, aber auch die Verleugnung der eigenen Identität und Vergangenheit. Cécile ist keine Französin, sondern Schlesierin slawischer Herkunft.

"St.Arnaud war Oberstlieutnant in der Garde, brillianter Soldat und unverheiratet, was immer empfiehlt. Man versprach sich etwas von ihm. Es sind jetzt gerade vier Jahre, daß er in Oberschlesien Oberst und Regimentskommandeur wurde. Den Namen der Garnison hab' ich vergessen; übrigens auch ohne Bedeutung für das, was kommt. Er nahm Wohnung in dem Hause der verwitweten Frau von Zacha, richtiger, Woronesch von Zacha, in deren Name schon, wie Dir nicht entgehen wird, eine ganze slawische Welt harmonisch zusammenklingt." [461]

Arrogante Miene und französische Vornehmheit in Kleidung und Benehmen sollen also die wahre Identität verschleiern. Ihr Vater war Betriebsdirektor der Hohenlohes, tat nichts, außer Vergnügungen zu organisieren, ein verschuldeter Lebemann mit einer gefallsüchtigen Frau und einer wenig gebildeten Tochter.

"Sie hatte ganz verschrobene Ideen und war abwechselnd hoch und unendlich niedrig. Sie sprach mit der Herzogin auf einem Gleichheitsfuß, am liebsten aber unterhielt sie sich mit einer alten Waschfrau, die in unserem Hause wohnte. War dann das Geld vertan, was keine Woche dauerte, so hatten sie zwölf Wochen lang nichts. Es wurde dann geborgt oder von Obst aus dem Garten gelebt, und wenn auch das nicht da war, so gab es „Pilzchen". Aber glaube nur nicht, dass »Pilzchen« wirklich Pilze gewesen wären. Pilzchen waren große Rosinen, in welche von unten her halbe Mandelstücke gesteckt wurden." [462]

Einige Preußen slawischer Herkunft belastete die Expatriierung durch die polnischen Teilungen. Besonders Fontanes historischer Roman „Vor dem Sturm", den er bereits 1866 plante, enthält Elemente urwüchsigen Slawentums und wendischer Herkunft. Aloysia Friederike Sawat von Sawatzki und das Hoppemariechen sind Charaktere, die mit ihrer ver-

---

[461] Fontane, Cécile, S. 145
[462] Fontane, ebd., S. 149

schrobenen Hellsichtigkeit und eigentümlichen Verwachsenheit Fremdheit gegenüber dem Preußentum vermitteln. Lewin und seine Schwester Renate fühlen sich hingezogen zu den expatriierten Kindern Kathinka und Tubal des Geheimrates Ladalinski, der als altes preußisches Geschlecht die Chance sieht, seine Identität im Sinne einer Zugehörigkeit zu Preußen neu zu definieren. Diese gegen Russland sich abgrenzenden preußischen Polen orientierten sich um so mehr an ihrer neuen Heimat.[463] Im Gegensatz dazu vermittelt der überzeugte Pole Graf Bninski, dass ihm in Preußen der Edelmut fehlt.

In die Nähe preußisch-slawischer Herkunft lässt sich auch Lene Nimptsch rücken, die bisher als Pflegetochter der Frau Nimptsch lediglich als Vertreterin des vierten Standes gesehen wird. Nicht zuletzt ihre Rivalin Käthe von Sellenthin macht sich beim Lesen von Lenes späterer Heiratsanzeige über ihren merkwürdigen Namen lustig. Lenes besonnene Ernsthaftigkeit bei aller Natürlichkeit wird als Kontrast zur oberflächlichen, dem Gesellschaftsgeplänkel angepassten Käthe interpretiert. Georg Lukács sieht sie als positive Vertreterin proletarischer Herkunft. Auch Ulrike Hass unterstreicht Lenes Kontrastfunktion im Verhältnis zu den verkrusteten ständischen Klassenvorurteilen.

„Fontanes Gestaltung der Figuren aus dem vierten Stand vor allem Lene und Stine, ist von der Absicht bestimmt, sittlich-moralische Größe und Überlegenheit dort zu finden, wo das bürgerliche und adelige Vorurteil sie nicht vermutet."[464]

Doch sowohl der Name Nimptsch als auch der Vorname Lene deuten auf etwas Weiteres hin, nämlich Fontanes Verbundenheit mit dem Dichter Nikolaus Lenau, wirklicher Name Niembsch Edler von Strehlenau. Fontane bewegte sich um 1840 im legendären Lenau-Club. Möglicherweise lehnte sich bei dieser Namensgebung Fontane ebenfalls an ihn an, als er Franziska Franz in Graf Petöfy erdachte. In „Meine Kinderjahre" erwähnt er, dass er Lenaus Polenlieder kannte. Letztlich ging es um die gesamte panslawistische Haltung, die sich aus dem Kontakt mit pol-

---

[463] Dingeldein, Kerstin: Die Konfiguration des Gegenständlichen, Frankfurt a. M., 1994, S. 103

[464] Hass, Ulrike: Theodor Fontane: bürgerlicher Realismus am Beispiel seiner Berliner Gesellschaftsromane, Bonn, 1979. - S. 117

nischen und österreichisch-ungarischen Dichterkollegen ergab und sich auf den Zeitraum der sozialrevolutionären und nationalistischen Einheitsbestrebung um die bürgerliche Revolution von 1848 bezieht.

In Fontanes Ballade „An der Elster" beschreibt er den Freiheitskampf des polnischen Nationalhelden Józef Poniatowski 1830/31. Zu diesem Zeitpunkt unterstützte Fontane das Recht auf Selbstbestimmung der Polen gegen die Unterdrückung durch Russen und Deutsche. Zusammen mit seinen Freunden Wolfsohn, Heine, Béranger, Anastasius Grün, v. Platen und Haupt stand er auf der Seite des bürgerlichen Freiheitskampfes und der damit verbundenen Emanzipation des vierten Standes und der Juden.[465]

Auch Nikolaus Lenau äußerte sich parteilich für das Selbstbestimmungsrecht der Polen durch Gedichte wie „Der Polenflüchtling" und „Zwei Polen", so dass ein einheitlicher Traditionsstrang in diese Richtung sich erkennen lässt.[466]

Seine Lenau-Verehrung zeigt sich auch in „Graf Petöfy", in dem Franziska Lenaus berühmtes Gedicht „Nach Süden" rezitiert; die Polenlieder werden in „Unterm Birnbaum" erwähnt.[467]

Später hat Fontane eine gewisse Ambivalenz zu dieser Haltung eingestanden und sich, auch gezwungenermassen durch seine journalistische Tätigkeit als freier und später sogar fest angestellter Pressevertreter für die eher konservative Kreuzzeitung, vom revolutionären Panslawismus distanziert. Dennoch konnotiert Lene nicht nur den vierten Stand, sondern auch den romantisch-pessimistischen Aspekt einer Liebesbeziehung, die wegen der Standesunterschiede scheitern muss.

Auch Hugo Grossmann in „Mathilde Möhring" gilt als Lenau-Schwärmer, der gerne aus dessen „Schilfliedern" zitiert. Dies bestätigt die große Po-

---

[465] Vgl. auch: Fontane, Theodor: Theodor Fontanes Briefwechsel mit Wilhelm Wolfsohn/hrsg. v. Christa Schulze. - 1. Aufl. - Berlin: Aufbau-Verl., 1988. - 287 S.
[466] Rieck, Werner: Polnische Thematik im Werk Theodor Fontanes, Berlin, 1996. - S. 100
[467] Fontane, Graf Petöfy, S. 23
Fontane, Unterm Birnbaum, S. 105

pularität Lenaus, die den ehrgeizigen Fontane nicht unbeeindruckt ließ.[468]

Im „Stechlin" ist es der Musiklehrer Niels Wrschowitz, der die Ambivalenz seiner Herkunft von der tschechisch-polnischen Grenze durch einen Doktortitel wettmachen will. Sein Vorname Niels erscheint ihm als unüberwindlicher Gegensatz zum Nachnamen. Grenzländische Herkunft verknüpft sich mit slawischer Fremdheit und bildet einen Gegensatz, der die ambivalente Identität preußischer Adliger aus Polen, Österreich-Ungarn und Schlesien mit der sozialen Diskreditierung des vierten Standes verbindet. Fontane spürte die wachsende sozialrevolutionäre Bedeutung in diesem Potential unterdrückter gesellschaftlicher Randgruppen, die zu Preußen gehörten und dennoch nie richtig vom märkischen Adel anerkannt wurden. Dazu mag deren eigener Stolz auch beigetragen haben. Die komplizierten politisch-historischen Verhältnisse gingen zudem über die Kenntnisse der meisten Märker hinaus.

4.3. Klassenfremdheit

„Stine" (1890) und „Irrungen, Wirrungen" (1888) entstanden in zeitlicher Nähe. Am 03.01.1888 bezeichnete Fontane beide als Pendant.[469]

Entscheidend ist die Einführung der Arbeiter als neue gesellschaftliche Kraft.

Die materielle Situation bedingte ein Einbeziehen der Frau bei der Versorgung der Familie. Im Adel und im gehobenen Bürgertum war es eine Art Statussymbol, wenn die Ehefrauen sich ganz auf Haushalt und Kinder beziehen konnten. Im vierten Stand dagegen dominierte die Not, so dass die Moral untergraben wurde, wenn Frauen wie Frau Dörr sich gewisse Vorteile durch Beziehungen zu Adligen verschafften. Diese Beziehungen waren ein Statussymbol für kleine Leute und brachten unter Umständen sogar eine Verbesserung der finanziellen Verhältnisse mit sich.

---

[468] Fontane, Von Zwanzig bis Dreißig, S. 25-85
[469] Mittelmann, ebd., S. 95

„Da hatte sie nun das Kind, eine gewöhnliche Verführungsgeschichte, womit ich Sie verschonen will, und weil man ihren Anspruch mit einer hübschen Geldsumme zufriedenstellte, so war sie nun eine ‚gute Partie' geworden und verheiratete sich auch bald danach. Und wie meist in solchen Fällen mit einem kreuzbraven Mann."[470]

Frauen aus dem vierten Stand konnten, was ihnen sicherlich auch mehr oder weniger klar war, mit einer Einheirat kaum rechnen. Ingeborg Weber-Kellermann bestätigt, dass materielle Ebenbürtigkeit in der deutschen Tradition der Heiratsgepflogenheiten an wichtiger Stelle steht; dies betrifft auch die sozial schwächeren Schichten.[471]

Damit versuchte man, geschichtlich gesehen, fremde Herrschafts- und Machtansprüche unter Kontrolle zu halten. Eine Frau, die aus materiellen Sorgen über ihrem Stand Beziehungen pflegte, sei sie auch noch so tüchtig und charakterlich positiv, wurde automatisch zu einer Art Dirne degradiert, einer Geliebten mit zweifelhaften Absichten und fragwürdigem Hintergrund. Am Beispiel der Lene Nimptsch zeigt Fontane, wie diese trotz ehrlicher Absicht in unseriöse Verhältnisse gerät, da ein offenes und ehrliches Treffen mit dem Baron Botho von Rienäcker kaum möglich ist. Hankels Ablage ist eine Art Absteige für „verbotene" Paare und auch der idyllische Ort, die Dörr'sche Gärtnerei, ist kein „locus amoenus", sondern verkommener Treffpunkt unstandesgemäßer Liebe. Das einerseits starke Selbstbewusstsein, das auf dem Gefühl beruht, nichts Unrechtes zu tun und nur seinen ehrlichen Gefühlen zu folgen, auch die Kraft zu besitzen, für sich selbst sorgen zu können und sei es nur als kleine Näherin oder Stickerin, entspricht in etwa der Lage der Dienstmädchen und Heimarbeiterinnen, wie Fontane sie im 14. Kapitel des „Stechlin" dargestellt hat. Die unmenschliche Unterbringung der Dienstboten in den Hängeböden der Offiziers- und Unteroffizierswohnungen der Berliner >Bel étage< wurde zwar mittlerweile wegsaniert, doch die Erinnerung an diese engen Rumpelkammern bleibt haften.

---

[470] Fontane, ebd., S. 42
[471] Weber-Kellermann, Ingeborg: Die deutsche Familie. - Frankfurt/M., 1974, S. 39
   Vgl. dazu auch: Allenhöfer, Manfred: Vierter Stand und alte Ordnung bei Fontane, S. 32

Im vierzehnten Kapitel erzählt das Dienstmädchen Hedwig der kinderlosen Imme von ihren ersten Erfahrungen mit einem Berliner Hängeboden:

„Man muß sie richtig kennen lernen. Immer sind sie in der Küche, mitunter dicht am Herd oder auch gerade gegenüber. Und nun steigt man auf eine Leiter, und wenn man müde is, kann man auch runterfallen. Aber meistens geht es. Und nun macht man die Tür auf und schiebt sich in das Loch hinein, ganz so wie in einen Backofen. Das is, was sie 'ne Schlafgelegenheit nennen. Und ich kann ihnen bloß sagen: auf einem Heuboden is es besser, auch wenn Mäuse da sind. Und am schlimmsten is es im Sommer. Draußen sind dreißig Grad, und auf dem Herd war den ganzen Tag Feuer; da is es denn, als ob man auf den Rost gelegt würde."[472]

Ingeborg Weber-Kellermann beschreibt die unmenschlichen Bedingungen, unter denen Thüringer Puppenmacher ihre Kinder aus Not für harte Kinderarbeit einsetzten, um zu überleben.[473]

In „Effi Briest" erzählt Johanna von ihren traumatischen Kindheitserlebnissen mit ihrem Vater, der mit einer glühenden Eisenstange gegen sie wegen ihrer unehelichen Schwangerschaft vorging. Sie wiederholt diese Erfahrung in ermüdender Redundanz, in sprachlich einfachem Deutsch, so dass der Leser begreift, dass ihr Leben um dieses Trauma auf tragische Art und Weise kreist. Das Hässliche, die Realität und der Existenzkampf war für das wohlhabende Bürgertum kein Thema. Man hatte seine Stellung in der Hierarchie erobert, konnte sich als Beamter oder Offizier bewahren und brauchte nichts zu befürchten. Die niedere Hausarbeit wurde Dienstboten überlassen.

„Arbeit war also verpönt, bis zu einem gewissen Grade schon die Hausarbeit von eigener Hand und noch mehr die weibliche Berufsarbeit. Kirche-Küche-Kinder hieß die Parole, und ein Mädchen „von Familie" durfte um alles in der Welt keinen Beruf ergreifen."[474]

---

[472] Fontane, Der Stechlin, S. 148
[473] Weber-Kellermann, ebd., S. 142 ff
[474] Weber- Kellermann, ebd., S. 127
Vgl. dazu auch: Dieckhoff, Klaus: Romanfiguren Theodor Fontanes in andragogischer Sicht, S. 59

Ulrike Hass befasste sich insbesondere mit Klassengegensätzen und Standesunterschieden im 19. Jahrhundert und deutet die Angst des Kleinbürgertums, ins Proletariat abzusinken. Auch am Beispiel der „Poggenpuhls", Vertreter des verarmten Adels, ist ständige Sorge um die Existenz erkennbar. „Mathilde Möhring" versucht durch Mittel der Sparsamkeit und geschicktes Anpassungsvermögen den Aufstieg in eine gesicherte Gesellschaftsschicht. Das Fehlen eines eigenen Hauses, ständiges Rechnen und Kalkulieren korreliert mit der sich im Raum manifestierenden Armut und eher gezwungen wirkenden Zeichen sozialen Aufstiegswillens.[475]

Georg Lukács deutet diesen Roman eher als Satire, weil ein mittelmäßiger Patriziersohn von einer dürftig klugen „filia hospitalis" nach oben bugsiert wird.[476] Auch in „Jenny Treibel" ist das Aufstiegsstreben Hauptmotivation eines fast penetranten Selbstbewusstseins. Doch Fontane beobachtet das Verhalten seiner Vertreter des vierten Standes eher von außen, ironisiert und kommentiert es humorvoll wissend. Vergleichsweise nimmt sich Törless in der Auseinandersetzung zwischen der sauberen Welt seiner bürgerlichen Herkunft und dem übelriechenden Zimmer einer Dirne wahr. Unbewusst vergleicht er diese mit der unversehrten, ihm heiligen Mutter.

„Was ist es, das es ermöglicht, daß diese Bozena ihre niedrige Existenz an die meiner Mutter heranrücken kann?...Dieses Weib ist für mich ein Knäuel aller geschlechtlichen Begehrlichkeiten; und meine Mutter ein Geschöpf, das bisher in wolkenloser Entfernung, klar und ohne Tiefen, wie ein Gestirn jenseits alles Begehrens durch mein Leben wandelte..." [477]

Was sich bereits in „Schach von Wuthenow" andeutete, wird hier im inneren Erleben der Protagonisten ausformuliert, die Spaltung in schmutziges sexuelles Begehren, geknüpft an die unkontrollierte Triebwelt des Arbeitermilieus, verbunden mit einem wenig ansprechenden Ambiente, einer Unfähigkeit, Ästhetik in die tägliche Umgebung so umzusetzen,

---

[475] Hass, Ulrike: Theodor Fontane: bürgerlicher Realismus am Beispiel seiner Berliner Gesellschaftsromane, Bonn, 1979. - S. 56
[476] Lukács, Georg: Der alte Fontane, Darmstadt, 1973, S. 59
[477] Musil, Robert: Der junge Törless, S. 34

dass Behaglichkeit im Raum möglich ist. Bei aller Leere eines Fachwerkhauses in Kessin im Kontrast zur vornehmen Bürgerlichkeit der Gründerzeit bleibt sowohl dem einen als auch anderen zumindest die kühle Zurückhaltung, die Kontrolle über die Einhaltung der Formen. In Kessin handelt es sich immerhin um ein großes Haus. Mathilde Möhring, Stine und auch die Poggenpuhls dagegen leben in Mietwohnungen, sind abhängig von steigenden Mietpreisen und drücken diese, so geht es den Dienstboten im Hängeboden noch schlechter. Das dialektgefärbte, schrille Sprechen der Pittelkow, die Stilbrüche im Raum, das „Wie gewollt und nicht gekonnt", ebenso das ungezügelte, fast unbewusste Verhalten der Repräsentanten schildert Fontane jedoch humorvoll, bei Musil dagegen, auch bei Kafka verknüpft sich Sexualität und Raum mit einer Art Abwehr gegen Schmutz und Unrat in den Dienstbotenkammern der Mägde.[478]

Fontane dagegen steht dem Volk nahe, wird schließlich auch deshalb zum populären Schriftsteller, weil er es nicht herablassend schildert.

4.3.1. Intimität und Klassengegensatz

Ähnliche Klassengegensätze wie in „Stine" und „Irrungen, Wirrungen" sind auch bei heute unbekannten Zeitgenossen Fontanes, wie Ernst von Wildenbruch und Eduard von Keyserling zu beobachten.[479] In der Erzählsammlung „Abendliche Häuser"(1903) erschien die Schlossgeschichte „Beate und Mareile" als typisches Muster antagonistischer Klassenkonflikte. Der charakterlich fragwürdige Graf Günther von Tarniff, anerkanntes Mitglied des alteingesessenen baltischen Adels, heiratet die standesgemäße, blasszarte Baronesse Beate von Losnitz, doch bereits während der Schwangerschaft beginnt er Beziehungen zu Eve Markow, einer rotblonden leidenschaftlichen Jägerstochter, und später zu Mareile Ziepe, die nach einer gescheiterten Ehe mit dem Maler Hans Berkow

---

[478] Kafka, Das Schloss, S. 43
Vgl. dazu auch: Foucault, Michel: Der Wille zum Wissen, Frankfurt a. M., 1995, S. 11 ff
[479] Koc, Richard: The German Gesellschaftsroman at the turn of century: a comparision of the works of Theodor Fontane and Eduard von Keyserling, Bern: Lang, 1982. - 263 S.

aus Bordighera zurückkehrt auf Günthers Schloss, wo sie als Inspektorentochter und Günstling der Fürstin Elise die vornehme Erziehung des Adels genossen hat. Günther kennt sie von Jugend auf und entflammt in glühender Leidenschaft für ihre interessante Vergangenheit in der Fremde. Beate kann ihm, in ihrer von Lavendelduft und vornehmer Distanz beherrschten Erotik, nicht das geben, was unstandesgemäße Frauen ihm bieten können. In seiner Leidenschaft verlässt er das Schloss und folgt nach der Enthüllung des Ehebruchs Mareile nach Berlin. Zunächst scheint diese auf Stereotypen des Klassengegensatzes beruhende Beziehung an der chauvinistischen, doch seiner Lage bewussten Arroganz Günthers zu scheitern, weil Mareile mehr fordert, als Günther je zu geben bereit wäre, dennoch will er Mareile nicht aufgeben, als diese die Beziehung abbrechen will.

„Sprechen Sie doch keine Gemeinheiten. Wie kann es aus sein? Man muß doch wissen, was man ist. Irgendwelche Schloßideen sind ihnen angeflogen. Sie sind nun mal keine weiße tugendhafte Frau. Sie sind Mareile, Sie zahlen bar."[480]

Keyserling treibt das Klischee erzählerisch auf die Spitze und gewinnt damit den Leser, der in seiner Erwartungshaltung eben diese Spannungen durchleben möchte. Keyserling bewegt sich dabei zwischen Kitsch und einer erzählerischen Könnerschaft, die dem Roman des 19. Jahrhunderts eigen ist. Dabei ähnelt er in der Konstitution des Raums der großen realistischen Literatur seiner Zeit, insbesondere nachweisbar am Topos des Gartenpavillons und der Hütte, wie bereits bei Fontane exemplifiziert, nicht zuletzt schon bei Goethe erkennbar im berühmten Gartenhäuschen, in dem sich Faust ungestört mit seinem Gretchen treffen kann.

Sowohl die geographische Nähe des Baltikums als auch das preußische Gutsbesitzertum rücken ihn erzählerisch in die Nähe Fontanes, obwohl er durch seine derben Klischees qualitativ diesem nicht vergleichbar ist. Bezeichnend ist jedoch, dass die von außen an den Adel herangetragene Wohlhabenheit von den betroffenen Protagonisten subjektiv nicht empfunden wird. Die baltischen Grundbesitzer sehen sich als eher ver-

---

[480] Keyserling, Eduard von, Abendliche Häuser, S. 91

armt an, der Besitz an Land und Vieh ist selbstverständliche Lebensgrundlage und bietet nicht viel mehr als das Notwendige. Von Luxus oder Großstadtflair wird dort nur geträumt, so dass die Fremde verklärt wird, weil dort das wirkliche, interessantere Leben stattfindet. Der baltische Adel leidet an der provinziellen und kulturellen Langeweile und kann für sich selbst nicht bestätigt finden, was die Umwelt in ihm sieht.

Die Beziehungen bewegen sich im familiären Milieu und beziehen die Dienstboten mit ein. Diese Enge eskaliert in zunehmender Dekadenz. Im Zusammenhang mit „Effi Briest" wäre es von Interesse, ob ähnliche Topoi zu erkennen sind. In der Tat ist der Gartenpavillon als Treffpunkt einer heimlichen, unstandesgemäßen, jedoch lustvoll befriedigenden Intimität außerhalb der Ehe organischer Bestandteil der Schlossarchitektur und eine bewusst kalkulierte Raumkomponente. Raum spiegelt somit auch Klassengrenzen, Treffpunkte und Tabuzonen gesellschaftlich konstruierter Konventionalität. In „Schwüle Tage" ist es die heimliche Beziehung des Gutsherrn zu einer wesentlich jüngeren Verwandten, die ihn in den Selbstmord treibt, als diese sich verheiraten soll. Die heimlichen Begegnungen finden beim gemeinsamen Ausritt statt.

In „Beate und Mareile" ist der Pavillon verwahrlostes Relikt einer vergangenen Zeit und deutet damit auf eine vergessene, aber einst gepflegte Tradition.

„Am Ende des Lantinischen Parkes, dort, wo der Wildpark anfing, lag auf einer kleinen Insel des Teiches ein Pavillon, mit geschweiftem chinesischem Dache. Die Leute nannten ihn die Türkenbude und erzählten sich seltsame Geschichten, die in alten Zeiten die Türkenbude mitangesehen haben sollte. Jetzt war der Raum verwahrlost."[481]

Wieder ist es das exotisch chinesische, im volkstümlichen Gemüt vielleicht auch türkische Fremde, das den durchaus traditionellen Raum des Pavillons als Ort verbotener Erotik zulässt und damit einen Widerspruch zwischen einer Liebe außerhalb und einer innerhalb der Ehe dokumentiert.

---

[481] Keyserling, ebd., S. 94

Als Eve Markow aus Eifersucht Beate den heimlichen Treffpunkt von Günthers Fehltritt enthüllt, kulminiert die Spannung. Günther verlässt unter dem Druck der Verhältnisse das Schloss, auch im übertragenen Sinn, er folgt Mareile nach Berlin und erreicht dort eine unerwartete Gegenseitigkeit der unstandesgemässen Beziehung. Doch die Gesellschaft fordert ihren Tribut, weil Günther von adligen Kreisen zum Duell gefordert wird. Schwer verletzt kehrt er dank Beates Pflege lebend auf sein Schloss zurück und weist Mareiles Liebe endgültig verzichtend ab.

Die Liebesbeziehung zwischen Lene und Botho in „Irrungen, Wirrungen" scheitert ebenfalls an unüberwindlichen Standesschranken. Die versteckte Gärtnerei wird zum heimlichen Treffpunkt der ehrlich Liebenden, deren Herkunft angesichts wahrer Gefühle unwichtig erscheint. Lene könnte sogar wie im Märchen als Pflegetochter unklarer Herkunft ebensogut Prinzessin sein. Das Strukturmuster der Trivialliteratur und des Märchens lässt die Möglichkeit eines „happy end" fast bis zuletzt zu, weil ähnlich wie „Tom Jones" im englischen Roman des 18. Jahrhunderts der Protagonist von undefinierbarer Herkunft ist, ein Findelkind, das durch sämtliche gesellschaftlichen Schichten streift und im Mysterium einer nebulösen Vergangenheit alle Möglichkeiten andeutet. Diese vermeintliche Klassenlosigkeit in der Liebe ist jedoch eine Art „Fata Morgana", denn die tatsächlichen Gegebenheiten gesellschaftlicher Realität lassen diese Offenheit nicht zu.

„Es macht Sinn, dass es Frau Dörr ist, die sowohl die Vermutung der adeligen Herkunft Lenes ins Spiel bringt als auch die den trivialen Mustern kontrastierende Wirklichkeitserfahrung formuliert."[482]

So bewegt sich diese volkstümliche Figur zwischen erstaunlich wissender Anteilnahme, basierend auf ihren eigenen Erfahrungen, und der Antizipation des schmerzhaften Endes vorprogrammierter Entwicklung innerhalb der gesellschaftlichen Standesgrenzen. Käthe von Sellenthin, Mellenthin ist übrigens ein Herrensitz auf der Insel Usedom, ist die bessere Partie, gewinnt, weil sie imstande ist, die Schulden von Bothos Familie auszugleichen. Wie üblich siegt die ökonomische Opportunität im Wettbewerb mit den Gefühlen der über die Standesgrenzen erhaben

---

[482] Sollmann, Kurt: Irrungen, Wirrungen, Frankfurt a. M., 1990, S. 39

scheinenden Liebe. Als Mitglied des vierten Standes ist Lene, trotz ihrer charakterlichen Integrität, letztlich eine Mesalliance für ambitionierte adelige Offiziere. Andererseits ist diese Art von Beziehung dann auch wieder schon fast eine Institution. Botho nimmt daher die wirklichen Lebens- und Arbeitsverhältnisse von Lene kaum wahr. Seine Rolle als ehrlicher Liebhaber erscheint zweifelhaft, weil er hätte wissen müssen, dass er Lene kompromittiert, wenn er sie ähnlich wie seine Offizierskameraden zu Hankels Ablage führt, dem heimlichen Treffpunkt verschwiegener Verhältnisse. Damit reiht er Lene nämlich in die Kategorie der Begleiterinnen Isabeaus ein, die zufällig auch Hankels Ablage als Ort ihres Vergnügens aufgesucht haben. Er degradiert die Protagonistin bereits, indem er sich aus seiner gesellschaftlich überlegenen Stellung heraus auf sie einlässt. Kurt Sollmann spricht in diesem Zusammenhang von der Unmöglichkeit eines gemeinsamen, gesellschaftlich akzeptierten Glücks.[483]

Walter Müller-Seidel fällt ein ähnliches Urteil wie Georg Lukács bei der Bewertung von Lene Nimptsch als Vertreterin des aufkommenden Proletariats. Ihre Natürlichkeit und Fähigkeit, sich von gesellschaftlichen Zwängen und Standesgrenzen frei zu machen, sehen beide als positive Qualität. Andererseits erscheint diese klischeehafte Betonung eines einseitig makellosen Charakters sehr idealistisch, denn Lene wirkt, angesichts der Spaltungen und Brüche, denen der vierte Stand durch Unterdrückung und ökonomische Bedingungen unterliegt, etwas edelmütig und naiv gestaltet.[484]

4.4. Weltfremdheit und befremdende Gefühle

„Das Weib keines Fremden werden" lautet ein Kapitel in Regina Dieterles Ausführungen über die Vater-Sohn und Vater-Tochter-Beziehung, die bereits 1839 in der Novelle „Geschwisterliebe" Fontanes Schaffen einleitete.[485]

---

[483] Sollmann, ebd., S. 42

[484] Müller-Seidel, Walter: Theodor Fontane: soziale Romankunst in Deutschland, Stuttgart: Metzler, 1975, S. 267

Vgl. dazu auch: Lukács, Georg: Der alte Fontane. - In: Theodor Fontane/hrsg. von Wolfgang Preisendanz, Darmstadt: Wiss. Buchges., 1973, S. 25-79

[485] Dieterle, ebd., S. 105

Die inzestuöse Verstrickung des blinden Rudolph und seiner Schwester Clara erinnert an die spätere Gestaltung ähnlicher Konflikte in „Grete Minde" (1880) und „Ellernklipp" (1881). Tatsächlich hat Fontane nur wenig über die Beziehungen zu seinen eigenen Geschwistern preisgegeben namentlich seine jüngere Schwester Jenny, die einen erfolgreichen Apotheker heiratete, wurde eine Art selbstbewusste Konkurrentin und der sozial in Unsicherheit lebende Bruder verlieh der Titelfigur ihren Namen im Roman „Jenny Treibel". Fontanes nervlich-labile Tochter Mete, die wesentlich die Pflege des kränklichen Vaters übernahm und auch maßgeblich zur Realisierung unvollendeter Manuskripte beitrug, blieb als lange unverheiratete Frau ewige Tochter und heiratete erst nach Fontanes Tod, blieb somit im ungeklärten Abhängigkeitsverhältnis zu Fontane und wurde auf tragische Art und Weise Spiegelbild seiner >femme fragile<. Mete, eigentlich Martha, starb in Waren an der Müritz durch einen Sturz von einem Balkon um den 12.01.1917 im Alter von 57 Jahren.[486]

Regina Dieterle leitet die erotisierte Beziehung zwischen Vater und Tochter aus der griechischen Antike ab und führt die näheren Zusammenhänge am Beispiel von Ismene und Antigone aus. „Nicht von fremdem Samen abzustammen" ist in der Bibel am Beispiel von Lot und seinen Töchtern thematisiert, die die Stämme der Moabiter und Ammoniter begründeten.[487]

Der Vater-Sohn-Konflikt beruht dabei wesentlich auf dem Bestreben des Sohnes, die Machtstellung des Vaters in Frage zu stellen und ihn zu stürzen, während die Tochter sich vom geliebten Vater trennen muss, um sich zu lösen und an einen anderen zu binden.[488]

Michel Foucault verweist auf die „patria potestas", die dem Vater in seiner Rolle als Patriarch das Recht zugesteht, über seine Kinder zu verfügen und im Falle von Baltzer Bocholt sogar zu richten, so dass dem

---

[486] Fontane, Mete: Briefe an die Eltern: 1880-1882/hrsg. und erläutert von Edgar R. Rosen. Frankfurt/M.: Propyläen, 1974. - S. 75
[487] Dieterle, ebd., S. 26
[488] Dieterle, ebd., S. 20

Mord am eigenen Sohn die Qualität einer Bestrafung und Maßregelung zukäme.[489]

„Ellernklipp" assoziiert einen einsamen Felsen. Auch Eduard von Keyserlings Romane spielen in der kargen sandigen Landschaft der Küstenregion im ehemaligen Ostpreußen und Baltikum. Diese Landschaft wird zum heimlichen Treffpunkt einer verbotenen Liebe.

Hilde Rochussen, Adoptivtochter des Heidereiters Baltzer Bocholt, der verantwortlich für Ordnung und Organisation im Forst und damit personifiziertes biologisches Kontrollorgan ist, muss ihre Liebe zu dessen Sohn Martin verbergen.

„Sie schmiegte sich an ihn, und ihre Seele wuchs in der Vorstellung eines solchen Sichtreffens auf einsamer Klippe."[490]

Gleichzeitig ist Ellernklipp der Ort eines Verbrechens, weil Baltzer Bocholt seinen einzigen Sohn aus Eifersucht von dieser Klippe stoßen wird.[491]

Spannung, unheimlicher Spuk und symbolhafte Düsterkeit prägen die Atmosphäre dieses Romans, in dem mythologische Metaphern der Bestattung, also Beerdigungsrituale auf dem Friedhof, Mord und Machtkampf die feste Einordnung in die Hierarchie des Dorfes anzeigen und jedem seinen Platz anweisen.

„Die Mehrzahl der von Fontane gebrauchten Sinnbilder von „Schach" bis „Effi Briest" bleibt jedoch isoliert, auf eine punktuelle Handlungssituation bezogen."[492]

Ähnlich wie in „Effi Briest" bringt die spukhafte Atmosphäre die inneren Spannungsmomente des Protagonisten zum Ausdruck. In „Unterm Birn-

---

[489] Foucault, Michel: Der Wille zum Wissen: Sexualität und Wahrheit. - 8. Auflage. - Frankfurt/M.: Suhrkamp, 1995. - S. 165

[490] Fontane, Theodor: Ellernklipp, 1. Aufl., Berlin, Aufbau-Taschenbuch-Verlag, 1996, 135 S.

[491] Ellernklipp, ebd., S. 79

[492] Ohl, Hubert: Bild und Wirklichkeit: Studien zur Romankunst Raabes und Fontanes, 1. Aufl. - Heidelberg, Lothar Stiehm Verl., 1968. - S. 221

Vgl. dazu: Vittoria Borsò-Borgarello: Metapher: Erfahrungs- und Erkenntnismittel: die metaphorische Wirklichkeitskonstitution im französischen Roman des 19. Jahrhunderts, Tübingen: Narr, 1985, S. 9

baum" arbeitet Fontane mit ebensolchen verdrängten Seelennöten. Hybride Züge, Not, Leidenschaft, Armut und Angst münden in eine Katastrophe, die eine direkte Schuldzuweisung unmöglich macht, vielmehr ist das Konglomerat menschlicher Sinnlichkeit für die Situation verantwortlich. Die Kritik der Konfusion ist daher berechtigt. Letztlich bleibt alles diffus. Drückende Schulden machen die Hradscheks zu sozialen Opfern und Tätern zugleich. Lehnert Menz in „Quitt" scheitert an der Übermacht feudaler Besitzansprüche im Forst, aber auch an sich selbst, weil er zu labil ist, demgegenüber souverän zu bleiben. In „Ellernklipp" ist eine klare Schuldzuweisung nicht möglich, denn nicht nur Bocholt trifft als Mörder die Schuld, sondern auch Hilde als Verursacherin der sinnlichen Entgleisungen wird unbewusst daran beteiligt. Diese Deutungsversuche sind insofern etwas Besonderes, als die schicksalhaften Verstrickungen in einer differenzierten Gesamtheit dargestellt werden. Dennoch wirken die Kriminalgeschichten Fontanes mißlungen. Verantwortlich dafür ist einmal, dass sie als Fortsetzungsfolgen in Zeitschriften erschienen und daher entweder zu lang ausgedehnt wirken, oder aber unglücklich gekürzt worden sind wie „Quitt". Zweitens hinterließ der Einfluss des Naturalismus seine Spuren. Fontane befasste sich darin zu intensiv mit den Schattenseiten des menschlichen Daseins, wirkt verstrickt in verbotene und tabuierte Themenbereiche, die seinen eigenen Anspruch in Frage stellen, die Grenzen der Ästhetik nicht überschreiten zu wollen. Es wäre jedoch vermessen, von einem Schriftsteller zu erwarten, dass all seine Werke gelingen. Auch die Erzählungen von Thomas Mann sind nicht alle gleichwertig gut geschrieben. Häufig ist die Titelnovelle qualitativ tragend.

Atmosphärisch erinnert die Stimmung in Fontanes Kriminalgeschichten an Theodor Storms „Der Schimmelreiter". Hans-Heinrich Reuter meint, dass der Wilderer- und Exilroman Fontanes unterschätzt werde.[493] Diesem Urteil kann widersprochen werden.

„Ellernklipp" wird jedoch selten besprochen, gehört zu jenen Vorläufern des Kriminalromans, die die sozialen Bedingungen und psychischen Dispositionen in den Vordergrund stellen und nicht allein die Tat als sol-

---

[493] Reuter: Fontanes Realismus, S. 28

che und deren Verurteilung in den Mittelpunkt rücken. Dadurch erweitert sich das Verständnis für die Zusammenhänge des Geschehens. Das Urteil bezieht die tragischen Komponenten im Gesamtzusammenhang mit ein, berücksichtigt Charakter und Handlungsmotivation des Einzelnen. Ansonsten ließen sich diese Romane auch als Forstromane bezeichnen. Sie erinnern an Harz- und Heideromantik und sind Geschmacksache.

Hilde Rochussen erinnert an Grete Minde, weil auch bei ihr der Tod der Mutter Muthe Rochussen und die Eigenartigkeit ihrer sozialen Rolle das Kind von Anfang an stigmatisiert.[494] Hugo Aust erkennt in Grete Minde eine Parallele zu Emile Zolas „Das Glück der Familie Rougon", obwohl Fontane diesen so vehement ablehnte. [495]

Der Verdacht wird laut, Hilde könne nicht das wirkliche Kind der Rochussen sein, denn ihre Physiognomie, die rotblonden Haare und ihr stets languissanter Charakter bringen sie in den Verdacht, das illegitime Kind des Grundherrn Adalbert Ulrich von Emmerode zu sein, zumal sie dem pechschwarzen zigeunerhaften Mann der Muthe kaum ähnelt.[496]

Fontane greift die Stimme des Volkes auf und formuliert diese in echtem Plattdeutsch. Dabei wird die Wahrheit ebenso hart und stereotyp getroffen, wie sie am tieferen Verständnis der Zusammenhänge vorbeigeht. Die aristotelischen Kategorien, soweit diese überhaupt für den Roman gelten können, bleiben im Sinne einer Einheit von Ort, Handlung und Zeit erhalten, die Stimme des Volkes steht für den kommentierenden Chor im Hintergrund. Die Handlung wird vorangetrieben durch die dünkelhaften hybriden Wesenszüge des Baltzer Bocholt. Es gelingt ihm nicht, die Dinge auf sich beruhen zu lassen, sondern er muss zwanghaft im Namen der Pflichterfüllung den Wilderer Maus-Bugisch verfolgen, nach dem naturalistischen Grundsatz, dass, wer leben will, auch scharf zufassen müsse. Die ihn umgebende Ordnung bestraft jedoch fatalerweise ihn

---

[494] Müller-Seidel, ebd., S. 83
[495] Aust, Hugo: Theodor Fontane: ein Studienbuch. - Tübingen: Francke, 1998. - S. 50
[496] Ellernklipp, ebd., S. 96

selbst mit Unverständnis und Feindschaft. Nur Hilde zeigt Verständnis für seine Reaktion, die auf gekränkter Ehre beruht.[497]

Die sonst so willensschwache und dem Nichtstun frönende Hilde übernimmt plötzlich Pflichten und Verantwortung, dennoch wird deutlich, dass ihr Charakter darauf angelegt ist, sich verwöhnen zu lassen. Sie scheint zu etwas Feinerem geboren zu sein und in den Tag hinein zu leben. Hilde entspricht dem Bild der gutsherrlichen Tochter aus feudalen Kreisen, die ihren Lebensunterhalt nicht verdienen muss, die im Grunde in einer sozialen Umgebung untergekommen ist, die ihrem eigentlichen Wesen nicht gerecht werden kann.

„Doch sind im Blick auf die Hauptgestalt der Novelle einige Motive nicht zu übersehen, die der Erzählung einen Zug ins Moderne geben. Daß sie im Personenensemble Fontanes zu den Fremden gehört, die sich vom Gewöhnlichen ihrer Umgebung unterscheiden, ist nicht überraschend. Solche Fremdartigkeit ist jedem Leser Fontanes vertraut."[498]

Fremdheit kommt hier durch den Bruch einer nicht mehr eindeutig feudalen Herkunft zustande, die sich mit der sozialen Umgebung der Forstmitglieder und der noch vom Schloss abhängigen Gestalten vermischt hat. So entspricht Hilde einer ursprünglich mit feudalen Kreisen in Berührung gekommenen, dennoch aber nicht wirklich adligen Tochter. Der Verlust, das Abbrennen des Elternhauses, stellt sie in eine fremde Welt, in die sie nicht hineinpasst, und macht sie zum Irritationsfaktor für ihre Umgebung.

Hilde wird zum ungewollten Reizfaktor für die neidische Grissel, zum Objekt erotischen Begehrens zweier Männer, die Vater und Sohn sind, und damit wird sie der Kulminationspunkt unterdrückter inzestuöser Wünsche, weil sie nicht wirkliche Tochter und wirkliche Schwester von beiden ist. Hilde ist ihnen ganz nah und dennoch fremd, sie bedeutet Familie und Vertrautheit, bleibt aber ein fremdes, adoptiertes Wesen, das Gefühle auslöst, die man heute als „double-bind" bezeichnen würde. Diese Schizophrenie eskaliert in melodramatischer Weise. Der Druck der väterlichen Anwesenheit, das patriarchalische Auftreten des Heidereiters

---

[497] Ellernklipp, ebd., S. 42
[498] Müller-Seidel, ebd., S. 83

stimuliert bei Hilde und Martin das Bedürfnis, allein miteinander zu sein. Als Baltzer Bocholt von Grissel, die die Liebe der beiden wahrgenommen hat, gewarnt wird, gerät er in den Sog von Eifersucht und Leidenschaft. Fontanes Spruch aus „Unterm Birnbaum", nämlich „Ist es noch so fein gesponnen, muss doch alles an die Sonnen", bestimmt den weiteren Handlungsverlauf.[499]

Er stößt den eigenen Sohn von der Klippe, ohne dass jedoch das Verbrechen zunächst entdeckt wird. Er fühlt sich innerlich dazu getrieben, den Toten zu bestatten, der verborgen im Moor liegt. Auch Abel Hradschek nimmt ja in „Unterm Birnbaum" den Spaten, um den Toten Szulski zu entfernen. Der zwanghafte Trieb, den Toten unter die Erde zu bringen, kennzeichnet jene Verhaltensmerkmale, die ihn vom Tier abgrenzen und ihm auch das Bewusstsein der Schuld des eigenen Handelns eingeben. Michel Foucault äußert sich zum Absterben der den Tod begleitenden Rituale in der heutigen Zeit. Bestattung bedeutete in der Antike, dass der Tote Eintritt in die Welt des Hades erlangt. Nicht zuletzt Antigone stellte sich gegen das weltliche Gesetz des Kreon und bestattete ihre Brüder, um ihnen die metaphysische Erlösung zu verschaffen.[500]

Doch gerade dieser Instinkt, den Sohn bestatten zu müssen, bringt die Wahrheit an das Tageslicht, weil der Hund des Melcher Harms jenen Lappen aufspürt, der um den Spaten gewickelt war. Melcher Harms verbindet damit die kranke Kuh Baltzer Bocholts und legt damit das Indiz der Tat frei. Alles scheint Zufall zu sein, wenn es denn einen gibt, doch im Grunde ist es nicht die Wahrheit an sich, die ihn zu Fall bringt, sondern sein innerer Verfall, Wahnsinn und Krankheit, angesichts der Umstände, in die er sich verstrickt hat. Es sind diese Intuitionen von unfassbaren Wahrnehmungen und transzendenten Zusammenhängen, die die Nemesis darstellen und dem Realismus Fontanes eine irrationale Komponente zuordnen.

Ausgerechnet Melcher Harms, der einfache Schäfer, hat die Klarsicht des blinden Teiresias. Baltzers Psyche, so erkennt er, verkraftet das

---

[499] Ellernklipp, ebd., S. 64
[500] Foucault, ebd., S. 165

schreckliche Geschehen nicht. So wird die Psyche zur eigentlichen Nemesis und vollzieht fast logisch konsequent, was die Handlung an Sühne fordert.

„Und in der Nacht sprach er wieder irr, und alle glaubten, daß er einen Rückfall in die schwere Krankheit haben werde. Doch er überwand es, und eine Woche später ging er wieder in den Wald und hatte seinen Mut und seine Farbe wieder; nur dem Melcher Harms wich er aus, weil es bei ihm feststand, er hab es ihm zeigen wollen. Darin aber ging er fehl. Alles war Zufall gewesen (wenn es einen Zufall gibt), und nur in dem einen traf er's, daß der Alte, so wenig er einen bestimmten Beweis in den Händen hatte, vor sich selbst fest überzeugt war: der Heidereiter wisse nicht bloß um Martins Tod, sondern sei schuld daran."[501]

Nicht zuletzt deshalb entfremdet Baltzer Hilde von Melcher Harms. Die Verdrängung wird durch den Zeitfaktor begünstigt, so dass es schließlich zu einer Hochzeit zwischen Hilde und Baltzer kommen kann. Im Sinne Foucaults meint Baltzer, er könne das Leben Hildes in seinem Interesse verwalten und dürfe auch über ihren Körper verfügen.[502]

Das inzestuöse, wenn auch hier noch gesellschaftlich akzeptierte Begehren erfüllt sich innerlich und äußerlich, weil Baltzer Vater und Ehemann zugleich sein darf, ohne die feindlichen Sanktionen von außen. Doch Hilde fühlt sich zunehmend elender und lebensmüder. Das Kind, das sie zur Welt bringt, ähnelt den degenerierten Kindern in Thomas Hardy's „Jude the Obscure", als Kind alt, fast greisenhaft bis altklug und dabei schwächlich und frühzeitig zum Tode verurteilt. Das welke Kind ist die Personifizierung verdrängter Schuldgefühle, die im Sinne einer unerbittlichen Schicksalhaftigkeit in einer Kette von Verderbnis, Lebensunfähigkeit und Weltfremdheit enden müssen.

Dieser tragisch-pessimistische Zug lässt sich auch in der englischen Literatur dieser Zeit beobachten. Erbgenetik und naturalistisch-darwinistische Denkweise geht in die Gestaltung der Romane unweigerlich mit ein.[503]

---

[501] Ellernklipp, ebd., S. 104
[502] Foucault, ebd., S. 167
[503] Ellernklipp, ebd., S. 110

Die Zuweisung des toten Kindes zur ersten Frau Bocholts, das einen Tag nach Baltzer stirbt, der Tod nach dessen Verfolgungswahn durch Spuk und Erschießen, endet im Rahmen des festen Gefüges dörflicher Ordnung für Bocholt im Abseits und jenseits der Bestattung auf dem Friedhof. Ihm wird allmählich wie Abel Hradscheck die christliche Befriedung abgesprochen. Der Wahnsinn ist Zeichen unentdeckter, aber dennoch intuitiv wahrgenommener Schuld. Hilde stirbt ebenfalls und wird ein Mahnmal gesetzlicher Gewalt im metaphysischen und auch weltlichen Sinn. Identitätsverlust, unterdrückte Inzestwünsche, familiäre Entfremdung durch Eifersucht und Verlustangst antizipieren auf der Ebene eines melodramatischen Handlungsverlaufs psychologische Phänomene, die der Tod nicht im Sinne einer Katharsis auflöst. Dennoch findet Hilde zu einem Glaubensbekenntnis.

Die Romanausgänge, sowohl in „Schach" als auch in „Effi Briest" und „Ellernklipp", weisen eine Hinwendung zu religiöser Transzendenz mit Anklängen metaphysischer Erhöhung und Verklärung auf, die eine seelische Erfüllung kurz vor dem Tod andeuten.

Bei Gerhart Hauptmann lässt sich in dessen „Hanneles Himmelfahrt" eine erstaunliche Bewegung weg vom Realismus und hin zu einem visionären Impressionismus beobachten. Verelendung, Not und traumhaft verkommene Körperlichkeit, ähnlich wie in Hugo von Hofmannsthals „Reitergeschichte", verbindet sich mit Verklärung, Vision und Vergeistigung. Das Fremde wird von innen und außen in Analogie zu sich selbst erlebt.[504]

Bei Hofmannsthal ist es die Tat aus dem Augenblick heraus, aus der Selbstvergessenheit ohne Befangenheit, die den Fluch erfüllen hilft und dabei auch Befreiung verspricht im Moment des Handelns. Der Mensch vergisst in diesem Tun seine unentrinnbare Abhängigkeit und offenbart diese gleichzeitig. Gerhard Bauer spricht von einer Entmythologisierung des klassischen Fatums zu Triebbesessenheit und Blutrausch. Bereits

---

[504] Bauer, Abhängigkeitsbewusstsein und Freiheitsgefühl im Werk Hofmannsthals, S. 29
Vgl. auch: Dichterische Prosa um 1900/hrsg. von Wolfdietrich Rasch. - Tübingen: Niemeyer, 1970, 166 S.
Holz, Arno: Das ausgewählte Werk. - 1. - 10 Tsd. - Berlin: Bong, 1919. - S. 161

die griechische Tragödie setzte sich mit Fragen erotischer und schuldhafter familiärer Bindungen, nicht zuletzt auch inzestuöser Art, auseinander, doch der Einfluss von Freud hebt diese Thematik auf eine moderne Ebene, die den Leser dazu zwingt, sich mit seinen eigenen erotischen Verstrickungen und Ekelgefühlen auseinanderzusetzen.

Dabei stößt er an Grenzen, die er lieber nicht wahrhaben möchte, vielleicht sogar an die Grenzen des sogenannten guten Geschmacks, doch nicht alles im Leben ist geschmackvoll. Möglicherweise war Fontane daran gelegen, die Schamgrenzen und zugeknöpften Sexualtabus des preußischen Adels aufzubrechen. „Ellernklipp" wird so zu einem Roman, den der Leser am liebsten löschen möchte.

4.5. Eheliche Entfremdung in „Unwiederbringlich"

Der 1891 erschienene Roman, der zeitlich dem 1895 veröffentlichten „Effi Briest" vorausging, greift Phänomene auf, die später in „Effi Briest" variiert werden. Beispielsweise den Spuk benennt er explizit als eine Erscheinung des Adels, der genealogisch durch Kenntnis der Familiengeschichte mit Mord, Totschlag und Rache einhergeht. Das Hauptthema der blutigen Machtkämpfe der griechischen Tragödie von Sophokles bis Euripides und wieder hin zu Shakespeares Königsdramen wurzelt nicht zuletzt in den familiären Kämpfen um Macht, Landbesitz und Erbfolge in Mittelalter und Antike.

Dieses diffuse Bewusstsein der Aristokratie um Schuld und Sühne vergangener Taten der Vorfahren bleibt unbewältigt präsent und veräußert sich dann im Spuk, der im Falle des Chinesen in „Effi Briest" diese Schuld paradigmatisch auf sich laden muss, wird er doch zum Sündenbock unbewältigter Ängste der Vergangenheit. Während dieser Zusammenhang in „Effi Briest" nur auf der Erscheinungsebene prosaisch verarbeitet wird, sucht Fontane in „Unwiederbringlich" eine rationale Erklärung.

„Ich dachte, Frederiksborg wäre eins von den >guten Schlössern<, weil ohne Blut und Mord und vielleicht ohne große Schuld und Sühne."[505]

---

[505] Fontane, Unwiederbringlich, S. 143

Doch es geht in „Unwiederbringlich" vor allem um die eheliche Entfremdung zwischen Christine Holk und ihrem Ehemann Graf Helmuth Holk auf Holkenäs. Christine steht zu ihrem Schloss und zu ihrer konservativen Haltung, die fest im Glauben des Herrenhutertums wurzelt. Umzug und Wohnungswechsel ordnet sie Proletariern und Beamten zu. Sie sieht darin fast etwas Ungehöriges.[506]

Graf Holks Entscheidung, als Gesandter nach Dänemark zu gehen und auf Schloss Fredriksborg zu dienen, ist für sie keine ehrenvolle diplomatische Aufgabe, sondern ein erneuter Schlag des Schicksals, zumal der Tod ihres ersten Kindes sie streng und verbittert hat werden lassen. Sie schlägt ihren Kindern Asta und Axel alles ab, lässt sie in einer Pension der Herrnhuter erziehen, denn der Sinn des Lebens ist vor allem die Pflicht und nicht Vergnügen und Freude. So urteilt ihre Familie denn auch, es sei kaum mit ihr zu leben. Die Herrnhuter mussten ihre böhmische Heimat verlassen, weil sie am protestantischen Glauben festhielten und sich nicht von Österreich-Ungarn zum Katholizismus zwingen ließen. Ähnlich wie die Hugenotten fanden sie Aufnahme in Brandenburg-Preußen, wo der preußische „Große Kurfürst" sie in Neukölln-Rixdorf ansiedelte. Ihre geistigen Vorbilder waren Graf Schlick, Graf Zinzendorf, Johann Hus und Amos Comenius. Bald errichteten sie eine kleine Kolonie von Handwerkern und Kleinbauern. Heute sind sie in die ganze Welt verstreut bis hin nach Tasmanien und Südamerika. Ihr Haupttheoretiker Amos Comenius führte die religiöse Brudergemeinde nach den Grundsätzen seiner Pädagogik. Graf Zinzendorf erzog sie künstlerisch und musisch im Sinne religiöser Kirchenlieder.

Es ist offensichtlich, dass Christine Züge von Fontanes Frau Emilie trägt, die als Mitglied der französischen Kolonie ebenfalls aus einer streng protestantischen Richtung, nämlich dem Calvinismus kam. Doch die Berührungspunkte der ehemaligen Réfugiés mit den Herrnhutern waren eher peripher, bis auf die Tatsache, dass die humanistischen Gedanken von Amos Comenius auch im Sinne der reformierten Erziehungs- und Glaubenstradition standen und Einfluss auf deren Pädagogen hatten. So wurde zum Beispiel Charles Egide Duhan de Jandun, Lehrer und Diplo-

---

[506] Fontane, Unwiederbringlich, S. 13

mat um 1730 an der Schule der Hugenotten, nach Schriften von Erasmus und Comenius erzogen. Es ist jedoch erstaunlich, dass Fontane die reformierte Erziehung außer Acht ließ und stattdessen die Herrnhuter als geistigen Hintergrund seiner Gestaltung wählte, zumal die Vorfahren seiner Familie, die Barthélemy, in den Annalen der Hugenottenschule verzeichnet sind.[507]

Dies bestätigt die bekannte Behauptung, dass Fontanes Beziehungen zur Kolonie sehr distanziert waren, dabei spielte die Bedeutung innerer Glaubensgrundsätze jedoch eine entscheidende Rolle auch im privaten Leben der Eheleute. Die Entfremdung in „Unwiederbringlich" thematisiert nicht zuletzt die Entfremdung durch die Andersartigkeit innerer Überzeugungen.

„Aber ich kann dir das Wort nicht ersparen, du bist ein anderer geworden in deinen Anschauungen und Prinzipien, nicht ich. An dem einen Tage bin ich dir zu sittenstreng, am anderen Tage zu starr in meinem Bekenntnis, am dritten Tage zu preußisch und am vierten zu wenig dänisch."[508]

Auch Christine Holks Kritik an ihrem Bruder, der sich vom konservativen Aristokraten des Schwarzen Adler zum eher liberalen Demokraten hin entwickelt hat, spiegelt die Widersprüche in Fontanes eigener Entwicklung wider.

„Ich will es respektieren, daß du, der du mit dreißig an der Grenze des äußersten Aristokratismus warst, jetzt, wo du beinahe sechzig bist, die Welt mit einem Male durch liberalgeschliffene Gläser siehst; aber darfst du mir Vorwürfe machen, wenn ich da blieb, wo du früher auch standest und wo du mich selber hingestellt."[509]

Die Atmosphäre der Christine Holk ist geprägt durch die unfertige Gruft des toten Sohnes, durch schreckliche Träume von Trauerzügen und eine

---

[507] Velder, Christian: 300 Jahre Französisches Gymnasium: Berlin: 300 ans au collège français. Berlin: Nicolai, 1989. - S. 74
Vgl. dazu auch: Die Hugenotten: 1685-1985/hrsg. Von Rudolf v. Thadden und Michelle Magdelaine. 2. verb. Auflage. München: Beck, 1986. - 254 S.
[508] Fontane, Unwiederbringlich, S. 59
[509] Fontane, ebd., S. 59

schwermütig anklagende Haltung des ständigen Vorwurfs ohne Offenheit, Freude und Lebenslust.

„Christine braucht immer jemanden, um sich anzuklagen, ganz schöne Seele, nachgeborene Jean Paulsche Figur, die sich, wenn ich mich so ausdrücken darf, mit dem Ernste des Lebens den Kopf zerbricht. Es gibt eigentlich nur eine Form, sie zu erheitern, und das sind kleine Liebesgeschichten aus dem Kreise der Irrgläubigen. Und irrgläubig ist so ziemlich alles, was nicht altlutherisch oder pietistisch oder herrnhuthisch ist. Ein Wunder, daß sie diese wenigstens nebeneinander duldet. Dabei so eigensinnig, so unzugänglich."[510]

Schwarzkoppen und Holk äußern sich im fünften Kapitel über ihre mangelnde Anpassungsfähigkeit und Sturheit. Sie kennen ihre Arroganz und verbitterte Miene, die, ähnlich wie bei Cécile, fast einen Typus der preußischen Frau kennzeichnet, die dem Pietismus einer heiligen Elisabeth nachhängt und in Erziehungsfragen ihre eigenen Prioritäten zu setzen versteht, metaphorisch umschrieben mit dem Hang zum Harmonium, der Sparsamkeit in der Lebensführung, Kirchenleuchtern und Altardecken mit dem Kreuz als Symbolen strenger Glaubenstreue zum Protestantismus.[511]

Ihre Haltung bedrückt jedoch die familiäre Stimmung, schlägt den Ehemann in die Flucht und treibt sie in die Isolation. Nur ihre Gesellschafterin Frau von Dobschütz ist bei ihr, denn Holk wurde, für ihn günstigerweise, nach Dänemark berufen. Nähe löst Konflikte aus und nur durch diese Distanz gelingt den Eheleuten eine Annäherung durch zärtliche Korrespondenzen. Andererseits geht Holks Leben natürlicherweise an Christines Schicksal vorbei.

„Wie bei vielen Eheleuten, so stand es auch bei den Holkschen. Wenn sie getrennt waren, waren sie sich innerlich am nächsten, denn es fielen dann nicht bloß die Meinungsverschiedenheiten und Schraubereien fort, sondern sie fanden sich auch wieder zu früherer Liebe zurück und schrieben sich zärtliche Briefe."[512]

---

[510] Fontane, ebd., S. 33
[511] Fontane, ebd., S. 34
[512] Fontane, ebd., S. 57

Doch nicht nur Christine, sondern auch Holk ist in seinen Wesenszügen indifferent und kalt. Christine beklagt mit Recht seine Gleichgültigkeit gegenüber seinen Kindern, die er metaphorisch mit einer Zuckerdose beschreibt, die rechts von ihm zu stehen habe, damit ihm wohl ist, aber möglichst ruhig wie ein Objekt ohne Ansprüche und Gefühle, die ihn beanspruchen könnten.

„Du siehst die Kinder nur beim Frühstück, wenn du >Dagbladet<, und beim Tee, wenn du die >Hamburger Nachrichten< liest, und bist verstimmt, wenn sie sprechen oder wohl gar eine Frage an dich richten. Es ist möglich, daß dir die Nähe der Kinder ein gewisses Wohlgefühl gibt, aber es ist damit nicht viel anders als mit der Zuckerdose da, die regelmäßig rechts von dir stehen muß, wenn es dir wohl sein soll."[513]

Holks rege Korrespondenzen führen aber auch zu Missverständnissen und Eifersucht, weil seine offenherzigen Bekenntnisse seiner Begegnung mit Brigitte Hansen und Ebba von Rosenberg Eifersucht auslösen. Der Raumwechsel vom alten vertrauten Schloss in ein neu erbautes kann die Entfremdung der Eheleute nicht auflösen, denn Christines Einsamkeit steht das vergnügliche Leben am Königshof gegenüber, das Holk eine andere Welt eröffnet, in der er den Reizen fremder Frauen ausgesetzt ist. Ähnlich wie in „Effi Briest" fluktuiert er zwischen Fremde und Heimat, Nähe und Distanz. Die Seefahrerwelt des Kapitän Hansen ähnelt dem legendären Kapitän Thomson in ihrer Exotik und den Symbolen einer Kultur, die durch chinesisches Porzellan oder die Perlenkette, als Zeichen von Luxus und irdischer Vergänglichkeit, Einzug in das Intérieur europäischer Wohnzimmer gefunden hat. Brigittes Erzählungen vom thailändischen Hof stimulieren Holks Sinne und stehen der pietistischen Kargheit von Christines Welt gegenüber.

„Und wenn das, was dich umgibt, so schön ist wie die Frau Kapitän Hansen und so pikant wie das Fräulein Ebba, das nur leider Deinen Abstammungserwartungen nicht ganz entsprochen hat, so wirst Du nach Mitteilungen aus unserem stillen Holkenäs, wo's schon ein Ereignis ist,

---

[513] Fontane, ebd., S. 41

wenn die schwarze Henne sieben Küchlein ausbrütet, nicht sonderlich begierig sein."[514]

Diese Anspielung bezüglich Ebbas jüdischer Herkunft entlarvt einen latenten Antisemitismus im Preußen protestantischer Herkunft. Als Ehefrau ist ihm die strenge Frömmigkeit seiner Christine ganz recht, aber die erotischen Reize einer exotischen Schönheit mit andersartigem Glaubenshintergrund betören sein Gemüt und stimulieren seine Sinnlichkeit. Holk reagiert auf Christines Spitzen und Affronts durchaus verletzt, denn er erwartet Zärtlichkeit und Liebe, was ihm aber nur noch mit Misstrauen und Sticheleien beantwortet wird. Somit entwickelt sich die Beziehung in einen „circulus vitiosus" der frustrierten gegenseitigen Bedürfnisse.

Auch die gemeinsamen Kinder bieten der Ehe keinen Halt mehr.

„Am liebsten freilich behielt ich die Kinder um mich; sind sie fort, so hab' ich nichts als eine vorzügliche Frau, die mich bedrückt."[515]

Der Schlossbrand in Frederiksborg wird zu einem entscheidenden Ereignis. Der kalten Entfremdung in seiner ehelichen Beziehung steht der Brand als Metapher einer glühenden Intimität und ungeahnten Leidenschaftlichkeit gegenüber. Auch Brigitte Hansen spürt die neue Qualität im Empfinden und Erleben zwischen Ebba von Rosenberg und Holk. Brigitte kommentiert das Geschehen unterschwellig eifersüchtig.

„Wie wir in Angst um Sie gewesen sind... Und um das schöne schwedische Fräulein..." „Und bei diesen Worten ließ sie kein Auge von Holk, denn ihr nach einer bestimmten Seite hin geradezu phänomenal ausgebildetes Ahnungsvermögen ließ sie das gesamte Geschehnis, besonders aber das Intime darin, mit einer Deutlichkeit empfinden, als ob sie dabei gewesen wäre."[516]

Es wird deutlich, dass der gesamte Bereich der Intimität einer ständigen Überwachung von außen ausgesetzt ist. Jede Beziehung außerhalb der Ehe unterliegt einer strengen sittlichen Kontrollinstanz und wird, soweit sie nicht gesellschaftlich als legitimiert gilt, sowohl tabuisiert als auch

---

[514] Fontane, ebd., S. 130
[515] Fontane, ebd., S. 131
[516] Fontane, ebd., S. 204

durch permanente Beobachtung fast unmöglich gemacht, ja zu etwas Verbotenem und der Bestrafung Auszusetzendem erklärt, ohne dass dies jedoch deutlich ausgesprochen wird. Das Agieren der Protagonisten unterliegt ständiger Angst vor Nähe, einer Verklemmtheit im Verhalten, die geprägt ist durch die Grenzen der Tabus. Der Schlossbrand hat insofern die Funktion, die verschwiegenen Gefühle bildhaft umzusetzen. Auch Gaston Bachelard betont die Ehrfurcht vor Feuer und Flamme als Grundlage der kindlichen Erfahrung.

„Ob dieses Feuer aus einer Flamme oder aus Hitze, aus einer Lampe oder einem Ofen besteht, die Wachsamkeit der Eltern ist die gleiche. Das Feuer ist also ursprünglich Gegenstand eines allgemeinen Verbotes; daraus folgt: das soziale Verbot ist die erste allgemeine Erkenntnis, die wir über das Feuer haben."[517]

Doch es ist nicht allein die instinktive Angst vor dem Verbotenen, sondern auch die Erfahrung innerer Wärme, die das Feuer vermittelt. Der Taumel von Liebe, Tod und Ekstase, das Gefühl, alles zu verlieren, um alles zu gewinnen, umschreibt eine Macht, die über das Irdische hinausgeht und daher als Element die Literatur der Romantik wesentlich entfachte. James Frazers bekannte Werke „The Golden Bough" und „Mythen über den Ursprung des Feuers" werden von Gaston Bachelard aufgegriffen und ergänzt.

Neben weiteren Aspekten ist es der Drang, in das Innere, an das Gefühl des „Alles-Durchdringenden" zu gelangen.

„Das Bedürfnis einzudringen, ins Innere der Wesen zu dringen, wird nahegelegt durch den Glauben an eine innere Wärme. Wo das Auge nicht hingelangen kann, da verschafft sich die Wärme Zugang. Diese Kommunion von innen heraus, diese auf Wärme gründende Sympathie findet bei Novalis ihr Symbol im Abstieg in Höhlen, Grotten und Bergwerke."[518]

Das gemeinsame Hinaustreten auf das Schlossdach wird Holks und Ebbas Rettung, die Holk fast aus Angst um den guten Ruf verhindert hätte. Als die Flammen Ebba den Weg auf den Schlosshof hinaus versperren,

---

[517] Bachelard, Psychoanalyse des Feuers, S. 18
[518] Bachelard, ebd., S. 55

sucht sie nach Holk, der mit Absicht ihr Zimmer verlassen hat, um einer Kompromittierung zu entgehen.

„'Gute Nacht', sagte sie und schien sich, unter einer scherzhaft feierlichen Verbeugung, von der Schwelle her in ihr Zimmer zurückziehen zu wollen. Aber Holk ergriff ihre Hand und sagte: ‚Nein, Ebba, nicht so; Sie müssen mich hören.' Und damit eintretend sah er sie verwirrt und leidenschaftlich an."[519]

Das Hinaustreten auf das Dach, das Übertreten einer Schwelle, das Festhalten an der Dachrinne und am Blitzableiter spiegeln innere Gefühlsregungen wider. Treppe, Dach, Luke, Blitzableiter, Regenrinne, Kammern und Zimmer stehen für Dispositionen im äußersten Angst- und Erregungszustand der Erotik und Spannung bis zum Höhepunkt.[520]

Der innere Brand, das glühende Verlangen von Holk nach Ebba kulminiert im tatsächlichen äußeren Handlungsablauf. Durch dieses einzigartige Erlebnis wird die Ehe zwischen Christine und Holk obsolet. Der Konflikt zwischen erotischer Spannung und Lust auf etwas Fremdes und Neues im Verhältnis zur langweiligeren, aber dauerhaften Beziehung in der Ehe erinnert an Hugo v.Hofmannsthals „Der Schwierige".

Als sich Holk dessen bewusst wird, kann er nicht mehr zu Christine zurückfinden. Die innere Fremdheit als Konsequenz einer unüberwindlichen Entfremdung lässt den Wunsch nach einer endgültigen Trennung aufkommen.

„Die guten Tage sollen nicht vergessen sein, nein, nein, und eine dankbare Erinnerung soll der Trennung alles Bittere nehmen; aber die Trennung selbst ist nötig, und ich darf wohl hinzusetzen, ist Pflicht, weil wir uns innerlich fremd geworden sind."[521]

So wird der Schlossbrand mit seiner elementaren Kraft zum einschneidenden Wendepunkt in der Konstitution der Beziehungen. Ethnische Fremdheit durch Herkunft und Glaube wird ergänzt durch fremde psychische Dispositionen. Holk will keine Melancholikerin, sondern eine locke-

---

[519] Fontane, ebd., S. 198
[520] Fontane, ebd., S. 199
[521] Fontane, ebd., S. 206

re, leichtsinnige Sanguinikerin, voller Luft, Freude und Leichtigkeit. Die Religion ist dabei ein wichtiger Faktor, weil sie die Natur und das Temperament mitbeeinflusst.

„Ich sehne mich nach einem anderen Leben, nach Tagen, die nicht mit Traktätchen anfangen und ebenso aufhören; ich will kein Harmonium im Hause, sondern Harmonie, heitere Übereinstimmung der Seelen, Luft, Licht, Freiheit."[522]

Holk hat den Wunsch, die Angelegenheit zu bereinigen. Er plant, sich der Prinzessin zu offenbaren und Ebba von Rosenberg zu heiraten. Doch seine Gefühle werden bitter enttäuscht. Die Nerven versagen und er erleidet eine geistige Störung mit Wahnvorstellungen, die allerdings bald von der Realität eingeholt werden. Ein ernüchterndes Zusammentreffen mit Christine mündet in einen erbärmlichen Kompromiss. Trotz des Weihnachtsfestes ist er verzweifelt und desillusioniert und empfindet die öde Leere auf Holkenäs um so schlimmer. Auch der Raum vermittelt die Entwicklung ehelicher Entfremdung.

„Es lag jetzt, wo der Nebel sich momentan verzogen hatte, klar vor ihm, aber öd und einsam, und der dünne Rauch, der aufstieg, wirkte, wie wenn nur noch ein halbes Leben da oben zu finden sei."[523]

Die falschen Hoffnungen und Trugbilder seiner Lebenslüge erinnern an Henrik Ibsens „Wildente". Die Melancholie einer düsteren norddeutschen Landschaft passt in die Stimmung seines schwankenden Gemüts. Die preußisch-dänischen Machtkämpfe um Holstein erschüttern ihn, und er wird innerlich hin- und hergerissen durch Verdrossenheit, Eifersucht und die verschiedensten Ansprüche und enttäuschten Erwartungshaltungen seiner eigenen Projektionen. Seine vermeintlichen Partner bleiben im Grunde Unbekannte, die nicht an seine innere Welt rühren können. So wird er zum getriebenen Günstling einer Scheinwelt des Amüsements bei Hofe, das Christine ausschließt und hintergeht.

„Unwiederbringlich" ruft Fontanes lange Englandaufenthalte ins Gedächtnis und lässt seine Widersprüchlichkeit zwischen den Anforderun-

---

[522] Fontane, ebd., S. 206
[523] Fontane, ebd., S. 214

gen des Familienlebens und dem freien Leben eines Junggesellendaseins erahnen.

„Ich mag gefehlt haben, in diesen letzten Wochen gewiss, aber der Anfang lag bei ihr, sie hat sich mir entfremdet, immer mehr und mehr, und das ist nun das Ende."[524]

Fontane schuf mit seiner Melusine eine Frauengestalt, deren Leichtigkeit und nicht greifbare Existenz an Nymphen und Wassernixen erinnert. Die Nereiden, fünfzig von Hesiod erwähnte Meergöttinnen, gingen aus der Verbindung von Nereus mit der Okeanine Doris hervor und vollendeten durch ihre positiven Eigenschaften die Männlichkeit in idealer Weise. Fontane schwankte zwischen einem klassischen Ideal weiblicher Vollendung und dem realistischen Bild alltäglicher Eheerfahrungen. Dabei ist es letztlich jedoch Armgard, die im „Stechlin" mit Woldemar eine Ehe auf Gleichheitsbasis eingeht, die Ansätze von gelungenem Zusammenleben erahnen lässt. Melusine dagegen bleibt allein. Auch Persephone in Ovids „Metamorphosen" war unglücklich. Sie litt unter der Gewalt und dem Raub durch Pluto, wurde aus der Idylle der blumenpflückenden Unschuld hinweg geholt in die Fremde. Die Nymphe Cyane warnte vor diesem gewaltsamen Raub:

„Raub ist verboten! Und ist es erlaubt mir, das Große dem Kleinen
Hier zu vergleichen, so höre: auch mich hat geliebt einst Anapus,
Aber er warb um mich, nicht zwang er durch Furcht mich zur Hochzeit."[525]

Holk verlangt es nach dem Aufstieg in die Himmelshöhen eines Jupiter, die Glücksvisionen verbinden sich mit den Träumen einer Hochzeitsreise nach Sorrento und den Illusionen einer elysischen Welt der Antike im fernen Italien.

„Wie verlangt's mich nach einem lachenden Gesicht! Ach, diese ewige Schmerzensmutter mit dem Schwert im Herzen, während es doch bloß

---

[524] Fontane, ebd., S. 220
[525] P. Ovidius Naso: Verwandlungen: Auswahl/Ovid. - 1. Aufl. Stuttgart: Reclam, 1969. - S. 37

Nadelstiche waren. Wirklich, es war schwer zu tragen, und jedenfalls ich war es müde."[526]

Als Ebba ihn jedoch in die Rolle eines Don Quijote verweist und ihm einen reichen englischen Lord vorzieht, erwacht er in der profanen Wahrheit einer Realität, die Liebesverlangen und Ehealltag voneinander abgrenzt.

Graf Holk kehrt von der Fremde in die Heimat zurück, quasi geläutert und an Erfahrung reicher.

„Ja, seit November war Holk in London, nachdem er bis dahin in der Welt umhergefahren und an all den berühmten Schönheitsplätzen gewesen war, an denen jahraus, jahrein viele Tausende Zerstreuung suchen, um schließlich die Wahrnehmung zu machen, daß auch das ödeste Daheim immer noch besser ist als das wechselvolle Draußen."[527]

Doch die erneute Trauung mit Christine ähnelt einer schwachen Notlösung, deren Friede und Selbstbeherrschung vom Suizid Christines endgültig in Frage gestellt wird. Fontanes „Unwiederbringlich" bestätigt einen Realismus latenter Verzweiflung und enttäuschter Hoffnungen, die Entfremdung als Grundgefühl des Romans am Ende des 19. Jahrhunderts zum Ausdruck bringt. [528]

Der Aufbruch in ein neues Jahrhundert der Moderne verband sich am >Fin de siècle< mit dem Gefühl, alles verlieren zu müssen, um neu beginnen zu können, während heute, hundert Jahre später, die verkabelte Welt einer multi-kulturellen Mediengesellschaft eine virtuelle, fast kosmisch außerirdische Kommunikationsfähigkeit suggeriert durch einseitige Technikgläubigkeit und internationale Vernetzung.

---

[526] Fontane, ebd., S. 220
[527] Fontane, ebd., S. 230
[528] Brittnacher, Hans Richard: Ermüdung, Gewalt und Opfer. Signaturen der Literatur um 1900. - In: Zeitschrift für Germanistik. - N. F. X-1/2000. - S. 77-94

5. CÉLINE UND CÉCILE

In seiner Studie „Bilderdienst" über Aubrey Beardsley und Stefan George charakterisiert Gert Mattenklott im Kapitel „das Neue und das Andere" das sogenannte »Fin de siècle« als eine Zeit, in der Sexualität tabuiert war. Dem jedoch setzt er Aubrey Beardsleys androgyne Gestalten entgegen, die für den Leser damals schockierend waren. [529]

Hier werden eher Tabus aufgebrochen, bisher verschwiegene Zonen angetastet und bildlich zum Ausdruck gebracht, was keiner gewagt hätte nach außen als Phantasie oder Traum preiszugeben. Am Ende des letzten Jahrhunderts vermutet der naive Leser zierliche Schnörkel, Dekoration und »L'art pour l'art« als vorherrschende Stilrichtung an der Wende zum neuen Jahrhundert. Stattdessen wird er konfrontiert mit seinen kühnsten Traumbildern, ja Perversionen. Es keimt eine Ahnung in ihm auf und wird sogar bestätigt, dass Frau nicht nur Frau und Mann nicht nur Mann sei, und das vor hundert Jahren, in einer Zeit, in der der ausklingende Realismus stereotype Rollenklischees aufwirft, in denen klar abgesteckt erscheint, wie die Geschlechter zueinander stehen, nämlich voneinander abgegrenzt und entfremdet. Erschütterung und Irritation deutet sich nun also auch im Hinblick auf die Sexualität an. Die Stimmung, dass alles Alte zerfallen müsse, damit etwas Neues entstehen könne, entsprach ganz den Zeichen der Zeit. Aus der Morbidität des Abgelebten, aus den obsoleten Strukturen eines überholten gesellschaftlichen Gegeneinanders erhofften sich wohl die Geschlechter so etwas wie eine Umbruchstimmung auch für das Familien- und Geschlechtsleben. Dies verband sich, wie Mattenklott es am Beispiel von Stefan George aufzeigt, mit sektiererischer Heimlichkeit. Androgynität oder Homosexualität haftete etwas Verbotenes an, wurde verschwiegen und bestraft und war der Masse der Bevölkerung ein Tabu. Dies galt jedoch nicht für die allgemeine Erwartungshaltung im Hinblick auf eine bahnbrechende Veränderung und Erneuerung generell. Ähnlich wie heute, hundert Jahre später an der Jahrtausendwende, übte das Datum eine magische Wir-

---

[529] Mattenklott, Gert: Bilderdienst: Ästhetische Opposition bei Beardsley und George. - Frankfurt/M.: Syndikat, 1985. - S. 75

kung aus. Mattenklott bringt es auf den Punkt, wenn er betont, dass vor allem Produkte aller Art auf den Warenmarkt gelangten.

Die Jahrhundertwende weckte ähnliche Konsumgelüste wie heute. Ein Jahr nach dem Millennium werden Gläser mit der entscheidenen Jahreszahl als Sonderangebot verschleudert. Die Freude auf das neue Datum löst eine profane Lust zum Feiern aus, wie es im Grunde ein jeder Geburtstag, ein Jubiläum oder Silvester mit sich bringt. Am nächsten Morgen, wenn der Rutsch erfolgt ist, gehört das Hochgefühl schon zum „Schnee von Gestern", der damit veräußerte Nippes verschwindet hinter Vitrinen und hat nur noch Erinnerungswert. Innere Wandlungsprozesse bleiben meist fromme Wünsche ähnlich wie die fest vorgenommene Schlankheitskur oder all die anderen guten Vorsätze zum neuen Jahr. Dennoch, aus Altem wurde plötzlich Neues. Die Etikettierung mit diesem Zauberwort der »Nouveautés« markierte bereits den entscheidenden Wendepunkt. [530]

Theodor Fontane ahnte möglicherweise schon seinen Stichtag, nämlich seinen Todestag den 20.09.1898. Alle Hoffnung auf Wechsel und Erneuerung konnte ihn nicht mehr treffen. Viel wahrscheinlicher ist für ihn daher die Vermutung, dass die Untergangsstimmung und Müdigkeit der Endzeitatmosphäre am »Fin de siècle« ihn um so härter traf. Er wusste, dass es mit ihm zu Ende ging, ohne Hoffnung, eine entscheidende Veränderung im gesellschaftlichen Leben noch miterleben zu dürfen. Seine Tragik war die eines alten Romanciers, der die Überholungsbedürftigkeit der herrschenden Formen durchschaute, doch schon zu alt war, zu sehr im Denken des vergangenen Jahrhunderts verhaftet, um an eine wirkliche Erneuerung zu glauben. Heute signalisiert die belletristische Literatur, nicht nur die deutsche, sondern auch die europäische den Einfluss der Technik und Elektronik. Der Ehebruch spielt sich nicht mehr in der Pferdekutsche bei einer gemütlichen Schlittenfahrt ab, sondern im Internet, im Düsenjet oder per SMS und FAX. Die Kommunikation hat andere Möglichkeiten der Kontaktaufnahme entwickelt, fraglich ist jedoch, ob dadurch die Klassenschranken und die Geschlechterproblematik sich ebenfalls relativiert haben. Bei der Sichtung verschiedenster Romane der

---

[530] Mattenklott, Bilderdienst, S. 244

letzten zwanzig Jahre ergaben sich interessante Ansatzpunkte, die möglicherweise über die realistische Darstellung Fontanes hinausweisen. Insbesondere kennzeichnet die stärkere Auseinandersetzung der Protagonisten mit sich selbst und ihrem Innenleben die postmodernen Romane des 20. Jahrhunderts. Diese Helden leben in einer hochtechnisierten Konsumgesellschaft, die sie trotz raffiniertester Telekommunikationsmittel in eine immer stärker werdende Isolation drängt. Die Schonungslosigkeit, mit der die Mutter- und Vaterbindung analysiert wird, ergänzt sich mit einer Öffnung und Enttabuierung im Bereich der Intimität, der Hinterfragung und Auflösung der Geschlechterrollen und der Suche nach Alternativen.

Ein Roman wie „Effi Briest" gestattete dem Leser zumindest noch ein Eintauchen in eine fiktive Welt. Der distanziert übergeordnet schreibende Erzähler hielt alle Fäden souverän im Auge, bot dem Leser einen chronologisch progressiven Handlungsverlauf. Modernere Autoren fühlen sich dagegen zunehmend unwohl in der Rolle des Erzählers. Peter Handke beispielsweise artikuliert seine Verunsicherung folgendermaßen:

„Doch gleich kam auch wieder die übliche Qual, oder Quälerei (die freilich ein Gegenteil ist von Verzweiflung): „Aber was ist Form? Was hat der Unschuldige, der ich hier bin (nicht gut fühle ich mich, nur eben schuldlos), überhaupt zu erzählen? Und wer ist der Held einer solchen Erzählung?"(Denn wer sonst ‚unbestimmbare Leser, als der Gegenstand eines Bildes oder der Held einer Geschichte hat euch je im Leben einen Vorschlag gemacht?) [531]

Auch die Wahl einer dritten Person in Elfriede Jelineks „Die Klavierspielerin" (1986), Erika, die von der Mutter sich nicht freimachende Tochter, und in Christoph Ransmeyers "Die letzte Welt"(1988) der Protagonist Cotta wirken konstruiert, so als habe sich der Autor eine Tarnmaske übergestülpt und seine persönlichen Probleme projiziert. Es kommt zu keinem eigenständigen Mikrokosmos wie in Fontanes Romanen, weil die Distanz des Erzählers nicht mehr gewährleistet ist. Während Effi Briest noch mit Hilfe ihrer guten Familie per Arrangement an den richtigen

---

[531] Handke, Peter: Die Lehre der Sainte-Victoire. - 1. Aufl. - Frankfurt /M.: Suhrkamp, 1996. - S. 58

Bräutigam gebracht wird, wenn es auch nur ein ehemaliger Verehrer der Mutter ist, wird Erika das Opfer ihrer ehrgeizigen Mutter, die es nicht duldet, wenn noch so nette Herren sich um sie bemühen.

Ihre alleinstehende Mutter will sie im Hause behalten und funktionalisiert sie für eigene, nicht verwirklichte Karrierepläne als Pianistin. Fatalerweise gelingt der begabten Tochter gerade deshalb der künstlerische Durchbruch, weil sie diese Abhängigkeit ironisiert und sich schonungslos damit auseinandersetzt.

Menschlich gesehen verständlich, kann sie den einfachsten Schritt, die Trennung von der Mutter nicht vollziehen, denn sie fühlt sich ihr verpflichtet und verantwortlich. Auch in der Phantasiewelt des Romans bleibt sie in der bedrückenden Mutterbindung gefangen.

„Doch Erika geriet, wider Willen der Mutter, manchmal unter fremde Einflüsse; eingebildete männliche Liebe drohte mit Ablenkung vom Studium, Äußerlichkeiten wie Schminke und Kleidung reckten die häßlichen Häupter; und die Karriere endet, bevor sie sich noch richtig anläßt." [532]

Die Anschaffung teurer Kleider, das Weghängen dieser der Meinung der Mutter nach unnützen Garderobe, die dem Ersparen einer Eigentumswohnung entgegensteht, drückt den letzten Funken von Eigenständigkeit und Lebensfreude aus, den Erika noch besitzt, aber der Mutter zuliebe abhängt wie ein Kleidungsstück, das nicht der Jahreszeit entspricht oder aus der Mode gekommen ist. Erika wird zum „alten Mädchen", zur sprichwörtlich „alten Jungfer" im volkstümlichen Sinn.

„Das Kaufen kann die Mutter nicht immer verhindern, doch über das Tragen der Kleider ist sie uneingeschränkte Herrscherin. Die Mutter bestimmt darüber, wie Erika aus dem Haus geht. So gehst du mir nicht aus dem Haus, bestimmt die Mutter, welche befürchtet, daß Erika fremde Häuser mit fremden Männern darin betritt." [533]

Das Fremde löst Verlustangst aus, Angst davor, Erika könne etwas anderes kennenlernen als die Enge ihrer häuslichen Sphäre. Fremdheit ist

---

[532] Jelinek, Elfriede: Die Klavierspielerin. - 190. -195 Tsd. - Reinbek b. Hamburg: Rowohlt, 1995. - S. 8
[533] Jelinek, ebd., S. 11

alles, was außerhalb des bescheidenen, aber ordentlichen und sparsamen Haushaltes der Mutter ist. Der frühe Tod des Vaters, die Besorgnis um die ohnehin spätgeborene einzige Tochter bedingen einen fast krankhaften Besitzanspruch, der Erika in ein kompensatorisches Karrierestreben treibt.

Während sich der Mangel und die Existenzangst bei Jelinek in der Psyche der Protagonisten abspielt, drückt Fontane diesen durch ein Defizit im Raum aus. In „Cécile" offenbart die Besichtigung der Räume der Quedlinburger Äbtissinnen, dass das Schloss nur noch eine „Requisite" ist, denn die ehemaligen Kostbarkeiten sind nicht mehr vorhanden. Der wertvolle Spiegel aus Bergkristall ging aus dem Besitz der schwedischen Prinzessin Josephine Albertine, der Tochter der Königin Ulrike, einer Schwester Friedrichs des Großen, über in den westfälischen Besitz von König Jérome, dem Bruder Napoléons. Dieser verkaufte das gesamte Schlossinventar, so dass der Eindruck entsteht, der Betrachter wolle sich in Spiegeln sehen, die nicht mehr vorhanden sind. Die Selbstbespiegelung als Konfrontation mit dem eigenen Ich mißlingt, weil der Besucher in der alten Welt aristokratischer Herrschaft wandelt und ihrer Zeit verhaftet ist. Das Genießen der Schönheit „in effigies" karikiert Fontane, indem er den Raum weiterhin über die Ahnentafeln aristokratischer Herrschaften definiert, die eher einer Häßlichkeitsgalerie gleichkommen. Er belustigt sich über die beturbanten Prinzessinnen mit Doppelkinn und protzigen Perlenketten, die einst die Schlösser und herrschaftlichen Häuser zierten. Im Quedlinburger Schloss sieht der Besucher nur noch die Flecken auf der Tapete, wo die Damen in besseren Zeiten noch hingen, denn die Selbstreflexion, die erfolgreiche Selbsterkenntnis durch Bespiegelung wird durch den Mangel im Raum verhindert.

Damals war die einzige Möglichkeit der Selbstreflexion gewissermassen die Betrachtung solcher Ahnengalerien, der Abbildung äußerer Schönheit und das Sich-Selbst-Sehen in kostbaren Spiegeln. [534]

Ohne zu wissen, was sie tut, klopft Cécile daher an die Wandstelle, an der der kostbare Kristallspiegel einst hing. Sie reagiert verwirrt und ge-

---

[534] Die Eröffnung der Eichengalerie im Schloss Charlottenburg nach ihrer Restaurierung: ein Video. - Berlin: SPSG, 1997 Regie: Angela Isenberg Kamera: Steffen Pick

lähmt, ihre zuckenden Lippen offenbaren eine innere Erregung, die ihr selbst kaum bewusst wird. [535]

Die Selbstkonfrontation geht bei ihr nicht über das Erlebnis einer Betrachtung von Ahnengalerien hinaus. Doch sie erholt sich rasch von solchen Momenten der Selbstbetrachtung, ihre begrenzte Bewusstseinsebene gestattet keine Selbsterkenntnis, überschreitet nicht das Maß der gesellschaftlich erlaubten Auseinandersetzung. Peinlichkeiten und Selbstoffenbarungen bleiben im Rahmen.

Während jedoch bei Anpassung an diese Vorbilder aus dem Bereich aristokratischer Prinzessinnen und Heiligenfiguren wie der Heiligen Elisabeth schlimmstenfalls noch Zerrbilder missglückter Sozialisation erlaubt sind, geht die Selbstbespiegelung im modernen Roman einen erheblichen Schritt weiter.

In „Schach von Wuthenow" machen sich die Kameraden über die hässliche Prinzessin Victoire lustig. Schach wird bloßgestellt und der öffentlichen Demütigung ausgesetzt, einer Maskerade des Spotts, die ihn zum Rückzug zwingt, weil er nicht stark genug ist, dieser Verhöhnung seine eigene Persönlichkeit entgegenzustellen.[536] Rollenzuordnung und Partnersuche werden von außen bestimmt. In Jutta Heinrichs „Geschlecht der Gedanken" (1977) ist die Auseinandersetzung mit dem Spiegel-Ich jedoch tiefgreifender, weil die Erkenntnis der eigenen Geschlechterrolle die der Mutter miteinschließt und zu einer Verweigerung im Inneren führt und nicht wie bei Schach zu einer Flucht nach außen.

„An die Tür gelehnt beobachtete ich die Verwandlung meiner Mutter, sie bewegte sich fremd und künstlich. Sie stand vor dem großen Spiegel, wortlos, ordnete einige Gegenstände auf dem Frisiertisch, drehte die drei Spiegel aufeinander zu. Ich sah, wie sie sich vielfach brach, ein Profil in beiden Seitenspiegeln erschien, das ich nie zuvor wahrgenommen hatte. Sie forderte mich auf, mich neben sie zu stellen. Wir beide standen vor den Spiegeln, betrachteten unsere Gesichter, und ich empfand sie als eine Art Vermittlerin, die im Auftrag eines Großen handelt. Mir war, als

---

[535] Fontane, Cécile, S. 46
[536] Fontane, Schach von Wuthenow, S. 104

wäre ich genötigt, sie mit meinem Alter und meinem Geschlecht zu täuschen.

An mir merkte ich, daß ich gezwungen werden sollte, erwachsen zu sein, ein bestimmtes Geschlecht zu tragen, und durch ihre eifrigen Bemühungen wußte ich plötzlich, daß ich keines der Geschlechter meiner Eltern sein wollte, daß mich beide abstießen." [537]

Es ist diese Verweigerung einer zudiktierten Geschlechterrolle, die mit den üblichen Initiationsritualen der Anpassung bricht und damit die Auflösung fester Geschlechterzuordnungen bewirkt. Diese Tendenz stellt jedoch nicht die Zweierbeziehung an sich in Frage oder gar die Ehe als Institution, sondern öffnet sich mehr in Richtung gleichgeschlechtlicher Erfahrungen.

Graziella Auburtin befasste sich mit Christiane Rocheforts »Les stances à Sophie«, 1977 erschienen unter dem deutschen Titel „Mein Mann hat immer recht". Eine der letzten Neuerscheinungen der Autorin von 1988 lässt erkennen, dass die erzählerische Qualität weniger der Grund für diese Wahl gewesen sein kann als die brutale Offenheit und Enttabuierung bisher verschwiegener Themen und Problemkreise. [538]

Das zentrale Anliegen ihrer Dissertation ist die weibliche Identitätsfindung in einer weiterhin patriarchalischen Männergesellschaft.[539]

Dieser Prozess lässt sich seit dem 19. Jahrhundert feststellen und wissenschaftlich belegen, ist eher brisanter geworden und noch lange nicht abgeschlossen. Bereits Fontane befasste sich in „L'Adultera", in „Mathilde Möhring" und bedingt auch in „Jenny Treibel" mit dem Erwachen des weiblichen Selbstbewusstseins. Seine eigene Schwester Jenny, die einen wohlhabenden Apotheker heiratete, der imstande war, die schlimmsten Geldsorgen des Schwiegervaters auszugleichen, mag ihm

---

[537] Heinrich, Jutta: Das Geschlecht der Gedanken. - 10. -11. Tsd. Frankfurt/M.: Fischer, 1992. - S. 21

[538] Rochefort, Christiane: Die Tür dahinter. - 1. Aufl. Frankfurt/M.: Suhrkamp, 1993. - 246 S.

[539] Auburtin, Graziella: Tendenzen der zeitgenössischen Frauenliteratur in Frankreich: ein Beitrag zum literarischen Aspekt der weiblichen Identitätsfindung. - Frankfurt /M.: Haag&Herchen,1979. - 216 S. Zugl.: Frankfurt a. M., Univ. Diss. 1977. -

dazu Anregung geboten haben. Fontane setzte der selbstbewussten Gründerzeitbürgerin hiermit ein Denkmal, die zwischen den gutbürgerlichen Möbeln auf einem Sitzkissen thront und angesehene Gäste aus dem Künstlermilieu in der protzigen Villa ihres Berlinerblaufabrikanten empfängt. Obwohl sie eher bescheidenen Kleinbürgerverhältnissen entstammt, identifiziert sie sich nahtlos mit der neuen Rolle. Sie geht dabei so weit, ihrem Sohn Leopold die Heirat mit der Intellektuellentochter Corinna zu vereiteln, weil ihr eine reiche Hamburger Patriziertochter als die bessere Partie erscheint. Frau Jenny Treibel integriert sich mühelos und steht zu ihrem sozialen Aufstieg. Minderwertigkeitskomplexe sind ihr offenbar fremd.

„Frau Jenny präsentierte sich in vollem Glanz, und ihre Herkunft aus dem kleinen Laden in der Adlerstraße war in ihrer Erscheinung bis auf den letzten Rest getilgt." [540]

Im Gegensatz dazu kennzeichnet Céline in Christiane Rocheforts »Les stances à Sophie« die moderne Pariserin aus der unterprivilegierten Schicht, der es gelingt, in die Oberschicht einzuheiraten. Aus Auburtins Darstellung lässt sich entnehmen, dass das gebrochene Selbstbewusstsein der Céline sich mit der Verweigerung der ihr zudiktierten Rolle verbindet. Zunächst wird sie äußerst misstrauisch von der Familie ihres Bräutigams Philippe Aignans begutachtet. Deren Einwilligung in eine Heirat verbindet sich mit der Verpflichtung, sich den Vorstellungen und Verhaltensnormen dieser Familie anzupassen. Dazu gehören die Kleidervorschriften, das Tragen einer passenden Modefrisur und die Übernahme des Repräsentationsgehabes der Pariser Bourgeoisie. Wie hypnotisiert betrachtet sie die sie umgebenden Prozesse, steht ihnen jedoch distanziert gegenüber. Auburtin kommt zu dem Ergebnis, dass sie sich in der Welt Aignans nie lebendig fühlen wird. Ähnlich wie in Fontanes „Irrungen, Wirrungen" bildet nach wie vor die soziale Herkunft eine unüberwindliche Barriere. Die Fremdheit der Lebensweise, die Ansprüche, die der Lebensstil in kultureller Hinsicht einfordert, befremdet Céline, weil ihr die Identifikation mit dieser Gesellschaftsschicht fehlt. Es hat also den Anschein, dass hundert Jahre nach Fontane die Problema-

---

[540] Fontane, Jenny Treibel. - München: dtv, 1994. - S. 26

tik des Klassenunterschiedes bei der Partnerwahl immer noch nicht überwunden ist.

Es bedarf keiner Statistik, um nachzuweisen, dass die Bildungsabschlüsse und die soziale und ethnische Herkunft bei Ehepaaren meist verblüffend übereinstimmen. Selbst wenn es wie bei Céline und Philippe zu einer Heirat von Partnern unterschiedlicher sozialer Herkunft kommt, fangen damit die Hauptprobleme erst an. Céline und Philippe lieben sich zwar, scheitern aber an den Frustrationen divergierenden Rollenerlebens. Auburtin analysiert diese Situation und führt die Hauptursache der Klassenfremdheit auf die grundsätzlichen Auswirkungen der Warengesellschaft zurück, die nach wie vor bürgerliche Herrschaftsstrukturen favorisieren und das Individuum verdinglichen. Wer die Verhaltensnormen der Bourgeoisie nicht beherrscht, wird mit Ausgrenzung zu rechnen haben oder sich selbst der Integration entziehen. Fraglich ist daher, ob die sexuelle Verweigerung und das Bekenntnis Célines zur Homosexualität einer Befreiung gleichkommt. Während Effi Briest und Cécile im Tod die einzige Erlösung aus einer ausweglosen, missverstandenen weiblichen Existenz finden, versucht Céline durch ihre Beziehung zu Julia zu einer neuen Identität zu gelangen. Rochefort bekennt sich als Schöpferin dieser Figur zum Feminismus und vermittelt Lösungsmöglichkeiten durch die Zugehörigkeit zu autonomen Gruppen der Frauenbewegung. Auburtin unterscheidet daher auch gesellschaftsorientierte von individualistischen Schriftstellerinnen, weil die Lösung privater Probleme nicht genügt, um die Unterprivilegierung der Frauen in gesellschaftlichen Bereichen und gedanklichen Systemen allein zu bewältigen. Es geht ihr darum, Themenschwerpunkte wie Ehe, Familie, Sexualität, Arbeitswelt und Psychoanalyse konkret schriftstellerisch einzusetzen, um eine Bewusstseinserweiterung auf diesen Gebieten zu initiieren. Dabei ist ihr klar, dass das Emanzipationsmodell, das ihr vorschwebt, hauptsächlich von der gebildeten Mittelschicht nachvollzogen werden kann.

„Als bürgerliches Emanzipationsideal findet die Formel des befreiten Individuums insbesondere in der gebildeten Mittelschicht ihre Interessentinnen, Handlungsabläufe und Schauplätze sind in der Regel derart gestaltet, daß sich vorrangig privilegierte Frauen (die über die materielle Disponibilität und kulturelle Beweglichkeit verfügen) mit den Protagoni-

stinnen der Romane, mit deren Problemen und Lösungsmodellen identifizieren können."[541]

Ähnlich wie bei Fontane geht also ein konkretes Modell, ein Fall aus der Realität, dem Schaffensprozess voraus. Doch ist es in der Tat so, dass Frauen aus weniger gebildeten Schichten psychoanalytischen Überlegungen nur schwer folgen können und wollen. Konsumsucht, Alkoholismus und Medienabhängigkeit fördern eine gewisse Dumpfheit und Passivität gegenüber alternativen Lebensformen. Die Suche nach Selbstverwirklichung, Emanzipation und eigener Rollenzuweisung entspricht weniger dem Lebensziel als die Bedürfnisbefriedigung in materieller Hinsicht. Eine Verweigerung Célines wird daher nicht als Befreiungsversuch gedeutet, sondern eher als ein Scheitern, weil es ihr nicht gelingt, sich mit Philippe in der Weise auseinanderzusetzen, dass ihre Konflikte gelöst werden können. Ihre Ehe ist daher zum Scheitern verurteilt.

Im bürgerlichen Sinne kann sie die Rollenerwartungen ihrer Familie nicht erfüllen und begibt sich in ein gesellschaftliches Abseits.

Die Brisanz der Problematik bestätigt sich bei weiteren Autorinnen, die den Ehebruch und das Ringen um eine homosexuelle Beziehung zum Schwerpunkt ihrer Schriftstellerei werden lassen. Dabei scheitert die Protagonistin von Jeanette Winterson ebenfalls bei dem Versuch, ihre Ehe mit dem Arzt Elgin mit den Ansprüchen ihrer Freundin zu vereinbaren. An Leukämie erkrankt, wird Louise von beiden Partnern verlassen und steht zwischen den Stühlen. Sie wird zum Gegenstand ausufernder weiblicher Projektionen und Opfer eines männlichen Helfersyndroms seitens ihres Mannes, was jedoch an ihren wirklichen Gefühlen vorbeigeht, weil er zu egoistisch motiviert ist. Doch Jeanette Winterson entwickelt die Vision eines virtuellen Raums, der durch fortschreitende Digitalisierung ganz neue Versuche der Partnerwahl ermöglicht. Dieser intelligente, virtuelle Raum lässt ein Leben mit einem virtuellen Partner zu, ein virtuelles Haus, die Anzahl der virtuellen Kinder kann jeder selbst

---

[541] Auburtin, ebd., S. 195

bestimmen und sogar entscheiden, ob er homosexuell oder heterosexuell leben möchte.[542]

Fraglich ist jedoch, ob der Ersatz lebendiger Haustiere durch Tamagotschis und künstlich gesteuerte Computerbeziehungen eine emotionale Befriedigung bieten können. Die Simulation menschlicher Emotionen wird die Technik zwar ermöglichen, aber nicht wirklich ersetzen.

„Und Sex? Natürlich.Teledildonik heißt das Wort. Mit einem einfachen Stecker kannst du deine Telepräsenz an das ausgedehnte Faseroptiknetz anschließen, das dann kreuz und quer die Welt durchzieht, und dich mit einem virtuellen Partner verbindet."[543]

Letztlich steckt hinter dieser Tendenz ein hohes Maß an tatsächlicher menschlicher Isolation. Die Ausweitung von Text, Raum und Körper ist das Thema nach der Jahrtausendwende. Dreierkonstellationen und die Auflösung der Geschlechterrolle ermöglichen neue Dimensionen, die in die Zukunft weisen und die ersten Schritte weiblicher Selbstbestimmung, die sich in den Eheromanen Theodor Fontanes abzeichneten, durchaus überholt haben.

Dennoch dominiert weiterhin das traditionelle Eheleben in einem erstaunlich konservativen Rahmen. Wie eh und je heiraten junge Menschen und die Älteren treten im Kreislauf der Natur ab wie der alte Stechlin und geben ihre Verantwortung an die nachfolgende Generation weiter. Fontane überblickte das Geschehen quasi im Biorythmus des Individuums, dabei konnte er noch nicht übersehen, wie sehr der spätere Einfluss der Technik das menschliche Leben zu manipulieren imstande sein werde.

Trotz der Decodierung der menschlichen Genetik sind dem Menschen zeitliche Grenzen gesetzt. Auch wenn Detektoren Todesängste simulieren können, bliebe der Tod als Bestätigung menschlicher Vergänglichkeit die letzte Tatsache.

---

[542] Winterson, Jeanette: Auf den Körper geschrieben. - Frankfurt /M.: Fischer, 1998. - S. 120
[543] Winterson, ebd., S. 121

Cees Noteboom beschreibt die Fremdheit in seiner Beziehung zu einem japanischen Modell, das er Mokusei nennt. Als sie sich von ihm trennt, um einen Japaner zu heiraten, erkennt er in der Trauer die Begrenztheit seiner eigenen Existenz als zentrale Wahrheit.

„*Jetzt mußte er sich der Trauer stellen, die er zeit seines Lebens, auch wenn es lange dauern sollte, nie würde abschütteln können. Sie würde vergehen, wie alles, aber er würde nie das Gefühl loswerden, daß er selber es war, der verging.*"[544]

Christoph Ransmeyer wählt lieber den Rückzug in den vergangenen Raum von Ovids „Metamorphosen" als Handlungsspielraum für seinen einsamen Protagonisten Cotta. In der Dachkammer des Seilerhauses schreibt Cotta über die Welt des verbannten römischen Schriftstellers Publius Ovidius Naso, den der Imperator Augustus in die eiserne Stadt Tomi hat verbannen lassen.[545]

Ransmeyers Raum ist die steinige, urige Felsenwelt der römisch-griechischen Antike. Seine Gestalten sind nachempfundene Nymphen und Sagenfiguren. Ähnlich der Melusinengestalt Fontanes, wurzeln sie in der mythologischen Vergangenheit des Altertums. Der Fluch haftet diesen Figuren an. Echo beispielsweise ist eine Nymphengestalt, die Jupiters Gattin durch lange Gespräche ablenkte, während er sich ehebrecherisch mit seinen Musen vergnügte. Als Medium des Ehebruchs wird sie mit Sprachlosigkeit bestraft und muss zwanghaft die letzten an sie gerichteten Worte dauernd wiederholen. Die Qualität Ransmeyers offenbart sich in seinem dichterischen Ausdrucksvermögen. Sein Thema ist der in die Fremde Getriebene, der verlorene Schiffbrüchige und verschmähte Schriftsteller, der unverstanden in den Gewölben einer archaischen Urwelt kauert.

Eindringlich schildert Ransmeyer, wie der feine Gesang sterbender, durch Essig vernichteter Schnecken den Raum erfüllt, der geprägt ist durch Stille, Dunkelheit und die Zeichen einer vergangenen Megalithkultur, die ihre Wahrheiten noch in Stein einmeißeln ließ. Dieser Ort ist wie

---

[544] Nooteboom, Cees: Mokusei: eine Liebesgeschichte. - 1. Aufl. Frankfurt/M.: Suhrkamp, 1995. - S. 74
[545] Ransmeyer, Christoph: Die letzte Welt. - Frankfurt /M.: Fischer, 1997. - 318 S.

eine Urflut, die alles mitreißt und gebiert, aber von mineralischer Härte und ohne Anteilnahme und Mitleid. Der Raum im karstigen Gebirge einer Mittelmeerlandschaft, in den Höhlen und Grüften elementarer Urwüchsigkeit spiegelt die Situation Staatsflüchtiger, die sich in der fremden Einöde verbergen müssen. Die Schnecken und amorphen Flechten einer Gesteinswelt faszinieren durch ihre schonungslose Verlassenheit.

Die Variabilität der Themen dieser modernen Romane, die am Ende des 20. Jahrhunderts erschienen sind, lässt Vergleiche mit Fontanes Romanen nicht immer zu. Es kristallisiert sich jedoch die Individualisierung des Einzelnen durch verstärkte Isolation und Befremdung heraus. Während die Gesellschaftsmenschen Fontanes sich immerhin durch Réunions und am gastlichen Tische durch lange, wenn auch oft fragwürdige Gespräche miteinander austauschen, wirken die Protagonisten hundert Jahre später wesentlich mehr auf sich gestellt.[546] Die Kommunikation bedarf nicht mehr der gemeinsamen Anwesenheit im Raum, ist ersetzt durch elektronische Vernetzung und Telekommunikation.

Marianne Fastvolds Heldin befindet sich in der künstlichen Glaswelt einer riesigen Konsumstadt am Rande Oslos, im Einkaufszentrum Ostskogen. Sie vermittelt eine Konsumwelt, die zur Zeit Fontanes in dieser Form noch nicht existierte. Dort erhält der Kunde Zutritt zum Konsumtempel mittels Kreditkarte, die ihm die problemlose Registrierung seiner mitgenommenen Waren in den über zweihundert Geschäften und Boutiquen ermöglicht. Der Scanner hält alles fest, speichert die Preise, ohne dass der Kunde sein Portemonnaie öffnen muss. Erst bei Verlassen der Konsumstadt muss er die angesammelten Waren begleichen und auch dies mit bargeldlosem Zahlungsverkehr. Die hochverschuldete, mit privaten Problemen belastete Protagonistin erliegt der Faszination dieses künstlichen Raums, der ein Fluidum scheinbarer Problemlosigkeit und künstlicher Ersatzbefriedigung durch Konsum suggeriert. Elisa erfährt nur noch in dieser seichten Atmosphäre objektbezogener Illusionen eine Art Erleichterung durch Konsumrausch. Ihre Identität vertauscht sie durch die Maske des schönen Wohnens in einer unantastbaren Welt des ständi-

---

[546] Bockholt, Werner: Das Theodor Fontane- Kochbuch: ein literarisches Kochbuch./ Werner Bockholt; Andreas Rohde. - Warendorf: Schnell, 1998. - 160 S.

gen Konsumierens. Ihre wirklichen Probleme, Arbeitslosigkeit, ihre gescheiterte Ehe und die zwischenmenschliche Entfremdung kompensiert sie durch den Rausch des ständigen Kaufens in dieser sinnentleerten Glasstadt, die das Bedürfnis nach dem fehlenden echten menschlichen Kontakt verdrängen hilft.

Fremdheit und Befremdung beherrschen nach wie vor die Protagonisten der modernen Romane. [547]

---

[547] Fastvold, Marianne: Paradies im Angebot. - München: Piper, 1998. - 173 S.

6. Resumee

Für die Konfiguration nicht nur der weiblichen, sondern auch der männlichen Protagonisten in Theodor Fontanes Romanen lassen sich verschiedene Aspekte benennen. Abgesehen von klischeehaften Männerphantasien, wie sie die nie greifbare Melusine verkörpert, und literarischen Vorbildern aus der Weltliteratur, besonders aus den damals modernen Romanen des französischen Naturalismus, wie ihn Gustave Flauberts »Madame Bovary« und Emile Zolas »Nana« zu bieten hatten, kristallisiert sich vor allem die Dichotomie bei der Gestaltung seiner tragenden Figuren heraus. Abschließend lässt sich diese Irritation und Gebrochenheit als Fazit für eine allgemein beobachtbare Disposition in Fontanes Werken erkennen.

Diese Spaltung darf nicht losgelöst von den Selbstwerdungsprozessen im Ringen um die nationale Einheit in den europäischen Staaten gesehen werden. Die Schriftsteller des poetischen Realismus wie Theodor Fontane, Theodor Storm, Adalbert Stifter und Gottfried Keller wurden durch Konflikte territorialer Art, durch die Grenzverschiebungen in Europa und im besonderen Falle Gottfried Kellers durch dessen Verhältnis zur Heimat in ihrer eigenen Identität tief berührt, da sie durch ihre fremde Herkunft oder durch die Unklarheit ihrer nationalen Zugehörigkeit nicht mehr wussten, ob sie Dänen oder Deutsche, Franzosen oder Preußen, Polen oder Schlesier, Böhmen oder Österreicher bzw. Schweizer waren.[548] Theodor Storm beispielsweise wurde als Däne geboren, starb jedoch als Deutscher. Erst mit der bürgerlichen Revolution 1848 wuchs der preußische Einheitsgedanke in einem Land, das in Fürstentümer zersplittert und durch die napoleonische Fremdherrschaft in seinem Selbstwertgefühl angeschlagen war. Fontanes Hymnen auf preußische Offiziere wie Derfflinger oder Zieten sind in diesem Zusammenhang Zeichen eines wachsenden preußischen Selbstbewusstseins und Nationalstolzes. Das Schloss der Familie Zieten steht übrigens in Wustrau, ganz in der Nähe von Fontanes Neu-Ruppiner Heimat. Das Recht auf Selbst-

---

[548] Benjamin, Walter: Angelus Novus: Ausgewählte Schriften 2. - 1. Aufl Frankfurt/M.: Suhrkamp, 1988. - S. 384-396

bestimmung, Pressefreiheit, Freiheit in Wald und Forst wurde als Forderung postuliert und kristallisierte sich paradigmatisch in Namen wie Lehnert Menz, der damit an den Großen Menz als Waldgebiet in der Nähe des Stechlin erinnert. Heimatliche Namen verbinden sich mit dem Gefühl der Zugehörigkeit zu Preußen. Zuvor verpflichtete der Rheinbund nämlich die süddeutschen Fürstentümer mehr den Franzosen als den Preußen. Ebenso gelang es Fürst Metternich durch die Karlsbader Beschlüsse die Vormachtstellung der Habsburger in der Union zu behaupten und die Preußen auf den zweiten Platz zu verweisen. Erst durch die Schlacht von Langensalza wurde durch Graf Moltke dem Krieg gegen die Bundesgenossen 1866 ein Ende gesetzt. In der Zerrissenheit dieser Verhältnisse sehnte sich Fontane in seinem ersten großen Roman „Vor dem Sturm" nach der Rekonstitution vergangener preußischer Verhältnisse vor der Zeit Napoléons. Besonders sein Roman „Schach von Wuthenow" bringt rückwirkend die Zeit um die Jahrhundertwende dem Leser näher. Der Roman spielt in der Ära Napoléon noch vor der Niederlage von Jena und Auerstädt und spiegelt daher den Zerfall und die Dekadenz des preußischen Militärs während der Fremdherrschaft am Beispiel des berühmten Régiment Gensdarmes wider. Fontanes Haltung zum preußischen Selbstfindungsprozess und seiner Geschichte steht unmittelbar in Beziehung mit der Gestaltung seiner Protagonisten. Offensichtlich pflegten die Eliteoffiziere gute Kontakte mit den französischstämmigen Hugenotten. Schach verkehrt regelmäßig im Salon der attraktiven Madame von Carayon, ist in sie verliebt und verliert sich nur durch Zufall und Mitleid an deren häßliche Tochter Victoire, die ähnlich wie der Vertreter der französischen konstitutionellen Monarchie Mirabeau durch Blatternarben entstellt ist. Bezeichnenderweise verfasste Mirabeau einen Essay über den Zerfall Preußens, so dass Fontanes Anspielung auf ihn in diesem Zusammenhang ähnlich paradigmatische Bedeutung hat wie die Verunglimpfung Luthers und dessen Ehe mit Katharina von Bora durch die Gardeoffiziere. Viele sehnten sich zurück nach dem stabil erscheinenden Katholizismus. Dem überästhetischen, fast degenerierten Schach wird etwas aufgezwungen, was er als häßlich und unakzeptabel empfindet, dem er sich jedoch durch herrschaftlichen Befehl nicht widersetzen zu können glaubt.

Die lästige Verbindung mit einer ungeliebten Frau wird ihm zum Verhängnis. Er lehnt diese Ehe ab, ähnlich wie er die Fremdherrschaft Napoléons ablehnt, muss jedoch dem französischstämmigen preußischen Herrscherhaus Folge leisten, weil er für die im Roman kaum dargestellte Schwangerschaft Victoires verantwortlich ist. Schach ist nicht stark genug, sich dem Gespött seiner Kameraden und den Normen zu entziehen, die ihn zur Heirat mit Victoire verpflichten. Der Suizid erscheint ihm als einziger Ausweg aus dem Dilemma. Abgesehen davon, dass dieser Roman als Gesellschaftsroman unterhaltende Qualität hat, transportiert er das Bild der Verhältnisse an der Wende zum Anfang des 19. Jahrhunderts und vermittelt so in der Konfiguration Schachs jene Schwäche, Labilität und Unsicherheit gegenüber der fremden Nationalität, die auch die Frage der Mischehe berührt. Die französische Attraktivität der Mutter wird relativiert durch die Häßlichkeit der Tochter. Fontane bringt in einer einzigartig stereotypen Weise Schachs Gespaltenheit und Ambivalenz gegenüber den Franzosen auf den Punkt. Zweifellos spielt dabei auch der Einfluss seiner Freunde eine Rolle, die müßiggängerisch ihre Zeit mit Trinkgelagen in der »Sala Tarone«, mit spöttischen Theaterstücken und im Salonleben frivoler Damen verbringen, um sich gut zu amüsieren. Schach gelingt es verständlicherweise nicht, sich diesem Einfluss zu entziehen und Victoire eine klare Absage zu erteilen, zumal das Salonleben ein Teil seiner gesellschaftlichen Auftritte bedeutet, ohne die ihm nur noch der Rückzug in die langweilige heimatliche Provinz bliebe. Die Lesart dieses Romans ist ohne den Zerfall der preußischen Herrschaft nicht denkbar. Frankreich unterjochte Preußen, annektierte Westfalen und unterstellte es der Herrschaft Jérome I., dem Bruder Napoléons. In Fontanes Roman „Cécile" kommt daher zum Ausdruck, dass das Quedlinburger Schloss nur noch eine »Musterniete« ist, weil sämtliche Kostbarkeiten in den Besitz König Jéromes übergegangen sind oder von der Schwester des preußischen Königs verkauft wurden, um die Reparationen zu bezahlen. Hier ist die Selbstbespiegelung, die Claudia Liebrand ausführlich behandelt hat, schon gar nicht mehr möglich, weil eine Identitätsfindung im Konvergenzpunkt beim Zusammentreffen des Ichs mit seinem Spiegelbild daran scheitert, dass der Spiegel nicht etwa zerbrochen, sondern gar nicht mehr vorhanden ist. Die Definition der eigenen Identität scheitert an der Frage der nationalen Selbstbestimmung, weil fremde Herrschaft Unterordnung unter die fremde Nationalität einfordert und die Protagonisten in eine Depression versetzt, die sie jedoch selbst gar nicht zu analysieren im Stande sind. Der Typus der gelangweilten, leicht abwesend erscheinenden »femme fragile« ist daher symptomatisch für die sich zersetzende preußische Aristokratie. Cécile verschleiert ihre nationale Herkunft durch ein aufgesetztes französisches Gehabe, durch arrogante Mimik oder Non-Chalance, mit der sie ihre mangelhafte Bildung zu bagatellisieren versucht. Im Stile der Rokokodamen am Hofe von Versailles lässt sie sich von ihrem zwanzig Jahre älteren Ehemann St.Arnaud hofieren, der seine Stellung als höherer Offizier hat quittieren müssen, weil Cécile in Wirklichkeit eine verarmte schlesische Adlige aus der Familie derer von Zacha und Woronesch ist, die sich von den Hohenlohes hat aushalten lassen. Dies korrespondiert mit der historischen Stellung Schlesiens in dieser Zeit insofern, als dieser polnisch-deutsche Landstreifen dank seiner Nähe zu Rußland, Polen und Deutschland und auch zu Böhmen zur Disposition gestellt wurde. Das idyllisch gelegene Riesengebirge wird in „Effi Briest" als bevorzugtes Ziel der Hochzeitsreisenden genannt, ebenso wie das damit konkurrierende Sorrento. Italien sollte denn auch das den Österreichern gehörende Venetien als Gegenleistung für eine Neutralitätsverpflichtung in einem Kriegsfalle mit Frankreich zurückerhalten im Austausch gegen Schlesien, das der Donau-Monarchie zugeordnet werden sollte. Es ist nicht verwunderlich, wenn Protagonisten wie Cécile ihre Herkunft verleugnen, einmal weil sie als ehemalige Fürstengeliebte in einem zweifelhaften Ruf stand, zum anderen aber auch, weil das hin und her gerissene Schlesien in seiner gesamteuropäischen Stellung als opportunes Handelsgut im Kampf um die Vormachtstellung in Europa jederzeit damit rechnen musste, von den Preußen an die Habsburger abgetreten zu werden, um Russen und Franzosen Einhalt gebieten zu können. Das Bild einer fragilen, halbgebildeten „Möchtegern-Französin" konfiguriert die schwache Position Schlesiens und Polens zwischen russischer und deutscher Fremdherrschaft. Eine ähnliche Schwäche manifestiert sich in den Protagonisten Christine und Holk auf Holkenäs in „Unwiederbringlich". Der Konflikt an der schleswig-holsteinischen Grenze teilt deutsches von dänischem Territorium ähnlich wie das linke Rheinufer, das Saarland, Schlesien und Teile Italiens, so dass die ständigen Grenzverschiebungen sich auf die Individuen übertragen. Erotische Zerrissenheit, Unfähigkeit Nähe und Distanz zu bestimmen, Entfremdung im Eheleben und Meinungsverschiedenheiten in Glaubens-und Erziehungsfragen bringen Christine und Holk immer weiter auseinander, ohne dass es zu einer konsequenten Trennung käme. Das Bedürfnis, die Heimat zu verlassen, ergänzt sich mit der Resignation Holks, der in der Fremde die Beziehung nicht findet, nach der er sich gesehnt hat, so dass er im Alter in die Heimat zurückkehrt und in eine zweite Ehe mit Christine einwilligt, die jedoch Christine vollends enttäuscht in den Suizid treibt. Auch in „Effi Briest" offenbart sich jene Widersprüchlichkeit zwischen exotischer Fremde und heimatlicher Enge, eine fast antagonistische Polarität zwischen rational-männlichem Bewusstsein und weiblicher Emotionalität. Im Zuge des erstarkenden bürgerlichen Selbstbewusstseins werden diese gebrochenen Gestalten jedoch abgelöst durch Protagonisten wie Jenny Treibel und Mathilde Möhring, die zielstrebig ins gut situierte Bürgertum einheiraten, mit Tüchtigkeit und Fleiß die psychisch abgelebten, fast müde wirkenden Aristokraten ablösen. Dennoch, die aufgezwungene Konvenienzehe wird zwar ersetzt durch bürgerliche Tugenden auf der Basis des Glaubens an Liebe und Treue, doch immer noch bestimmen wirtschaftliche Überlegungen die Partnerschaften und verhindern, dass Mädchen wie Lene oder Stine die Klassenschranken überwinden können. Botho von Rienäckers Landgut ist so hoch verschuldet, dass eine Ehe mit einem armen Mädchen aus dem Volk nach wie vor nicht in Erwägung gezogen werden kann, wenn auch die Gefühle aufrichtig sein mögen. Immerhin räumt Fontane diesen Näherinnen und Stickerinnen aus dem einfachen Volke einen Platz ein, gesteht ihnen neben den degenerierten Damen aus dem Adel im Roman eine gleichwertige Bedeutung zu, gibt ihnen das Recht auf ihre eigene Sprache, indem er sie im Dialekt sprechen lässt, nicht zuletzt weil er als Realist den Anspruch hatte, ein umfassendes Weltbild im Roman wiederzugeben, was damit einherging, dass das Drama im 19. Jahrhundert in den Hintergrund rückte. Fontanes letzter Roman, der „Stechlin", zeigt, wie der alte Dubslav sein Landgut an seinen Sohn weitergibt. Woldemar von Stechlin muss sich entscheiden zwischen einer reizvollen Melusine und ihrer häuslichen Schwester Armgard. Er trifft seine Wahl und entscheidet sich für das herkömmlich Solidere. Fatalerweise impliziert dieses Ende vor allem Stagnation und tragische Wiederholung. Trotz der latenten Revolte durch die zahlreichen Fälle von Ehebruch und Flucht aus der enttäuschenden Zweisamkeit wiederholt sich in den Nachkommen der prozessuale Ablauf biologischer Evolution ohne erkennbare Erneuerung gesellschaftlicher Strukturen. Es wäre falsch, Fontane nur als frustrierten Deutschnationalen zu werten. Doch sollte der heutige Leser berücksichtigen, wenn er aus der Perspektive einer parlamentarischen Demokratie heraus an Fontane herangeht, dass es diese damals nicht gab. Fontane kämpfte zwischen den konservativen Kräften preußischer Monarchisten um Macht und Privilegien des märkischen Adels und dem erwachenden Selbstbewusstsein des Bürgertums und der Arbeiterklasse um mehr Rechte und Freiheit. Nicht zuletzt deshalb sind seine Protagonisten in ihren Beziehungen durch Zerrissenheit und Fremdheit bestimmt.

7. Literaturanhang

Werkausgaben:

Fontane, Theodor: Romane und Erzählungen in acht Bänden:
Kriminal- und andere Fälle. - 1. Aufl.
Berlin: Aufbau, 1996. -
5271: Grete Minde. - 119 S.
5272: Ellernklipp. - 135 S.
5273: Graf Petöfy.- 216 S.
5274: Unterm Birnbaum. - 125 S.
5275: Quitt. - 278 S.
5276: Ein Sommer in London. - 210 S.

Fontane, Theodor: L'Adultera: Berliner Frauenromane. - 1. Aufl.
Berlin: Aufbau, 1995. - 160 S.

Fontane, Theodor: Frau Jenny Treibel:
oder „Wo sich Herz zum Herzen findt". -
neu hrsg. von Helmuth Nürnberger. -
München: dtv, 1994. - 267 S.

Fontane, Theodor: Irrungen, Wirrungen: Roman. -
München: dtv, 1994. - 236 S.

Fontane, Theodor: Unwiederbringlich. -
München: dtv, 1995. - 337 S.

Fontane, Theodor: Mathilde Möhring. -
München: dtv, 1995. - 158 S.

Fontane, Theodor: Stine. -
München: dtv, 1995. - 147 S.

Fontane, Theodor: Cécile.-
München: dtv, 1995. - 260 S.

Fontane, Theodor: Effi Briest. -
München: dtv, 1995. - 412 S.

Fontane, Theodor: Der Stechlin. -
München: dtv, 1995. - 552 S.

Fontane, Theodor: Schach von Wuthenow. -
München: dtv, 1995. - 218 S.

Fontane, Theodor: Gesammelte Werke: eine Auswahl in fünf Bänden. -
Berlin: Fischer, 1920. -

1: Gedichte ; Grete Minde ; Schach von Wuthenow ; Unterm Birnbaum. -
581 S.

2: L'Adultera ; Cécile ; Unwiederbringlich. - 653 S.

3: Stine ; Irrungen, Wirrungen ; Frau Jenny Treibel. - 504 S.

4: Die Poggenpuhls ; Effi Briest. - 456 S.

5: Der Stechlin. - 454 S.

Einzelausgaben:

Fontane, Theodor: Vor dem Sturm: Roman aus dem Winter 1812 auf 13
/Werke in Einzelausgaben hrsg. von Christfried Coler. -
Berlin: Das neue Berlin, o. D. - 910 S.

Fontane, Theodor: Briefe I: Briefe an den Vater, die Mutter und die Frau/
Theodor Fontane. Hrsg. von Kurt Schreinert ;
mit einem Nachwort versehen von Charlotte Jolles. –
Berlin: Propyläen, 1968. - 353 S.

Fontane, Theodor: Drei Romane aus der Berliner Gesellschaft:
L'Adultera ; Cécile ; Die Poggenpuhls. -
München: Nymphenburger Verlagshandlung, 1958. - 397 S.

Fontane oder die Kunst zu leben:
ein Brevier/hrsg. von Ludwig Reiners ; mit 5 Bildnissen. -
Bremen: Schünemann, 1955. - 254 S.

Fontane, Theodor: Irrungen, Wirrungen/Theodor Fontane ;
hrsg. von Josef Witsch. -
Leipzig: Verl. Buch und Volk, 1943. - 212 S.

Fontane, Theodor: Jenseits von Havel und Spree: Reisebriefe. /
hrsg. von Gotthard Erler. - 1. Aufl.
Berlin: Rütten & Loening, 1984. - 447 S.

Fontane, Theodor: Kriegsgefangen: Erlebtes 1870: Briefe 1870/71. -
Berlin: Verlag der Nation, 1984. - 315 S.
(Wanderungen durch Frankreich ; 1)

Fontane, Theodor: Der deutsche Krieg von 1866/
hrsg. von Walter Keitel ; Helmuth Nürnberger. -
Frankfurt/M.: Ullstein, 1985

2: Der Feldzug in West- und Mitteldeutschland. --

Fontane, Theodor: Meine Kinderjahre:
autobiographischer Roman ; mit einem Nachwort von Otto Drude. -
1. Aufl.
Frankfurt/M.: Insel, 1983. - 276 S.

Fontane, Theodor: Schach von Wuthenow ; Erläuterungen und Dokumente/
hrsg. von Walter Wagner. - Stuttgart: Reclam, 1980. - 155 S.

Fontane, Theodor: Stine ; mit 17 Zeichnungen von Wilhelm Busch. -
Memmingen: Maximilian Dietrich Verl., 1979. - 122 S.

Fontane, Theodor: Fontanes Briefwechsel mit Wilhelm Wolfsohn. /
hrsg. von Christa Schulze. - 1. Aufl.
Berlin: Aufbau, 1988. - 287 S.

Fontane, Theodor: Von Zwanzig bis Dreißig: Autobiographisches. - 2. Aufl.
Leipzig: Dieterich, 1968. - 478 S.

Fontane, Theodor: Wanderungen durch die Mark Brandenburg:
fünf Schlösser; Altes und Neues aus Mark Brandenburg/
hrsg. von Gotthard Erler ; Rudolf Mingau. - 1. Aufl.
Berlin: Aufbau, 1987. - 659 S.

Fontane, Theodor: Wanderungen durch die Mark Brandenburg. -
Berlin: Aufbau, 1987. -

1: Die Grafschaft Ruppin. - 805 S.

2: Das Oderland. - 712 S.

Filme und Tonträger:

Effi Briest: ein Film von R.W. Fassbinder nach dem Roman von Theodor Fontane.
140 Min.
Duisburg: Atlas, 1972-74

Mit Hanna Schygulla ; Wolfgang Schenk ; Ulli Lommel
ISBN: 3-88932-946-2

Effi Briest: nach dem gleichnamigen Film von Wolfgang Luderer /
mit Angelica Domröse ; Horst Schulze ; Dietrich Körner.
Berlin: DEFA, 1968

Ein Schritt vom Wege/ein Film von Gustav Gründgens
Berlin, 1939. - Buch: Georg Klaren ; Eckhart v. Naso.
Darsteller: Marianne Hoppe ; Elisabeth Flickenschild

Rosen im Herbst/ein Film von Rudolf Jugert
Berlin, 1956. - Drehbuch: Horst Budjuhn.
Darsteller: Ruth Leuwerik, Bernhard Wicki, Carl Raddatz (u. a.)

Fontane, Theodor: Irrungen, Wirrungen/ein Video 98 Min.
nach dem Roman von Theodor Fontane/Regie Rudolf Noelte; Darsteller:
Christoph Bantzer. -
Berlin, Grünwald: Inst. f. Film u. Bild, 1987

Fontane, Theodor: ein Video 20 Min.:
„... liebevoll geschildert, aber nirgends glorifiziert."
Grünwald: FWU Inst. f. Film und Bild in Wiss. u. Unterr., 1994. -

Fontane, Theodor: Unterm Birnbaum/Kassette 21 Min.
Berlin: Labi

Wanderungen durch die DDR: zwischen Rheinsberg und Neuruppin:
auf Fontanes Spuren. -
Berlin: Inst. f. Film und Bild in Wiss.u. Unterricht, 1987

Madame Bovary: Home Video von Vincente Minnelli ;
ein Metro-Goldwyn-Mayer- Film mit Jennifer Jones, Louis Jourdan und James
Mason als Gustave Flaubert

Die Eröffnung der Eichengalerie im Schloss Charlottenburg/ein Video. -
Berlin: SPSG, 1997. -
Regie: Angela Isenberg
Kamera: Steffen Pick

Zeitungsausschnitte:

Landesarchiv Berlin, Rep. 149

Ordner 1324; 1045; 1047; 543; 1062

Wissenschaftliche Literatur:

Abrams, M.H.: The mirror and the lamp:
romantic theory and the critical tradition. – (Reprint)
London: Oxford Univ.Pr., 1974. - 406 S.

Aegerter, Emil: Theodor Fontane und der französische Naturalismus:
ein Beitrag zur Geschichte und Theorie des naturalistischen Romans in
Deutschland und Frankreich. -
Univ. Diss., Bern, 1922. - 74 S.

Allenhöfer, Manfred: Vierter Stand und alte Ordnung bei Fontane:
zur Realistik des bürgerlichen Realismus. -
Stuttgart: Heinz Akad. Verl., 1986. - 181 S.

Amerika in der deutschen Literatur: Neue Welt- Nordamerika-USA/hrsg.
von Sigrid Bauschinger ; Horst Denkler. -
Stuttgart: Reclam, 1975. - 416 S.

Aust, Hugo: Theodor Fontane: ein Studienbuch. -
Tübingen: Francke, 1998. - 250 S.

Bachelard, Gaston: Poetik des Raumes. - 7.-8. Tsd.
Frankfurt/M.: Fischer Taschenbuch Verl., 1994. - 245 S.

Bachelard, Gaston: Psychoanalyse des Feuers.-
Frankfurt/M.: Fischer, 1990. - 152 S.

Bauer, Gerhard: Abhängigkeitsbewusstsein und Freiheitsgefühl im Werk
Hofmannsthals. - Marburg, Univ.Diss., 1962. - 214 S.

Bauer, Gerhard: Lichtstrahl aus Scherben: Cechov. -
Basel: Stroemfeld, 2000. - 300 S.

Benjamin, Walter: Städtebilder. - 1. Aufl.
Frankfurt/M.: Suhrkamp, 1992. -125 S.

Benjamin, Walter: Abhandlungen I,1/hrsg. von Rolf Tiedemann ;
Hermann Schweppenhäuser. -1. Aufl.Frankfurt/M.: Suhrkamp, 1991. -
430 S.

Benjamin, Walter: Angelus Novus: Ausgewählte Schriften 2. -
Frankfurt/M.: Suhrkamp, 1988. - 342 S.

Bindokat, Karla: Effi Briest: Erzählstoff und Erzählinhalt. –
Frankfurt/M. [u. a.]: Lang, 1984. - 198 S.

Borsó-Borgarello, Vittoria: Metapher: Erfahrungs- und Erkenntnismittel:
die metaphorische Wirklichkeitskonstitution im französischen Roman des
XIX. Jh. - Tübingen: Narr, 1985. - 275 S.

Bockholt, Werner: Das Theodor Fontane-Kochbuch:
ein literarisches Kochbuch. - Werner Bockholt ; Andreas Rohde. -
Warendorf: Schnell, 1998. - 160 S.

Brittnacher, Hans Richard: Ermüdung, Gewalt und Opfer.
Signaturen der Literatur um 1900. -
In: Zeitschrift für Germanistik N.F. X-1/2000.-

Brock- Sulzer, Elisabeth: Der europäische Roman des 19. Jahrhunderts.
/ hrsg. von Vera de Leeuw-Rüegger. -
Kilchberg a.Zürichsee: Romano, 1982. - 299 S.

Bronfen, Elisabeth: Nur über meine Leiche:
Tod, Weiblichkeit und Ästhetik. - 2. Aufl.
München: Kunstmann, 1994. - 647 S.

Bronfen, Elisabeth: Cross-Mapping. Ein Versuch zur Intermedialität.
Vortrag gehalten am 11.01.2000 im Otto-Braun-Saal der Staatsbibliothek
zu Berlin im Rahmen der Vortragsreihe Remigranten an deutschen Universitäten nach 1945/Einstein Forum. -

Chambers, Helen: Supernatural and irrational elements in the works of
Theodor Fontane/by Helen Elizabeth Chambers. -
Stuttgart: Akad.Verl.Heinz, 1980. - 278 S.

Chevanne, Reine: Fontane et l'histoire: Présences et survivances. -
Bern: Lang, 1995. -

1: 445 S.

2: 831 S.

Cottone, Margherita: Romanzo e spazio simbolico: le affinità elettive di
J.W.Goethe e „Effi Briest" di Theodor Fontane. -
Palermo: Flaccovio, 1992. - 156 S.

Daffa, Agni: Gesellschaftsbild und Gesellschaftskritik in Fontanes Roman „L'Adultera". -
Fernwald: Litbockin, 1994. - 144 S.

Degering, Thomas: Das Verhältnis von Individuum und Gesellschaft in Fontanes „Effi Briest" und Flauberts „Madame Bovary". 1. Aufl.
Bonn: Bouvier, 1978. - 154 S.

Dieckhoff, Klaus: Romanfiguren Fontanes in andragogischer Sicht. -
Frankfurt/M.: Lang, 1994. - 273 S. Zugl.: Bamberg, Univ.Diss., 1993. -

Dieterle, Regina: Vater und Tochter: Erkundung einer erotisierten Beziehung in Leben und Werk Theodor Fontanes. –
Bern [u. a.]: Lang, 1996. - 304 S.
Zugl.: Zürich, Univ. Diss., 1995.-

Dingeldein, Kerstin: Die Konfiguration des Gegenständlichen: eine Studie zur geschichtlichen Denkintention in den Texten Theodor Fontanes. -
Frankfurt/M.: R. G. Fischer, 1994. - 368 S.

Drude, Otto: Theodor Fontane: Leben und Werk in Texten und Bildern. –
Frankfurt/M.: Insel-Verl., 1994. - 296 S.

Eine Reise ins Ungewisse: Arnold Böcklin, Giorgio de Chirico, Max Ernst/ hrsg. von Guido Magnaguagno ; Angelika Wesenberg. -
Ausstellungskatalog der Nationalgalerie. -
Berlin vom 20.05.-9.08.1998. - 3. veränd.u.überarb.Ausg. -

Bern: Benteli, 1997. - 287 S.

Fassbinder, Rainer Werner: Rainer Werner Fassbinder / hrsg. von Peter Jansen und Wolfram Schütte. -
Frankfurt/M.: Fischer Taschenbuch Verl., 1992. - 352 S.

Faber-Castell, Katharina von: Arzt, Krankheit und Tod im erzählerischen Werk Theodor Fontanes. -
Zürich, Univ. Diss. - 1983. - 97 S.

Figuren des Fremden in der Schweizer Literatur/hrsg.von Corinna Caduff. -
Zürich: Limmat, 1997. - 301 S.

Fink-Eitel: Die Philosophie und die Wilden:

Über die Bedeutung des Fremden für die europäische Geistesgeschichte. - Hamburg: Junius, 1994. - 407 S.
Zugl.: Berlin, FU, Habil.-Schr.

Foucault, Michel: Der Wille zum Wissen. - 8. Aufl.
Frankfurt/M.: Suhrkamp, 1995. - 190 S.

Grass, Günter: Ein weites Feld. - 3. Aufl.
München: dtv, 1999. - 781 S.

Grawe, Christian: Theodor Fontane: Effi Briest. - 3. Aufl.
Frankfurt/M.: Diesterweg, 1990. - 128 S.

Greif, Christian: Ehre als Bürgerlichkeit in den Zeitromanen Theodor Fontanes. - Paderborn: Schöningh, 1992. - 387 S.

Guarda, Sylvain: Theodor Fontane und das „Schau-Spiel":
die Künstlergestalten als Bedeutungsträger seines Romanwerks. -
New York: Lang, 1990. - 123 S.

Guidry, Glenn: Language, morality and society:
an ethical model of communication in Fontane and Hofmannsthal. –
Berkeley [u. a.]: Univ. of California Pr., 1989. - 136 S.

Hanraths, Ulrike: Das Andere bin ich
In: Sonderband. Text + Kritik. München, 1989, S. 163-174

Hass, Ulrike: Theodor Fontane:
bürgerlicher Realismus am Beispiel seiner Berliner Gesellschaftsromane.
Bonn: Bouvier, 1979. - 206 S.

Hauschild, Brigitte: Geselligkeitsformen und Erzählstruktur:
die Darstellung von Geselligkeit und Naturbegegnung bei Gottfried Keller und Theodor Fontane.- Frankfurt/M. [u. a.]: Lang, 1981. - 212 S.

Hegel, Georg: Ästhetik/Georg Wilhelm Friedrich Hegel/
hrsg. von Friedrich Bassenge ; mit einem einführenden Essay
von Georg Lukács. - Berlin: Aufbau-Verl., 1955. – 1174 S.

Hermeneutik der Fremde/hrsg. von Dieter Krusche; Alois Wierlacher. -
München: Iudicum, 1990. - 282 S.

Jung, Georg: Auf Theodor Fontanes Spuren. -
Hamburg: Ellert & Richter, 1996. - 96 S.

Jung, Winfried: Bildergespräche: zur Funktion von Kunst und Kultur in
Theodor Fontanes »L'Adultera«. -
Stuttgart: M und P Verl. Für Wiss. u. Forschung, 1991. - 278 S.
Zugl.: Münster, Univ. Diss., 1990. -

Jung, Wolfgang: Das „Menschliche" im „Alltäglichen":
Fontanes Literaturtheorie in ihrer Beziehung zur klassischen Ästhetik
und seine Rezeption der Dichtungen Goethes und Schillers. -
Frankfurt/M. [u. a.]: Lang, 1985. -

Jean Paul: Trümmer eines Ehespiegels/hrsg. von Wolfgang Henne. -
Berlin: Buchverl. Der Morgen, 1988. - 259 S.

Jolles, Charlotte: Fontane und die Politik:
ein Beitrag zur Wesensbestimmung Theodor Fontanes. -
Berlin: Aufbau-Verl., 1982. - 278 S.

Kahrmann, Cordula: Idyll im Roman: Theodor Fontane. -
München: Fink, 1973. - 216 S.

Kaiser, Gerhard: Wandrer und Idylle:
Goethe und die Phänomenologie der Natur
in der deutschen Dichtung von Geßner bis Gottfried Keller. - 1. Aufl.
Göttingen: Vandenhoeck & Ruprecht, 1977. - 301 S.
Karlsson, George Lainen: France in Fontane's life and works. -
[Univ. microfilms] Pittsburgh: Univ. of Pittsburgh, 1958. - 86 S.

Khalil, Iman: Das Fremdwort im Gesellschaftsroman Theodor Fontanes:
zur literarischen Untersuchung eines sprachlichen Phänomens/
Iman Osman Khalil. - Frankfurt/M.: Lang, 1978. - 433 S.

Kiddie, Thomas: Eros and ataraxy: a study of love and pleasure in the
fiction of Zola, Cambaceres and Fontane/Thomas J. Kiddie. -
New York [u. a.]: Garland, 1988. - 231 S.

Koc, Richard: The German Gesellschaftsroman at the turn of the century: a comparison of the works of Theodor Fontane and Eduard von
Keyserling. -
Bern [u. a.]: Lang, 1982. - 236 S.

Kolk, Rainer: Beschädigte Individualität: Untersuchungen zu den Romanen Theodor Fontanes. - Heidelberg: Winter, 1986. - 152 S.

Konrad, Susanne: Die Unerreichbarkeit von Erfüllung in Theodor Fontanes „Irrungen, Wirrungen" und „L'Adultera": Strukturwandel in der Darstellung und Deutung intersubjektiver Muster. - Frankfurt/M. [u. a.]: Lang, 1991.- 186 S.

Kott, Jan: Das Gedächtnis des Körpers: Essays zu Literatur und Theater. Berlin: Alexander, 1990. - 415 S.

Kristeva, Julia: Fremde sind wir uns selbst. - 1. Aufl. Frankfurt/M.: Suhrkamp, 1990. - 212 S.

Kyora, Sabine: Psychoanalyse und Prosa im 20. Jahrhundert. Stuttgart: Metzler, 1992. - 418 S.

Lange, Wolfgang: Der kalkulierte Wahnsinn: Innenansichten ästhetischer Moderne. - Frankfurt/M.: Fischer, 1992.- 309 S.

Laufer, Christel: Vollständige Verzeichnung und Erschließung der Werkhandschriften „Unwiederbringlich", „Effi Briest", „Der Stechlin" von Theodor Fontane. - Stettin, Univ. Diss., 1973. - 480 S.

Leben in der Schwebe: eine faszinierende Biographie des späten Berufsschriftstellers Theodor Fontane; von Robert Leicht. - In: Die Zeit, Nr. 50 vom 6.12.1996. -

Lehrer, Mark: Intellektuelle Aporie und literarische Originalität: wissenschaftliche Studien zum deutschen Realismus: Keller, Raabe und Fontane. - New York [u. a.]: Lang, 1991. - 168 S.

Liebrand, Claudia: Das Ich und die Andern: Fontanes Figuren und ihre Selbstbilder. - Freiburg: Rombach, 1990. - 341 S.

Liesenhoff, Carin: Fontane und das literarische Leben seiner Zeit: eine literatursoziologische Studie. - Bonn: Bouvier, 1976. - 171 S.

Literaturunterricht in der Diskussion: ein Reader/ hrsg. von Reinhard Dithmar ; Barbara Kochan. - Kronberg: Scriptor, 1973. - S. 115-123

Lühe, Irmela von der: „Wer liebt, hat recht":
Fontanes Berliner Gesellschaftsroman L'Adultera. -
In: Fontane-Blätter. Halbjahresschrift.
Im Auftrage des Theodor Fontane Archivs und der Theodor Fontane Gesellschaft e.V. /
hrsg. von Manfred Hörlitz und Helmuth Nürnberger.
Berlin 61/1996. - 221 S. ; S. 116-133

Lukács, Georg: Deutsche Realisten des 19. Jahrhunderts. -
Berlin: Aufbau-Verl., 1952. - 307 S.

Lukács, Georg: Der alte Fontane. -
In: Theodor Fontane/hrsg. von Wolfgang Preisendanz. -
Darmstadt: Wiss. Buchgesell., 1973. - S. 25-79

Lukács, Georg: Wider den mißverstandenen Realismus. -
Hamburg: Claasen, 1958. - 153 S.

Lukács, Georg: Die Theorie des Romans:
ein geschichtsphilosophischer Versuch über die Formen der großen Epik. -
Neuwied: Luchterhand, 1971. - 145 S.

Machtan, Lothar: Die Klassensymbiose von Junkertum und Bourgeosie:
zum Verhältnis von gesellschaftlicher und politischer Herrschaft in Preußen-Deutschland 1850-1878/79/
Lothar Machtan ; Dietrich Milles. -
Frankfurt/M.: Ullstein, 1980. - 201 S.

Manthey, Jürgen: Die zwei Geschichten in einer: über eine andere Lesart der Erzählung „Schach von Wuthenow". -
In: Theodor Fontane/hrsg.von Heinz Ludwig Arnold ;
Edition Text + Kritik, Sonderband. -
München: Text + Kritik, 1989. - 284 S. ; S. 117-130

Mann, Thomas: Der alte Fontane. -
In: Theodor Fontane/hrsg.von Wolfgang Preisendanz. -
Darmstadt: Wiss. Buchges., 1973. - S. 1-24

„Märkisch gesprochen": Wurde einst mit Walter Scott verwechselt: Zum 200. Geburtstag wartet der Berliner Dichter Willibald Alexis immer noch auf seine Wiederentdeckung. - In: Berliner Morgenpost vom 29.06.98

Matt, Peter von: Liebesverrat: die Treulosen in der Literatur. - München: Hanser, 1989. - 439 S.

Matt, Peter von: Das Schicksal der Phantasie: Studien zur deutschen Literatur. - München: Hanser, 1994. - 329 S.

Mattenklott, Gert: Der übersinnliche Leib: Beiträge zur Metaphysik des Körpers/hrsg. von Jürgen Manthey. - Reinbek bei Hamburg: Rowohlt, 1982. - 255 S.

Mattenklott, Gert: Bilderdienst: Ästhetische Opposition bei Beardsley und George. - Frankfurt /M.: Syndikat, 1985. - 411 S.

MhicFhinnbhairr, Andrea: Anekdoten aus allen fünf Weltteilen: the anecdote in Fontane's fiction and autobiography. - Bern: Lang, 1985. - 326 S.

Mittelmann, Hanni: Die Utopie des weiblichen Glücks in den Romanen Theodor Fontanes. - Bern: Lang, 1980. - 125 S.

Müller, Karla: Schlossgeschichten: eine Studie zum Romanwerk Theodor Fontanes. - München: Fink, 1986. - 160 S.

Müller-Seidel, Walter: Theodor Fontane: soziale Romankunst in Deutschland. - Stuttgart: Metzler, 1975. - 569 S.

Müller-Seidel, Walter: Fontane und Polen. - In: Formen realistischer Erzählkunst: Festschrift für Charlotte Jolles. In honour of her 70th birthday. Ed. By Jörg Thunecke; Eda Sagarra ; foreword by Philip Brady. - Nottingham: Sherwood Pr.; 1979. - 613 S.

Mugnolo, Domenico: Vorarbeiten zu einer kritischen Fontane-Ausgabe: zu Schach von Wuthenow, Cécile, Unwiederbringlich ; mit einem Vorwort von Otfried Keiler. - Berlin: Veröff. d. Theodor-Fontane-Archivs der Deutschen Staatsbibliothek, 1985. - XIV, 242 S.

Neuhaus, Stefan: Freiheit, Ungleichheit, Selbstsucht?: Fontane und Großbritannien. - Frankfurt/M. [u. a.]: Lang, 1996. - 444 S. Zugl.: Bamberg, Univ. Diss., 1995. -

The Norton Anthology of English Literature/M. H. Abrams ; E. Talbot. - 3d ed. New York: Norton, 1974. - 2516 S.

1: The Middle Ages

2: The Romantic Period

Ohl, Hubert: Bild und Wirklichkeit: Studien zur Romankunst Raabes und Fontanes. - Heidelberg: Lothar Stiehm Verl., 1968. - 307 S.

Ohff, Heinz: Theodor Fontane: Leben und Werk. - 3. Aufl. - München [u. a.]: Piper, 1996. - 463 S.

Opitz, Alfred: Reiseschreiber: Variationen einer literarischen Figur der Moderne vom 18.-20. Jahrhundert. - Trier: WVT Wiss.Verl., 1997. - 249 S.

Osborne, John: Meyer or Fontane?: German literature after the Franco-Russian war 1870/71 / von John Osborne. - Bonn: Bouvier, 1983. - 142 S.

Pablo, Jean de: Theodor Fontanes Verhältnis zur Französischen Kolonie zu Berlin. - Berlin: Sonderdruck aus „Hugenottenkirche", Berlin, Nr. 3/1965.
S. 1-4

Oder: Geschichtsblätter des Deutschen Hugenotten-Vereins XVI, H.4, Braunschweig 1967, S. 1-14

Plett, Bettina: Die Kunst der Allusion: Formen literarischer Anspielungen in den Romanen Theodor Fontanes. - Köln: Böhlau Verl., 1986. - 472 S.

Plett, Bettina: Frauenbilder, Männerperspektiven und die fragwürdige Moral.

Applikation und Demontage von Rollenbildern und Wertzuschreibungen in Fontanes Romanen. In: Fontane-Blätter 68/1999. - S. 118-130

Pniower, Otto: Theodor Fontanes Abstammung und Name. - In: Mitteilungen d. Vereins f. d. Geschichte Berlins. Jg. 40 (1923)/S. 28-29

Remak, Henry: Der Weg zur Weltliteratur: Fontanes Bret-Harte-Entwurf. In: Fontane-Blätter. Sonderheft 6. Artikel-Nr. 31782. Potsdam: Theodor-Fontane-Archiv, 1980. -

Remenkova, Vesselina: Die Darstellung der Napoleonischen Kriege in „Krieg und Frieden" von Lew Tolstoj und „Vor dem Sturm" von Theodor Fontane. Frankfurt/M. [u. a.]: Lang, 1984. - 264 S.

Reuter, Hans-Heinrich: Theodor Fontane: Grundzüge und Materialien einer historischen Biographie. - Leipzig: Reclam jun., 1976. - 234 S.

Reuter, Hans-Heinrich: Fontanes Realismus. - Berlin: Akademie-Verl., 1972. - 197 S. ; S. 25 –65

Reuter, Hans-Heinrich: Fontane. Bd. 1. 2. München: Nymphenburger Verl. Handlg., 1968. - 1107 S.

Rieck, Werner: Polnische Thematik im Werk Theodor Fontanes. - In: Fontane-Blätter 61/1996. - S. 84-115

Ritchie, Gisela: Der Dichter und die Frau: Literarische Frauengestalten durch drei Jahrhunderte. - Bonn: Bouvier, 1989. - S. 9-204

Savinio, Alberto: Stadt, ich lausche deinem Herzen. - 1. Aufl. - Frankfurt/M.: Suhrkamp, 1996. - 401 S.

Savinio, Alberto: Maupassant und der „andere". - 1. Aufl. Frankfurt/M.: Suhrkamp, 1988. - 132 S.

Schachtschabel, Gaby: Der Ambivalenzcharakter der Literaturverfilmung: mit einer Beispielanalyse von Theodor Fontanes Roman Effi Briest und dessen Verfilmung von Rainer Werner Faßbinder. - Frankfurt /M.: Lang, 1984. - 188 S.

Schlaffer, Heinz: Der Bürger als Held: sozialgeschichtliche Auflösungen literarischer Widersprüche. - 3. Aufl. - Frankfurt/M.: Suhrkamp, 1981. - 155 S.

Schlaffer, Hannelore: Die gesprächige Ehe. Eine Utopie des späten Fontane.
In: Fontane-Blätter 67/ 1999. - S. 75-91

Schmiedt, Helmut: Die Ehe im historischen Kontext. -
Theodor Fontane: Am Ende des Jahrhunderts. Vortrag im Rahmen des Internationalen Symposions des Theodor-Fontane-Archivs in Potsdam vom 13.-17. September 1998. -

Schmidt-Dengler, Wendelin: Der Fremde in der Landschaft:
Zu einigen Stereotypen in der Literatur der Habsburger Monarchie im 19. Jahrhundert. – Symposion „Das Fremde und die Fremden" vom 6.-8.12.1996 im Clubhaus der FU Berlin. - Berlin: FU, 1996. -

Schneider, Vera: Prager Innenwelten: Zur Poetik der Häuser in Gustav Meyrinks Roman „Der Golem" und in Johannes Urzidils Erzählung

„Zu den neun Teufeln". - Magisterarbeit im Fach Deutsche Literatur der Neuzeit an der FU Berlin. - Berlin: FU, 1996. - 104 S.

Schüppen, Franz: Paradigmawechsel im Werk Theodor Fontanes: Von Goethes Italien- und Sealsfields Amerika-Idee zum preußischen Alltag. -
Stuttgart: Verl.der Charles-Sealsfield-Gesell.,1993. - 266 S.

Schuster, Peter-Klaus: Theodor Fontane: Effi Briest:
ein Leben nach christlichen Bildern. - Tübingen: Niemeyer, 1978. - 207 S.

Schweizer, Ronald: Thomas Mann und Theodor Fontane:
eine vergleichende Untersuchung zu Stil und Geist ihrer Werke. -
Zürich, Univ. Diss., 1971. - 119 S.

Shahar, Shulamith: Die Frau im Mittelalter. –
Frankfurt/M.: Athenäum, 1988. - 303 S.

Shears, Lambert Armour: The influence of Walter Scott on the novels of Theodor Fontane. - New York: AMS Pr., 1966. - 83 S.

Shieh, Jhy-Wey: Liebe, Ehe, Hausstand: die sprachliche und bildliche

Darstellung des Frauenzimmers im Herrenhaus in Fontanes Gesellschaftsroman „Effi Briest". - Frankfurt/M.: Lang, 1987. - 340 S.

Velardi, Carol Hawkes: Techniques of compression and prefiguration in the beginnings of Theodor Fontane's novels. - Bern: Lang, 1992. - 202 S.

Vinken, Barbara: Mode nach der Mode: Kleid und Geist am Ende des 20. Jahrhunderts.- 7.-8. Tsd. Frankfurt/M.: Fischer, 1994. - 167 S.

Volkov, Evgenij: Zum Begriff des Raumes in Fontanes später Prosa. In: Fontane-Blätter/hrsg. v. Hanna Delf v. Wolzogen u. Helmuth Nürnberger. - 63/1997. - S. 144-151

Wagner, Nancy Birch: Goethe as cultural icon: intertextual encounters with Stifter and Fontane. - New York [u. a.]: Lang, 1994. - 220 S.

Waldenfels, Bernhard: Der Stachel des Fremden. - 2. Aufl. Frankfurt/M.: Suhrkamp, 1991. - 278 S.

Weber-Kellermann, Ingeborg: Die deutsche Familie: Versuch einer Sozialgeschichte. - Frankfurt/M.: Suhrkamp, 1974. - 286 S.

Wilhelm, Gisela: Die Dramaturgie des epischen Raumes bei Theodor Fontane. - Frankfurt/M.: Rita G. Fischer, 1981. - 248 S.

Wierlacher, Alois: Ent-fremdete Fremde: Goethes 'Iphigenie auf Tauris' als Drama des Völkerrechts (1983). - In: Hermeneutik der Fremde, S. 197-218

Wiskott, Ursula: Französische Wesenszüge in Theodor Fontanes Persönlichkeit und Werk. - Leipzig: Akad. Verl.-Ges., 1938. - 200 S.

Zhang, Yun-Young: Verschwiegene und schweigende Individuen im realistischen Roman: eine Untersuchung zum „Grünen Heinrich" und zur „Effi Briest". - Pfaffenweiler: Centaurius, 1996. - 211 S.

Zimmermann, Hans Jürgen: „Das Ganze" und die Wirklichkeit:
Theodor Fontanes perspektivischer Realismus. -
Frankfurt/M.: Lang, 1988. - 158 S.

Zuberbühler, Rolf: „Ja, Luise, die Kreatur":
zur Bedeutung der Neufundländer in Fontanes Romanen. -
Tübingen: Niemeyer, 1991. - 88 S.

Zur Geschichte:

Gebhardts Handbuch der Deutschen Geschichte/neu hrsg. von Ferdinand Hirsch. -
Stuttgart [u. a.]: Union, 1909. -
2: Von der Reformation bis zur Gegenwart. 4. Aufl., 986 S.

Heilborn, Ernst: Zwischen zwei Revolutionen:
der Geist der Schinkelzeit (1789-1848).
Berlin: Wegweiser, 1927. - 307 S.

Hoornaert, Canon: The Beguinage of Bruges. –
Brugge: De Wijngaard. - 19 S.

Lindenborn, Ernst: Coligny: Der Schwertträger Gottes: ein Leben in Bildern.
Berlin: Quadriga, 1985. - 303 S.

Mertens, O.: Illustrierte Weltgeschichte. -
Berlin: Franz Schmidt Verlagsbuchhandlg., 1896. - S. 579-594

Die österreichische Literatur des Vormärz und des Jahres 1848. -
In: Vormärz: Erläuterungen zur deutschen Literatur. - 10. Aufl.
Leipzig: Volk und Wissen. - 1977. - 482 S. ; darin S. 267-285

Schäfer, Dietrich: Deutsche Geschichte. -
Jena: Fischer, 1910

1: Mittelalter. - 469 S.

2: Reformation und Gegenreformation (1517-1648). - 505 S.

Usedom: ein Lesebuch. -/hrsg.von Renate Seydel. - 2. Aufl.
Berlin: Ullstein, 1999. - S. 182-187

Vormärzliteratur in europäischer Perspektive I.:
öffentliche und nationale Identität. -
Bielefeld: Aisthesis, 1996. - 323 S.

www.ingramcontent.com/pod-product-compliance
Lightning Source LLC
Chambersburg PA
CBHW020110010526
44115CB00008B/771